旅游抽样调查资料

2009

国 家 旅 游 局 政 策 法 规 司
国家统计局城市社会经济调查司
国家统计局农村社会经济调查司

编 者 说 明

本书是反映2008年入境游客在华花费和国内居民国内旅游情况的资料性年刊，分为上下两篇。上篇为入境游客抽样调查资料，由综合分析报告和调查分类数据两部分组成，分类数据包括：入境游客的主要特征，入境外国人、港澳台同胞的花费水平和花费构成，在境内的停留时间以及入境次数、流向，对住宿设施的选择，入境游客对旅游服务质量、旅游接待设施的评价以及对旅游资源和旅游商品的兴趣等。

下篇为国内旅游抽样调查资料，汇集了2008年对城镇居民和农村居民的国内旅游抽样调查结果，共分为四个部分：第一部分为综合分析报告；第二部分为2008年国内旅游出游及花费情况；第三部分为2008年城镇居民国内旅游抽样调查分类数据；第四部分为2008年农村居民国内旅游抽样调查分类数据。

本书是根据抽样调查取得的数据和资料，经过汇总、审核、整理，汇编出来的一套全面反映调查过程和调查结果的翔实资料。可供研究旅游业发展的理论工作者和旅游行业的实际工作者参考使用。

2008年入境游客花费抽样调查和国内旅游抽样调查的组织实施，得到了国家统计局、公安部出入境管理局、中国民用航空局公安局和各省（区、市）旅游局（委）、统计局、有关边检站的大力支持和协助，在此一并表示衷心感谢！

《旅游抽样调查资料2009》
编 辑 委 员 会
二〇〇九年十月

目　　录

上篇　入境游客抽样调查资料

第一部分　综合分析

第二部分　分类数据

一、入境游客人均天花费及构成

二、入境游客停留时间

下篇　国内旅游抽样调查资料

第一部分　综合分析报告

第二部分　2008 年国内旅游出游及花费情况

第三部分　2008 年城镇居民国内旅游抽样调查分类数据

上　篇

入境游客抽样调查资料

第一部分　综 合 分 析

2008 年入境游客抽样调查综合分析报告

为科学准确地反映2008 年我国入境旅游业发展的总体状况，国家旅游局组织实施了“入境游客花费情况抽样调查”，现将调查的有关情况、数据及结果分析报告如下：

一、2008 年入境游客抽样调查情况

“入境游客花费情况抽样调查”是纳入《旅游统计调查制度》的国家调查项目。调查工作于2008 年3 月至7 月在全国129 个城市的主要边境口岸、旅游住宿设施、长江游船和部分国际旅行社进行。在国家统计局、公安部、民用航空局等有关部门的配合下，经过各地旅游统计人员辛勤工作，按计划圆满地完成了现场调查、问卷审核、数据录入、资料汇总等工作。问卷按6 种语种（即中、英、法、日、朝、俄）印刷。

本次调查的计划样本量为43000 人，其中：口岸调查过夜旅游者11400 人、一日游游客3800 人；各省（区、市）饭店调查27600 人，长江游船调查200 人。另外，还对全国80 家国际旅行社的1200 个团队代收代付旅游费用的构成比例进行调查。

入境游客花费抽样调查的对象是到中国大陆境内旅游的外国人、香港同胞、澳门同胞和台湾同胞，调查内容主要包括：游客的主要特征、在境内的停留时间、在境内的旅游花费和构成、入境旅游的方式、在境内的行程和流向、对旅游服务质量和接待设施的评价、对旅游资源和旅游商品的兴趣等。

二、抽样调查的基本结果

（一）抽样人数的构成

2008 年入境游客抽样调查共回收有效调查问卷47428 份，超过计划10.3%，其中口岸调查表15797 份，占回收问卷的33.3%（其中：过夜旅游者12912 份，占81.7%；一日游游客2885 份，占18.3%）；旅游住宿设施（含游

船）调查31631份，占66.7%。2008年入境游客抽样调查人数占当年入境旅游人数的0.36‰，其中：外国人占当年入境外国人的1.41‰；香港同胞占当年入境香港同胞的0.09‰；澳门同胞占当年入境澳门同胞的0.09‰；台湾同胞占当年入境台胞的0.92‰。

具体情况如下：

1. 按客源地分

在2008年抽样调查的47428名入境游客中：外国游客34197人，占72.1%；香港同胞7191人，占15.2%；澳门同胞2019人，占4.3%；台湾同胞4021人，占8.5%。

2. 按旅游方式分

在47428名入境游客中，团体游客18245人，占38.5%；零散游客29183人，占61.5%。

3. 按过夜旅游者和一日游游客分

在47428名被调查的入境游客中：过夜旅游者44543人，占93.9%，一日游游客2885人，占6.1%。

4. 按性别分

在接受调查的47428名入境游客中，男性游客27709人，占58.4%；女性游客19719人，占41.6%。

5. 按年龄分

在接受调查的入境游客中：14岁及以下的游客313人，占0.7%；15至24岁的4870人，占10.3%；25至44岁的23341人，占49.2%；45至64岁的15484人，占32.6%；65岁及以上的3420人，占7.2%。

6. 按职业分

在接受调查的入境游客中：政府工作人员2559人，占5.4%；专业技术人员7754人，占16.3%；职员8501人，占17.9%；技工/工人2290人，占4.8%；商贸人员11291人，占23.8%；服务员/推销员1692人，占3.6%；退休人员3851人，占8.1%；家庭妇女3266人，占6.9%；军人237人，占0.5%；学生3177人，占6.7%；其他人员2810人，占5.9%。

7. 按旅游目的分

在接受调查的入境游客中：观光游览的15040人，占31.7%；休闲度假的8861人，占18.7%；探亲访友的4230人，占8.9%；进行商务活动的12929人，占27.3%；参加会议的2721人，占5.7%；宗教朝拜的410人，占0.9%；文体科技交流的1362人，占2.9%；其他目的的1875人，占4.0%。

8. 外国人按国别分

在接受调查的34197名外国人中：日本6614人，占19.3%；菲律宾396

人，占1.2%；泰国530人，占1.5%；新加坡1744人，占5.1%；印度尼西亚533人，占1.6%；马来西亚921人，占2.7%；韩国5855人，占17.1%；蒙古460人，占1.3%；英国1472人，占4.3%；法国1619人，占4.7%；德国961人，占2.8%；俄罗斯2382人，占7.0%；美国2965人，占8.7%；加拿大1172人，占3.4%；澳大利亚1094人，占3.2%；其他5479人，占16.0%。

（二）入境游客在境内花费及构成情况

2008年入境过夜旅游者在境内花费的总水平比上年有所增长，外国人、香港同胞、澳门同胞和台湾同胞的花费水平比上年均有增加。

2008年入境过夜旅游者在华人均天花费186.18美元，比上年增长3.6%，其中：外国人200.43美元/人天，增长2.1%；香港同胞137.98美元/人天，增长3.4%；澳门同胞125.03美元/人天，增长6.6%；台湾同胞186.42美元/人天，增长8.3%

入境过夜旅游者在境内人均花费1172.93美元，比上年增长3.6%。其中：外国过夜旅游者人均花费1403.01美元，增长2.1%；香港同胞人均花费496.73美元，增长6.3%；澳门同胞人均花费612.65美元，增长18.7%；台湾同胞人均花费1230.37美元，下降6.0%。

入境一日游游客在境内人均花费47.52美元，比上年增长7.7%。其中：外国游客人均花费54.78美元，增长7.5%；香港同胞人均花费38.16美元，下降1.4%；澳门同胞人均花费43.14美元，增长17.3%；台湾同胞人均花费75.50美元，增长13.3%。

入境过夜旅游者的花费构成情况是：长途交通费占总花费的33.4%，住宿费占13.0%，餐饮费占9.0%，游览费占4.9%，娱乐费占6.4%，购物费占20.1%，市内交通费占2.2%，邮电通讯费占2.2%，其他费用占8.8%。与上年相比，过夜旅游者在长途交通、餐饮、游览、娱乐、市内交通和邮电通讯等方面的支出比例有所增加，在住宿、购物和其他费用等方面的支出比例有所减少。

入境一日游游客花费的构成是：交通费占15.4%，餐饮费占14.7%，游览费占10.7%，娱乐费占16.7%，购物费占29.5%，邮电通讯费占5.2%，其他费用占7.8%。与上年相比，一日游游客在餐饮、游览、娱乐和邮电通讯等方面的支出比例有不同程度的增加，在交通、购物和其他方面的支出比例有所减少。

在入境游客的花费中，不包括国际（地区）间交通费和境外旅行商（社）收取的劳务费。

（三）入境过夜旅游者在境内停留时间

2008年入境游客抽样调查结果显示：

1. 入境过夜旅游者在境内的停留时间为6.3天，与上年持平；入境过夜旅游者中44.3%的旅游者在境内停留1~3天，34.8%的旅游者停留4~7天；外国人、台湾同胞停留时间较长，停留8天以上的分别占24.2%和20.6%；香港同胞在境内的停留时间最短，68.2%的旅游者停留1~3天，仅有8.7%的旅游者停留8天以上。

2. 从入境过夜旅游者的出游方式看，参加旅行团的团体旅游者在境内的停留时间短于散客。团体旅游者在境内平均停留5.8天，散客旅游者在境内平均停留6.6天。

3. 从入境过夜旅游者构成看：外国人平均停留7.0天，与上年持平；香港同胞平均停留3.6天，延长0.1天；澳门同胞平均停留4.9天，延长0.5天；台湾同胞平均停留6.6天，缩短1.0天。

4. 在不同性别的入境过夜旅游者中，男性旅游者的平均停留时间稍长于女性旅游者平均停留时间，分别为6.4天和6.1天。

5. 在不同年龄段的入境过夜旅游者中，25~44岁、45~64岁的旅游者停留时间分别为5.7天和6.2天，分别比上年缩短了0.1天和0.5天；14岁及以下、15-24岁和65岁及以上的旅游者平均停留时间分别为8.5天、8.9天和7.4天，比上年延长了3.3天、1.9天和0.1天。

6. 在不同职业的入境过夜旅游者中，学生的停留时间最长，为10.4天；其次是军人，停留时间为8.0天；停留时间最短的是服务员/推销员，其平均停留时间仅为4.3天，比总平均停留时间6.3天短2.0天。

7. 在不同旅游目的的入境过夜旅游者中，以文体交流为主要目的的旅游者在境内的停留时间最长，为8.0天；其次是以观光游览、探亲访友、商务和宗教朝拜为主要目的的旅游者，在境内的停留时间分别为6.2天、6.0天、6.2天和6.5天；休闲度假的旅游者在境内的停留时间为5.7天；以会议为主要目的的旅游者在境内的平均停留时间最短，为4.3天。

（四）入境游客来华（内地）次数

2008年入境游客来华（内地）次数的总体情况是：

1. 入境游客以多次来华（内地）为主，但初次来华（内地）的入境游客比重有所增加。入境4次以上的过夜旅游者和一日游游客所占比例分别为42.6%和50.3%，分别比上年下降了4.9个百分点和14.7个百分点；第一次来华（内地）旅游的过夜旅游者和一日游游客所占比例分别为28.4%和17.1%，分别比上年增加了0.6个百分点和1.5个百分点。

2. 初次来华（内地）的入境游客主要是团体游客，而数次来华（内地）的则以散客为主。调查中，团体游客第一次入境的占49.1%，散客入境4次以上的占52.6%。

3. 在入境游客中，首次入境的外国游客比例相对较高，占35.4%；在港澳台同胞中，多次（4次以上）入境的游客所占比例远远高于首次游客。

4. 从全国各省（区、市）的情况看，经济发达、交通便利的省市和边境口岸省区，接待首次来本地区旅游的入境旅游人数比例相对比较低，大部分省区接待首次来本地区的入境游客比例相对较高。

（五）入境游客的行程

2008年，入境游客在境内的行程有以下特点：

1. 入境游客仍以短程为主，游览的城市以1～3座居多，占被调查者的88.1%，游览4～6座城市和一次游览7座以上城市的游客分别占9.9%和2.0%。

2. 团体游客的平均行程普遍长于散客，团体游客游览4座以上城市的占17.8%，比上年减少3.9个百分点，散客占9.3%，比上年增加1.0个百分点。

3. 在入境游客中，外国人和台湾同胞的行程相对较长，一次游览4座以上城市的均超过10%；香港同胞和澳门同胞的行程相对较短，均有95%左右的游客一次只游览1～3座城市。

4. 在不同性别的游客中，男性游客的平均行程稍短于女性游客，一次游览1～3座城市的比例分别为87.6%和88.9%。

5. 在不同年龄段的入境游客中，25～44岁的游客平均行程最短，游览的城市最少，一次游览1～3座城市的比例为90.7%；其次是14岁及以下的游客，一次游览1～3座城市的比例为87.8%；65岁及以上年龄段的游客平均行程最长，一次游览4座以上城市的占21.3%。

6. 在不同职业的入境游客中，退休人员的平均行程普遍较长，一次游览4座以上城市的比例为22.1%；其他各职业的游客，平均行程普遍较短，一次游览1～3座城市的均超过80%。

7. 在不同旅游目的的入境游客中，以观光游览为目的的游客的平均行程要长于其他旅游目的的游客，一次游览4座以上城市的占17.1%；而以探亲访友、商务和会议为目的游客的平均行程较短，一次游览1～3座城市的超过90%。

（六）入境游客的流向

1. 入境游客出境后的流向

2008年对入境游客抽样调查资料显示：（1）在入境外国游客中，到我国的"一国游游客"和以我国为最终旅游目的地的游客居于主要地位，83.1%的游客出境后返回各自的国家，较上年提高了0.2个百分点。其中，我国周边国家（日本、韩国、蒙古、俄罗斯等）多数是只到我国旅游的"一国游游客"，比重都在九成左右；欧美、大洋洲、非洲等远程市场的入境游客，出境后的流向呈现出多样性，20%以上的游客离境后前往其他国家或地区。（2）在入境游客出境后，除了直接返回来源地外，还有16.9%的游客前往其他国家或地区，这部分游客中49.9%的游客前往港澳特别行政区，比上年增加了4.7个百分点。（3）港澳台和东南亚等市场的游客，出境后直接返回来源地的比重比上年略有增长，占81.0%，其余19.0%的游客继续前往其他国家地区。

2. 入境过夜旅游者在我国省（区、市）之间的流向

在这次全国各省（区、市）旅游住宿设施（含游船）抽样调查的31631名入境过夜旅游者中，有12710人不立即出境，还将前往我国其他地区游览。这些旅游者主要的流向有三个：第一、在所在的省（区、市）内继续游览，这部分旅游者所占的比重占在境内继续游览人数的23.8%，比上年下降0.9%；第二、前往北京、上海旅游，在各省（区、市）接待的入境旅游者中，选择这一流向的占40.6%，比上年增长1.7%；第三、到中国经济比较发达和旅游资源较丰富的省（区、市），如继续前往辽宁、江苏、浙江、广东、广西和陕西等地区的旅游者比例相对较高，占在境内游览总人数的20.2%。

（七）入境过夜旅游者对住宿设施的选择

2008年入境过夜旅游者对住宿设施的选择是：选择宾馆饭店住宿的人天数占其总人天数的71.0%，比上年增加了6.2个百分点；选择公寓住宿的人天数占10.4%，比上年增加了3.0个百分点；在私人住所住宿的人天数占14.4%，比上年减少了4.4个百分点。此外，还有4.2%的入境过夜旅游者在车船或招待所等旅游住宿设施中住宿。

2008年对入境过夜旅游者选择住宿设施的调查表明：

1. 入境过夜旅游者对住宿设施的选择主要是宾馆饭店，占被调查者的71.0%，其次是私人住所，占被调查者的14.4%。

2. 外国过夜旅游者和台湾同胞选择宾馆饭店的比例普遍高于港澳旅游者，分别为73.4%和73.9%，比上年提高了6.0个百分点和18.3个百分点；香港同胞和澳门同胞选择宾馆饭店的比例较其他住宿设施高，分别为51.9%和62.2%。

3. 在入境过夜旅游者中，团体旅游者选择宾馆饭店住宿的比例（94.8%）远远高于散客（60.7%）；而散客选择公寓和私人住所住宿的比例（34.0%）又远高于团体旅游者（3.2%）。

（八）入境游客对旅游服务质量的评价

2008年入境游客对旅游服务质量总评价较好，在对宾馆饭店、餐饮、交通、娱乐、购物、导游和邮电通讯等七个方面的服务质量评价中，入境游客认为评价为“最好”（5分）、“好”（4分）和“尚好”（3分）的得分率与上年相比稍有变化，其中满意率最高的仍是宾馆饭店，评价“尚好”以上的人数占96.8%，比上年增加了0.9个百分点。在本次调查中，入境游客对餐饮、娱乐、购物和导游服务的服务质量也给予了较高的评价，评价“尚好”以上的分别为94.1%、90.5%、92.0%和91.6%，分别比上年增加了1.0个百分点、0.7个百分点、1.6个百分点和0.9个百分点；游客对交通和邮电通讯比较满意，评价“尚好”以上的分别占被调查者的84.3%和88.9%。

不同的游客对旅游服务的评价也有所不同，外国游客对宾馆饭店、餐饮、娱乐、购物和导游服务的评价较高，满意率超过90%，分别为96.8%、95.2%、91.0%、93.1%和92.0%，均比上年有所提高；香港同胞对宾馆饭店、餐饮、娱乐、购物、导游服务和邮电通讯服务的满意度较高，分别为97.7%、93.6%、90.9%、91.2%、92.2%和90.4%；澳门同胞对宾馆饭店满意度较高，为92.3%，对其他六项服务的满意率均未超过90%；台湾同胞对宾馆饭店和餐饮的满意率较高，分别为97.0%和90.9%。

（九）入境游客对旅游接待设施的评价

旅游接待设施包括宾馆/饭店设施、餐饮设施、交通设施、娱乐设施、购物场所设施、游览/参观点的接待设施和旅游景区厕所等七个部分。

入境游客对宾馆饭店、餐饮、娱乐、购物和游览/参观点等接待设施的评价较高，评价为“尚好”（3分）以上的比例超过90%，其中对宾馆饭店接待设施的评价最高，评价“尚好”以上的高达96.2%，比上年增加了0.3个百分点；对餐饮接待设施的评价其次，评价为“尚好”以上的达93.9%，增加了0.6个百分点；对娱乐、购物和游览/参观点的接待设施也比较满意，评价为“尚好”以上的比例分别为90.9%、92.0%和91.8%；对交通设施的评价与上年基本持平，满意率为85.6%，增加了0.1个百分点。

在旅游接待设施中，入境游客满意率最低的是旅游景区厕所，但满意度比上年有所提高。入境游客评价为“尚好”以上的比例为66.4%，比上年增加了2.3个百分点。外国游客对旅游景区厕所的满意程度最高，评价为“尚好”以上的比例为69.9%，比上年增加了9.6个百分点；澳门同胞的满意程度最低，评价为“尚好”以上的比例为48.1%，满意度较上年有较大幅度下降，降低了18.0个百分点；香港同胞的满意度下降比较明显，评价“尚好”以上的占64.2%，比上年降低了12.8个百分点；台湾同胞的满意程度比上年有所提高，评价为“尚好”以上的为58.4%，增加了1.8个百分点。

（十）入境游客感兴趣的旅游资源

2008年入境游客感兴趣的旅游资源仍集中在山水风光和文物古迹两个方

面，对民俗风情和饮食烹调也有浓厚的兴趣。入境游客对山水风光感兴趣的达51.6%，比上年下降了8.2个百分点；对文物古迹有极大兴趣的为43.0%，比上年降低了1.1个百分点；对民俗风情和饮食烹调有浓厚兴趣的分别为35.4%和34.5%，分别比上年减少了0.9个百分点和5.4个百分点；游客感兴趣的旅游资源还有文化艺术和旅游购物，分别占被调查者的25.2%和27.2%；游客对海滩和节庆活动的兴趣较上年有较大幅度的下降，分别仅占被调查者的10.4%和10.8%，比上年减少了8.6个百分点和9.3个百分点。

在被调查的入境游客中，台湾同胞对祖国的山水风光情有独钟，表示有浓厚兴趣的比例为58.0%，比上年减少了10.0个百分点；对文物古迹和民俗风情也比较青睐，选择的比例为46.1%和39.7%。外国游客对我国的山水风光、文物古迹、民俗风情和饮食烹调有较大兴趣，选择的比例分别为50.9%、43.4%、35.0%和34.1%。港澳同胞的选择比较一致，对山水风光、文物古迹、民俗风情和饮食烹调等旅游资源表现出了浓厚的兴趣，但对海滩和节庆活动的关注度比上年有较大幅度下降。

（十一）入境游客感兴趣的旅游商品

旅游购物在游客的消费支出中一直占有较大比重。在2008年入境游客花费抽样调查中，将旅游商品分为服装/丝绸、中成药/保健品、食品/茶叶、酒类/香烟、瓷器/陶器、文物复制品/字画、地毯/挂毯、首饰/珍珠、胶卷/电器、具有地方特色的纪念品/工艺品等10大类。在这10类旅游商品中，入境游客最感兴趣的首先是服装/丝绸、食品/茶叶和具有地方特色的旅游纪念品/工艺品，超过三分之一的被调查者选择了这3类旅游商品。其次是中成药/保健品和瓷器/陶器，分别有20.0%和21.7%的游客表示对这两类旅游商品有较大兴趣。

不同的游客对旅游商品的兴趣各有侧重。外国游客感兴趣的旅游商品主要是食品/茶叶、服装/丝绸和具有地方特色的纪念品/工艺品，选择率分别为43.1%、39.4%和37.6%；香港同胞感兴趣的旅游商品主要有食品/茶叶、具有地方特色的纪念品/工艺品和服装/丝绸，选择率分别为48.5%、33.7%和32.7%；澳门同胞感兴趣的旅游商品是食品/茶叶、服装/丝绸和纪念品/工艺品，选择率分别为45.4%、37.1%和36.2%；台湾同胞感兴趣的是食品/茶叶、纪念品/工艺品和服装/丝绸，选择率分别为43.0%、39.3%和33.1%。

第二部分　分类数据

一

入境游客人均天花费及构成

1-1 2008年入境过夜旅游者人均天花费

		人均天花费	政府工作人员	专业技术人员	职员	技工工人
全国	**总计**	**186.18**	**194.57**	**187.19**	**187.73**	**169.79**
	团体	185.65	187.62	189.98	188.88	174.37
	散客	186.44	201.89	186.36	187.10	168.19
外国人	小计	200.43	199.31	203.12	209.68	196.52
	团体	190.97	192.93	196.19	194.38	173.98
	散客	206.31	206.96	205.88	221.01	208.64
香港同胞	小计	137.98	172.29	137.94	131.64	101.54
	团体	151.21	152.76	143.34	153.05	174.32
	散客	136.45	179.40	137.62	128.84	100.11
澳门同胞	小计	125.03	166.45	120.67	138.13	123.23
	团体	139.88	146.16	138.98	143.54	100.00
	散客	118.49	184.50	111.96	136.00	125.34
台湾同胞	小计	186.42	194.34	186.48	174.95	185.60
	团体	170.37	178.18	166.55	180.25	181.87
	散客	195.17	217.15	191.61	171.24	187.46

（按外国人、港澳台胞、团体及散客、职业分组）

单位：美元/人天

商贸人员	服务员推销员	退休人员	家庭妇女	军人	学生	其他
197.60	**149.70**	**182.50**	**186.80**	**210.52**	**172.29**	**179.20**
176.39	163.35	189.41	191.05	210.04	189.70	190.16
203.22	141.08	173.14	182.66	211.13	159.63	172.81
202.95	175.70	198.92	206.05	218.53	186.82	189.14
180.33	167.57	192.32	201.28	208.62	197.50	197.22
210.27	188.94	213.81	211.87	232.21	178.77	183.89
171.85	99.01	128.14	113.52	141.66	128.31	136.16
135.62	146.09	165.10	138.48	241.50	164.36	146.16
174.07	96.16	122.85	107.46	41.81	110.64	134.38
134.74	158.76	96.04	113.56	50.96	96.66	140.18
122.10	100.00	130.98	118.09	—	145.20	160.81
136.84	164.10	83.56	110.44	50.96	67.24	117.96
210.32	182.29	178.11	171.64	176.18	167.97	168.83
161.65	143.69	179.48	156.73	219.62	179.82	169.02
222.32	206.95	176.23	189.10	154.45	152.43	168.71

1－2 2008年入境过夜旅游者人均天花费

		人均天花费	观光游览	休闲度假	探亲访友
全国	**总计**	**186.18**	**193.71**	**181.97**	**138.59**
	团体	185.65	191.26	183.23	181.20
	散客	186.44	198.86	181.17	134.35
外国人	小计	200.43	202.82	199.47	188.06
	团体	190.97	199.10	189.83	184.53
	散客	206.31	211.57	208.77	188.89
香港同胞	小计	137.98	159.95	140.58	89.37
	团体	151.21	155.53	147.71	122.35
	散客	136.45	163.18	139.55	89.09
澳门同胞	小计	125.03	126.14	126.45	88.32
	团体	139.88	138.46	136.10	132.99
	散客	118.49	108.01	122.56	86.34
台湾同胞	小计	186.42	175.58	187.32	157.54
	团体	170.37	167.84	166.45	184.48
	散客	195.17	199.42	198.59	156.32

（按外国人、港澳台胞、团体及散客、旅游目的分组）

单位：美元/人天

商　务	会　议	宗　教 朝　拜	文化/体育/ 科技交流	其　他
195.81	**228.70**	**180.94**	**200.20**	**162.65**
173.49	179.93	162.91	198.60	149.00
199.23	234.40	192.41	201.07	166.61
204.00	228.21	181.54	202.87	163.31
174.78	181.86	162.00	201.22	146.49
209.98	234.98	195.06	203.72	168.19
158.97	224.31	87.28	189.63	150.90
123.32	153.65	100.00	170.95	152.74
159.66	227.23	83.05	193.56	150.50
145.54	193.51	—	178.70	70.31
100.00	162.98	—	165.51	136.88
147.48	198.60	—	198.50	59.21
201.31	247.38	238.99	198.99	214.60
193.40	189.99	202.56	213.41	180.00
201.44	248.57	257.21	187.11	232.80

1-3 2008年入境过夜旅游者人均天花费

		人均天花费	男性	女性
全国	**总计**	**186.18**	**188.84**	**181.89**
	团体	185.65	188.19	183.05
	散客	186.44	189.08	181.04
外国人	小计	200.43	201.76	198.18
	团体	190.97	192.57	189.26
	散客	206.31	206.00	207.03
香港同胞	小计	137.98	139.72	135.36
	团体	151.21	153.37	149.39
	散客	136.45	138.55	133.04
澳门同胞	小计	125.03	130.76	119.54
	团体	139.88	142.84	138.24
	散客	118.49	127.30	107.75
台湾同胞	小计	186.42	193.59	176.24
	团体	170.37	174.02	167.25
	散客	195.17	201.07	183.92

（按外国人、港澳台胞、团体及散客、性别、年龄分组）

单位：美元/人天

14 岁及以下	15～24 岁	25～44 岁	45～64 岁	65 岁及以上
160.94	**171.37**	**183.32**	**193.58**	**193.71**
184.63	191.00	181.50	184.87	197.02
143.54	158.45	184.01	197.93	188.42
197.20	188.38	200.05	203.49	204.21
194.66	197.37	187.69	189.17	200.43
199.31	181.48	206.30	211.85	212.48
73.38	129.34	135.02	149.28	130.57
177.36	163.92	148.16	143.70	155.53
62.99	117.54	134.00	149.97	125.65
58.68	92.77	137.99	132.70	131.66
100.00	144.76	147.49	125.54	151.64
51.79	65.48	134.23	136.08	119.68
143.58	167.88	180.90	199.14	172.17
169.73	196.86	152.54	182.23	165.81
78.20	143.87	191.88	210.57	177.91

1－4　2008 年外国过夜旅游者人均天花费

	人均天花费	政府工作人员	专业技术人员	职员	技工工人	商贸人员
日本	214.94	197.02	216.20	217.82	203.06	217.45
菲律宾	190.79	287.73	201.79	216.38	172.76	244.87
泰国	214.04	210.24	210.73	273.79	100.00	230.72
新加坡	209.45	208.90	203.06	219.88	191.56	238.27
印度尼西亚	194.00	190.28	244.73	205.32	213.78	182.75
马来西亚	199.02	235.46	193.07	200.26	163.86	211.99
韩国	207.27	214.49	200.38	208.65	189.43	209.24
朝鲜	174.62	146.59	118.75	211.86	—	171.88
蒙古	214.92	211.79	195.33	203.74	273.43	173.31
印度	200.44	135.79	211.13	271.27	227.61	179.35
英国	198.84	166.78	208.67	227.84	225.05	188.19
法国	164.47	194.51	183.13	152.46	164.23	169.00
德国	193.05	148.68	208.55	244.41	199.93	206.41
意大利	190.91	136.21	176.23	195.27	220.13	195.07
荷兰	178.34	168.86	144.09	209.95	153.55	185.47
瑞典	220.40	193.73	265.22	204.73	100.00	235.34
俄罗斯	192.20	200.56	205.16	183.01	174.23	188.92
瑞士	199.44	231.64	180.83	184.81	232.92	197.29
美国	199.21	195.96	194.06	222.83	211.17	209.04
加拿大	197.60	193.52	212.02	223.84	109.38	193.36
澳大利亚	206.81	204.79	184.99	221.75	207.62	232.48
非洲国家	196.09	119.02	268.19	314.66	—	196.94
南美国家	188.74	—	253.10	202.64	213.29	155.87
其他国家	166.75	168.98	195.21	176.01	149.86	161.95

（按国别、职业分组）

单位：美元/人天

服务员推销员	退休人员	家庭妇女	军人	学生	其他
214.48	229.38	215.01	286.28	183.31	220.16
193.59	27.06	283.33	123.56	164.00	98.85
193.73	139.11	151.58	—	181.59	222.00
199.88	213.39	190.63	232.92	172.63	171.46
270.06	225.54	211.77	—	128.41	145.09
154.89	203.98	171.00	201.15	199.55	198.85
211.28	208.47	206.86	219.13	199.20	220.62
181.73	401.43	90.12	—	138.92	217.59
162.61	158.21	244.05	233.82	180.55	216.90
223.05	—	223.94	—	162.54	197.09
275.57	173.47	208.40	—	184.05	192.27
153.37	150.21	169.85	195.32	176.70	127.55
34.48	235.90	216.77	86.21	100.16	102.00
—	286.92	156.70	—	182.31	157.19
137.64	—	225.53	—	222.39	139.19
191.29	158.36	—	—	157.38	228.29
164.86	208.94	197.97	190.72	212.42	174.37
319.51	215.33	259.17	—	120.93	160.05
236.20	186.71	216.52	199.41	187.36	175.01
240.06	187.26	193.47	—	150.53	181.33
137.38	167.45	238.67	217.33	189.44	184.30
359.20	70.88	96.55	251.46	185.64	150.36
—	157.78	243.20	—	151.32	—
114.23	193.33	138.84	264.23	182.72	172.18

1-5 2008年外国过夜旅游者人均天花费

	人均天花费	观光游览	休闲度假	探亲访友
日本	214.94	210.52	211.23	216.17
菲律宾	190.79	183.84	243.83	211.56
泰国	214.04	192.66	193.01	210.92
新加坡	209.45	205.59	194.65	171.29
印度尼西亚	194.00	233.80	192.19	165.77
马来西亚	199.02	208.01	191.31	174.72
韩国	207.27	216.87	204.57	199.69
朝鲜	174.62	196.63	193.45	142.64
蒙古	214.92	202.02	230.97	273.95
印度	200.44	214.71	218.38	131.24
英国	198.84	192.91	214.46	169.14
法国	164.47	157.13	171.72	226.35
德国	193.05	210.78	181.96	196.50
意大利	190.91	196.64	198.77	161.11
荷兰	178.34	202.24	188.80	147.40
瑞典	220.40	217.08	202.93	239.46
俄罗斯	192.20	195.68	201.19	163.50
瑞士	199.44	226.57	206.76	118.44
美国	199.21	203.41	206.86	167.85
加拿大	197.60	207.35	191.40	163.84
澳大利亚	206.81	203.02	180.59	191.47
非洲国家	196.09	223.14	201.64	123.13
南美国家	188.74	208.96	219.14	—
其他国家	166.75	192.83	165.39	176.98

（按国别、旅游目的分组）

单位：美元/人天

商　务	会　议	宗教朝拜	文化/体育/科技交流	其　他
221.84	223.70	120.35	210.17	174.63
241.63	303.17	—	73.76	98.11
219.83	330.53	100.00	294.36	196.28
239.37	241.25	216.71	180.44	158.32
204.77	245.28	201.88	114.70	144.80
219.23	182.49	—	257.53	99.17
200.18	211.73	207.35	218.60	188.29
154.78	100.00	—	68.22	244.52
215.91	239.94	—	108.58	217.36
188.90	317.14	135.67	179.91	166.73
186.02	275.28	—	212.95	110.12
170.33	246.22	—	201.91	179.87
211.16	181.75	—	64.62	97.64
190.70	198.02	193.97	169.54	172.41
147.84	166.59	—	250.02	175.20
247.54	—	—	280.61	118.54
189.50	174.38	251.72	214.97	147.91
200.70	186.93	100.00	199.18	199.66
200.23	225.34	204.30	215.51	173.35
197.10	246.28	—	252.45	174.69
226.80	299.53	95.47	194.98	167.77
198.91	147.07	252.45	169.56	—
187.56	134.10	—	55.32	100.00
158.21	205.61	289.46	206.53	134.45

1-6 2008年外国过夜旅游者人均天花费
（按国别、性别、年龄分组）

单位：美元/人天

	人均天花费	男性	女性	14岁及以下	15~24岁	25~44岁	45~64岁	65岁及以上
日本	214.94	215.58	212.79	130.21	208.29	211.77	217.10	225.85
菲律宾	190.79	164.28	227.47	—	145.42	189.12	219.49	63.53
泰国	214.04	204.21	227.40	—	224.03	223.67	196.95	168.66
新加坡	209.45	210.96	207.59	216.76	155.79	213.38	220.90	205.31
印度尼西亚	194.00	196.81	189.21	—	140.26	192.88	209.55	195.96
马来西亚	199.02	200.12	197.60	214.44	162.05	204.69	198.21	204.18
韩国	207.27	210.78	200.36	240.85	199.33	203.83	208.68	229.75
朝鲜	174.62	179.18	170.25	—	168.00	188.28	160.82	—
蒙古	214.92	198.38	225.69	100.00	189.73	221.01	201.57	278.41
印度	200.44	197.84	210.84	240.90	166.30	203.22	216.19	168.10
英国	198.84	204.95	188.85	240.15	167.38	203.82	202.59	179.94
法国	164.47	162.70	166.20	177.17	188.97	173.76	163.74	137.41
德国	193.05	189.39	201.30	229.35	209.58	192.20	195.64	162.38
意大利	190.91	194.74	182.94	—	199.67	199.08	181.04	187.43
荷兰	178.34	176.13	183.06	—	219.94	169.68	181.19	—
瑞典	220.40	206.75	247.71	—	169.57	242.90	224.66	177.68
俄罗斯	192.20	193.70	191.31	220.10	201.28	187.99	193.70	208.09
瑞士	199.44	199.66	199.21	—	151.74	209.71	192.04	172.49
美国	199.21	195.13	205.98	144.42	185.15	210.44	198.82	189.72
加拿大	197.60	190.81	205.94	—	178.59	194.05	204.20	203.60
澳大利亚	206.81	204.33	210.22	364.33	184.78	202.22	222.37	172.89
非洲国家	196.09	197.62	192.96	—	167.83	193.85	224.35	70.88
南美国家	188.74	188.43	189.28	—	160.26	171.75	215.38	—
其他国家	166.75	169.32	162.17	175.18	166.18	166.70	159.01	226.78

1-7　2008年入境过夜旅游者在各省(区、市)人均天花费
(按团体及散客、外国人及港澳台胞分组)

单位：美元/人天

		人均天花费	外国人	香港同胞	澳门同胞	台湾同胞
北　京	小计	255.79	254.21	264.83	263.59	274.04
	团体	237.82	239.00	213.35	254.97	227.45
	散客	269.85	266.84	287.35	268.62	300.18
天　津	小计	203.65	202.62	209.48	184.85	211.41
	团体	211.06	210.62	207.14	190.00	229.45
	散客	200.75	199.52	210.49	183.30	204.19
河　北	小计	158.24	159.91	136.52	170.00	151.51
	团体	148.45	149.68	126.32	149.20	150.00
	散客	165.42	167.52	141.62	186.61	152.82
山　西	小计	182.93	176.27	195.90	224.02	191.94
	团体	190.05	180.00	210.86	237.72	200.20
	散客	176.44	173.11	184.21	203.45	180.52
内蒙古	小计	181.51	178.98	218.09	180.00	197.11
	团体	171.75	169.14	247.23	—	185.89
	散客	190.68	189.03	206.10	180.00	201.42
辽　宁	小计	207.84	207.61	211.90	217.54	199.01
	团体	203.91	203.51	204.63	208.57	204.28
	散客	209.16	208.93	214.32	223.81	196.81
吉　林	小计	181.62	181.48	191.85	192.44	168.56
	团体	188.55	188.23	217.26	—	170.00
	散客	173.43	172.34	185.49	192.44	168.41
黑龙江	小计	196.76	196.36	207.29	207.47	188.83
	团体	193.69	193.65	207.11	170.00	180.63
	散客	202.16	201.09	207.64	244.95	213.41
上　海	小计	250.57	250.15	258.39	258.59	245.15
	团体	206.07	207.71	211.52	181.59	169.68
	散客	262.30	261.88	266.91	273.99	259.69

1－7(续1)　　单位：美元/人天

		人均天花费	外国人	香港同胞	澳门同胞	台湾同胞
江　苏	小计	216.26	215.88	230.06	227.83	201.81
	团体	225.55	228.43	242.42	250.55	192.52
	散客	212.05	210.90	222.26	217.23	206.98
浙　江	小计	215.09	216.27	206.73	212.98	215.78
	团体	211.57	211.09	204.60	230.18	210.08
	散客	216.75	218.88	207.32	203.23	218.15
安　徽	小计	185.11	187.57	180.47	148.78	182.01
	团体	187.97	191.08	186.80	147.07	189.01
	散客	181.16	183.30	170.23	162.40	162.32
福　建	小计	194.71	195.19	196.52	181.79	193.26
	团体	179.97	186.51	151.32	180.04	182.94
	散客	200.20	198.32	212.18	183.34	197.07
江　西	小计	156.60	160.97	150.23	138.07	150.53
	团体	154.75	162.83	133.52	130.42	155.82
	散客	158.09	159.56	163.08	144.92	144.56
山　东	小计	211.62	209.22	232.87	206.14	213.89
	团体	207.06	209.04	206.30	195.73	186.74
	散客	213.00	209.27	240.82	213.30	220.18
河　南	小计	156.47	159.76	162.85	75.47	92.67
	团体	160.00	165.20	108.76	48.74	78.62
	散客	141.09	133.43	230.46	140.38	113.75
湖　北	小计	197.56	199.93	196.34	196.27	192.46
	团体	183.41	191.92	170.00	178.41	170.00
	散客	207.59	206.33	209.32	207.59	209.07
湖　南	小计	192.21	193.45	187.22	162.06	193.13
	团体	190.80	192.87	191.22	140.73	170.56
	散客	196.44	195.33	181.31	197.09	256.74
广　东	小计	164.48	166.60	157.62	169.89	164.95
	团体	169.25	167.63	176.97	184.74	162.44
	散客	162.82	166.17	153.52	164.84	165.88
广　西	小计	181.17	178.90	185.49	183.27	189.63
	团体	182.55	179.89	184.44	186.35	196.15
	散客	180.15	178.15	186.31	182.19	184.25

1-7(续2) 单位：美元/人天

		人均天花费	外国人	香港同胞	澳门同胞	台湾同胞
海南	小计	168.48	169.71	167.11	126.17	170.75
	团体	167.40	168.93	163.16	105.73	179.33
	散客	169.64	170.61	169.30	153.42	158.16
重庆	小计	177.04	182.96	173.26	150.97	151.44
	团体	173.89	182.82	175.29	91.88	111.49
	散客	181.35	183.19	172.20	174.60	188.14
四川	小计	173.39	171.83	179.46	165.98	180.84
	团体	162.52	161.39	178.69	108.89	161.20
	散客	181.03	178.67	180.14	190.13	201.45
贵州	小计	169.01	171.16	169.03	143.87	161.15
	团体	173.63	176.34	174.14	141.33	159.73
	散客	154.23	152.11	154.90	151.99	163.29
云南	小计	187.29	184.15	219.69	229.07	168.05
	团体	179.47	182.73	163.02	160.05	172.30
	散客	194.75	185.46	274.73	321.10	162.78
西藏	小计	171.27	183.20	174.94	163.96	131.98
	团体	152.40	155.05	173.51	164.13	125.00
	散客	202.45	208.11	179.22	161.64	168.28
陕西	小计	195.82	196.30	193.64	168.25	192.94
	团体	194.28	195.10	177.91	161.64	193.06
	散客	199.35	199.25	219.55	170.14	192.83
甘肃	小计	154.41	156.27	161.10	139.97	106.45
	团体	157.37	162.39	152.98	73.64	54.47
	散客	148.41	142.90	173.51	176.82	179.23
青海	小计	149.95	150.15	160.23	119.43	147.10
	团体	141.75	140.77	158.86	92.85	143.54
	散客	157.41	157.83	162.29	146.00	152.44
宁夏	小计	152.78	152.20	164.73	95.79	149.89
	团体	173.15	180.07	158.50	95.80	128.28
	散客	147.81	145.58	166.61	—	152.59
新疆	小计	169.58	171.88	156.25	152.26	163.14
	团体	170.42	173.69	153.55	146.97	159.07
	散客	165.80	164.00	170.29	168.13	201.10

1－8　2008 年入境过夜旅游者在各省(区、市)

		人均天花费	政府工作人员	专业技术人员	职员	技工工人
北京	小计	255.79	247.39	267.12	254.38	243.66
	团体	237.82	230.05	233.16	237.91	231.94
	散客	269.85	258.42	278.03	269.94	254.94
天津	小计	203.65	200.91	202.12	201.36	198.11
	团体	211.06	236.85	215.97	204.17	252.91
	散客	200.75	187.09	199.97	199.90	191.04
河北	小计	158.24	152.76	164.73	148.40	156.78
	团体	148.45	145.32	149.33	148.28	149.78
	散客	165.42	157.00	170.92	148.55	163.08
山西	小计	182.93	203.04	175.60	186.06	207.20
	团体	190.05	185.69	189.07	188.84	192.55
	散客	176.44	222.56	166.89	180.72	223.67
内蒙古	小计	181.51	177.87	213.69	187.03	185.26
	团体	171.75	160.00	252.54	177.08	193.61
	散客	190.68	185.02	206.75	196.39	180.71
辽宁	小计	207.84	206.64	213.83	207.92	232.27
	团体	203.91	204.07	218.13	206.28	—
	散客	209.16	207.52	213.42	208.24	232.27
吉林	小计	181.62	169.21	185.12	176.50	196.54
	团体	188.55	170.00	187.59	186.36	202.64
	散客	173.43	168.42	183.74	166.64	160.00
黑龙江	小计	196.76	196.17	203.05	197.95	192.86
	团体	193.69	186.87	201.89	196.40	190.68
	散客	202.16	204.44	203.98	200.86	197.01
上海	小计	250.57	224.87	250.37	255.98	245.80
	团体	206.07	216.76	221.88	200.62	207.05
	散客	262.30	229.40	253.69	266.74	253.25
江苏	小计	216.26	227.94	214.86	213.83	201.24
	团体	225.55	252.46	217.33	225.50	229.80
	散客	212.05	214.20	213.95	206.81	196.37

人均天花费（按团体及散客、职业分组）

单位：美元/人天

商贸人员	服务员推销员	退休人员	家庭妇女	军人	学生	其他
266.62	250.36	249.43	237.56	301.41	238.20	259.91
252.60	224.80	239.14	231.79	259.98	238.54	224.59
271.46	275.92	291.23	249.11	342.83	237.64	281.91
204.32	220.72	201.38	209.42	230.46	215.92	182.86
209.82	230.22	206.92	210.83	190.00	213.35	190.00
202.93	216.92	193.56	208.16	270.92	217.70	180.00
158.52	150.68	164.02	165.87	176.15	154.44	170.26
148.70	147.70	146.55	150.40	147.84	148.49	150.00
163.31	160.79	183.99	181.35	204.45	163.22	172.79
182.36	195.71	181.33	153.99	94.97	176.66	181.17
185.97	180.00	196.15	187.43	180.00	201.01	188.71
180.53	204.69	152.27	131.70	9.94	165.69	176.80
175.16	173.33	183.85	187.62	173.33	178.75	182.72
168.07	160.00	182.67	186.05	160.00	160.00	171.57
191.79	180.00	184.92	187.79	180.00	191.25	185.74
206.50	208.48	201.50	208.73	195.00	205.52	205.30
202.82	205.03	197.22	209.73	195.00	204.61	199.39
206.99	209.49	208.02	206.81	—	206.36	209.35
181.04	170.00	183.25	186.80	170.00	195.12	169.81
183.53	170.00	186.02	195.37	170.00	204.98	170.00
179.25	—	173.01	171.54	—	141.57	169.73
192.77	195.57	202.01	192.00	171.77	197.47	193.23
186.31	189.74	201.80	186.53	171.77	195.37	188.67
198.44	219.84	204.94	200.51	—	205.50	207.21
261.69	240.28	233.01	243.33	233.78	228.43	250.92
194.19	219.51	208.01	207.76	212.08	200.24	205.23
268.31	245.20	263.20	282.12	248.24	251.11	268.06
215.25	215.43	221.28	233.93	168.64	229.74	207.11
219.12	203.95	220.71	237.92	—	242.62	223.81
214.87	221.81	222.77	224.36	168.64	217.38	197.48

1－8(续1)

		人均天花费	政府工作人员	专业技术人员	职员	技工工人
浙江	小计	215.09	214.24	221.01	212.65	211.85
	团体	211.57	210.55	217.80	198.77	208.27
	散客	216.75	216.38	222.15	219.52	214.00
安徽	小计	185.11	183.04	181.40	184.86	189.69
	团体	187.97	190.85	188.11	185.80	186.09
	散客	181.16	175.70	176.31	182.80	193.29
福建	小计	194.71	177.00	199.35	197.06	211.47
	团体	179.97	175.81	154.33	188.88	198.72
	散客	200.20	178.04	208.60	200.38	221.29
江西	小计	156.60	156.06	147.64	159.98	150.34
	团体	154.75	172.40	139.02	146.47	152.67
	散客	158.09	143.98	152.63	173.07	148.93
山东	小计	211.62	206.48	202.88	223.84	199.47
	团体	207.06	206.16	208.38	213.20	200.00
	散客	213.00	206.55	201.94	227.52	199.37
河南	小计	156.47	146.21	154.93	161.70	155.74
	团体	160.00	146.99	162.81	167.60	153.58
	散客	141.09	141.80	137.88	134.96	165.48
湖北	小计	197.56	190.81	199.93	197.87	203.67
	团体	183.41	180.51	182.23	177.74	189.59
	散客	207.59	200.61	206.49	212.55	210.20
湖南	小计	192.21	191.20	193.24	198.61	179.13
	团体	190.80	190.06	197.73	188.91	176.03
	散客	196.44	195.56	182.85	221.89	198.48
广东	小计	164.48	163.72	158.59	165.02	157.65
	团体	169.25	166.23	165.92	173.81	169.47
	散客	162.82	162.37	156.75	161.71	153.61
广西	小计	181.17	185.22	181.51	175.36	177.31
	团体	182.55	175.84	183.37	173.02	172.11
	散客	180.15	189.41	180.25	177.88	181.60
海南	小计	168.48	166.34	166.42	165.75	161.87
	团体	167.40	160.36	158.38	162.36	170.82
	散客	169.64	174.12	172.85	169.78	150.94

单位：美元/人天

商贸人员	服务员推销员	退休人员	家庭妇女	军人	学生	其他
215.04	202.29	210.41	207.05	276.91	220.20	225.20
212.42	203.71	212.96	209.33	269.45	218.28	230.01
215.48	199.17	201.36	200.06	299.28	228.65	221.41
181.13	192.65	185.52	195.26	136.70	185.49	188.37
185.72	173.90	185.30	197.52	180.00	186.26	191.89
177.72	201.68	187.65	178.14	93.39	184.12	182.87
194.66	174.60	197.61	174.36	208.73	197.79	203.76
196.48	171.39	184.41	158.10	180.00	171.81	185.82
194.48	177.16	217.18	186.66	227.88	209.42	214.60
156.27	142.57	145.88	172.18	222.86	179.68	167.42
153.58	120.00	148.69	176.47	232.00	194.65	180.78
157.78	162.89	141.20	167.48	213.72	169.69	147.38
213.21	212.92	217.57	203.86	206.30	212.93	213.26
204.46	209.07	204.49	204.40	209.33	209.14	199.84
215.12	214.96	226.29	203.63	204.79	215.74	215.62
157.52	147.19	169.52	144.85	143.53	160.27	144.34
161.71	154.93	167.95	157.99	141.03	152.29	151.05
143.99	80.15	180.38	87.32	158.52	222.07	116.37
203.09	177.45	193.85	191.19	196.00	200.43	199.21
182.09	170.00	189.77	177.75	176.18	190.76	195.36
209.60	184.91	204.17	208.09	212.52	210.62	201.26
195.36	188.81	191.82	192.70	158.89	182.30	188.86
195.68	193.38	191.11	194.34	160.00	174.59	177.44
195.00	177.04	201.52	177.12	150.00	247.06	268.83
171.75	161.32	161.39	158.52	168.15	159.07	162.64
169.98	174.13	164.34	167.51	150.51	169.47	169.34
172.07	154.01	158.91	153.03	172.96	152.42	160.08
186.07	188.43	183.14	187.88	155.06	184.47	170.59
186.34	180.48	187.80	193.40	150.00	185.44	189.50
185.98	193.73	178.93	176.08	157.08	183.42	159.88
169.67	182.24	167.79	169.18	155.33	169.40	177.19
168.48	188.45	167.66	171.44	164.76	177.14	179.72
170.49	167.95	168.01	164.13	144.01	161.35	175.69

1－8(续2)

		人均天花费	政府工作人员	专业技术人员	职员	技工工人
重庆	小计	177.04	158.44	180.24	177.80	187.02
	团体	173.89	133.85	175.89	176.64	192.53
	散客	181.35	186.91	187.99	178.76	182.19
四川	小计	173.39	176.53	163.18	184.08	178.78
	团体	162.52	159.06	160.77	168.84	162.48
	散客	181.03	188.10	164.26	194.98	197.19
贵州	小计	169.01	162.22	163.90	165.34	194.67
	团体	173.63	159.17	170.48	170.16	190.53
	散客	154.23	171.35	151.97	149.94	236.04
云南	小计	187.29	182.22	189.63	190.60	197.96
	团体	179.47	167.37	176.21	185.02	189.20
	散客	194.75	198.07	196.45	199.02	205.37
西藏	小计	171.27	170.72	189.26	166.11	169.27
	团体	152.40	151.50	147.12	147.11	153.47
	散客	202.45	228.35	245.44	186.29	191.00
陕西	小计	195.82	209.15	192.58	198.13	192.55
	团体	194.28	197.21	194.01	199.06	199.25
	散客	199.35	222.79	190.45	196.29	178.73
甘肃	小计	154.41	162.99	149.41	169.61	161.64
	团体	157.37	153.29	152.26	168.18	165.41
	散客	148.41	182.39	146.06	172.15	156.83
青海	小计	149.95	170.00	156.34	142.10	143.39
	团体	141.75	159.97	151.03	136.42	127.00
	散客	157.41	188.04	159.97	146.11	154.31
宁夏	小计	152.78	141.96	149.60	156.71	153.14
	团体	173.15	117.43	176.82	187.49	—
	散客	147.81	151.16	147.90	144.87	153.14
新疆	小计	169.58	149.10	168.23	169.60	179.03
	团体	170.42	149.10	169.97	168.07	178.74
	散客	165.80	—	157.47	176.19	181.33

单位：美元/人天

商贸人员	服务员推销员	退休人员	家庭妇女	军人	学生	其他
177.03	192.18	167.48	178.75	185.68	192.54	173.52
179.75	187.69	169.89	173.85	191.84	185.27	175.31
175.83	195.18	159.07	193.76	177.47	217.95	170.27
169.18	190.30	173.18	175.85	197.48	146.36	170.71
163.18	152.20	159.00	161.88	173.78	171.63	149.85
170.79	219.43	196.63	203.78	224.56	124.45	184.46
164.38	171.89	181.69	177.68	150.00	179.78	164.50
175.06	175.11	184.07	179.87	150.00	177.91	170.97
137.67	130.00	162.88	169.46	—	185.40	143.12
207.38	212.47	173.41	193.45	224.37	158.07	169.26
184.17	170.71	176.48	168.60	175.83	182.67	182.57
214.79	290.02	165.48	255.57	272.91	135.52	158.56
164.45	170.20	148.34	144.07	223.90	175.09	167.22
154.94	156.76	153.11	145.35	—	170.11	155.04
190.60	197.09	119.73	142.15	223.90	194.99	191.57
200.95	197.27	195.84	192.55	188.78	189.25	193.28
196.02	203.55	193.15	191.03	—	188.97	190.58
207.18	180.00	214.56	199.47	188.78	190.15	200.94
156.96	157.72	158.66	160.64	152.19	118.85	139.30
149.67	176.33	155.66	159.98	144.70	146.65	153.56
170.34	108.07	180.00	170.98	189.66	106.08	113.48
163.24	103.88	157.56	131.02	—	133.96	145.99
141.35	80.82	140.85	124.74	—	149.62	142.07
181.03	150.00	188.19	138.08	—	106.57	148.07
161.30	64.06	164.49	157.24	262.01	—	147.76
184.00	—	174.64	145.00	262.01	—	165.20
157.90	64.06	130.67	161.32	—	—	144.27
152.41	153.37	150.00	156.26	—	173.32	173.00
153.44	164.96	150.00	160.46	—	175.88	161.03
150.00	139.85	150.00	146.80	—	161.25	188.96

1-9 2008 年入境过夜旅游者在各省(区、市)

		人均天花费	观光游览	休闲度假	探亲访友
北京	小计	255.79	246.47	240.69	255.36
	团体	237.82	243.16	231.08	238.60
	散客	269.85	254.13	260.44	261.78
天津	小计	203.65	204.92	215.93	215.58
	团体	211.06	204.73	225.92	203.39
	散客	200.75	205.20	204.14	223.14
河北	小计	158.24	145.97	155.84	162.02
	团体	148.45	147.53	148.94	149.99
	散客	165.42	143.21	171.68	166.62
山西	小计	182.93	194.59	192.67	159.05
	团体	190.05	191.72	189.32	180.00
	散客	176.44	199.84	199.53	150.48
内蒙古	小计	181.51	189.74	192.61	193.41
	团体	171.75	184.21	189.93	180.90
	散客	190.68	197.00	195.29	197.16
辽宁	小计	207.84	204.67	207.00	211.38
	团体	203.91	202.94	201.48	205.85
	散客	209.16	206.29	210.12	212.09
吉林	小计	181.62	187.57	184.26	175.88
	团体	188.55	191.05	189.28	170.00
	散客	173.43	168.78	163.15	177.06
黑龙江	小计	196.76	197.60	192.50	200.82
	团体	193.69	193.37	193.64	196.26
	散客	202.16	224.04	185.99	204.51
上海	小计	250.57	231.64	233.39	241.56
	团体	206.07	207.46	201.45	207.81
	散客	262.30	251.57	248.98	247.67
江苏	小计	216.26	227.08	216.76	199.21
	团体	225.55	230.74	224.07	209.26
	散客	212.05	219.02	209.76	195.09

人均天花费(按团体及散客、旅游目的分组)

单位：美元/人天

商　务	会　议	宗教朝拜	文化/体育/科技交流	其　他
271.85	259.95	268.57	256.23	271.38
245.76	227.61	215.00	225.73	232.93
278.81	265.17	304.29	273.83	289.72
199.53	201.42	221.43	200.86	182.88
209.04	194.87	242.14	242.14	190.00
198.61	203.39	180.00	196.00	180.65
167.92	156.17	143.86	154.99	177.28
147.96	149.67	148.05	149.59	149.91
172.84	158.09	141.76	165.13	178.02
164.31	194.49	168.03	138.21	182.93
189.92	180.00	189.74	191.86	180.00
161.40	195.25	153.55	123.31	184.39
176.10	206.26	173.33	202.97	180.89
166.78	160.00	160.00	216.01	160.00
188.36	213.37	180.00	195.15	184.72
211.56	208.11	198.33	204.18	201.93
217.03	222.99	195.00	189.55	205.39
211.31	206.25	200.00	209.05	200.35
173.87	172.16	268.20	180.96	160.10
170.00	170.00	—	170.00	170.00
174.39	172.31	268.20	184.33	159.52
204.69	185.61	294.54	212.08	187.50
194.30	192.12	—	198.34	190.18
208.62	183.15	294.54	219.80	186.16
263.01	284.79	228.35	243.10	238.45
202.79	203.73	197.72	221.33	200.82
265.83	289.43	243.66	254.36	247.13
211.51	214.96	227.75	208.17	213.85
215.08	206.01	211.95	203.82	190.00
211.37	216.04	255.40	208.91	216.96

1 -9(续1)

		人均天花费	观光游览	休闲度假	探亲访友
浙　江	小计	215.09	211.85	212.40	209.42
	团体	211.57	214.58	208.98	198.86
	散客	216.75	198.37	217.58	214.70
安　徽	小计	185.11	188.92	191.00	164.75
	团体	187.97	187.37	187.27	191.00
	散客	181.16	194.27	198.46	156.88
福　建	小计	194.71	184.64	198.95	195.80
	团体	179.97	172.14	182.89	194.68
	散客	200.20	198.29	207.84	196.17
江　西	小计	156.60	151.66	157.93	149.35
	团体	154.75	146.93	153.63	181.17
	散客	158.09	161.75	164.62	145.23
山　东	小计	211.62	213.49	210.75	216.48
	团体	207.06	205.94	209.00	211.20
	散客	213.00	219.15	211.55	217.26
河　南	小计	156.47	160.79	157.00	155.30
	团体	160.00	166.96	157.80	146.09
	散客	141.09	130.40	152.10	173.26
湖　北	小计	197.56	193.25	193.56	198.60
	团体	183.41	183.63	182.98	180.12
	散客	207.59	208.53	207.49	204.17
湖　南	小计	192.21	191.80	189.37	190.93
	团体	190.80	192.64	186.06	172.27
	散客	196.44	184.94	201.37	199.04
广　东	小计	164.48	166.80	165.45	159.81
	团体	169.25	170.82	169.25	172.48
	散客	162.82	162.36	163.43	157.74
广　西	小计	181.17	183.00	179.40	176.95
	团体	182.55	181.39	183.01	182.27
	散客	180.15	185.23	175.60	175.90

单位：美元/人天

商　务	会　议	宗教朝拜	文化/体育/科技交流	其　他
218.54	210.57	218.19	190.86	218.58
214.86	176.47	231.64	187.20	—
218.65	214.36	211.47	197.44	218.58
178.18	177.68	196.13	167.44	178.34
188.29	185.81	197.93	179.48	190.04
176.31	172.10	182.07	162.28	170.54
196.00	207.62	252.49	190.90	197.48
193.82	196.29	224.25	174.61	172.83
196.14	209.27	275.07	195.19	223.90
158.12	166.91	212.12	172.85	168.73
171.60	157.69	251.06	186.25	200.78
156.56	171.52	153.72	167.26	161.03
208.84	211.13	184.26	209.83	219.12
204.72	220.20	200.00	173.85	223.01
209.27	209.89	181.64	213.61	218.81
156.44	139.64	128.57	129.21	136.53
153.29	142.97	133.28	151.72	189.24
166.20	117.48	116.81	72.95	57.47
206.67	197.28	188.48	197.52	211.00
180.59	182.00	179.69	182.24	211.51
210.09	201.49	197.28	202.11	210.78
200.32	183.89	194.63	192.03	196.93
186.87	180.64	195.58	153.75	179.36
206.08	185.42	190.63	198.08	210.10
165.00	166.16	174.77	159.23	148.13
168.75	160.02	167.38	149.84	163.94
164.68	167.30	183.74	162.36	144.73
181.47	186.37	150.00	183.26	173.11
178.06	196.40	150.00	188.28	198.67
181.90	183.40	—	180.49	154.85

1－9(续2)

		人均天花费	观光游览	休闲度假	探亲访友
海　南	小计	168.48	165.39	173.71	151.91
	团体	167.40	164.23	176.82	149.19
	散客	169.64	167.42	170.53	154.76
重　庆	小计	177.04	171.71	179.48	176.11
	团体	173.89	173.12	176.17	165.12
	散客	181.35	164.88	188.00	179.17
四　川	小计	173.39	181.12	171.57	163.94
	团体	162.52	163.22	160.19	173.58
	散客	181.03	212.33	185.62	162.38
贵　州	小计	169.01	168.94	173.33	174.53
	团体	173.63	170.67	176.44	182.65
	散客	154.23	157.27	157.14	166.02
云　南	小计	187.29	171.03	182.85	199.88
	团体	179.47	179.63	176.96	184.63
	散客	194.75	158.31	190.19	214.23
西　藏	小计	171.27	170.52	164.92	163.15
	团体	152.40	147.40	151.53	144.49
	散客	202.45	202.40	189.79	228.45
陕　西	小计	195.82	197.15	198.29	183.74
	团体	194.28	195.36	195.40	189.02
	散客	199.35	203.76	206.43	180.77
甘　肃	小计	154.41	150.86	152.40	163.75
	团体	157.37	158.00	156.44	142.78
	散客	148.41	131.83	140.28	176.33
青　海	小计	149.95	141.92	144.45	154.09
	团体	141.75	139.59	143.87	146.93
	散客	157.41	144.78	145.41	156.48
宁　夏	小计	152.78	153.74	140.42	86.21
	团体	173.15	174.51	145.00	—
	散客	147.81	135.94	136.60	86.21
新　疆	小计	169.58	174.86	164.09	157.11
	团体	170.42	174.14	164.16	150.00
	散客	165.80	180.95	163.65	160.66

单位：美元/人天

商务	会议	宗教朝拜	文化/体育/科技交流	其他
172.22	166.76	154.76	153.81	155.89
146.31	163.60	140.00	148.88	159.51
180.44	169.48	184.27	162.26	154.49
178.36	184.58	198.08	187.71	192.26
177.55	177.71	175.00	175.00	128.97
178.55	187.85	244.25	192.59	217.57
173.12	163.97	145.98	134.88	164.00
167.33	182.54	144.06	161.36	153.40
173.75	163.20	149.18	127.72	165.16
157.49	163.37	149.95	169.84	188.16
188.25	175.00	169.91	161.87	187.63
137.54	147.51	130.00	179.25	191.81
223.61	213.07	278.50	227.98	204.40
175.57	178.63	160.00	201.90	175.48
231.94	220.38	337.75	245.37	233.32
186.98	172.49	147.60	189.52	164.41
150.29	146.77	157.82	170.87	161.70
246.59	190.87	123.78	215.16	191.57
182.97	201.23	266.81	221.54	153.97
166.24	175.91	266.81	195.35	183.69
187.92	208.46	—	300.13	116.82
160.56	204.26	161.64	172.41	164.24
166.19	163.80	133.19	159.16	160.34
158.50	217.75	232.76	182.05	168.15
167.75	203.03	129.43	176.37	156.65
179.32	145.00	129.43	132.73	145.00
166.24	210.28	—	186.06	165.98
151.29	158.93	—	162.11	151.18
—	187.01	—	262.01	145.00
151.29	152.32	—	154.42	151.45
157.55	165.31	159.28	152.20	155.11
170.13	163.66	164.97	153.46	152.68
149.17	167.79	147.89	150.00	157.14

1-10 2008年入境过夜旅游者在各省(区、市)人均天花费
(按团体及散客、性别、年龄分组)

单位：美元/人天

		人均天花费	男性	女性	14岁及以下	15~24岁	25~44岁	45~64岁	65岁及以上
北京	小计	255.79	260.01	251.49	200.04	245.95	259.07	259.93	240.54
	团体	237.82	239.89	236.32	193.73	241.02	238.70	236.23	237.44
	散客	269.85	271.52	267.63	207.61	251.99	271.88	276.08	247.36
天津	小计	203.65	201.87	206.58	295.10	207.02	203.18	203.40	196.37
	团体	211.06	213.22	209.21	295.10	205.92	209.85	214.07	199.11
	散客	200.75	198.87	204.82	—	207.82	201.36	198.34	194.36
河北	小计	158.24	157.06	159.71	124.92	152.38	156.66	164.55	150.85
	团体	148.45	148.36	148.54	136.10	148.74	147.90	149.08	149.23
	散客	165.42	162.38	169.95	122.13	156.76	162.30	176.03	152.06
山西	小计	182.93	177.65	191.08	201.15	186.94	184.98	181.20	170.13
	团体	190.05	186.36	194.89	—	199.92	185.35	190.89	197.93
	散客	176.44	170.62	186.88	201.15	176.04	184.72	168.33	129.37
内蒙古	小计	181.51	190.01	176.22	160.00	173.79	179.23	190.59	182.94
	团体	171.75	181.10	169.49	160.00	160.00	170.63	178.68	185.51
	散客	190.68	192.90	187.82	—	180.68	189.86	194.86	180.00
辽宁	小计	207.84	208.35	207.09	197.50	209.28	207.01	209.66	204.73
	团体	203.91	201.26	206.20	195.00	213.71	204.76	206.02	194.43
	散客	209.16	210.09	207.54	200.00	206.69	207.63	210.34	225.97
吉林	小计	181.62	178.78	184.87	—	184.15	182.28	178.34	186.79
	团体	188.55	180.58	195.23	—	192.53	188.87	182.64	206.23
	散客	173.43	177.24	167.05	—	157.95	175.63	174.05	172.21
黑龙江	小计	196.76	197.35	195.96	206.63	192.59	194.50	200.31	202.55
	团体	193.69	192.87	194.58	202.45	192.96	188.29	200.36	197.70
	散客	202.16	203.41	199.54	221.26	190.86	202.69	200.23	223.36
上海	小计	250.57	250.87	249.99	286.10	234.14	251.53	254.62	233.39
	团体	206.07	206.76	205.40	180.00	200.61	206.81	208.11	204.56
	散客	262.30	259.06	269.66	301.25	252.17	260.07	266.48	256.36
江苏	小计	216.26	213.87	220.53	231.53	220.83	217.64	213.18	216.26
	团体	225.55	223.88	227.34	314.93	244.35	224.51	222.55	221.71
	散客	212.05	210.51	215.60	189.83	209.44	215.05	208.69	209.56

1-10(续1)　　单位：美元/人天

		人均天花费	男性	女性	14岁及以下	15~24岁	25~44岁	45~64岁	65岁及以上
浙江	小计	215.09	216.94	212.53	204.36	218.20	213.64	217.17	212.93
	团体	211.57	211.80	211.39	191.67	216.80	210.03	213.96	207.13
	散客	216.75	218.54	213.40	242.46	219.45	215.09	218.53	221.97
安徽	小计	185.11	183.62	187.49	231.06	180.80	183.75	184.62	190.72
	团体	187.97	187.77	188.22	184.36	186.44	183.83	191.90	188.05
	散客	181.16	179.07	186.01	324.47	173.34	183.65	175.76	204.75
福建	小计	194.71	194.08	195.63	139.11	197.26	195.84	189.75	213.21
	团体	179.97	182.16	178.17	138.24	185.97	184.37	174.02	180.55
	散客	200.20	197.18	205.80	139.55	202.91	199.01	195.99	240.43
江西	小计	156.60	157.80	155.05	150.09	160.06	159.26	151.19	159.85
	团体	154.75	157.58	152.40	168.99	155.35	156.91	152.62	147.19
	散客	158.09	157.93	158.39	131.19	165.15	160.98	150.04	174.62
山东	小计	211.62	210.80	213.00	210.72	214.30	209.66	212.12	219.23
	团体	207.06	207.64	206.10	226.73	209.57	208.86	202.43	205.63
	散客	213.00	211.74	215.16	189.38	216.60	209.87	214.95	224.30
河南	小计	156.47	159.69	151.71	111.69	165.79	155.65	158.65	152.57
	团体	160.00	161.43	157.78	130.00	165.34	157.78	162.57	161.23
	散客	141.09	151.18	129.22	56.75	166.85	145.16	144.58	97.54
湖北	小计	197.56	199.15	195.23	207.76	190.45	200.53	197.38	193.69
	团体	183.41	183.46	183.36	191.29	180.67	181.08	182.11	190.45
	散客	207.59	207.18	208.45	228.35	201.90	209.27	206.90	203.63
湖南	小计	192.21	190.71	193.95	174.85	187.65	193.32	191.77	196.02
	团体	190.80	191.30	190.28	173.70	176.77	192.50	191.39	195.35
	散客	196.44	189.27	208.19	197.92	205.79	195.29	193.16	203.67
广东	小计	164.48	163.83	165.40	159.88	164.94	165.90	162.85	158.92
	团体	169.25	168.04	170.41	175.34	173.36	172.66	164.31	163.56
	散客	162.82	162.67	163.07	144.42	161.11	164.08	162.30	154.36
广西	小计	181.17	179.19	183.89	223.70	179.91	180.20	183.50	174.68
	团体	182.55	181.16	183.91	235.99	178.20	184.36	183.67	171.76
	散客	180.15	178.05	183.87	215.52	181.34	177.61	183.36	177.46
海南	小计	168.48	168.57	168.37	191.30	170.86	169.20	166.38	164.21
	团体	167.40	165.92	169.01	196.56	180.00	169.44	160.28	159.63
	散客	169.64	171.24	167.64	165.00	162.86	168.98	174.50	173.65

1－10(续2)　　单位：美元/人天

		人均天花费	男性	女性	14岁及以下	15～24岁	25～44岁	45～64岁	65岁及以上
重庆	小计	177.04	175.45	178.94	178.33	190.80	177.13	173.98	172.87
	团体	173.89	173.12	174.76	175.00	189.42	168.65	175.02	167.63
	散客	181.35	178.47	184.99	180.00	193.02	183.40	171.87	187.21
四川	小计	173.39	171.20	176.52	170.23	152.91	174.86	177.52	162.13
	团体	162.52	162.65	162.39	164.29	165.32	164.94	160.47	158.35
	散客	181.03	175.95	190.28	177.15	143.70	180.58	190.09	168.70
贵州	小计	169.01	166.20	172.33	187.33	169.80	165.80	171.63	172.15
	团体	173.63	172.87	174.50	201.66	168.12	172.16	174.72	178.53
	散客	154.23	146.42	164.74	130.00	174.64	148.75	159.74	143.66
云南	小计	187.29	189.12	184.69	232.79	179.15	189.65	187.53	181.05
	团体	179.47	182.96	175.43	198.87	184.12	180.08	179.02	174.88
	散客	194.75	194.06	195.94	244.09	174.41	197.11	195.70	199.57
西藏	小计	171.27	167.73	178.29	164.14	160.85	178.08	168.48	141.42
	团体	152.40	149.34	158.70	148.71	160.85	157.22	147.70	141.24
	散客	202.45	199.05	208.85	194.99	—	212.64	197.11	141.97
陕西	小计	195.82	195.21	196.57	227.37	199.67	194.92	192.64	202.84
	团体	194.28	193.02	195.73	227.37	193.60	190.94	192.60	200.99
	散客	199.35	199.79	198.74	—	219.48	199.69	192.72	217.77
甘肃	小计	154.41	153.30	155.66	182.60	132.75	152.55	159.48	156.41
	团体	157.37	157.65	157.07	182.60	140.14	160.41	158.58	154.46
	散客	148.41	145.47	152.36	—	127.82	144.56	162.71	172.48
青海	小计	149.95	151.97	147.16	159.72	144.93	147.49	157.93	141.21
	团体	141.75	141.39	142.14	—	147.49	142.10	139.95	133.12
	散客	157.41	159.95	153.07	159.72	141.91	152.27	173.34	151.33
宁夏	小计	152.78	155.31	144.91	151.52	145.00	154.28	148.58	161.04
	团体	173.15	187.29	153.11	145.00	145.00	175.98	175.01	174.49
	散客	147.81	149.58	140.81	158.05	145.00	151.05	142.13	149.28
新疆	小计	169.58	172.28	162.37	—	171.41	169.99	169.16	155.86
	团体	170.42	173.01	162.96	—	174.19	169.60	172.50	158.20
	散客	165.80	168.61	160.35	—	156.26	172.24	160.85	150.00

1－11　2008年入境过夜旅游者在各城市人均天花费
（按外国人、港澳台胞分组）

单位：美元/人天

	人均天花费	外国人	香港同胞	澳门同胞	台湾同胞
北　　京	255.79	254.21	264.83	263.59	274.04
天　　津	203.65	202.62	209.48	184.85	211.41
石 家 庄	185.67	187.84	166.48	220.02	157.90
唐　　山	150.18	148.88	122.27	213.83	159.45
秦 皇 岛	156.24	161.89	137.01	162.84	134.47
保　　定	146.92	148.88	123.59	153.27	150.00
承　　德	149.72	150.28	107.66	154.78	150.00
廊　　坊	148.64	148.10	124.12	150.94	164.89
太　　原	214.54	207.89	215.74	263.78	222.71
大　　同	193.97	194.42	187.37	197.71	194.43
长　　治	199.30	201.16	204.94	185.92	194.17
晋　　城	143.01	142.98	143.68	—	—
朔　　州	176.31	174.47	247.04	279.17	105.27
晋　　中	178.50	176.53	157.21	250.43	160.91
运　　城	188.29	171.70	158.46	229.72	230.87
忻　　州	198.79	192.99	216.76	202.79	219.31
临　　汾	188.62	171.63	218.68	246.11	193.27
吕　　梁	128.11	154.45	—	—	75.43
呼和浩特	188.86	180.39	223.05	180.00	193.10
满 洲 里	166.06	166.06	—	—	—
二连浩特	187.57	187.57	—	—	—
包　　头	192.56	190.38	208.18	180.00	207.53
沈　　阳	200.55	199.01	213.32	216.40	191.14
大　　连	211.51	211.83	211.19	218.33	203.88
长　　春	181.07	181.37	169.53	221.44	160.00
吉　　林	177.00	174.07	197.43	182.77	171.76
延　　吉	187.24	187.24	—	—	—
哈 尔 滨	202.33	201.29	208.25	266.60	191.14
齐齐哈尔	193.54	193.78	—	170.00	—
大　　庆	196.30	197.29	175.00	175.00	170.00
佳 木 斯	182.60	182.39	193.81	—	170.00
牡 丹 江	200.12	199.52	213.77	171.67	210.07
上　　海	250.57	250.15	258.39	258.59	245.15
南　　京	215.50	214.13	223.46	224.30	197.61
无　　锡	233.19	234.45	259.46	286.42	206.37
苏　　州	220.36	221.90	226.35	235.22	208.32
南　　通	190.51	185.52	242.41	205.15	178.46
扬　　州	198.00	200.25	196.11	190.00	195.51

1-11(续1)

单位：美元/人天

	人均天花费	外国人	香港同胞	澳门同胞	台湾同胞
杭州	214.57	215.45	201.11	213.76	221.13
宁波	211.59	214.43	202.66	214.11	201.80
温州	219.90	221.64	216.46	234.55	204.87
绍兴	215.26	217.50	209.85	204.85	212.15
金华	219.73	217.90	223.28	191.34	241.23
合肥	185.37	189.10	163.86	—	160.77
芜湖	187.98	190.56	144.64	201.33	180.00
铜陵	176.92	179.07	179.60	114.04	135.60
安庆	164.40	165.05	156.35	165.23	182.87
黄山	187.72	185.04	207.82	194.76	194.72
池州	193.33	206.29	189.76	116.64	171.35
福州	191.33	192.18	187.81	172.05	198.76
厦门	217.89	213.88	233.62	235.94	218.10
泉州	185.40	182.61	217.30	137.66	142.99
漳州	169.28	168.65	159.47	171.40	180.58
武夷山	146.35	165.73	88.74	—	127.88
南昌	166.71	160.69	169.73	192.38	183.25
景德镇	161.41	170.86	153.66	159.52	136.70
九江	145.20	146.06	130.00	—	120.00
鹰潭	165.04	172.64	141.64	158.37	144.01
赣州	147.07	154.25	147.11	112.73	140.18
吉安	156.63	171.70	146.95	131.08	140.67
济南	234.70	229.73	234.61	248.34	260.17
青岛	213.71	212.84	236.03	199.01	195.08
烟台	195.22	192.98	222.18	165.57	200.61
曲阜	209.94	211.75	185.00	192.50	192.58
泰安	195.95	196.12	242.40	208.15	148.93
威海	207.17	206.81	249.04	—	208.32
郑州	142.46	153.47	61.88	46.29	68.67
开封	147.05	145.30	198.02	130.00	86.21
洛阳	187.36	189.19	237.07	47.89	116.54
三门峡	144.80	142.34	224.78	151.92	130.00
武汉	198.26	199.48	200.29	190.83	195.08
十堰	184.49	195.93	177.50	187.50	179.78
宜昌	197.60	199.57	185.91	220.52	187.22
襄樊	209.57	217.15	207.14	216.54	193.99
荆州	204.25	209.63	192.29	197.23	205.21
湖北游船	190.54	192.62	177.14	193.41	180.71
长沙	188.22	185.40	212.02	233.50	220.23
湘潭	181.54	182.11	174.40	169.30	212.30
衡阳	198.18	201.65	190.08	187.69	162.54
岳阳	193.22	200.99	187.29	139.63	147.61

单位：美元/人天

	人均天花费	外国人	香港同胞	澳门同胞	台湾同胞
张家界	197.08	198.26	172.34	134.54	196.89
广州	175.63	175.68	173.53	170.85	182.73
深圳	162.59	171.92	145.28	201.52	156.46
珠海	169.11	164.16	174.60	176.92	165.24
汕头	156.06	157.23	161.49	147.76	123.32
佛山	163.41	163.80	166.11	135.08	172.20
江门	149.60	150.82	139.90	146.09	162.55
肇庆	182.40	192.08	166.42	188.92	190.32
惠州	164.19	158.31	167.77	178.97	184.64
东莞	114.74	116.92	105.31	90.84	113.03
中山	156.57	163.40	133.62	154.66	170.87
南宁	178.44	171.15	195.15	217.50	183.03
桂林	183.70	183.07	187.29	173.70	189.39
梧州	192.81	183.52	196.05	185.53	218.05
北海	183.35	181.88	198.49	198.40	156.69
玉林	176.07	172.96	178.72	170.09	190.22
百色	176.77	176.13	154.12	175.19	192.13
凭祥	163.67	161.50	167.37	180.52	157.03
海口	159.01	159.02	162.47	153.74	155.96
三亚	173.18	175.56	168.16	117.56	177.01
重庆	177.07	185.03	172.14	149.12	146.87
重庆游船	176.91	175.17	200.45	175.00	187.41
成都	163.58	161.48	182.20	139.35	172.32
绵阳	147.04	141.12	164.24	301.72	156.09
乐山	197.87	199.12	187.58	214.15	194.90
贵阳	174.87	178.94	169.11	131.74	165.36
安顺	149.60	148.95	161.43	164.08	141.43
黔东南	164.89	164.87	172.74	158.89	160.03
昆明	192.20	189.01	221.25	235.29	172.07
景洪	167.86	169.89	205.64	160.00	151.61
大理	138.97	137.68	160.00	180.00	—
拉萨	171.27	183.20	174.94	163.96	131.98
西安	196.18	196.36	193.76	193.23	195.07
咸阳	190.10	195.25	192.07	80.82	160.00
兰州	150.36	151.44	156.30	158.90	119.27
敦煌	157.34	159.41	168.43	114.73	85.10
西宁	157.05	159.42	160.23	119.43	147.10
格尔木	116.70	116.70	—	—	—
银川	152.78	152.20	164.73	95.79	149.89
乌鲁木齐	173.48	179.28	148.44	48.85	151.90
吐鲁番	165.51	161.69	189.91	195.35	155.08
库尔勒	176.29	179.06	141.28	95.79	178.78
喀什	160.63	162.92	152.46	152.69	151.23
伊宁	183.48	184.78	99.38	—	237.68

1-12 2008年入境过夜旅游者在各城市

	人均天花费	政府工作人员	专业技术人员	职员	技工工人
北京	255.79	247.39	267.12	254.38	243.66
天津	203.65	200.91	202.12	201.36	198.11
石家庄	185.67	176.66	200.44	167.89	215.52
唐山	150.18	187.05	152.62	93.81	123.40
秦皇岛	156.24	167.73	152.69	169.92	155.31
保定	146.92	150.00	129.93	145.95	150.00
承德	149.72	149.75	154.39	147.98	149.79
廊坊	148.64	132.78	138.18	153.53	160.91
太原	214.54	280.13	253.17	172.18	285.31
大同	193.97	233.29	195.97	178.65	194.58
长治	199.30	—	173.81	176.15	—
晋城	143.01	—	143.55	130.94	150.65
朔州	176.31	162.49	176.18	229.59	253.79
晋中	178.50	180.00	201.05	170.64	183.46
运城	188.29	158.50	179.08	223.71	346.00
忻州	198.79	167.66	147.75	231.86	146.29
临汾	188.62	180.00	188.26	193.41	192.06
吕梁	128.11	—	—	—	—
呼和浩特	188.86	170.00	217.14	181.04	180.00
满洲里	166.06	—	—	—	160.00
二连浩特	187.57	194.68	180.00	189.50	191.84
包头	192.56	182.22	214.81	206.85	184.80
沈阳	200.55	202.04	199.02	201.12	200.00
大连	211.51	208.68	219.45	210.88	240.34
长春	181.07	162.86	184.47	181.00	207.16
吉林	177.00	185.27	176.15	173.78	—

人均天花费（按职业分组）

单位：美元/人天

商贸人员	服务员推销员	退休人员	家庭妇女	军人	学生	其他
266.62	250.36	249.43	237.56	301.41	238.20	259.91
204.32	220.72	201.38	209.42	230.46	215.92	182.86
160.85	148.04	186.48	212.92	180.80	189.51	186.54
172.38	71.19	186.54	193.75	—	148.42	155.75
160.30	135.06	153.78	102.10	195.64	137.15	114.22
133.62	145.60	168.10	152.91	139.27	150.00	—
148.13	149.21	138.98	150.80	149.97	152.08	150.00
165.45	221.50	146.82	142.59	209.70	137.17	111.75
213.81	180.00	152.61	144.51	—	208.12	200.92
211.00	179.70	181.85	165.77	—	227.45	192.85
217.80	—	—	180.00	—	—	205.93
152.77	—	—	87.36	—	—	—
164.44	—	156.65	180.00	—	127.79	—
155.87	185.34	177.87	155.65	180.00	159.73	184.06
109.20	163.97	221.36	146.06	9.94	131.35	165.07
298.53	246.92	158.57	161.91	—	223.70	187.86
—	—	192.29	—	—	—	119.85
172.41	—	136.49	—	—	—	75.43
200.01	180.00	171.67	211.20	180.00	172.50	189.48
166.10	—	—	—	—	—	—
188.57	—	204.58	186.37	—	—	185.61
202.01	170.00	204.81	157.95	160.00	185.89	175.49
197.46	203.63	200.73	207.58	—	194.00	208.47
211.34	213.33	202.01	209.25	195.00	210.13	202.14
173.91	170.00	189.42	185.13	170.00	184.06	156.64
178.37	—	155.76	166.67	—	229.73	174.18

1－12(续1)

	人均天花费	政府工作人员	专业技术人员	职员	技工工人
延吉	187.24	170.00	201.12	170.00	170.00
哈尔滨	202.33	218.75	197.53	209.46	185.12
齐齐哈尔	193.54	180.92	205.10	204.48	175.35
大庆	196.30	182.71	205.19	180.77	204.34
佳木斯	182.60	182.84	182.42	177.82	189.10
牡丹江	200.12	211.13	224.31	200.76	204.05
上海	250.57	224.87	250.37	255.98	245.80
南京	215.50	216.09	211.85	218.00	196.58
无锡	233.19	249.86	237.34	224.21	220.68
苏州	220.36	247.62	221.12	215.70	204.45
南通	190.51	211.53	186.80	168.71	207.61
扬州	198.00	162.35	200.81	207.80	163.07
杭州	214.57	201.19	219.00	214.10	204.21
宁波	211.59	189.41	231.10	200.25	242.67
温州	219.90	295.98	211.31	211.56	194.33
绍兴	215.26	—	230.98	228.39	221.31
金华	219.73	242.10	211.24	220.34	200.04
合肥	185.37	196.01	195.53	176.06	186.14
芜湖	187.98	211.66	175.91	152.80	192.28
铜陵	176.92	84.65	157.19	188.23	206.97
安庆	164.40	131.86	161.30	182.14	62.79
黄山	187.72	190.35	185.14	188.27	197.83
池州	193.33	202.68	187.79	194.34	187.41
福州	191.33	176.19	197.85	194.98	210.08
厦门	217.89	206.06	238.41	219.25	231.03
泉州	185.40	165.34	189.91	170.87	223.99
漳州	169.28	160.61	157.14	187.93	—
武夷山	146.35	161.86	124.50	136.83	160.34
南昌	166.71	157.21	114.35	181.10	174.66
景德镇	161.41	147.80	177.68	164.14	144.35
九江	145.20	158.61	123.33	136.82	178.46
鹰潭	165.04	145.36	178.82	176.48	143.67
赣州	147.07	148.34	133.55	155.54	141.93
吉安	156.63	168.14	153.65	154.17	143.24

单位：美元/人天

商贸人员	服务员推销员	退休人员	家庭妇女	军人	学生	其他
193.25	—	167.50	199.00	170.00	200.63	181.26
204.36	235.47	193.05	197.35	170.00	201.21	175.37
181.00	198.71	205.63	175.59	—	209.17	178.17
184.56	172.50	183.39	—	—	205.56	241.90
177.65	181.49	196.55	170.00	—	186.27	182.20
195.54	193.05	209.64	189.73	173.53	194.71	189.10
261.69	240.28	233.01	243.33	233.78	228.43	250.92
205.11	207.31	228.25	256.96	—	213.78	210.09
232.68	308.91	231.41	211.20	—	252.51	236.43
219.59	—	211.06	234.83	—	245.90	226.65
203.58	223.39	182.71	190.00	147.27	182.28	185.70
197.56	222.45	190.00	211.74	190.00	190.00	193.57
215.58	200.53	210.27	206.78	276.91	215.51	230.15
208.10	210.76	213.96	199.10	—	229.70	225.53
221.85	202.15	203.85	236.78	—	282.93	222.58
207.85	205.73	—	240.31	—	253.56	170.00
227.92	177.50	209.54	186.98	—	190.55	217.51
183.28	180.00	144.01	171.34	136.70	196.63	180.00
190.56	183.85	180.00	295.50	—	—	233.68
164.08	217.03	180.00	151.93	—	158.05	—
177.34	179.29	201.42	180.00	—	167.01	153.30
188.79	180.00	184.74	183.68	—	186.41	194.15
184.92	168.60	189.14	220.32	—	204.61	—
184.44	212.94	194.54	189.76	215.91	174.68	195.54
210.01	143.44	239.45	188.26	—	221.25	231.65
200.98	167.19	118.16	110.06	180.00	203.02	169.26
143.02	77.03	250.12	198.70	—	—	254.29
189.75	—	137.09	137.88	—	65.05	124.19
183.72	120.00	163.25	219.83	—	229.42	168.14
154.18	160.00	159.18	156.83	—	142.99	179.08
153.94	112.68	158.03	190.95	—	179.82	140.00
169.85	178.87	123.64	163.83	—	141.96	137.06
137.75	120.00	128.82	200.24	—	202.67	162.83
151.99	105.16	140.32	128.81	222.86	187.85	229.90

1-12(续2)

	人均天花费	政府工作人员	专业技术人员	职员	技工工人
济南	234.70	230.74	226.11	262.68	231.14
青岛	213.71	205.76	206.34	224.10	207.49
烟台	195.22	210.51	177.75	199.35	176.18
曲阜	209.94	195.77	203.56	208.25	214.83
泰安	195.95	186.75	201.83	224.46	—
威海	207.17	194.02	189.96	226.13	203.08
郑州	142.46	161.65	141.76	142.48	113.49
开封	147.05	131.15	157.06	166.43	155.27
洛阳	187.36	193.81	184.10	193.61	210.47
三门峡	144.80	136.85	134.26	152.49	153.28
武汉	198.26	192.65	198.58	203.75	201.25
十堰	184.49	176.25	191.02	177.91	170.00
宜昌	197.60	192.67	193.72	193.32	216.77
襄樊	209.57	224.40	210.44	206.54	212.47
荆州	204.25	200.51	199.45	206.35	217.88
湖北游船	190.54	185.69	194.68	178.20	198.79
长沙	188.22	184.30	183.11	201.31	188.57
湘潭	181.54	193.79	198.36	192.79	120.41
衡阳	198.18	194.56	206.15	209.09	181.34
岳阳	193.22	194.66	197.66	183.66	205.83
张家界	197.08	196.15	191.44	197.81	187.47
广州	175.63	167.14	173.30	176.36	181.58
深圳	162.59	179.34	151.37	163.41	149.38
珠海	169.11	160.52	158.68	167.05	171.74
汕头	156.06	160.26	150.34	185.83	131.31
佛山	163.41	140.64	163.53	169.40	146.42
江门	149.60	165.90	158.20	144.29	110.60
肇庆	182.40	170.33	175.71	179.02	189.47
惠州	164.19	167.19	160.71	154.53	136.95
东莞	114.74	85.04	121.56	110.15	115.30
中山	156.57	142.27	160.34	163.72	150.00
南宁	178.44	163.54	179.11	166.15	185.54
桂林	183.70	181.37	184.96	177.69	176.60
梧州	192.81	230.28	158.02	198.79	188.02
北海	183.35	187.53	189.80	163.92	157.20
玉林	176.07	158.28	215.45	168.01	180.71

单位：美元/人天

商贸人员	服务员推销员	退休人员	家庭妇女	军人	学生	其他
234.25	225.47	240.34	217.33	195.00	228.29	246.74
213.59	184.47	213.13	209.42	223.91	225.71	205.51
202.01	168.82	215.37	177.54	197.20	181.93	208.08
215.13	200.00	202.94	200.00	—	240.16	—
213.14	—	168.73	207.06	218.65	158.65	171.07
205.04	265.21	278.65	194.86	193.61	183.56	231.12
133.82	126.82	161.38	118.40	177.36	180.48	140.82
145.80	144.41	147.96	130.00	130.00	145.46	130.00
197.41	182.92	184.60	181.56	—	178.48	161.04
148.21	130.00	162.94	156.01	130.00	136.56	115.55
208.43	175.27	190.93	183.69	203.21	197.01	203.53
184.75	170.00	196.70	170.00	195.00	202.75	190.90
203.29	173.62	203.16	202.14	—	205.51	194.85
212.18	195.00	227.05	193.92	202.90	265.80	214.24
205.27	184.96	217.18	218.75	—	203.86	168.86
188.17	—	190.84	204.32	168.15	202.06	198.66
196.33	174.48	182.12	177.13	157.50	—	—
201.25	166.07	198.72	190.28	—	175.72	157.21
180.66	213.55	186.39	153.20	160.00	214.41	211.47
190.54	166.17	196.46	151.04	—	—	—
199.92	199.18	196.09	213.30	160.00	—	—
175.34	172.91	180.11	177.97	150.00	181.23	173.11
169.48	149.71	168.99	163.05	197.73	161.53	170.42
180.02	184.57	157.19	160.52	294.54	155.56	180.17
174.03	181.09	150.11	134.72	—	126.70	151.39
173.56	167.60	144.23	153.73	19.40	121.76	184.53
156.43	152.67	158.65	132.95	150.76	159.01	146.35
190.22	176.79	180.68	—	—	—	—
174.71	145.56	183.28	156.71	—	198.66	166.50
140.11	66.78	118.46	70.46	—	104.56	117.59
157.68	176.64	126.25	157.20	—	136.98	165.44
193.41	182.05	165.98	193.33	—	215.92	169.53
186.97	177.23	191.90	193.16	159.73	189.47	170.04
202.73	214.32	206.84	218.07	—	163.47	233.06
188.23	179.60	213.05	—	—	—	182.05
185.59	225.12	157.14	125.50	127.01	117.68	152.06

1－12(续3)

	人均天花费	政府工作人员	专业技术人员	职员	技工工人
百色	176.77	215.25	177.59	173.94	150.00
凭祥	163.67	198.72	168.83	166.83	147.99
海口	159.01	164.17	155.38	161.94	140.08
三亚	173.18	167.10	173.01	168.45	176.40
重庆	177.07	157.59	180.96	178.53	191.39
重庆游船	176.91	175.00	175.00	175.24	175.00
成都	163.58	169.50	151.63	172.53	166.36
绵阳	147.04	161.27	142.79	158.57	120.98
乐山	197.87	191.58	199.99	201.64	197.10
贵阳	174.87	178.71	170.04	171.75	204.59
安顺	149.60	147.14	150.59	148.76	150.00
黔东南	164.89	156.98	155.95	161.98	150.00
昆明	192.20	180.32	195.03	195.72	203.84
景洪	167.86	195.24	144.14	169.33	—
大理	138.97	165.07	120.62	143.55	62.60
拉萨	171.27	170.72	189.26	166.11	169.27
西安	196.18	205.07	194.91	200.54	192.43
咸阳	190.10	266.19	160.54	177.63	195.37
兰州	150.36	179.42	134.00	163.65	146.96
敦煌	157.34	153.99	158.37	173.79	169.26
西宁	157.05	168.44	167.80	148.32	148.06
格尔木	116.70	182.97	94.41	115.54	138.04
银川	152.78	141.96	149.60	156.71	153.14
乌鲁木齐	173.48	—	163.96	163.99	180.55
吐鲁番	165.51	—	174.86	160.43	173.53
库尔勒	176.29	—	171.79	165.65	188.78
喀什	160.63	149.10	162.11	174.47	160.14
伊宁	183.48	—	175.50	195.17	177.41

单位：美元/人天

商贸人员	服务员推销员	退休人员	家庭妇女	军人	学生	其他
189.45	192.65	162.11	162.88	—	172.28	149.45
152.36	214.08	148.05	155.00	—	—	186.95
165.20	141.21	157.67	154.95	105.63	145.36	171.80
171.53	193.29	172.60	175.99	173.96	179.42	178.78
176.79	194.09	164.79	179.27	189.96	194.73	172.77
178.47	175.00	180.95	177.66	175.00	175.00	176.64
167.19	161.02	155.79	166.67	183.63	144.31	170.23
136.44	—	145.41	195.13	142.16	258.62	181.99
200.09	212.68	195.89	182.83	225.16	—	—
167.43	170.23	187.53	181.42	150.00	178.37	169.74
149.30	—	150.00	—	150.00	—	156.00
166.52	177.97	169.89	157.76	150.00	182.26	152.42
210.67	220.41	187.53	197.74	237.24	156.28	169.83
179.50	160.00	152.95	160.00	160.00	245.56	163.78
50.29	171.20	135.73	130.29	—	167.74	177.32
164.45	170.20	148.34	144.07	223.90	175.09	167.22
201.47	197.27	194.82	193.31	188.78	184.83	193.48
191.94	—	222.46	182.11	—	279.78	186.49
165.91	136.64	160.64	163.44	165.41	120.85	136.40
150.70	172.31	157.54	158.78	138.97	114.49	142.51
167.91	150.00	153.23	149.87	—	142.97	153.05
122.80	80.82	190.01	85.76	—	43.89	71.84
161.30	64.06	164.49	157.24	262.01	—	147.76
—	230.50	—	—	—	169.14	—
150.00	150.00	—	181.38	—	152.73	175.32
150.00	—	—	—	—	206.27	—
152.83	146.66	150.00	148.72	—	168.57	169.90
—	—	—	—	—	150.00	—

1－13　2008年入境过夜旅游者在各城市

	人均天花费	观光游览	休闲度假	探亲访友
北　京	255.79	246.47	240.69	255.36
天　津	203.65	204.92	215.93	215.58
石家庄	185.67	162.57	205.32	171.65
唐　山	150.18	134.31	128.66	156.70
秦皇岛	156.24	133.33	162.16	169.54
保　定	146.92	143.62	165.90	160.57
承　德	149.72	151.60	148.61	149.96
廊　坊	148.64	141.05	147.82	162.95
太　原	214.54	196.84	207.04	159.82
大　同	193.97	195.78	185.22	—
长　治	199.30	180.00	188.25	281.61
晋　城	143.01	244.25	87.36	58.09
朔　州	176.31	146.91	220.25	145.19
晋　中	178.50	183.90	171.96	178.37
运　城	188.29	225.46	199.88	117.69
忻　州	198.79	188.81	229.60	287.36
临　汾	188.62	199.68	193.51	—
吕　梁	128.11	—	136.49	75.43
呼和浩特	188.86	180.31	190.46	197.89
满洲里	166.06	—	—	—
二连浩特	187.57	241.38	—	180.00
包　头	192.56	202.45	197.65	191.16
沈　阳	200.55	202.85	201.78	203.31
大　连	211.51	205.73	211.33	216.14
长　春	181.07	191.94	176.76	177.49
吉　林	177.00	181.26	184.06	164.62
延　吉	187.24	185.94	201.12	—

人均天花费（按旅游目的分组）

单位：美元/人天

商务	会议	宗教朝拜	文化/体育/科技交流	其他
271.85	259.95	268.57	256.23	271.38
199.53	201.42	221.43	200.86	182.88
190.28	192.94	156.79	196.84	187.79
163.10	129.53	—	146.53	142.21
161.58	154.23	111.71	194.97	203.35
135.21	134.48	—	150.00	114.94
149.43	149.41	148.05	149.25	149.91
163.64	144.66	—	133.70	164.87
249.74	210.66	155.65	186.30	329.46
229.30	125.00	196.06	239.29	—
206.54	208.05	180.00	—	204.47
140.89	164.08	—	—	186.78
169.29	222.82	98.28	171.72	180.00
168.84	—	180.00	180.00	156.92
199.95	119.25	226.49	—	152.03
—	—	164.03	273.29	—
114.66	—	—	139.90	—
—	—	—	172.41	—
183.77	199.89	180.00	209.78	188.68
166.13	160.00	—	—	—
187.62	—	—	—	185.95
192.52	224.93	160.00	198.88	171.98
200.22	203.44	—	178.70	142.60
215.80	209.84	198.33	217.89	210.40
174.39	169.65	268.20	181.86	159.05
173.43	177.93	—	178.76	162.82
—	170.00	—	181.53	—

1－13(续1)

	人均天花费	观光游览	休闲度假	探亲访友
哈尔滨	202.33	196.00	198.25	218.35
齐齐哈尔	193.54	192.42	196.38	172.94
大庆	196.30	221.44	200.47	198.81
佳木斯	182.60	181.88	178.94	196.15
牡丹江	200.12	202.85	194.27	210.82
上海	250.57	231.64	233.39	241.56
南京	215.50	228.88	219.42	203.02
无锡	233.19	234.82	230.43	259.75
苏州	220.36	239.39	217.42	216.62
南通	190.51	200.54	171.53	167.77
扬州	198.00	193.59	214.87	190.00
杭州	214.57	208.86	215.63	205.17
宁波	211.59	221.40	188.09	179.93
温州	219.90	214.81	235.98	235.23
绍兴	215.26	212.50	221.49	209.77
金华	219.73	222.13	205.53	205.01
合肥	185.37	189.31	187.22	164.05
芜湖	187.98	215.85	207.45	180.00
铜陵	176.92	194.18	187.44	140.98
安庆	164.40	169.42	192.30	161.23
黄山	187.72	187.40	188.53	185.23
池州	193.33	190.80	195.25	—
福州	191.33	204.03	175.63	186.20
厦门	217.89	217.24	224.28	234.10
泉州	185.40	170.11	188.36	99.32
漳州	169.28	172.62	180.43	197.37
武夷山	146.35	135.16	190.99	180.00
南昌	166.71	154.12	141.01	184.15
景德镇	161.41	158.52	157.09	166.15
九江	145.20	143.08	146.79	—
鹰潭	165.04	158.24	155.69	170.40
赣州	147.07	155.40	186.82	116.87
吉安	156.63	151.87	160.66	145.41

单位：美元/人天

商　　务	会　　议	宗教朝拜	文化/体育/科技交流	其　他
209.78	190.83	—	219.18	172.48
190.03	180.92	294.54	227.42	177.66
192.95	183.02	—	184.46	203.59
183.73	187.75	—	170.00	173.33
213.11	184.46	—	230.31	170.00
263.01	284.79	228.35	243.10	238.45
209.28	208.03	207.91	206.83	207.54
231.77	239.09	280.67	220.01	251.44
213.14	236.29	—	209.04	218.88
195.02	195.03	—	169.77	204.84
197.55	—	—	190.00	227.24
220.92	198.80	194.80	202.75	233.80
212.59	238.63	284.61	—	159.73
219.90	197.38	—	175.00	242.15
212.64	222.12	330.46	—	249.04
227.29	208.22	177.50	175.00	226.23
188.15	189.61	—	170.56	193.15
176.10	182.72	183.86	215.79	180.00
147.24	137.93	186.92	114.40	—
157.26	141.93	143.25	155.52	156.12
192.90	185.26	—	180.00	196.45
210.27	—	199.30	—	—
194.78	180.67	278.23	193.03	171.81
207.85	248.27	219.74	178.31	221.28
203.90	165.94	—	191.40	233.96
137.25	237.87	250.12	341.95	123.56
176.76	—	—	147.82	—
160.16	159.07	257.72	218.70	184.54
173.00	140.00	—	183.21	160.00
225.04	120.00	—	155.77	—
181.86	—	138.30	119.73	165.45
137.46	230.64	—	165.48	157.89
156.84	196.70	160.00	179.48	156.45

1－13(续2)

	人均天花费	观光游览	休闲度假	探亲访友
济南	234.70	236.22	232.88	243.92
青岛	213.71	214.49	211.57	211.19
烟台	195.22	188.21	206.37	186.90
曲阜	209.94	211.28	212.62	235.10
泰安	195.95	197.88	201.57	136.30
威海	207.17	212.92	194.05	227.63
郑州	142.46	146.36	144.76	120.43
开封	147.05	132.78	138.70	167.97
洛阳	187.36	189.70	186.11	14.37
三门峡	144.80	156.98	135.59	160.42
武汉	198.26	191.08	198.37	197.38
十堰	184.49	183.51	180.11	182.50
宜昌	197.60	197.88	189.35	196.02
襄樊	209.57	214.02	201.74	195.00
荆州	204.25	203.35	199.01	217.99
湖北游船	190.54	195.51	179.66	197.92
长沙	188.22	179.59	189.47	209.12
湘潭	181.54	178.24	161.38	—
衡阳	198.18	208.35	201.42	159.19
岳阳	193.22	192.90	194.55	—
张家界	197.08	199.20	189.52	183.83
广州	175.63	179.75	173.20	173.33
深圳	162.59	164.69	161.17	169.01
珠海	169.11	163.75	176.63	151.11
汕头	156.06	156.37	134.28	155.00
佛山	163.41	168.91	151.04	159.84
江门	149.60	158.95	155.19	143.54
肇庆	182.40	185.85	171.05	190.23
惠州	164.19	153.71	183.41	179.06
东莞	114.74	112.65	136.80	57.86
中山	156.57	177.27	157.95	147.76
南宁	178.44	185.31	164.61	152.90
桂林	183.70	181.34	183.80	203.38
梧州	192.81	213.17	194.76	190.91
北海	183.35	183.25	184.81	200.33
玉林	176.07	188.41	157.22	150.16

单位：美元/人天

商务	会议	宗教朝拜	文化/体育/科技交流	其他
239.87	223.54	196.25	224.07	234.34
211.31	223.62	125.72	224.78	199.17
195.46	182.56	—	131.24	242.48
211.78	185.95	—	208.28	—
209.67	202.04	192.50	181.10	151.59
196.02	172.76	190.37	237.60	225.99
140.49	121.19	97.84	128.62	120.76
158.33	149.89	137.50	130.00	253.66
180.47	211.65	153.26	—	130.00
146.87	130.00	130.00	—	57.47
210.14	198.71	192.86	192.49	219.66
187.86	195.00	180.71	195.00	228.61
198.03	218.12	—	195.00	223.22
209.93	204.34	192.76	212.59	204.84
203.25	176.01	195.00	209.48	—
193.62	187.21	195.00	190.17	176.25
206.58	183.71	115.50	183.91	194.22
194.73	181.99	—	182.18	—
189.67	197.52	198.59	231.62	201.23
—	199.49	—	—	—
195.38	167.07	—	141.24	160.00
173.93	171.44	216.01	190.26	202.62
161.11	157.81	144.16	165.02	158.22
176.69	167.83	122.13	189.72	162.80
179.84	182.91	139.04	125.07	82.38
164.74	160.54	150.00	164.79	183.00
145.69	123.88	196.50	154.12	113.55
190.67	185.31	—	—	—
157.57	165.41	212.23	159.72	162.01
124.19	129.97	—	95.96	110.73
154.53	165.67	196.36	120.40	123.17
203.86	163.34	—	193.55	184.40
185.68	175.13	150.00	192.24	202.84
167.18	—	—	175.31	—
184.73	211.83	—	159.36	113.53
184.10	183.30	—	227.20	—

1－13(续3)

	人均天花费	观光游览	休闲度假	探亲访友
百色	176.77	181.16	174.02	166.69
凭祥	163.67	160.09	176.73	172.77
海口	159.01	156.22	168.66	143.33
三亚	173.18	170.45	174.65	186.24
重庆	177.07	169.31	179.67	175.98
重庆游船	176.91	176.70	178.25	177.50
成都	163.58	162.53	147.19	153.73
绵阳	147.04	159.38	171.80	137.23
乐山	197.87	196.50	199.69	231.96
贵阳	174.87	177.51	180.72	176.79
安顺	149.60	149.90	146.25	150.00
黔东南	164.89	166.49	166.10	168.06
昆明	192.20	175.75	185.54	202.60
景洪	167.86	162.63	174.10	157.73
大理	138.97	142.21	95.84	—
拉萨	171.27	170.52	164.92	163.15
西安	196.18	196.01	199.17	184.06
咸阳	190.10	214.14	169.91	180.00
兰州	150.36	143.11	142.45	152.59
敦煌	157.34	155.36	158.81	241.86
西宁	157.05	150.97	153.16	154.09
格尔木	116.70	112.65	104.19	—
银川	152.78	153.74	140.42	86.21
乌鲁木齐	173.48	174.79	169.47	—
吐鲁番	165.51	166.48	167.67	—
库尔勒	176.29	176.26	176.58	—
喀什	160.63	174.52	156.08	157.11
伊宁	183.48	183.62	180.21	—

单位：美元/人天

商　务	会　议	宗教朝拜	文化/体育/科技交流	其　他
171.24	209.88	—	164.25	157.40
151.98	—	—	—	—
171.54	159.27	140.00	158.02	123.07
173.35	173.22	184.27	142.02	174.36
178.37	185.60	198.08	189.29	193.58
177.50	175.00	—	175.00	175.00
178.08	184.71	127.70	150.63	165.84
146.49	132.66	—	91.22	135.60
204.63	197.66	169.49	145.18	191.04
157.36	170.63	—	167.23	193.91
164.08	150.00	—	—	—
155.51	149.63	149.95	174.18	170.91
226.20	213.07	278.50	227.25	206.39
184.82	—	—	245.56	—
118.53	—	—	—	166.54
186.98	172.49	147.60	189.52	164.41
188.63	202.04	266.81	221.54	163.23
130.80	180.00	—	—	135.44
158.36	226.22	158.14	180.47	173.19
163.11	160.35	166.31	165.16	142.51
167.75	203.03	129.43	177.59	147.50
—	—	—	170.86	229.89
151.29	158.93	—	162.11	151.18
223.32	—	—	—	128.62
140.09	185.58	150.00	150.00	156.45
—	—	—	—	—
154.87	160.25	160.44	152.69	156.33
—	—	—	—	—

1－14　2008 年入境过夜旅游者在各城市人均天花费

（按性别、年龄分组）

单位：美元/人天

	人均天花费	男　性	女　性	14 岁及以下	15～24 岁	25～44 岁	45～64 岁	65 岁及以上
北　京	255.79	260.01	251.49	200.04	245.95	259.07	259.93	240.54
天　津	203.65	201.87	206.58	295.10	207.02	203.18	203.40	196.37
石家庄	185.67	185.35	186.16	—	186.76	192.76	181.38	166.52
唐　山	150.18	142.48	158.80	—	89.63	145.96	190.97	128.92
秦皇岛	156.24	152.99	161.18	122.13	151.50	160.92	159.25	15.09
保　定	146.92	146.98	146.88	136.10	148.64	133.71	161.57	162.17
承　德	149.72	150.00	149.35	—	150.31	150.54	148.60	150.38
廊　坊	148.64	145.40	152.06	—	146.09	146.27	154.42	—
太　原	214.54	225.91	197.15	—	190.56	221.83	225.22	93.51
大　同	193.97	189.01	202.84	—	216.09	195.65	189.80	193.16
长　治	199.30	195.49	208.81	—	180.00	205.75	179.91	—
晋　城	143.01	149.46	89.19	—	147.13	156.48	130.87	—
朔　州	176.31	173.71	181.19	—	127.79	181.63	178.70	187.46
晋　中	178.50	175.53	181.28	201.15	182.12	178.41	176.76	169.78
运　城	188.29	191.59	183.72	—	184.14	179.08	191.25	216.91
忻　州	198.79	209.82	190.45	—	194.69	217.82	189.37	151.41
临　汾	188.62	174.47	203.96	—	296.76	160.69	196.63	180.00
吕　梁	128.11	128.11	—	—	—	—	154.45	75.43
呼和浩特	188.86	189.06	188.60	—	173.33	188.99	194.46	177.14
满洲里	166.06	160.00	166.17	160.00	—	166.17	160.00	—
二连浩特	187.57	188.93	186.45	—	180.00	187.85	188.35	—
包　头	192.56	192.81	191.85	—	168.04	200.79	190.51	188.01
沈　阳	200.55	198.84	203.69	—	204.33	199.87	200.28	199.81
大　连	211.51	213.83	208.49	197.50	212.87	210.05	215.51	206.70
长　春	181.07	179.80	182.84	—	180.86	183.32	175.17	193.79
吉　林	177.00	173.40	182.23	—	176.93	176.55	178.55	169.30
延　吉	187.24	183.88	189.30	—	189.40	185.70	187.97	—
哈尔滨	202.33	203.33	201.03	287.36	188.82	204.72	197.30	217.08
齐齐哈尔	193.54	191.66	197.05	170.00	208.70	189.61	198.32	177.65
大　庆	196.30	202.24	182.45	290.23	185.91	192.29	194.78	215.82
佳木斯	182.60	181.12	183.80	196.11	178.06	177.19	189.37	189.99
牡丹江	200.12	198.08	202.71	189.71	194.06	193.83	213.91	205.02
上　海	250.57	250.87	249.99	286.10	234.14	251.53	254.62	233.39
南　京	215.50	216.19	214.57	189.83	208.94	219.30	210.31	225.23
无　锡	233.19	232.12	234.69	—	245.74	232.23	230.00	233.51
苏　州	220.36	214.59	235.70	314.93	232.95	218.31	221.40	211.34
南　通	190.51	192.14	187.52	—	168.60	196.01	189.08	116.74
扬　州	198.00	195.29	204.48	—	204.85	203.56	192.33	190.00

1－14(续1)　　单位：美元/人天

	人均天花费	男性	女性	14岁及以下	15～24岁	25～44岁	45～64岁	65岁及以上
杭州	214.57	214.22	214.96	195.00	220.41	215.65	213.74	205.65
宁波	211.59	218.47	201.77	—	224.65	204.04	218.68	238.87
温州	219.90	225.66	209.19	—	201.32	220.89	221.71	268.20
绍兴	215.26	212.79	220.49	242.46	205.70	215.19	215.17	227.49
金华	219.73	220.74	217.69	185.00	224.44	215.00	229.59	209.52
合肥	185.37	188.46	178.15	180.00	173.85	187.63	182.36	215.71
芜湖	187.98	182.89	191.98	324.47	180.00	168.60	185.86	197.54
铜陵	176.92	173.57	186.84	—	158.29	181.90	172.07	251.44
安庆	164.40	160.84	177.01	—	165.77	164.13	163.10	181.49
黄山	187.72	188.57	186.75	188.71	189.57	185.81	189.62	187.35
池州	193.33	191.61	195.75	—	204.61	186.76	200.20	188.18
福州	191.33	193.33	188.95	138.24	185.94	192.55	186.37	226.15
厦门	217.89	214.13	224.12	143.68	226.41	217.21	212.14	251.33
泉州	185.40	183.92	187.75	135.42	171.54	193.89	182.09	163.60
漳州	169.28	169.78	168.29	—	177.55	158.18	169.56	251.83
武夷山	146.35	146.47	146.18	—	115.10	146.33	140.56	164.40
南昌	166.71	156.29	182.98	—	153.19	168.50	168.44	120.00
景德镇	161.41	164.79	157.75	134.28	174.37	162.78	155.66	178.08
九江	145.20	154.53	135.31	—	135.99	145.64	140.48	167.02
鹰潭	165.04	172.67	150.28	119.73	178.98	167.14	163.29	159.94
赣州	147.07	140.78	155.93	266.97	158.76	153.32	136.26	127.22
吉安	156.63	161.19	151.90	110.98	170.68	158.25	149.54	152.40
济南	234.70	234.29	235.28	200.00	238.91	234.39	232.48	240.85
青岛	213.71	212.26	216.12	219.73	211.29	212.41	216.26	212.84
烟台	195.22	194.10	197.38	43.10	197.46	190.67	198.84	223.59
曲阜	209.94	209.50	211.44	246.02	227.02	209.41	201.46	209.75
泰安	195.95	198.63	191.84	185.00	201.69	205.62	180.58	191.60
威海	207.17	210.03	203.21	167.03	175.50	204.38	214.73	236.78
郑州	142.46	144.95	139.71	56.75	156.78	143.23	138.52	144.70
开封	147.05	148.98	140.29	130.00	156.76	152.79	148.27	129.87
洛阳	187.36	188.11	186.12	—	185.22	191.29	185.63	184.68
三门峡	144.80	154.94	139.19	—	161.64	141.20	142.23	185.66
武汉	198.26	199.34	196.74	218.55	185.92	203.44	196.75	194.40
十堰	184.49	192.27	177.54	—	182.96	181.36	190.60	170.00
宜昌	197.60	195.31	202.20	—	193.63	201.10	194.66	201.65
襄樊	209.57	211.01	203.39	—	234.01	210.40	205.68	193.51
荆州	204.25	204.22	204.31	—	184.63	201.42	211.12	206.86
湖北游船	190.54	187.65	193.16	170.00	197.63	187.34	190.88	190.89
长沙	188.22	187.19	189.49	—	193.04	192.11	184.59	181.99
湘潭	181.54	179.60	183.87	178.38	165.64	189.00	187.56	198.72
衡阳	198.18	191.79	202.53	197.92	212.29	200.56	187.52	177.83
岳阳	193.22	192.98	193.97	—	—	192.84	197.53	—
张家界	197.08	196.80	197.33	154.95	186.43	193.74	199.45	202.90

1－14(续2)

单位：美元/人天

	人均天花费	男性	女性	14岁及以下	15～24岁	25～44岁	45～64岁	65岁及以上
广州	175.63	174.78	176.83	150.00	179.22	175.99	174.01	172.12
深圳	162.59	159.95	166.04	140.23	159.85	164.31	157.55	168.51
珠海	169.11	174.34	162.25	166.36	162.17	171.12	173.42	154.31
汕头	156.06	157.02	154.69	200.59	122.80	161.52	156.62	154.17
佛山	163.41	161.68	165.69	163.67	155.18	169.32	157.60	153.86
江门	149.60	146.11	155.11	150.00	176.38	143.49	147.98	156.26
肇庆	182.40	182.31	182.53	—	188.58	179.39	180.15	179.29
惠州	164.19	163.06	166.15	—	153.45	172.44	157.19	141.83
东莞	114.74	120.04	107.35	105.04	113.26	111.77	123.16	97.90
中山	156.57	154.56	160.58	—	146.97	159.47	159.25	125.94
南宁	178.44	172.94	186.98	—	189.14	176.06	184.60	161.07
桂林	183.70	180.25	187.08	235.99	183.49	184.92	183.49	178.05
梧州	192.81	183.88	207.78	—	171.77	177.26	212.43	188.22
北海	183.35	185.71	167.53	—	—	184.83	183.23	170.14
玉林	176.07	181.60	164.68	181.03	169.19	182.34	172.34	134.67
百色	176.77	183.02	171.52	284.48	163.34	174.11	182.63	172.07
凭祥	163.67	159.52	171.15	—	—	168.50	155.02	179.53
海口	159.01	157.86	160.71	140.00	168.78	156.33	161.44	152.00
三亚	173.18	174.82	171.49	201.56	171.43	174.16	170.54	175.53
重庆	177.07	175.09	179.24	178.33	192.05	177.35	172.83	171.20
重庆游船	176.91	176.85	177.02	—	175.00	175.40	177.90	176.84
成都	163.58	161.49	166.01	169.45	148.89	170.42	160.82	146.53
绵阳	147.04	138.87	169.55	—	204.00	142.06	150.61	156.95
乐山	197.87	200.19	194.46	179.60	163.84	197.81	206.65	174.80
贵阳	174.87	172.26	177.79	187.33	165.92	172.31	181.45	174.28
安顺	149.60	147.63	153.12	—	150.00	149.96	148.90	150.00
黔东南	164.89	164.24	165.53	—	180.24	162.48	157.27	167.73
昆明	192.20	193.75	189.90	232.79	178.64	194.18	194.24	188.10
景洪	167.86	163.84	173.60	—	203.87	163.64	160.47	187.11
大理	138.97	138.64	139.25	—	167.74	120.72	138.80	152.87
拉萨	171.27	167.73	178.29	164.14	160.85	178.08	168.48	141.42
西安	196.18	195.35	197.19	227.37	198.30	197.10	192.97	200.67
咸阳	190.10	193.27	185.34	—	220.12	172.91	182.45	238.22
兰州	150.36	147.48	153.72	182.60	131.41	145.77	162.40	149.78
敦煌	157.34	157.63	157.02	—	134.46	159.68	157.85	159.22
西宁	157.05	160.10	152.86	159.72	158.30	155.36	159.32	161.13
格尔木	116.70	114.38	119.97	—	51.29	114.79	150.32	71.52
银川	152.78	155.31	144.91	151.52	145.00	154.28	148.58	161.04
乌鲁木齐	173.48	177.43	160.27	—	170.95	170.84	197.10	—
吐鲁番	165.51	166.39	161.47	—	158.26	167.49	150.00	—
库尔勒	176.29	176.85	173.40	—	190.94	173.38	189.64	—
喀什	160.63	161.77	159.38	—	169.18	164.14	156.38	155.86
伊宁	183.48	184.52	177.08	—	185.58	177.04	191.56	—

1－15　2008 年入境一日游游客人均花费构成

（按外国人、港澳台胞、团体及散客分组）

		人均花费（美元/人）	花费构成（%）						
			餐饮	景区游览	娱乐	购物	交通	邮电通讯	其他
全　国	**总计**	**47.52**	**14.7**	**10.7**	**16.7**	**29.5**	**15.4**	**5.2**	**7.8**
	团体	53.64	10.6	12.7	12.5	37.7	12.2	6.0	8.3
	散客	46.24	15.6	10.3	17.6	27.8	16.1	5.0	7.6
外国人	小计	54.78	14.8	9.6	14.7	35.0	14.1	3.9	7.9
	团体	52.84	10.4	13.3	13.3	37.8	12.0	5.6	7.6
	散客	56.15	18.0	7.1	15.7	33.1	15.5	2.7	7.9
香港同胞	小计	38.16	12.1	17.9	15.0	22.1	15.6	9.1	8.2
	团体	58.56	8.4	9.8	6.8	40.8	13.9	7.6	12.7
	散客	37.59	12.2	18.1	15.2	21.6	15.6	9.2	8.1
澳门同胞	小计	43.14	16.7	17.7	16.2	23.1	14.2	5.3	6.8
	团体	51.76	15.6	8.3	8.2	39.8	13.1	7.5	7.5
	散客	42.92	16.7	17.9	16.5	22.7	14.2	5.3	6.7
台湾同胞	小计	75.50	14.3	10.5	16.6	32.9	15.3	4.5	5.9
	团体	69.64	13.8	10.8	8.0	30.9	15.6	7.5	13.4
	散客	76.06	14.3	10.5	17.4	33.1	15.3	4.2	5.2

1－16　2008年入境过夜旅游者人均天花费构成

		人均天花费（美元/人天）	人均天花费构成（%）				
			长途交通	飞机	火车	汽车	轮船
全国	**总计**	**186.18**	**33.4**	**24.2**	**3.6**	**2.8**	**2.8**
	团体	185.65	25.1	14.1	5.1	4.5	1.4
	散客	186.44	37.4	29.1	2.9	2.0	3.4
外国人	小计	200.43	31.2	23.0	3.4	2.8	2.0
	团体	190.97	24.0	13.7	4.7	4.4	1.2
	散客	206.31	35.5	28.7	2.6	1.8	2.4
香港同胞	小计	137.98	40.8	28.4	4.8	2.6	5.0
	团体	151.21	30.7	15.1	7.8	5.0	2.8
	散客	136.45	41.8	29.9	4.4	2.3	5.2
澳门同胞	小计	125.03	37.8	22.0	5.1	7.3	3.4
	团体	139.88	27.2	15.3	5.6	4.8	1.5
	散客	118.49	42.3	24.9	4.8	8.4	4.2
台湾同胞	小计	186.42	34.7	22.8	4.8	3.5	3.6
	团体	170.37	33.0	17.5	7.9	5.4	2.2
	散客	195.17	35.8	25.7	3.2	2.5	4.4

（按外国人、港澳台胞、团体及散客分组）

住宿	餐饮	景区游览	娱乐	购物	市内交通	邮电通讯	其他
13.0	**9.0**	**4.9**	**6.4**	**20.1**	**2.2**	**2.2**	**8.8**
12.1	10.6	4.1	6.1	27.5	2.6	3.2	8.7
13.5	8.2	5.2	6.6	16.5	2.0	1.8	8.8
13.1	9.2	4.7	6.5	22.1	2.3	2.2	8.7
12.4	10.8	4.1	6.4	27.9	2.6	3.1	8.7
13.5	8.1	5.1	6.6	18.6	2.1	1.6	8.9
12.8	8.7	6.4	7.4	12.2	1.9	2.8	7.0
8.7	8.2	3.9	4.5	27.8	2.7	3.8	9.7
13.3	8.8	6.7	7.7	10.4	1.8	2.7	6.8
11.7	8.1	3.8	5.3	17.6	2.3	2.3	11.1
10.2	10.8	3.6	3.7	24.7	2.1	3.3	14.4
12.4	6.9	3.8	6.0	14.5	2.4	1.9	9.8
13.1	9.7	4.4	5.9	19.4	2.7	2.2	7.9
11.8	9.4	3.7	4.4	24.5	2.3	2.4	8.5
13.9	9.9	4.8	6.7	16.6	2.9	2.0	7.4

1－17　2008年外国过夜旅游者

	人均天花费(美元/人天)	人均天花费构成(%)				
		长途交通	飞　机	火　车	汽　车	轮　船
日　　本	214.94	35.2	27.5	3.3	2.6	1.8
菲律宾	190.79	39.3	20.8	3.4	4.5	10.6
泰　　国	214.04	33.9	27.5	3.5	1.8	1.1
新加坡	209.45	35.6	26.7	4.3	2.5	2.1
印度尼西亚	194.00	28.8	18.7	2.9	2.8	4.4
马来西亚	199.02	35.0	26.7	3.6	3.0	1.7
韩　　国	207.27	30.0	20.7	3.8	3.2	2.3
朝　　鲜	174.62	25.1	16.8	4.6	2.4	1.3
蒙　　古	214.92	18.1	11.4	4.3	2.0	0.4
印　　度	200.44	34.3	27.8	3.3	2.3	0.9
英　　国	198.84	39.2	31.0	3.0	2.3	2.9
法　　国	164.47	30.1	19.2	4.9	4.3	1.7
德　　国	193.05	34.8	28.6	2.3	3.1	0.8
意大利	190.91	36.7	30.5	2.6	3.0	0.6
荷　　兰	178.34	39.1	31.5	3.7	3.1	0.8
瑞　　典	220.40	35.2	28.5	3.1	2.2	1.4
俄罗斯	192.20	24.7	14.8	4.6	4.1	1.2
瑞　　士	199.44	37.3	29.5	2.6	3.7	1.5
美　　国	199.21	35.3	27.5	3.8	2.8	1.2
加拿大	197.60	34.8	28.9	2.6	2.4	0.9
澳大利亚	206.81	43.7	29.2	3.3	3.9	7.3
非洲国家	196.09	39.8	34.0	2.7	2.3	0.8
南美国家	188.74	40.9	34.2	3.2	2.2	1.3
其他国家	166.75	17.7	12.5	1.8	1.6	1.8

人均天花费构成(按国别分组)

住宿	餐饮	景区游览	娱乐	购物	市内交通	邮电通讯	其他
13.4	9.4	6.6	7.3	12.4	2.3	3.0	10.4
14.3	7.5	3.2	5.5	17.9	1.8	1.5	9.0
14.7	10.1	3.9	4.8	17.5	2.7	1.8	10.6
15.8	10.1	5.1	6.8	13.9	2.6	2.2	7.9
13.7	9.5	4.4	6.3	23.0	2.2	1.7	10.4
15.8	10.7	4.9	7.3	15.5	2.2	1.9	6.7
14.4	10.6	5.8	7.9	16.3	2.8	2.7	9.5
12.8	10.9	6.0	9.6	21.2	2.5	3.8	8.1
1.8	2.7	1.9	6.4	60.7	1.3	2.4	4.7
13.2	10.9	3.7	5.8	14.4	2.8	1.8	13.1
14.9	9.5	6.1	5.0	12.8	2.5	1.5	8.5
15.1	11.9	4.6	6.8	11.2	2.7	1.4	16.2
16.9	7.5	3.6	4.7	19.3	2.6	2.0	8.6
16.7	9.4	5.0	5.3	13.5	2.1	1.4	9.9
14.2	10.3	4.0	6.1	15.9	2.4	2.2	5.8
15.7	9.0	3.9	6.6	16.9	2.4	1.4	8.9
12.2	10.5	4.1	6.1	28.4	2.7	4.3	7.0
14.8	7.5	4.7	5.5	18.1	2.1	2.4	7.6
16.4	10.0	5.1	7.2	12.6	2.3	1.6	9.5
15.0	10.7	5.0	5.6	11.8	3.3	1.8	12.0
15.1	9.0	3.5	6.0	14.1	1.8	1.3	5.5
15.8	8.9	3.5	5.5	16.0	3.1	2.4	5.0
14.8	7.7	3.4	3.6	21.6	1.7	1.4	4.9
7.5	5.3	2.1	4.3	56.7	1.3	1.6	3.5

1－18　2008年入境过夜旅游者在各省(区、市)

		人均天花费(美元/人天)	人均天花费构成(%)				
			长途交通	飞　机	火　车	汽　车	轮　船
北　京	小计	255.79	31.1	25.3	3.6	2.2	0.0
	团体	237.82	25.8	18.8	4.1	2.9	0.0
	散客	269.85	35.5	30.5	3.3	1.7	0.0
天　津	小计	203.65	37.5	30.9	2.0	2.2	2.4
	团体	211.06	22.8	13.9	0.2	4.6	4.1
	散客	200.75	43.3	37.6	2.7	1.3	1.7
河　北	小计	158.24	36.2	21.7	5.5	3.4	5.6
	团体	148.45	28.3	20.5	5.4	2.4	0.0
	散客	165.42	41.9	22.6	5.5	4.2	9.6
山　西	小计	182.93	31.6	22.1	4.3	5.2	0.0
	团体	190.05	24.7	16.9	1.8	6.0	0.0
	散客	176.44	37.8	26.8	6.5	4.5	0.0
内蒙古	小计	181.51	25.0	18.9	3.4	2.7	0.0
	团体	171.75	20.2	11.8	4.4	4.0	0.0
	散客	190.68	29.6	25.7	2.4	1.5	0.0
辽　宁	小计	207.84	35.6	24.9	2.5	3.6	4.6
	团体	203.91	22.2	14.9	2.9	2.8	1.6
	散客	209.16	40.2	28.3	2.3	3.9	5.7
吉　林	小计	181.62	31.3	21.5	5.7	4.1	0.0
	团体	188.55	19.2	11.0	4.5	3.7	0.0
	散客	173.43	45.4	33.9	7.0	4.5	0.0
黑龙江	小计	196.76	28.9	23.8	3.4	1.4	0.3
	团体	193.69	21.6	18.4	2.6	0.6	0.0
	散客	202.16	41.7	33.2	4.9	2.7	0.9
上　海	小计	250.57	39.7	26.4	2.7	4.3	6.3
	团体	206.07	29.3	15.5	2.6	3.6	7.6
	散客	262.30	42.5	29.3	2.7	4.5	6.0
江　苏	小计	216.26	27.4	19.4	1.9	2.7	3.4
	团体	225.55	24.7	19.7	2.2	1.7	1.1
	散客	212.05	28.7	19.3	1.7	3.2	4.5

人均天花费构成（按团体及散客分组）

住宿	餐饮	景区游览	娱乐	购物	市内交通	邮电通讯	其他
16.4	8.7	4.8	4.5	19.1	2.4	3.8	9.2
14.3	10.7	4.2	1.9	26.6	2.5	5.9	8.1
18.1	7.1	5.3	6.5	13.3	2.4	2.1	9.7
15.4	8.6	4.9	4.9	17.3	2.5	2.3	6.6
13.2	10.8	2.4	3.2	31.7	3.0	3.9	9.0
16.2	7.7	5.9	5.5	11.6	2.3	1.7	5.8
11.8	8.1	5.2	7.2	13.1	4.0	4.8	9.6
10.9	9.8	6.6	9.0	15.1	5.2	6.1	9.0
12.4	6.9	4.2	5.9	11.6	3.1	3.9	10.1
15.3	7.9	8.1	5.1	14.6	1.5	3.8	12.1
17.3	7.0	9.3	4.7	17.8	0.0	5.1	14.1
13.5	8.8	7.1	5.5	11.5	2.9	2.6	10.3
8.3	6.2	3.2	4.0	40.5	1.1	4.2	7.5
11.0	9.0	2.4	2.2	37.6	0.0	7.2	10.4
5.7	3.6	3.9	5.7	43.3	2.2	1.4	4.6
16.5	10.0	5.0	5.3	16.5	2.4	2.3	6.4
14.6	8.8	3.4	1.9	32.3	2.4	4.8	9.6
17.1	10.4	5.6	6.4	11.2	2.4	1.4	5.3
12.9	8.5	4.7	5.5	25.7	1.8	2.2	7.4
13.3	10.5	4.3	3.7	34.6	1.3	3.0	10.1
12.3	6.1	5.2	7.6	15.1	2.4	1.3	4.6
9.9	8.2	3.0	2.0	34.5	1.7	3.4	8.4
10.7	9.0	2.3	0.4	44.7	1.8	4.3	5.2
8.6	6.7	4.4	4.9	16.5	1.6	1.8	13.8
16.6	8.0	3.7	5.7	15.0	2.5	2.0	6.8
14.2	10.1	2.1	2.4	30.3	3.0	3.2	5.4
17.3	7.4	4.2	6.5	11.0	2.4	1.7	7.0
14.9	10.5	4.0	6.6	23.5	2.3	2.4	8.4
12.8	9.5	3.5	6.2	32.5	1.8	3.6	5.4
15.9	10.9	4.2	6.7	19.4	2.5	1.9	9.8

1－18(续1)

		人均天花费(美元/人天)	人均天花费构成(%)				
			长途交通	飞机	火车	汽车	轮船
浙江	小计	215.09	29.8	20.0	2.9	3.7	3.2
	团体	211.57	24.7	11.4	4.0	4.5	4.8
	散客	216.75	32.4	24.1	2.4	3.4	2.5
安徽	小计	185.11	30.1	18.2	3.4	4.5	4.0
	团体	187.97	28.7	15.6	4.0	4.3	4.8
	散客	181.16	32.2	21.8	2.6	4.8	3.0
福建	小计	194.71	36.0	28.9	2.9	3.2	1.0
	团体	179.97	18.3	14.5	1.9	1.9	0.0
	散客	200.20	42.6	34.2	3.3	3.7	1.4
江西	小计	156.60	36.6	20.7	6.7	5.4	3.8
	团体	154.75	29.5	13.2	8.0	8.3	0.0
	散客	158.09	42.3	26.7	5.7	3.1	6.8
山东	小计	211.62	32.1	19.4	3.3	3.3	6.1
	团体	207.06	26.8	14.2	1.6	2.2	8.8
	散客	213.00	33.8	21.0	3.9	3.6	5.3
河南	小计	156.47	36.7	19.6	10.9	6.2	0.0
	团体	160.00	37.3	18.4	12.0	6.9	0.0
	散客	141.09	34.1	24.9	5.9	3.3	0.0
湖北	小计	197.56	41.4	16.0	9.8	2.2	13.4
	团体	183.41	29.7	6.7	16.3	2.3	4.4
	散客	207.59	49.7	22.6	5.3	2.1	19.7
湖南	小计	192.21	25.8	17.7	2.7	3.5	1.9
	团体	190.80	19.5	13.1	2.3	4.1	0.0
	散客	196.44	44.6	31.3	3.9	1.8	7.6
广东	小计	164.48	36.1	26.5	3.5	2.7	3.4
	团体	169.25	20.7	10.4	2.6	3.8	3.9
	散客	162.82	41.6	32.1	3.9	2.4	3.2
广西	小计	181.17	36.3	26.0	7.1	3.2	0.0
	团体	182.55	29.5	17.4	9.8	2.3	0.0
	散客	180.15	41.3	32.4	5.0	3.9	0.0

住宿	餐饮	景区游览	娱乐	购物	市内交通	邮电通讯	其他
16.7	11.4	3.3	6.0	20.5	2.7	3.0	6.6
12.1	9.9	2.7	2.2	35.0	3.2	4.3	5.9
18.8	12.1	3.5	7.7	13.7	2.4	2.5	6.9
12.2	8.9	4.3	4.8	24.9	1.9	4.6	8.3
13.3	8.7	4.0	2.5	28.5	1.7	5.8	6.8
10.6	9.1	4.7	8.0	19.9	2.1	2.9	10.5
10.1	8.4	3.2	7.1	20.3	2.0	3.1	9.8
10.2	8.9	1.4	5.9	35.8	2.3	6.2	11.0
10.1	8.2	3.9	7.6	14.5	1.9	2.0	9.2
10.6	8.6	4.3	4.5	25.1	0.8	2.3	7.2
11.3	10.9	3.8	1.8	33.1	0.0	3.2	6.4
10.0	6.8	4.8	6.7	18.6	1.4	1.5	7.9
15.4	7.8	4.3	8.4	17.0	2.2	2.3	10.5
11.6	7.4	3.0	12.1	22.8	1.9	2.9	11.5
16.6	7.9	4.7	7.2	15.2	2.2	2.1	10.3
13.8	9.1	6.9	1.0	18.3	2.5	3.2	8.5
14.2	8.7	7.0	0.0	18.8	2.4	3.5	8.1
12.1	11.1	6.6	5.2	16.3	2.6	2.0	10.0
11.8	8.2	3.5	4.0	18.1	2.5	2.6	7.9
11.3	9.6	2.3	2.1	27.9	3.1	3.6	10.4
12.2	7.2	4.4	5.4	11.2	2.1	1.8	6.0
11.7	8.4	8.2	2.9	28.9	2.9	3.6	7.6
11.7	8.7	9.7	1.4	34.7	3.3	4.1	6.9
11.8	7.3	3.7	7.2	11.4	1.7	1.8	10.5
10.8	8.0	4.0	7.0	18.6	2.2	2.6	10.7
10.0	8.6	3.3	5.6	35.3	2.9	4.6	9.0
11.1	7.8	4.2	7.5	12.8	2.0	1.9	11.1
11.7	8.6	6.0	4.7	21.9	2.7	2.6	5.5
10.9	8.2	4.9	1.4	33.2	2.5	3.3	6.1
12.3	8.9	6.9	7.1	13.4	2.9	2.1	5.1

1－18(续2)

		人均天花费(美元/人天)	人均天花费构成(%)				
			长途交通	飞　机	火　车	汽　车	轮　船
海　南	小计	168.48	27.6	18.1	2.3	1.7	5.5
	团体	167.40	18.3	18.3	0.0	0.0	0.0
	散客	169.64	37.6	17.8	4.7	3.6	11.5
重　庆	小计	177.04	45.8	16.6	6.8	7.1	15.3
	团体	173.89	48.8	11.1	9.2	10.4	18.1
	散客	181.35	41.3	24.0	3.4	2.6	11.3
四　川	小计	173.39	37.9	26.5	5.5	5.0	0.9
	团体	162.52	27.0	18.5	3.3	5.2	0.0
	散客	181.03	45.4	32.0	7.0	4.8	1.6
贵　州	小计	169.01	31.3	14.0	9.5	7.8	0.0
	团体	173.63	30.1	10.5	10.7	8.9	0.0
	散客	154.23	35.0	25.2	5.6	4.2	0.0
云　南	小计	187.29	34.6	26.4	2.5	4.3	1.4
	团体	179.47	25.7	19.0	0.0	6.7	0.0
	散客	194.75	43.1	33.5	4.8	2.0	2.8
西　藏	小计	171.27	52.2	22.6	12.6	17.0	0.0
	团体	152.40	57.9	27.6	13.9	16.4	0.0
	散客	202.45	42.8	14.4	10.4	18.0	0.0
陕　西	小计	195.82	27.9	20.8	3.9	3.2	0.0
	团体	194.28	27.6	20.5	3.9	3.2	0.0
	散客	199.35	28.8	21.7	4.0	3.1	0.0
甘　肃	小计	154.41	38.2	23.9	7.7	6.6	0.0
	团体	157.37	30.4	15.1	7.2	8.1	0.0
	散客	148.41	53.9	41.7	8.7	3.5	0.0
青　海	小计	149.95	23.7	18.0	4.3	1.4	0.0
	团体	141.75	0.0	0.0	0.0	0.0	0.0
	散客	157.41	45.5	34.5	8.2	2.8	0.0
宁　夏	小计	152.78	30.7	25.9	2.7	2.1	0.0
	团体	173.15	16.6	14.0	2.6	0.0	0.0
	散客	147.81	34.2	28.8	2.7	2.7	0.0
新　疆	小计	169.58	23.4	13.6	6.0	3.8	0.0
	团体	170.42	21.8	11.0	6.4	4.4	0.0
	散客	165.80	30.4	24.9	4.3	1.2	0.0

住宿	餐饮	景区游览	娱乐	购物	市内交通	邮电通讯	其他
17.9	8.6	3.5	6.9	18.4	2.9	3.2	11.0
18.2	9.0	2.1	8.0	27.2	3.0	4.3	9.9
17.7	8.1	5.1	5.7	8.9	2.7	2.0	12.2
8.9	6.9	2.3	2.9	23.2	1.5	3.3	5.2
7.4	5.9	1.0	0.0	28.0	1.2	4.3	3.4
11.0	8.4	3.9	6.8	16.7	1.7	2.0	8.2
13.4	7.5	5.2	5.7	18.0	2.6	3.1	6.6
11.9	8.6	4.2	5.8	29.8	3.8	4.7	4.2
14.4	6.6	5.9	5.7	9.8	1.7	2.0	8.5
11.7	8.2	3.7	4.4	27.3	3.1	4.4	5.9
11.3	8.1	2.9	2.6	31.2	3.5	4.9	5.4
13.0	8.9	6.2	10.2	14.9	2.0	2.7	7.1
11.5	7.0	4.9	4.4	21.9	1.8	2.8	11.1
13.1	7.9	6.2	3.2	32.1	2.1	4.5	5.2
9.9	6.1	3.7	5.5	12.2	1.5	1.2	16.8
11.5	6.9	5.5	2.9	15.6	0.8	3.1	1.5
11.0	6.9	6.0	2.6	11.0	0.6	2.8	1.2
12.4	7.0	4.7	3.4	23.2	1.0	3.6	1.9
12.6	8.2	5.2	5.8	25.4	3.0	4.6	7.3
10.7	8.7	4.5	4.3	29.8	2.7	4.9	6.8
17.0	7.0	6.8	9.0	15.1	3.6	3.7	9.0
12.0	8.2	5.7	2.8	23.4	1.6	2.6	5.5
12.7	9.3	6.0	0.0	30.5	1.3	3.2	6.6
10.4	6.1	5.0	8.5	9.0	2.2	1.6	3.3
10.1	5.4	10.4	2.1	26.2	0.8	4.1	17.2
11.7	5.8	11.8	0.0	36.6	0.0	6.5	27.6
8.6	5.1	9.2	4.0	16.7	1.5	2.0	7.4
16.4	7.5	7.5	8.5	13.6	3.9	3.3	8.6
17.0	9.1	4.7	2.5	26.2	6.9	5.8	11.2
16.3	7.1	8.2	10.0	10.5	3.2	2.7	7.8
7.9	5.7	3.2	1.0	48.1	2.5	2.7	5.5
8.2	5.9	3.3	0.0	51.1	2.8	2.7	4.2
6.5	4.9	3.0	5.3	34.8	1.3	2.9	10.9

1－19　2008年入境过夜旅游者在各省(区、市)

	人均天花费(美元/人天)	人均天花费构成(%)				
		长途交通	飞　机	火　车	汽　车	轮　船
北　京	255.79	31.1	25.3	3.6	2.2	0.0
外 国 人	254.21	31.4	25.5	3.7	2.2	0.0
香港同胞	264.83	28.4	22.6	2.3	3.5	0.0
澳门同胞	263.59	17.2	15.6	1.6	0.0	0.0
台湾同胞	274.04	30.9	30.3	0.5	0.1	0.0
天　津	203.65	37.5	30.9	2.0	2.2	2.4
外 国 人	202.62	38.1	34.2	1.6	2.2	0.1
香港同胞	209.48	28.6	19.8	5.2	2.4	1.2
澳门同胞	184.85	25.4	24.9	0.0	0.5	0.0
台湾同胞	211.41	35.6	27.1	3.2	2.6	2.7
河　北	158.24	36.2	21.7	5.5	3.4	5.6
外 国 人	159.91	36.7	22.2	6.0	3.4	5.1
香港同胞	136.52	41.1	22.2	1.4	4.4	13.1
澳门同胞	170.00	20.8	17.9	0.0	2.9	0.0
台湾同胞	151.51	27.8	20.3	1.5	1.7	4.3
山　西	182.93	31.6	22.1	4.3	5.2	0.0
外 国 人	176.27	32.3	22.2	4.8	5.3	0.0
香港同胞	195.90	21.6	12.6	1.9	7.1	0.0
澳门同胞	224.02	17.1	11.3	1.1	4.7	0.0
台湾同胞	191.94	19.9	12.6	1.2	6.1	0.0
内蒙古	181.51	25.0	18.9	3.4	2.7	0.0
外 国 人	178.98	25.0	18.8	3.4	2.8	0.0
香港同胞	218.09	26.4	23.2	2.5	0.7	0.0
澳门同胞	180.00	17.5	17.5	0.0	0.0	0.0
台湾同胞	197.11	22.0	22.0	0.0	0.0	0.0

人均天花费构成(按外国人、港澳台胞分组)

住宿	餐饮	景区游览	娱乐	购物	市内交通	邮电通讯	其他
16.4	8.7	4.8	4.5	19.1	2.4	3.8	9.2
16.5	8.5	4.8	4.3	19.4	2.5	3.7	8.9
16.4	8.7	4.4	6.1	19.1	2.6	4.7	9.6
20.4	17.7	1.8	7.2	19.5	1.9	2.3	12.0
14.1	9.5	7.4	4.6	15.8	2.5	5.5	9.7
15.4	8.6	4.9	4.9	17.3	2.5	2.3	6.6
16.4	8.5	4.3	4.7	17.0	2.5	2.4	6.1
12.3	10.3	6.0	6.6	19.0	3.3	2.6	11.3
16.9	8.0	9.2	2.5	22.6	1.4	2.0	12.0
13.1	8.2	5.6	6.6	19.2	2.2	1.4	8.1
11.8	8.1	5.2	7.2	13.1	4.0	4.8	9.6
11.7	8.2	5.4	6.5	12.4	4.1	5.0	10.0
11.7	6.8	3.9	5.1	17.4	1.2	5.8	7.0
15.7	10.6	5.7	9.8	16.7	2.4	3.8	14.5
12.2	9.1	4.4	12.8	19.0	2.1	3.4	9.2
15.3	7.9	8.1	5.1	14.6	1.5	3.8	12.1
15.4	7.7	8.3	4.8	13.9	1.5	3.8	12.3
14.7	10.3	7.5	7.0	19.8	2.0	3.8	13.3
20.8	8.9	9.8	3.7	19.4	1.2	4.5	14.6
18.3	9.6	9.5	3.8	18.8	1.1	4.9	14.1
8.3	6.2	3.2	4.0	40.5	1.1	4.2	7.5
8.0	6.2	3.1	3.7	41.8	1.1	3.9	7.2
13.8	8.7	3.5	6.9	25.9	1.1	5.0	8.7
21.4	11.4	4.7	2.3	15.1	3.7	0.0	23.9
14.3	4.5	7.2	6.0	27.3	1.3	7.9	9.5

1－19(续1)

	人均天花费(美元/人天)	人均天花费构成(%)				
		长途交通	飞机	火车	汽车	轮船
辽宁	207.84	35.6	24.9	2.5	3.6	4.6
外国人	207.61	36.5	25.1	2.5	3.5	5.4
香港同胞	211.90	28.5	25.6	1.7	0.8	0.4
澳门同胞	217.54	31.9	28.5	2.3	1.1	0.0
台湾同胞	199.01	29.8	24.0	3.5	1.0	1.3
吉林	181.62	31.3	21.5	5.7	4.1	0.0
外国人	181.48	31.0	21.2	5.8	4.0	0.0
香港同胞	191.85	26.9	20.6	2.5	3.8	0.0
澳门同胞	192.44	54.6	49.0	0.0	5.6	0.0
台湾同胞	168.56	31.6	31.3	0.2	0.1	0.0
黑龙江	196.76	28.9	23.8	3.4	1.4	0.3
外国人	196.36	29.2	24.0	3.5	1.4	0.3
香港同胞	207.29	25.8	21.9	3.3	0.6	0.0
澳门同胞	207.47	40.2	38.9	0.9	0.4	0.0
台湾同胞	188.83	24.7	22.7	1.4	0.6	0.0
上海	250.57	39.7	26.4	2.7	4.3	6.3
外国人	250.15	40.8	27.9	2.7	3.7	6.5
香港同胞	258.39	31.3	16.5	1.1	6.6	7.1
澳门同胞	258.59	30.1	13.3	1.7	14.1	1.0
台湾同胞	245.15	30.2	17.0	4.0	5.0	4.2
江苏	216.26	27.4	19.4	1.9	2.7	3.4
外国人	215.88	27.5	18.7	1.7	3.1	4.0
香港同胞	230.06	25.3	21.1	1.8	1.5	0.9
澳门同胞	227.83	23.7	19.9	1.7	1.7	0.4
台湾同胞	201.81	29.6	21.0	2.7	2.3	3.6

住宿	餐饮	景区游览	娱乐	购物	市内交通	邮电通讯	其他
16.5	10.0	5.0	5.3	16.5	2.4	2.3	6.4
15.8	9.8	4.8	5.2	16.4	2.4	2.3	6.8
21.0	12.0	5.4	6.1	18.4	2.6	1.7	4.3
17.1	10.1	5.6	5.9	20.3	1.7	1.1	6.3
21.0	11.4	9.4	4.4	14.3	2.3	4.6	2.8
12.9	8.5	4.7	5.5	25.7	1.8	2.2	7.4
12.8	8.6	4.5	5.6	26.3	1.8	2.3	7.1
14.7	7.7	4.6	5.5	25.7	1.6	1.0	12.3
13.0	6.6	4.3	3.6	9.7	0.7	0.6	6.9
16.2	8.7	10.4	5.4	15.3	1.6	0.6	10.2
9.9	8.2	3.0	2.0	34.5	1.7	3.4	8.4
9.8	7.8	3.1	1.9	34.7	1.7	3.3	8.5
12.2	15.7	2.3	0.3	35.0	1.6	4.9	2.2
8.5	8.3	0.4	0.2	30.5	0.9	2.3	8.7
18.3	16.3	1.4	0.0	24.2	5.0	5.4	4.7
16.6	8.0	3.7	5.7	15.0	2.5	2.0	6.8
16.7	7.7	3.6	5.7	15.0	2.6	1.9	6.0
18.7	9.0	3.1	6.4	18.0	2.9	2.7	7.9
15.5	9.9	13.6	4.2	14.9	3.2	1.0	7.6
13.6	10.9	3.6	5.2	14.8	2.1	1.8	17.8
14.9	10.5	4.0	6.6	23.5	2.3	2.4	8.4
15.7	10.3	4.0	5.9	23.2	2.4	2.4	8.6
14.1	12.2	4.3	6.9	21.8	2.2	2.5	10.7
12.0	12.0	5.1	12.6	21.4	2.1	3.1	8.0
13.3	9.3	3.4	8.0	25.8	2.1	2.4	6.1

1-19(续2)

	人均天花费（美元/人天）	人均天花费构成（%）				
		长途交通	飞　机	火　车	汽　车	轮　船
浙　江	215.09	29.8	20.0	2.9	3.7	3.2
外 国 人	216.27	29.4	19.7	2.6	3.8	3.3
香港同胞	206.73	34.0	23.1	5.4	3.1	2.4
澳门同胞	212.98	28.2	18.3	5.5	2.7	1.7
台湾同胞	215.78	28.4	19.9	3.3	4.3	0.9
安　徽	185.11	30.1	18.2	3.4	4.5	4.0
外 国 人	187.57	30.3	18.5	3.3	4.2	4.3
香港同胞	180.47	20.6	16.1	0.7	3.7	0.1
澳门同胞	148.78	4.8	3.4	0.6	0.8	0.0
台湾同胞	182.01	17.8	5.3	0.0	12.4	0.1
福　建	194.71	36.0	28.9	2.9	3.2	1.0
外 国 人	195.19	37.7	30.6	2.5	3.9	0.7
香港同胞	196.52	31.4	23.8	2.3	3.5	1.8
澳门同胞	181.79	19.4	14.2	1.6	2.9	0.7
台湾同胞	193.26	30.7	24.7	2.0	2.2	1.8
江　西	156.60	36.6	20.7	6.7	5.4	3.8
外 国 人	160.97	35.7	20.9	5.9	5.1	3.8
香港同胞	150.23	38.2	21.2	6.5	6.1	4.4
澳门同胞	138.07	40.6	20.7	8.7	8.7	2.5
台湾同胞	150.53	36.4	21.0	10.4	5.0	0.0
山　东	211.62	32.1	19.4	3.3	3.3	6.1
外 国 人	209.22	32.5	19.6	3.1	3.2	6.6
香港同胞	232.87	23.4	14.9	3.4	3.5	1.6
澳门同胞	206.14	18.0	10.7	4.9	2.1	0.3
台湾同胞	213.89	27.2	17.0	5.0	3.7	1.5

住宿	餐饮	景区游览	娱乐	购物	市内交通	邮电通讯	其他
16.7	11.4	3.3	6.0	20.5	2.7	3.0	6.6
17.3	11.3	3.2	5.8	20.8	2.6	3.0	6.6
15.1	11.1	3.7	6.5	17.7	3.3	3.1	5.5
14.7	12.6	3.3	5.9	21.5	2.1	3.2	8.5
14.9	12.2	3.3	5.7	21.7	2.5	3.9	7.4
12.2	8.9	4.3	4.8	24.9	1.9	4.6	8.3
12.7	9.0	4.5	4.7	24.4	2.1	4.0	8.3
9.4	9.4	4.6	9.8	26.4	1.0	9.7	9.1
1.6	0.8	0.8	0.1	60.3	0.1	18.5	13.0
9.5	7.9	3.1	2.4	41.4	0.7	5.1	12.1
10.1	8.4	3.2	7.1	20.3	2.0	3.1	9.8
10.4	8.0	3.1	7.3	19.8	2.3	3.2	8.2
11.9	11.7	3.2	6.8	21.7	1.6	3.1	8.6
12.4	11.4	5.2	3.9	30.4	1.3	5.0	11.0
7.6	7.4	3.9	5.4	21.4	1.7	2.7	19.2
10.6	8.6	4.3	4.5	25.1	0.8	2.3	7.2
10.5	8.3	4.0	4.3	25.6	0.8	2.8	8.0
10.7	8.9	5.0	4.0	24.8	1.0	1.4	6.0
10.0	9.0	4.5	5.9	22.4	0.7	1.2	5.7
11.8	10.7	4.9	3.8	24.9	0.7	0.7	6.1
15.4	7.8	4.3	8.4	17.0	2.2	2.3	10.5
15.5	7.8	4.3	8.4	16.8	2.2	2.1	10.4
15.1	7.9	5.8	5.3	22.3	1.9	3.4	14.9
10.8	4.9	1.9	3.8	31.4	1.1	7.8	20.3
13.2	6.6	3.8	5.6	25.4	1.5	2.9	13.8

1－19(续3)

	人均天花费(美元/人天)	人均天花费构成(%)				
		长途交通	飞　机	火　车	汽　车	轮　船
河　南	156.47	36.7	19.6	10.9	6.2	0.0
外 国 人	159.76	36.7	19.4	11.0	6.3	0.0
香港同胞	162.85	12.4	11.0	0.7	0.7	0.0
澳门同胞	75.47	10.1	7.8	1.4	0.9	0.0
台湾同胞	92.67	14.1	12.9	0.0	1.2	0.0
湖　北	197.56	41.4	16.0	9.8	2.2	13.4
外 国 人	199.93	35.3	16.1	3.2	2.3	13.7
香港同胞	196.34	43.6	17.9	9.7	2.4	13.6
澳门同胞	196.27	35.3	18.0	4.5	1.6	11.2
台湾同胞	192.46	40.5	14.3	8.7	2.3	15.2
湖　南	192.21	25.8	17.7	2.7	3.5	1.9
外 国 人	193.45	25.6	17.9	2.6	3.4	1.7
香港同胞	187.22	17.2	9.6	1.0	6.6	0.0
澳门同胞	162.06	17.9	8.6	3.0	2.8	3.5
台湾同胞	193.13	7.8	4.9	0.9	2.0	0.0
广　东	164.48	36.1	26.5	3.5	2.7	3.4
外 国 人	166.60	36.4	26.9	3.0	3.0	3.5
香港同胞	157.62	33.5	21.8	5.0	2.9	3.8
澳门同胞	169.89	32.7	21.8	5.8	2.7	2.4
台湾同胞	164.95	27.0	18.7	2.7	1.9	3.7
广　西	181.17	36.3	26.0	7.1	3.2	0.0
外 国 人	178.90	35.4	25.3	7.2	2.9	0.0
香港同胞	185.49	32.7	23.6	6.6	2.5	0.0
澳门同胞	183.27	44.0	28.4	11.7	3.9	0.0
台湾同胞	189.63	40.9	31.3	5.3	4.3	0.0

住 宿	餐 饮	景区游览	娱 乐	购 物	市内交通	邮电通讯	其 他
13.8	9.1	6.9	1.0	18.3	2.5	3.2	8.5
13.8	9.1	6.9	0.9	18.3	2.5	3.3	8.5
6.1	5.3	3.1	2.0	49.5	1.0	4.3	16.3
3.2	2.5	2.5	1.4	45.5	0.7	7.3	26.8
4.0	3.7	1.4	6.0	43.9	1.0	12.2	13.7
11.8	8.2	3.5	4.0	18.1	2.5	2.6	7.9
12.2	9.1	3.6	3.9	21.6	2.9	3.0	8.4
13.3	7.6	3.9	3.9	15.8	2.5	1.9	7.5
10.0	7.9	3.9	4.3	23.2	2.3	4.5	8.6
12.2	8.9	3.3	4.5	17.1	2.4	2.3	8.8
11.7	8.4	8.2	2.9	28.9	2.9	3.6	7.6
11.4	8.3	8.4	2.6	29.2	3.1	3.6	7.8
20.6	7.5	8.2	6.8	28.7	1.1	2.8	7.1
6.7	15.0	9.3	2.7	30.9	1.6	3.2	12.7
14.6	14.2	6.0	5.2	36.6	1.0	5.8	8.8
10.8	8.0	4.0	7.0	18.6	2.2	2.6	10.7
11.7	7.8	3.7	5.9	19.6	2.5	2.5	9.9
10.5	8.8	4.7	9.8	17.0	2.0	2.1	11.6
11.1	8.6	3.9	7.9	18.9	2.1	2.1	12.7
9.0	9.6	5.4	8.7	20.2	2.0	4.5	13.6
11.7	8.6	6.0	4.7	21.9	2.7	2.6	5.5
11.2	8.2	6.1	4.5	23.1	2.8	2.6	6.1
15.6	10.4	6.8	5.6	19.3	2.8	2.4	4.4
12.5	9.7	4.6	5.4	14.8	2.4	2.5	4.1
9.8	8.7	4.9	5.0	21.3	2.2	3.7	3.5

1－19(续4)

	人均天花费(美元/人天)	人均天花费构成(%)				
		长途交通	飞 机	火 车	汽 车	轮 船
海 南	168.48	27.6	18.1	2.3	1.7	5.5
外 国 人	169.71	29.1	17.8	2.9	1.1	7.3
香港同胞	167.11	26.3	15.9	1.3	4.1	5.0
澳门同胞	126.17	15.1	10.5	1.0	3.6	0.0
台湾同胞	170.75	24.8	22.9	0.5	0.8	0.6
重 庆	177.04	45.8	16.6	6.8	7.1	15.3
外 国 人	182.96	47.1	16.5	7.1	7.6	15.9
香港同胞	173.26	34.4	12.9	1.0	1.5	19.0
澳门同胞	150.97	33.6	21.3	5.3	4.4	2.6
台湾同胞	151.44	32.7	10.9	1.8	0.7	19.3
四 川	173.39	37.9	26.5	5.5	5.0	0.9
外 国 人	171.83	37.9	26.4	6.1	4.7	0.7
香港同胞	179.46	40.3	27.9	3.1	7.1	2.2
澳门同胞	165.98	21.8	18.2	0.6	3.0	0.0
台湾同胞	180.84	31.2	27.8	0.8	2.6	0.0
贵 州	169.01	31.3	14.0	9.5	7.8	0.0
外 国 人	171.16	31.3	12.9	9.6	8.8	0.0
香港同胞	169.03	23.0	20.0	2.4	0.6	0.0
澳门同胞	143.87	8.0	6.4	0.7	0.9	0.0
台湾同胞	161.15	28.0	18.0	1.3	8.7	0.0
云 南	187.29	34.6	26.4	2.5	4.3	1.4
外 国 人	184.15	36.2	28.2	2.6	4.0	1.4
香港同胞	219.69	29.6	20.7	3.6	5.3	0.0
澳门同胞	229.07	28.2	19.1	0.5	8.6	0.0
台湾同胞	168.05	29.7	22.0	1.7	4.8	1.2

住宿	餐饮	景区游览	娱乐	购物	市内交通	邮电通讯	其他
17.9	8.6	3.5	6.9	18.4	2.9	3.2	11.0
17.8	8.4	3.3	6.7	17.7	2.8	3.2	11.0
18.7	8.5	4.3	8.2	18.2	2.8	3.1	9.9
10.5	4.4	1.9	1.5	40.0	1.9	5.1	19.6
13.3	9.4	4.8	4.3	29.7	2.7	2.9	8.1
8.9	6.9	2.3	2.9	23.2	1.5	3.3	5.2
9.3	7.1	2.2	2.2	21.7	1.4	3.6	5.4
7.8	7.5	3.0	7.1	29.2	1.1	3.1	6.8
16.7	4.3	2.3	1.1	28.2	1.5	5.0	7.3
3.8	3.1	1.1	2.4	44.0	1.3	3.7	7.9
13.4	7.5	5.2	5.7	18.0	2.6	3.1	6.6
13.5	7.2	5.2	6.0	17.7	2.6	3.0	6.9
11.6	9.1	4.6	4.2	19.1	2.5	3.4	5.2
12.8	6.9	5.0	5.2	36.0	1.7	5.7	4.9
15.5	7.8	6.1	2.9	22.6	3.6	3.9	6.4
11.7	8.2	3.7	4.4	27.3	3.1	4.4	5.9
11.7	8.9	3.4	4.1	26.9	3.0	4.8	5.9
14.0	7.1	5.1	6.3	31.4	5.3	3.0	4.8
14.2	6.1	6.2	1.3	46.0	4.6	4.2	9.4
12.0	7.2	4.2	4.8	30.9	1.9	4.0	7.0
11.5	7.0	4.9	4.4	21.9	1.8	2.8	11.1
11.8	7.0	5.2	4.7	19.7	1.7	2.6	11.1
11.9	6.6	3.9	3.3	29.6	2.4	3.5	9.2
10.8	6.6	2.6	2.6	35.1	2.1	1.8	10.2
8.9	7.3	3.5	3.1	26.7	1.9	5.3	13.6

1-19(续5)

	人均天花费(美元/人天)	人均天花费构成(%)				
		长途交通	飞机	火车	汽车	轮船
西藏	171.27	52.2	22.6	12.6	17.0	0.0
外国人	183.20	46.9	19.6	11.4	15.9	0.0
香港同胞	174.94	51.2	16.9	12.2	22.1	0.0
澳门同胞	163.96	55.5	19.3	17.3	18.9	0.0
台湾同胞	131.98	64.6	33.8	13.2	17.6	0.0
陕西	195.82	27.9	20.8	3.9	3.2	0.0
外国人	196.30	28.6	21.4	4.0	3.2	0.0
香港同胞	193.64	23.0	20.5	0.0	2.5	0.0
澳门同胞	168.25	12.0	10.0	0.0	2.0	0.0
台湾同胞	192.94	17.2	16.6	0.6	0.0	0.0
甘肃	154.41	38.2	23.9	7.7	6.6	0.0
外国人	156.27	39.3	24.9	7.7	6.7	0.0
香港同胞	161.10	31.7	14.9	10.5	6.3	0.0
澳门同胞	139.97	19.5	13.5	6.0	0.0	0.0
台湾同胞	106.45	19.1	16.2	2.9	0.0	0.0
青海	149.95	23.7	18.0	4.3	1.4	0.0
外国人	150.15	24.2	18.5	4.0	1.7	0.0
香港同胞	160.23	18.1	17.6	0.0	0.5	0.0
澳门同胞	119.43	8.7	8.7	0.0	0.0	0.0
台湾同胞	147.10	23.8	18.3	5.1	0.4	0.0
宁夏	152.78	30.7	25.9	2.7	2.1	0.0
外国人	152.20	29.7	25.0	2.6	2.1	0.0
香港同胞	164.73	31.0	31.0	0.0	0.0	0.0
澳门同胞	95.79	0.0	0.0	0.0	0.0	0.0
台湾同胞	149.89	33.4	33.4	0.0	0.0	0.0
新疆	169.58	23.4	13.6	6.0	3.8	0.0
外国人	171.88	23.9	14.1	5.9	3.9	0.0
香港同胞	156.25	4.6	4.3	0.0	0.3	0.0
澳门同胞	152.26	6.9	5.1	1.5	0.3	0.0
台湾同胞	163.14	9.6	7.1	0.1	2.4	0.0

住宿	餐饮	景区游览	娱乐	购物	市内交通	邮电通讯	其他
11.5	6.9	5.5	2.9	15.6	0.8	3.1	1.5
13.2	7.7	4.7	2.9	18.3	0.8	3.7	1.8
11.8	8.9	7.0	2.4	13.0	0.7	3.2	1.8
10.7	7.1	7.4	3.7	11.3	0.6	2.7	1.0
8.0	4.5	6.0	2.3	11.3	0.6	1.8	0.9
12.6	8.2	5.2	5.8	25.4	3.0	4.6	7.3
12.5	8.2	5.3	5.3	26.1	3.1	4.2	6.7
14.0	7.5	5.1	3.3	22.7	2.6	8.6	13.2
13.9	7.2	5.8	21.3	26.8	0.0	0.9	12.1
17.3	10.3	5.3	6.1	18.4	1.4	7.6	16.4
12.0	8.2	5.7	2.8	23.4	1.6	2.6	5.5
12.0	8.5	5.8	1.9	23.6	0.6	2.6	5.7
12.3	6.2	5.5	2.4	29.5	1.5	2.9	8.0
11.7	4.6	4.7	10.0	35.3	2.3	7.9	4.0
4.3	2.7	1.9	6.5	47.2	1.4	4.8	12.1
10.1	5.4	10.4	2.1	26.2	0.8	4.1	17.2
10.9	6.0	12.1	2.1	24.7	0.7	3.8	15.5
10.5	5.0	8.4	6.8	23.9	0.3	2.7	24.3
3.4	1.5	2.7	2.9	33.4	4.4	3.5	39.5
5.4	2.3	1.8	0.7	38.7	0.2	6.7	20.4
16.4	7.5	7.5	8.5	13.6	3.9	3.3	8.6
16.5	7.6	7.6	9.2	13.9	3.6	3.4	8.5
12.5	5.4	5.3	4.0	19.0	3.6	3.1	16.1
0.0	0.0	0.0	0.0	41.1	0.0	0.0	58.9
18.1	8.1	1.2	7.4	13.3	5.8	2.0	10.7
7.9	5.7	3.2	1.0	48.1	2.5	2.7	5.5
8.1	5.8	3.3	1.0	47.7	2.4	2.2	5.6
1.2	1.0	0.8	0.8	79.8	0.4	4.4	7.0
1.7	1.3	0.6	2.0	76.6	0.4	2.5	8.0
5.0	4.2	1.6	0.3	63.3	0.0	8.1	7.9

1－20　2008 年入境过夜旅游者在各城市

	人均天花费（美元/人天）	人均天花费构成（%）				
		长途交通	飞　机	火　车	汽　车	轮　船
北　京	255.79	31.1	25.3	3.6	2.2	0.0
外 国 人	254.21	31.4	25.5	3.7	2.2	0.0
香港同胞	264.83	28.4	22.6	2.3	3.5	0.0
澳门同胞	263.59	17.2	15.6	1.6	0.0	0.0
台湾同胞	274.04	30.9	30.3	0.5	0.1	0.0
天　津	203.65	37.5	30.9	2.0	2.2	2.4
外 国 人	202.62	38.1	34.2	1.6	2.2	0.1
香港同胞	209.48	28.6	19.8	5.2	2.4	1.2
澳门同胞	184.85	25.4	24.9	0.0	0.5	0.0
台湾同胞	211.41	35.6	27.1	3.2	2.6	2.7
石家庄	185.67	46.9	21.6	6.3	7.1	11.9
外 国 人	187.84	46.9	22.3	6.9	5.6	12.1
香港同胞	166.48	39.6	18.1	1.9	19.6	0.0
澳门同胞	220.02	35.3	34.5	0.0	0.8	0.0
台湾同胞	157.90	34.1	30.7	2.7	0.7	0.0
唐　山	150.18	41.3	23.6	4.0	5.6	8.1
外 国 人	148.88	41.2	27.9	5.2	6.5	1.6
香港同胞	122.27	44.2	17.4	1.1	1.8	23.9
澳门同胞	213.83	10.3	6.8	0.0	3.5	0.0
台湾同胞	159.45	18.1	16.8	0.3	1.0	0.0
秦皇岛	156.24	34.3	22.1	5.5	1.2	5.5
外 国 人	161.89	33.6	20.3	6.6	1.2	5.5
香港同胞	137.01	52.2	49.7	1.6	0.9	0.0
澳门同胞	162.84	40.4	40.4	0.0	0.0	0.0
台湾同胞	134.47	26.7	17.3	1.0	1.5	6.9

人均天花费构成（按外国人、港澳台胞分组）

住宿	餐饮	景区游览	娱乐	购物	市内交通	邮电通讯	其他
16.4	8.7	4.8	4.5	19.1	2.4	3.8	9.2
16.5	8.5	4.8	4.3	19.4	2.5	3.7	8.9
16.4	8.7	4.4	6.1	19.1	2.6	4.7	9.6
20.4	17.7	1.8	7.2	19.5	1.9	2.3	12.0
14.1	9.5	7.4	4.6	15.8	2.5	5.5	9.7
15.4	8.6	4.9	4.9	17.3	2.5	2.3	6.6
16.4	8.5	4.3	4.7	17.0	2.5	2.4	6.1
12.3	10.3	6.0	6.6	19.0	3.3	2.6	11.3
16.9	8.0	9.2	2.5	22.6	1.4	2.0	12.0
13.1	8.2	5.6	6.6	19.2	2.2	1.4	8.1
11.3	6.3	3.9	5.4	12.8	2.6	2.6	8.2
11.2	6.6	4.1	4.7	12.7	2.8	2.2	8.8
17.0	4.3	3.9	10.0	17.7	0.8	0.9	5.8
19.4	12.0	6.3	10.8	16.2	0.0	0.0	0.0
13.5	6.3	3.4	8.0	16.2	0.0	8.0	10.5
11.6	6.7	4.3	5.6	14.3	2.9	2.5	10.8
12.5	7.2	5.0	5.4	12.2	3.1	3.1	10.3
12.4	6.0	3.1	0.0	27.6	1.1	1.6	4.0
10.5	5.8	2.3	0.0	46.4	0.0	1.2	23.5
13.5	8.8	6.5	15.7	34.3	0.0	2.4	0.7
13.7	7.9	4.4	7.7	12.1	4.6	5.7	9.6
13.7	7.9	4.5	7.4	12.4	4.6	6.1	9.8
10.1	6.3	3.5	3.8	9.9	0.0	5.2	9.0
26.9	17.1	3.1	4.7	3.1	3.1	0.0	1.6
16.5	9.3	5.3	12.3	13.9	3.7	2.6	9.7

1－20(续1)

	人均天花费(美元/人天)	人均天花费构成(%)				
		长途交通	飞机	火车	汽车	轮船
保定	146.92	27.4	18.2	4.9	2.5	1.8
外国人	148.88	29.0	18.9	5.5	2.6	2.0
香港同胞	123.59	21.5	17.6	0.0	3.9	0.0
澳门同胞	153.27	17.6	15.3	0.0	2.3	0.0
台湾同胞	150.00	23.0	19.6	0.7	2.7	0.0
承德	149.72	28.4	20.1	5.7	2.6	0.0
外国人	150.28	28.3	20.0	5.7	2.6	0.0
香港同胞	107.66	40.5	36.9	0.0	3.6	0.0
澳门同胞	154.78	23.9	21.4	0.0	2.5	0.0
台湾同胞	150.00	32.5	27.7	1.0	3.8	0.0
廊坊	148.64	28.3	19.9	5.0	2.5	0.9
外国人	148.10	30.0	20.9	5.8	2.4	0.9
香港同胞	124.12	31.5	29.7	0.5	1.3	0.0
澳门同胞	150.94	19.4	16.1	0.0	3.3	0.0
台湾同胞	164.89	22.5	19.5	1.2	1.8	0.0
太原	214.54	27.7	17.3	6.6	3.8	0.0
外国人	207.89	26.7	16.6	6.1	4.0	0.0
香港同胞	215.74	20.7	19.9	0.0	0.8	0.0
澳门同胞	263.78	21.5	21.5	0.0	0.0	0.0
台湾同胞	222.71	19.2	17.3	0.2	1.7	0.0
大同	193.97	27.8	19.9	3.3	4.6	0.0
外国人	194.42	29.4	21.2	3.6	4.6	0.0
香港同胞	187.37	10.3	4.3	1.4	4.6	0.0
澳门同胞	197.71	4.6	0.0	1.1	3.5	0.0
台湾同胞	194.43	8.8	0.0	0.8	8.0	0.0

住宿	餐饮	景区游览	娱乐	购物	市内交通	邮电通讯	其他
10.3	9.2	6.2	8.8	12.4	4.7	7.9	13.1
10.3	9.6	6.8	7.8	10.7	4.7	8.5	12.6
11.6	15.3	3.2	8.8	18.1	4.4	6.4	10.7
15.8	12.6	7.6	8.8	10.5	0.0	4.4	22.7
9.5	6.9	4.4	16.6	25.7	0.0	2.2	11.7
10.9	10.0	7.2	8.1	12.9	5.2	7.5	9.8
10.9	9.9	7.2	8.0	13.0	5.2	7.5	10.0
15.0	13.7	6.8	0.0	15.6	0.0	4.2	4.2
22.0	16.0	9.1	12.3	5.6	0.0	5.6	5.5
13.4	9.8	6.2	23.4	0.0	0.0	14.7	0.0
13.7	10.1	5.1	8.9	15.2	4.7	4.5	9.5
14.2	9.5	4.9	7.3	14.4	4.6	4.6	10.5
17.8	13.5	2.5	4.4	18.3	3.3	2.5	6.2
12.3	11.6	7.2	13.9	18.6	4.2	3.1	9.7
12.2	13.4	2.9	15.5	22.4	1.4	2.7	7.0
14.0	8.7	10.1	6.0	15.7	2.3	4.7	10.8
15.1	7.5	10.0	5.1	15.7	1.8	4.5	13.6
14.4	18.2	3.2	16.6	12.4	3.9	3.3	7.3
13.4	11.6	7.0	10.7	24.1	4.3	2.2	5.2
14.3	7.6	22.6	1.2	17.6	4.3	10.9	2.3
15.4	6.7	8.3	4.1	18.4	1.5	4.3	13.5
15.2	6.6	8.6	4.0	17.2	1.6	4.5	12.9
15.3	6.6	8.4	5.5	28.6	2.1	4.1	19.1
23.6	9.7	11.8	1.0	28.3	1.5	4.6	14.9
22.9	10.5	8.1	0.0	27.4	0.3	2.7	19.3

1－20(续2)

	人均天花费(美元/人天)	人均天花费构成(%)				
		长途交通	飞机	火车	汽车	轮船
长治	199.30	31.6	27.6	0.9	3.1	0.0
外国人	201.16	30.9	26.2	1.1	3.6	0.0
香港同胞	204.94	28.5	25.0	0.0	3.5	0.0
澳门同胞	185.92	46.7	46.7	0.0	0.0	0.0
台湾同胞	194.17	35.6	31.0	0.5	4.1	0.0
晋城	143.01	44.4	23.6	12.4	8.4	0.0
外国人	142.98	43.8	23.4	12.2	8.2	0.0
香港同胞	143.68	37.6	37.6	0.0	0.0	0.0
澳门同胞	—	—	—	—	—	—
台湾同胞	—	—	—	—	—	—
朔州	176.31	23.7	7.1	8.4	8.2	0.0
外国人	174.47	24.4	6.9	9.8	7.7	0.0
香港同胞	247.04	15.7	0.0	0.0	15.7	0.0
澳门同胞	279.17	6.3	0.0	0.0	6.3	0.0
台湾同胞	105.27	11.7	0.0	4.9	6.8	0.0
晋中	178.50	34.2	23.2	4.6	6.4	0.0
外国人	176.53	34.2	22.8	4.8	6.6	0.0
香港同胞	157.21	28.2	19.5	0.0	8.7	0.0
澳门同胞	250.43	19.1	15.3	0.0	3.8	0.0
台湾同胞	160.91	19.5	8.6	2.1	8.8	0.0
运城	188.29	30.5	21.2	4.3	5.0	0.0
外国人	171.70	38.1	26.3	6.3	5.5	0.0
香港同胞	158.46	24.9	19.4	2.3	3.2	0.0
澳门同胞	229.72	12.0	5.9	1.7	4.4	0.0
台湾同胞	230.87	17.2	7.9	2.0	7.3	0.0

住宿	餐饮	景区游览	娱乐	购物	市内交通	邮电通讯	其他
15.4	7.0	7.0	5.6	10.8	1.2	2.5	18.9
15.9	6.8	5.9	5.3	10.5	0.9	2.5	21.3
15.8	9.1	7.3	3.4	12.5	0.0	1.7	21.7
17.6	10.4	0.0	0.0	12.0	3.8	0.0	9.5
22.3	10.3	3.9	0.0	9.2	1.8	1.5	15.4
14.8	9.9	5.9	6.4	5.7	0.8	3.7	8.4
14.6	9.9	5.8	6.2	5.6	0.8	3.7	9.6
29.9	12.5	0.0	0.0	0.0	0.0	7.4	12.6
—	—	—	—	—	—	—	—
—	—	—	—	—	—	—	—
19.9	11.1	6.1	9.3	10.8	1.2	3.3	14.6
20.4	12.0	6.1	7.5	11.3	1.3	3.2	13.8
22.7	13.4	9.5	16.0	8.8	0.0	4.3	9.6
31.1	10.3	14.9	0.0	11.0	0.0	3.1	23.3
20.2	6.7	4.5	0.0	15.9	2.5	5.4	33.1
16.3	7.8	8.0	4.7	11.8	1.2	4.8	11.2
16.3	7.8	8.2	4.8	11.2	1.4	4.8	11.3
19.1	11.6	5.2	3.8	22.8	1.6	0.2	7.5
21.7	8.2	9.9	0.5	12.7	0.5	8.7	18.7
21.3	10.1	6.8	0.0	24.7	0.2	5.6	11.8
17.0	8.4	8.7	5.0	17.9	1.9	3.7	6.9
16.2	8.2	9.3	4.9	16.6	2.0	1.0	3.7
16.0	7.3	9.4	2.8	23.1	4.0	2.0	10.5
21.7	10.5	11.5	0.0	22.1	0.8	8.4	13.0
17.2	13.9	9.2	0.0	23.6	1.3	5.2	12.4

1－20(续3)

	人均天花费(美元/人天)	人均天花费构成(%)				
		长途交通	飞 机	火 车	汽 车	轮 船
忻 州	198.79	34.7	25.6	3.8	5.3	0.0
外 国 人	192.99	37.2	28.2	3.9	5.1	0.0
香港同胞	216.76	14.2	3.8	0.0	10.4	0.0
澳门同胞	202.79	6.4	0.0	0.0	6.4	0.0
台湾同胞	219.31	7.3	0.0	0.3	7.0	0.0
临 汾	188.62	27.0	17.4	3.1	6.5	0.0
外 国 人	171.63	26.5	15.6	4.2	6.7	0.0
香港同胞	218.68	8.6	0.0	0.0	8.6	0.0
澳门同胞	246.11	5.8	0.0	0.0	5.8	0.0
台湾同胞	193.27	10.8	0.0	1.1	9.7	0.0
吕 梁	128.11	4.2	0.0	0.0	4.2	0.0
外 国 人	154.45	4.0	0.0	0.0	4.0	0.0
香港同胞	—	—	—	—	—	—
澳门同胞	—	—	—	—	—	—
台湾同胞	75.43	0.0	0.0	0.0	0.0	0.0
呼和浩特	188.86	26.5	20.2	2.8	3.5	0.0
外 国 人	180.39	27.4	20.6	3.1	3.7	0.0
香港同胞	223.05	15.3	13.9	0.4	1.0	0.0
澳门同胞	180.00	24.8	24.8	0.0	0.0	0.0
台湾同胞	193.10	17.7	17.7	0.0	0.0	0.0
满洲里	166.06	24.5	14.2	5.5	4.8	0.0
外 国 人	166.06	24.5	14.2	5.5	4.8	0.0
香港同胞	—	—	—	—	—	—
澳门同胞	—	—	—	—	—	—
台湾同胞	—	—	—	—	—	—

住宿	餐饮	景区游览	娱乐	购物	市内交通	邮电通讯	其他
12.9	7.9	8.5	7.3	13.5	0.9	1.9	12.4
13.0	7.9	8.2	6.7	12.2	0.8	2.2	11.8
17.0	9.9	14.4	8.1	22.0	0.0	0.0	14.4
22.0	10.0	15.1	0.0	18.7	1.8	1.3	24.7
14.5	13.0	11.5	10.9	27.4	2.3	0.8	12.3
18.3	8.1	9.8	5.5	12.5	0.3	3.6	14.9
19.0	8.6	10.8	5.3	12.5	0.4	3.5	13.4
15.7	6.9	10.2	8.2	18.7	0.0	5.1	26.6
28.6	9.5	13.7	0.0	16.4	0.0	5.0	21.0
24.6	12.2	9.3	0.0	15.5	0.0	4.7	22.9
13.3	25.2	3.5	12.7	10.6	0.0	2.1	28.4
15.9	25.9	3.0	12.1	10.1	0.0	2.0	27.0
—	—	—	—	—	—	—	—
—	—	—	—	—	—	—	—
14.2	47.5	9.6	0.0	24.0	0.0	4.7	0.0
14.9	7.4	4.4	7.1	22.2	0.8	4.0	12.7
15.3	7.7	4.6	7.2	21.2	0.6	3.5	12.5
15.2	7.8	3.0	6.8	31.5	0.7	6.6	13.1
28.0	0.0	0.0	0.0	12.8	6.7	0.0	27.7
14.8	4.5	7.7	5.9	30.0	1.0	7.3	11.1
13.4	11.1	2.9	2.7	43.3	0.0	2.1	0.0
13.4	11.1	2.9	2.7	43.3	0.0	2.1	0.0
—	—	—	—	—	—	—	—
—	—	—	—	—	—	—	—
—	—	—	—	—	—	—	—

1－20(续4)

	人均天花费(美元/人天)	人均天花费构成(%)				
		长途交通	飞机	火车	汽车	轮船
二连浩特	187.57	4.8	0.0	3.2	1.6	0.0
外国人	187.57	4.8	0.0	3.2	1.6	0.0
香港同胞	—	—	—	—	—	—
澳门同胞	—	—	—	—	—	—
台湾同胞	—	—	—	—	—	—
包头	192.56	38.6	34.1	2.6	1.9	0.0
外国人	190.38	37.7	33.4	2.2	2.1	0.0
香港同胞	208.18	46.9	43.7	3.2	0.0	0.0
澳门同胞	180.00	13.6	13.6	0.0	0.0	0.0
台湾同胞	207.53	35.9	35.9	0.0	0.0	0.0
沈阳	200.55	38.6	28.5	1.9	3.1	5.1
外国人	199.01	40.5	30.4	1.8	3.1	5.2
香港同胞	213.32	28.2	26.6	0.5	0.8	0.3
澳门同胞	216.40	28.2	24.8	2.0	1.4	0.0
台湾同胞	191.14	23.4	18.8	2.9	1.7	0.0
大连	211.51	28.7	22.3	3.1	1.6	1.7
外国人	211.83	28.1	21.9	3.2	1.6	1.4
香港同胞	211.19	25.8	22.5	2.0	0.9	0.4
澳门同胞	218.33	37.5	33.6	2.8	1.1	0.0
台湾同胞	203.88	33.3	27.7	3.3	0.7	1.6
长春	181.07	41.9	16.1	16.9	8.9	0.0
外国人	181.37	41.0	15.9	16.4	8.7	0.0
香港同胞	169.53	32.7	32.7	0.0	0.0	0.0
澳门同胞	221.44	32.4	32.4	0.0	0.0	0.0
台湾同胞	160.00	50.1	50.1	0.0	0.0	0.0

住宿	餐饮	景区游览	娱乐	购物	市内交通	邮电通讯	其他
0.9	1.1	2.9	2.9	79.3	3.2	1.0	3.9
0.9	1.1	2.9	2.9	79.3	3.2	1.0	3.9
—	—	—	—	—	—	—	—
—	—	—	—	—	—	—	—
—	—	—	—	—	—	—	—
11.2	9.5	4.3	4.4	22.7	1.3	3.2	4.8
11.0	9.5	4.2	4.4	23.6	1.2	3.3	5.1
12.3	11.0	5.3	3.1	16.1	1.8	2.0	1.5
22.8	16.9	6.9	3.4	34.1	2.2	0.0	0.1
14.0	5.0	5.6	6.4	23.8	1.8	3.5	4.0
11.7	6.7	5.0	5.1	18.9	2.6	2.7	8.7
11.2	6.4	4.4	5.4	17.4	2.8	2.7	9.2
15.6	9.6	6.1	5.0	25.8	2.7	1.4	5.6
14.2	9.3	5.6	6.3	26.2	1.8	1.4	7.0
17.2	7.8	20.0	3.1	19.4	1.0	4.9	3.2
21.6	13.4	5.8	5.9	15.9	2.4	2.2	4.1
21.2	13.5	5.8	5.9	16.4	2.5	2.3	4.3
25.2	13.9	5.2	6.7	15.4	2.3	2.2	3.3
20.8	11.7	5.9	3.7	17.1	1.8	0.6	0.9
23.7	13.6	6.3	5.4	10.3	2.4	2.2	2.8
10.5	7.0	3.1	3.9	23.1	1.6	2.2	6.7
10.6	7.1	3.2	3.9	23.7	1.7	2.3	6.5
18.3	14.1	2.9	9.8	9.8	2.5	0.0	9.9
8.1	4.1	4.1	8.1	24.3	1.5	1.2	16.2
11.8	5.8	0.0	5.6	17.0	0.8	0.8	8.1

1－20(续5)

	人均天花费(美元/人天)	人均天花费构成(%)				
		长途交通	飞机	火车	汽车	轮船
吉林	177.00	36.9	30.8	3.4	2.7	0.0
外国人	174.07	38.6	32.9	3.6	2.1	0.0
香港同胞	197.43	25.1	19.3	2.4	3.4	0.0
澳门同胞	182.77	59.8	54.8	0.0	5.0	0.0
台湾同胞	171.76	27.2	26.8	0.3	0.1	0.0
延吉	187.24	21.3	12.9	4.6	3.8	0.0
外国人	187.24	21.3	12.9	4.6	3.8	0.0
香港同胞	—	—	—	—	—	—
澳门同胞	—	—	—	—	—	—
台湾同胞	—	—	—	—	—	—
哈尔滨	202.33	31.9	27.0	3.2	1.7	0.0
外国人	201.29	32.4	27.5	3.3	1.6	0.0
香港同胞	208.25	23.2	19.8	2.7	0.7	0.0
澳门同胞	266.60	40.3	39.1	0.8	0.4	0.0
台湾同胞	191.14	42.7	41.2	1.1	0.4	0.0
齐齐哈尔	193.54	28.1	22.9	3.8	0.9	0.5
外国人	193.78	28.3	23.1	3.8	0.9	0.5
香港同胞	—	—	—	—	—	—
澳门同胞	170.00	8.3	6.5	1.2	0.6	0.0
台湾同胞	—	—	—	—	—	—
大庆	196.30	32.0	26.1	3.6	2.3	0.0
外国人	197.29	31.8	25.9	3.6	2.3	0.0
香港同胞	175.00	79.1	79.1	0.0	0.0	0.0
澳门同胞	175.00	87.0	87.0	0.0	0.0	0.0
台湾同胞	170.00	12.8	10.3	1.8	0.7	0.0

住宿	餐饮	景区游览	娱乐	购物	市内交通	邮电通讯	其他
12.9	7.5	6.2	7.9	19.8	1.6	1.2	6.0
12.3	7.6	6.1	9.3	20.1	1.7	1.3	3.0
14.6	6.9	4.8	5.0	27.5	1.4	1.2	13.5
14.6	7.4	5.0	3.3	8.5	0.7	0.6	0.1
17.9	9.8	9.7	6.1	15.6	1.7	0.6	11.4
13.7	11.0	4.7	4.2	31.2	1.4	2.6	9.9
13.7	11.0	4.7	4.2	31.2	1.4	2.6	9.9
—	—	—	—	—	—	—	—
—	—	—	—	—	—	—	—
—	—	—	—	—	—	—	—
10.6	6.6	3.1	3.8	33.4	1.8	2.0	6.8
10.4	6.2	3.2	3.8	33.3	1.7	2.0	7.0
13.7	15.2	3.0	0.5	38.6	2.2	0.9	2.7
12.9	9.5	0.4	0.2	22.7	1.8	0.7	11.5
25.6	15.3	1.1	0.0	6.3	6.3	0.0	2.7
8.6	8.6	2.6	3.2	34.4	1.7	4.4	8.4
8.7	8.6	2.7	3.1	34.1	1.8	4.4	8.3
—	—	—	—	—	—	—	—
4.8	9.3	0.6	0.3	70.1	0.1	4.7	1.8
—	—	—	—	—	—	—	—
7.3	7.8	6.8	1.9	20.8	1.5	2.0	19.9
7.1	7.5	6.8	1.9	20.6	1.5	1.7	21.1
7.4	12.1	0.0	0.0	0.0	0.0	0.0	1.4
13.0	0.0	0.0	0.0	0.0	0.0	0.0	0.0
14.3	18.7	1.8	0.0	31.8	4.4	11.4	4.8

1－20(续6)

	人均天花费(美元/人天)	人均天花费构成(%)				
		长途交通	飞机	火车	汽车	轮船
佳木斯	182.60	21.1	17.7	2.6	0.8	0.0
外国人	182.39	20.6	17.4	2.5	0.7	0.0
香港同胞	193.81	39.6	32.6	6.6	0.4	0.0
澳门同胞	—	—	—	—	—	—
台湾同胞	170.00	10.9	8.8	1.5	0.6	0.0
牡丹江	200.12	29.0	24.2	3.7	1.1	0.0
外国人	199.52	29.9	24.5	4.1	1.3	0.0
香港同胞	213.77	23.3	20.2	2.3	0.8	0.0
澳门同胞	171.67	41.8	39.9	1.3	0.6	0.0
台湾同胞	210.07	13.9	11.2	1.9	0.8	0.0
上海	250.57	39.7	26.4	2.7	4.3	6.3
外国人	250.15	40.8	27.9	2.7	3.7	6.5
香港同胞	258.39	31.3	16.5	1.1	6.6	7.1
澳门同胞	258.59	30.1	13.3	1.7	14.1	1.0
台湾同胞	245.15	30.2	17.0	4.0	5.0	4.2
南京	215.50	22.8	18.5	2.0	1.3	1.0
外国人	214.13	21.5	17.8	1.9	1.5	0.3
香港同胞	223.46	22.9	19.4	1.7	1.0	0.8
澳门同胞	224.30	18.8	15.7	1.7	1.0	0.4
台湾同胞	197.61	26.2	21.8	2.8	1.3	0.3
无锡	233.19	26.6	21.1	2.1	2.8	0.6
外国人	234.45	24.5	18.6	1.5	3.8	0.6
香港同胞	259.46	25.8	22.3	2.0	1.1	0.4
澳门同胞	286.42	25.7	21.7	1.5	2.0	0.5
台湾同胞	206.37	34.3	29.1	3.3	1.2	0.7

住宿	餐饮	景区游览	娱乐	购物	市内交通	邮电通讯	其他
9.7	7.9	2.3	0.1	46.7	1.7	6.1	4.4
9.6	7.6	2.2	0.1	47.5	1.6	6.0	4.8
9.8	9.7	1.2	0.0	28.1	1.8	6.2	3.6
—	—	—	—	—	—	—	—
12.2	16.0	1.5	0.0	46.5	3.8	5.1	4.0
11.9	10.5	2.9	0.7	36.2	1.9	2.8	4.1
11.8	9.6	3.2	0.4	36.6	2.0	2.7	3.8
12.3	16.7	2.2	0.0	38.2	1.2	4.8	1.3
4.8	9.4	0.6	0.3	29.4	0.1	3.5	10.1
15.7	20.5	2.0	0.0	29.5	4.9	3.6	9.9
16.6	8.0	3.7	5.7	15.0	2.5	2.0	6.8
16.7	7.7	3.6	5.7	15.0	2.6	1.9	6.0
18.7	9.0	3.1	6.4	18.0	2.9	2.7	7.9
15.5	9.9	13.6	4.2	14.9	3.2	1.0	7.6
13.6	10.9	3.6	5.2	14.8	2.1	1.8	17.8
15.3	10.2	4.1	6.2	24.3	2.6	2.3	12.2
16.7	9.9	3.9	5.2	25.3	2.5	2.0	13.0
12.7	10.5	3.8	6.7	20.0	2.2	3.1	18.1
11.0	10.1	5.9	12.1	22.0	3.2	3.3	13.6
14.5	10.8	6.2	7.9	23.9	3.7	1.9	4.9
16.1	10.1	4.7	6.0	25.6	2.6	2.3	6.0
18.0	10.6	5.1	5.2	25.7	2.7	2.0	6.2
15.0	12.4	4.8	8.8	20.7	2.8	2.0	7.7
18.6	7.2	6.0	9.5	24.6	2.1	0.5	5.8
11.8	7.6	3.4	6.3	27.4	2.0	3.1	4.1

1－20(续7)

	人均天花费(美元/人天)	人均天花费构成(%)				
		长途交通	飞机	火车	汽车	轮船
苏州	220.36	31.3	21.4	1.6	3.4	4.9
外国人	221.90	30.7	20.9	1.5	3.4	4.9
香港同胞	226.35	24.3	20.8	1.3	2.1	0.1
澳门同胞	235.22	13.5	9.7	1.3	1.9	0.6
台湾同胞	208.32	31.6	25.2	2.0	4.2	0.2
南通	190.51	24.3	15.8	4.6	3.4	0.5
外国人	185.52	22.4	15.6	2.7	3.6	0.5
香港同胞	242.41	17.0	15.9	0.0	1.1	0.0
澳门同胞	205.15	32.7	28.4	0.0	4.3	0.0
台湾同胞	178.46	27.4	17.7	7.9	1.7	0.1
扬州	198.00	26.4	18.7	2.3	2.3	3.1
外国人	200.25	27.1	17.4	2.2	3.8	3.7
香港同胞	196.11	26.2	23.0	1.4	1.6	0.2
澳门同胞	190.00	20.9	17.6	2.0	1.3	0.0
台湾同胞	195.51	22.1	16.3	2.7	0.7	2.4
杭州	214.57	29.0	20.4	2.8	3.7	2.1
外国人	215.45	28.5	19.8	2.5	3.8	2.4
香港同胞	201.11	34.2	24.5	5.8	3.1	0.8
澳门同胞	213.76	26.7	18.6	5.3	2.8	0.0
台湾同胞	221.13	30.1	21.7	3.3	4.1	1.0
宁波	211.59	29.9	20.6	2.9	3.6	2.8
外国人	214.43	29.0	19.9	2.4	3.7	3.0
香港同胞	202.66	30.3	23.7	1.3	3.2	2.1
澳门同胞	214.11	31.9	23.0	5.7	3.2	0.0
台湾同胞	201.80	29.3	22.0	2.1	4.1	1.1

住宿	餐饮	景区游览	娱乐	购物	市内交通	邮电通讯	其他
16.8	10.8	3.7	5.7	18.8	2.4	2.8	7.7
17.3	11.1	3.8	5.5	19.9	2.5	3.0	6.2
16.0	12.6	3.2	5.6	14.9	1.8	1.6	20.0
19.2	5.8	6.2	14.4	29.3	1.9	4.3	5.4
16.0	9.4	3.4	6.7	15.3	2.5	2.7	12.4
13.4	9.8	4.3	10.0	19.8	2.0	2.5	13.9
13.2	9.8	4.9	11.4	19.5	2.1	2.6	14.1
15.7	12.4	3.8	3.8	23.8	1.7	1.8	20.0
16.0	11.5	3.1	7.9	18.0	1.5	3.8	5.5
15.7	7.4	2.6	4.9	20.1	1.6	2.0	18.3
10.6	12.1	3.3	7.4	31.2	1.6	1.7	5.7
9.9	10.9	3.5	5.7	31.3	1.9	1.6	8.1
11.3	14.9	4.5	6.6	28.5	1.8	1.8	4.4
12.0	31.7	3.3	14.8	17.3	0.0	0.0	0.0
12.2	11.2	2.4	10.6	36.1	1.0	2.3	2.1
16.8	11.5	3.4	4.8	22.7	2.6	3.3	5.9
17.1	11.5	3.4	4.7	23.2	2.5	3.2	5.9
15.9	11.0	3.7	5.4	17.4	3.7	3.8	4.9
15.7	11.9	3.8	4.4	23.2	1.9	4.3	8.1
15.3	12.3	2.7	4.8	24.3	1.9	3.7	4.9
17.0	12.1	2.8	6.0	20.4	2.7	3.1	6.0
17.7	11.9	2.9	6.4	20.5	2.7	3.1	5.8
17.1	12.9	2.4	5.8	18.5	3.3	3.5	6.2
15.4	13.9	3.0	5.6	21.2	2.5	1.1	5.4
14.9	12.3	2.9	4.2	21.7	2.2	4.1	8.4

1－20(续8)

	人均天花费(美元/人天)	人均天花费构成(%)				
		长途交通	飞机	火车	汽车	轮船
温州	219.90	30.2	19.9	6.8	2.8	0.7
外国人	221.64	30.4	19.9	6.9	2.8	0.8
香港同胞	216.46	28.4	24.6	0.3	3.3	0.2
澳门同胞	234.55	25.2	17.6	5.1	2.5	0.0
台湾同胞	204.87	22.7	17.8	1.1	3.2	0.6
绍兴	215.26	33.3	21.9	2.7	5.1	3.6
外国人	217.50	31.3	22.1	2.5	5.5	1.2
香港同胞	209.85	32.4	24.4	1.5	3.9	2.6
澳门同胞	204.85	27.9	19.7	6.2	2.0	0.0
台湾同胞	212.15	30.9	22.7	1.7	5.6	0.9
金华	219.73	30.6	18.5	5.5	3.4	3.2
外国人	217.90	30.0	19.8	5.6	3.7	0.9
香港同胞	223.28	27.2	23.6	0.4	3.0	0.2
澳门同胞	191.34	21.0	14.6	3.2	1.3	1.9
台湾同胞	241.23	18.8	17.0	0.7	0.7	0.4
合肥	185.37	28.9	19.2	2.4	1.2	6.1
外国人	189.10	28.3	18.7	2.4	1.2	6.0
香港同胞	163.86	31.2	28.6	2.1	0.5	0.0
澳门同胞	—	—	—	—	—	—
台湾同胞	160.77	20.5	19.3	0.0	1.2	0.0
芜湖	187.98	20.6	16.2	1.6	1.3	1.5
外国人	190.56	24.6	19.6	1.8	1.5	1.7
香港同胞	144.64	27.5	25.8	0.0	1.7	0.0
澳门同胞	201.33	20.1	15.9	2.6	1.6	0.0
台湾同胞	180.00	1.4	0.0	0.0	1.4	0.0

住宿	餐饮	景区游览	娱乐	购物	市内交通	邮电通讯	其他
16.7	10.5	3.0	8.3	16.7	2.9	2.3	9.4
18.2	10.0	2.2	8.1	16.4	3.0	2.2	9.5
14.9	12.2	5.9	10.5	15.1	2.8	2.1	8.1
16.1	15.4	1.8	7.6	23.2	2.7	2.0	6.0
13.9	10.2	5.4	8.2	18.9	3.0	3.7	14.0
16.9	12.2	2.7	6.7	17.0	2.7	3.4	5.1
18.8	12.3	2.7	7.2	16.4	2.5	3.2	5.6
13.4	11.0	2.9	6.0	24.4	3.9	3.0	3.0
17.9	18.3	2.2	5.9	20.4	2.6	2.0	2.8
13.6	13.1	2.5	5.6	14.3	2.8	9.4	7.8
15.5	10.0	3.8	8.6	17.8	2.8	2.0	8.9
16.5	10.1	3.2	8.1	17.9	2.9	2.1	9.2
16.2	11.5	7.8	10.7	16.9	3.0	1.6	5.1
12.5	9.7	0.7	11.2	22.9	1.5	0.9	19.6
18.0	13.5	5.4	10.8	21.3	5.2	2.5	4.5
12.1	9.4	5.0	9.6	17.8	1.6	3.2	12.4
12.5	9.5	5.6	10.0	18.4	1.6	3.5	10.6
11.0	11.2	3.3	3.5	15.1	2.5	1.3	20.9
—	—	—	—	—	—	—	—
10.5	8.4	3.4	4.9	18.0	1.2	1.4	31.7
6.3	5.3	4.4	1.8	38.4	1.2	2.2	19.8
7.5	6.2	3.3	2.5	44.9	1.4	2.3	7.3
3.2	3.2	15.9	3.4	46.6	0.2	0.0	0.0
10.0	0.0	2.1	0.5	67.3	0.0	0.0	0.0
0.8	0.7	0.3	0.1	74.8	0.0	0.0	21.9

1－20(续9)

	人均天花费(美元/人天)	人均天花费构成(%)				
		长途交通	飞 机	火 车	汽 车	轮 船
铜 陵	176.92	23.8	10.7	2.8	10.0	0.3
外 国 人	179.07	22.4	9.0	2.7	10.4	0.3
香港同胞	179.60	30.1	25.8	0.0	4.3	0.0
澳门同胞	114.04	5.7	0.0	0.0	5.7	0.0
台湾同胞	135.60	27.3	21.0	0.0	6.3	0.0
安 庆	164.40	22.5	11.7	3.1	6.2	1.5
外 国 人	165.05	24.2	12.7	3.0	6.9	1.6
香港同胞	156.35	14.9	9.9	0.4	4.5	0.1
澳门同胞	165.23	0.0	0.0	0.0	0.0	0.0
台湾同胞	182.87	19.9	10.8	0.0	9.0	0.1
黄 山	187.72	29.6	16.7	4.0	4.6	4.3
外 国 人	185.04	29.4	17.1	4.0	3.6	4.7
香港同胞	207.82	14.3	10.8	0.0	3.5	0.0
澳门同胞	194.76	2.6	0.0	0.0	2.6	0.0
台湾同胞	194.72	17.2	1.7	0.0	15.4	0.1
池 州	193.33	34.3	18.4	4.9	5.0	6.0
外 国 人	206.29	34.7	19.6	4.7	4.2	6.2
香港同胞	189.76	17.2	11.6	0.0	5.6	0.0
澳门同胞	116.64	0.0	0.0	0.0	0.0	0.0
台湾同胞	171.35	23.6	0.0	0.0	23.4	0.2
福 州	191.33	35.5	27.8	3.9	2.8	1.0
外 国 人	192.18	36.8	29.6	3.6	2.6	1.0
香港同胞	187.81	29.6	22.2	2.9	4.5	0.0
澳门同胞	172.05	9.9	5.5	1.7	2.7	0.0
台湾同胞	198.76	25.2	21.8	0.2	2.6	0.6

住宿	餐饮	景区游览	娱乐	购物	市内交通	邮电通讯	其他
16.4	15.5	2.8	11.3	10.7	5.6	6.9	7.0
16.2	15.0	3.4	11.0	10.8	5.9	8.1	7.2
16.6	20.6	1.9	16.0	11.3	2.5	1.0	0.0
15.7	17.1	0.0	0.0	28.9	2.9	6.7	23.0
14.7	22.1	2.1	9.5	9.5	3.2	5.3	6.3
14.2	12.9	2.4	10.7	13.5	2.4	8.0	13.4
15.7	14.3	2.5	10.0	12.9	2.8	0.9	16.7
9.7	10.2	4.0	17.5	16.5	1.1	22.1	4.0
0.0	0.0	0.0	0.0	40.8	0.0	13.3	45.9
22.2	12.5	2.5	6.1	28.9	1.3	3.2	3.4
13.0	8.4	4.4	2.7	27.1	1.7	4.6	8.5
14.0	8.8	4.6	2.6	26.1	1.9	4.3	8.3
9.8	8.2	5.5	8.8	35.1	1.0	6.4	10.9
1.9	1.3	1.6	0.0	56.5	0.2	16.7	19.2
9.0	7.5	3.5	1.8	43.4	0.6	6.1	10.9
15.9	10.6	4.9	3.4	26.0	2.1	0.0	2.8
17.4	10.9	5.1	2.5	24.5	2.4	0.0	2.5
10.9	10.8	5.6	11.3	39.3	0.6	0.0	4.3
0.0	0.0	0.0	0.0	89.9	0.0	0.0	10.1
13.1	11.1	4.8	2.5	38.9	0.8	0.0	5.2
8.5	9.0	3.2	7.2	22.9	2.1	3.9	7.7
8.8	8.7	3.0	7.3	21.3	2.3	4.3	7.5
9.3	11.7	4.0	7.8	24.2	1.7	2.7	9.0
10.6	14.0	4.0	3.4	40.4	1.5	6.6	9.6
7.7	8.8	4.1	5.1	29.8	2.3	3.0	14.0

1-20(续10)

	人均天花费(美元/人天)	人均天花费构成(%)				
		长途交通	飞机	火车	汽车	轮船
厦门	217.89	41.3	31.4	1.6	7.3	1.0
外国人	213.88	44.0	31.6	1.1	10.7	0.6
香港同胞	233.62	32.1	27.3	0.4	2.2	2.2
澳门同胞	235.94	22.5	21.1	0.0	0.2	1.2
台湾同胞	218.10	34.7	31.3	0.0	1.5	1.9
泉州	185.40	29.1	24.0	1.9	2.1	1.1
外国人	182.61	30.4	27.1	1.8	1.5	0.0
香港同胞	217.30	26.5	22.4	0.3	2.8	1.0
澳门同胞	137.66	38.3	37.0	0.6	0.7	0.0
台湾同胞	142.99	20.8	14.6	3.4	2.8	0.0
漳州	169.28	38.7	28.2	3.0	4.3	3.2
外国人	168.65	41.2	37.9	0.0	3.3	0.0
香港同胞	159.47	25.8	19.5	3.3	3.0	0.0
澳门同胞	171.40	10.2	9.7	0.0	0.5	0.0
台湾同胞	180.58	28.6	14.2	4.5	7.1	2.8
武夷山	146.35	28.5	22.3	3.9	2.3	0.0
外国人	165.73	24.1	19.5	2.2	2.4	0.0
香港同胞	88.74	37.2	30.8	3.4	3.0	0.0
澳门同胞	—	—	—	—	—	—
台湾同胞	127.88	41.0	39.2	0.0	1.8	0.0
南昌	166.71	38.9	25.0	7.3	4.9	1.7
外国人	160.69	35.7	26.0	5.3	4.4	0.0
香港同胞	169.73	37.1	26.3	7.0	3.8	0.0
澳门同胞	192.38	50.6	31.6	9.1	8.5	1.4
台湾同胞	183.25	42.6	19.8	15.8	7.0	0.0

住宿	餐饮	景区游览	娱乐	购物	市内交通	邮电通讯	其他
10.5	7.4	3.2	6.7	15.8	1.8	2.4	10.9
10.2	7.1	3.0	6.4	16.5	1.8	2.2	8.8
16.0	11.7	3.5	8.7	16.4	2.0	3.5	6.1
18.7	10.6	7.4	7.8	12.7	1.4	2.0	16.9
8.5	6.7	4.3	5.6	12.5	1.7	2.8	23.2
10.5	8.0	3.6	10.0	22.2	2.1	3.1	11.4
11.1	7.3	3.3	11.8	20.0	2.7	3.6	9.8
10.8	9.7	3.2	7.5	26.5	1.4	3.1	11.3
15.1	12.4	0.4	1.0	15.8	1.3	4.1	11.6
9.7	10.3	6.5	11.4	27.5	2.5	1.1	10.2
11.0	8.7	2.7	5.8	22.5	1.6	2.5	6.5
12.3	8.2	3.1	5.7	19.5	1.7	3.0	5.3
13.4	11.5	3.7	9.6	27.3	2.2	2.1	4.4
12.7	10.6	0.6	0.0	54.5	1.4	3.4	6.6
7.3	11.9	2.2	5.3	27.7	1.6	3.7	11.7
15.5	12.8	3.0	8.4	20.0	3.2	3.3	5.3
17.2	11.1	3.3	8.9	22.6	4.5	3.4	4.9
15.7	23.1	2.8	0.4	13.1	0.9	2.9	3.9
—	—	—	—	—	—	—	—
10.8	11.6	2.5	2.1	18.7	2.0	1.6	9.7
13.4	10.1	5.1	4.5	16.1	1.2	1.5	9.2
14.2	10.0	5.6	4.5	13.9	1.3	1.9	12.9
11.7	9.1	5.1	4.2	25.2	1.7	1.3	4.6
13.4	11.0	5.3	3.0	11.2	0.7	0.8	4.0
14.0	12.8	5.5	3.1	15.0	0.5	0.5	6.0

1－20(续11)

	人均天花费(美元/人天)	人均天花费构成(%)				
		长途交通	飞　机	火　车	汽　车	轮　船
景德镇	161.41	28.5	17.3	5.2	6.0	0.0
外 国 人	170.86	28.3	18.0	4.4	5.9	0.0
香港同胞	153.66	31.1	19.2	4.9	7.0	0.0
澳门同胞	159.52	19.0	15.1	2.0	1.9	0.0
台湾同胞	136.70	29.3	13.8	9.8	5.7	0.0
九　江	145.20	22.3	11.4	4.8	5.9	0.2
外 国 人	146.06	21.6	11.1	4.6	5.7	0.2
香港同胞	130.00	42.3	25.9	7.8	8.6	0.0
澳门同胞	—	—	—	—	—	—
台湾同胞	120.00	38.0	10.8	18.6	8.6	0.0
鹰　潭	165.04	45.3	28.1	6.1	5.4	5.7
外 国 人	172.64	52.1	32.0	5.7	6.0	8.4
香港同胞	141.64	33.0	21.8	5.5	5.7	0.0
澳门同胞	158.37	37.2	20.7	8.2	6.4	1.9
台湾同胞	144.01	35.7	28.7	4.9	2.1	0.0
赣　州	147.07	41.2	25.6	7.0	5.4	3.2
外 国 人	154.25	42.2	27.4	6.8	4.7	3.3
香港同胞	147.11	37.3	25.2	6.4	5.7	0.0
澳门同胞	112.73	43.6	21.2	7.1	15.3	0.0
台湾同胞	140.18	34.2	20.7	9.7	3.8	0.0
吉　安	156.63	42.0	24.1	7.3	6.2	4.4
外 国 人	171.70	42.8	27.2	5.5	5.0	5.1
香港同胞	146.95	39.2	21.2	7.5	6.8	3.7
澳门同胞	131.08	46.3	23.7	11.9	10.7	0.0
台湾同胞	140.67	46.0	30.3	12.0	3.7	0.0

住宿	餐饮	景区游览	娱乐	购物	市内交通	邮电通讯	其他
10.4	8.3	3.7	4.0	40.2	0.6	0.9	3.4
10.7	7.8	3.5	4.1	41.1	0.7	1.0	2.8
9.3	8.2	3.7	2.0	39.8	0.4	0.7	4.8
8.8	8.3	2.9	6.5	46.8	0.7	1.4	5.6
11.1	10.2	4.7	4.2	36.0	0.4	0.6	3.5
9.1	8.1	3.3	2.7	38.6	0.3	5.3	10.3
8.9	7.9	3.2	2.5	39.3	0.3	5.5	10.8
14.6	13.5	2.7	7.2	15.4	0.0	1.1	3.2
—	—	—	—	—	—	—	—
13.8	14.2	6.3	3.8	21.0	0.0	0.1	2.8
8.8	8.2	5.3	4.7	21.2	0.6	0.9	5.0
9.0	8.3	5.4	4.0	14.6	0.6	0.9	5.1
10.6	9.4	6.2	5.8	31.3	0.3	1.1	2.3
8.8	8.9	5.2	9.2	24.9	0.2	0.5	5.1
8.4	9.1	3.2	2.4	39.5	0.3	0.3	1.1
11.8	8.9	5.2	7.6	13.1	1.4	1.8	9.0
12.2	8.5	4.7	8.0	13.2	1.4	1.7	8.1
11.1	8.8	6.1	6.6	15.6	1.2	3.6	9.7
13.0	9.7	4.6	7.0	11.1	2.7	1.0	7.3
12.6	12.1	6.8	5.2	11.4	1.4	1.1	15.2
11.7	9.7	4.7	4.5	15.7	0.9	1.7	9.1
11.7	9.3	4.1	4.7	13.1	0.7	1.3	12.3
12.1	10.1	5.4	3.4	19.0	1.3	2.3	7.2
11.4	10.5	4.5	4.5	16.7	0.4	1.4	4.3
16.6	11.8	6.5	2.9	13.3	1.1	0.2	1.6

1－20（续12）

	人均天花费（美元/人天）	人均天花费构成（%）				
		长途交通	飞机	火车	汽车	轮船
济南	234.70	32.7	21.7	3.5	3.2	4.3
外国人	229.73	33.1	22.1	3.2	3.7	4.1
香港同胞	234.61	20.8	14.6	3.6	2.0	0.6
澳门同胞	248.34	12.8	12.8	0.0	0.0	0.0
台湾同胞	260.17	30.5	21.6	6.0	2.9	0.0
青岛	213.71	29.7	20.0	3.4	2.3	4.0
外国人	212.84	30.9	20.3	3.2	1.9	5.5
香港同胞	236.03	19.8	15.1	0.0	4.4	0.3
澳门同胞	199.01	19.7	12.9	4.1	2.4	0.3
台湾同胞	195.08	14.1	12.9	0.0	0.0	1.2
烟台	195.22	29.4	18.2	2.7	3.5	5.0
外国人	192.98	27.4	17.9	1.4	2.9	5.2
香港同胞	222.18	32.4	20.4	0.0	7.5	4.5
澳门同胞	165.57	17.1	12.7	0.0	4.4	0.0
台湾同胞	200.61	33.6	20.0	8.4	5.2	0.0
曲阜	209.94	31.4	17.8	3.1	5.3	5.2
外国人	211.75	33.0	18.9	3.1	5.5	5.5
香港同胞	185.00	8.1	8.1	0.0	0.0	0.0
澳门同胞	192.50	13.3	13.3	0.0	0.0	0.0
台湾同胞	192.58	17.5	7.0	3.2	7.3	0.0
泰安	195.95	28.9	20.2	2.3	2.9	3.5
外国人	196.12	29.0	20.6	1.9	3.1	3.4
香港同胞	242.40	25.1	19.0	3.3	2.8	0.0
澳门同胞	208.15	12.9	9.5	2.4	1.0	0.0
台湾同胞	148.93	0.9	0.0	0.7	0.2	0.0

住宿	餐饮	景区游览	娱乐	购物	市内交通	邮电通讯	其他
13.7	7.3	3.9	7.1	20.0	1.9	2.8	10.6
13.8	7.8	3.6	7.1	20.0	1.9	2.5	10.2
13.9	7.6	6.2	3.5	26.4	1.6	5.2	14.8
5.1	1.4	1.3	0.4	47.9	0.4	10.3	20.4
13.9	5.3	3.2	3.6	26.7	1.1	3.1	12.6
18.6	7.5	3.9	7.5	18.0	2.2	1.9	10.7
18.6	7.4	3.6	7.5	17.7	2.2	1.8	10.3
18.3	8.5	8.3	4.8	22.3	2.9	1.9	13.2
15.6	7.7	2.6	3.9	27.3	1.2	9.5	12.5
12.7	7.7	4.1	4.9	33.7	1.1	1.5	20.2
14.4	9.3	4.4	11.6	15.1	2.4	2.0	11.4
14.6	9.5	4.6	12.1	15.0	2.6	2.1	12.1
14.4	9.4	3.0	11.5	14.8	2.2	1.5	10.8
12.5	8.5	1.1	11.8	39.3	1.5	0.3	7.9
14.0	7.5	4.8	8.3	19.6	2.2	1.7	8.3
12.5	6.9	7.9	9.8	19.5	2.5	4.3	5.2
11.9	6.7	8.4	9.7	19.3	2.6	4.4	4.0
13.5	10.8	2.2	7.6	24.4	0.9	0.0	32.5
20.0	0.0	0.0	6.7	32.2	3.3	0.0	24.5
19.9	7.3	4.0	6.0	17.2	1.6	6.5	20.0
14.2	7.4	5.3	10.1	13.2	1.8	0.5	18.6
14.3	7.4	5.5	10.5	13.4	1.9	0.5	17.5
16.8	7.7	5.9	2.2	8.8	0.7	0.0	32.8
7.1	2.4	2.4	1.4	38.9	0.5	0.0	34.4
7.8	6.5	4.5	3.0	30.7	0.0	0.5	46.1

1－20(续13)

	人均天花费(美元/人天)	人均天花费构成(%)				
		长途交通	飞机	火车	汽车	轮船
威海	207.17	37.6	18.5	0.1	3.2	15.8
外国人	206.81	37.6	18.6	0.1	3.2	15.7
香港同胞	249.04	15.4	15.4	0.0	0.0	0.0
澳门同胞	—	—	—	—	—	—
台湾同胞	208.32	22.8	22.8	0.0	0.0	0.0
郑州	142.46	43.5	23.3	12.6	7.6	0.0
外国人	153.47	43.4	23.2	12.5	7.7	0.0
香港同胞	61.88	14.5	10.3	2.2	2.0	0.0
澳门同胞	46.29	11.5	4.9	4.7	1.9	0.0
台湾同胞	68.67	33.3	30.3	0.0	3.0	0.0
开封	147.05	32.8	16.8	10.2	5.8	0.0
外国人	145.30	33.3	16.9	10.4	6.0	0.0
香港同胞	198.02	8.6	7.7	0.4	0.5	0.0
澳门同胞	130.00	0.0	0.0	0.0	0.0	0.0
台湾同胞	86.21	0.0	0.0	0.0	0.0	0.0
洛阳	187.36	38.5	19.8	11.9	6.8	0.0
外国人	189.19	38.5	19.7	12.0	6.8	0.0
香港同胞	237.07	25.6	25.6	0.0	0.0	0.0
澳门同胞	47.89	0.0	0.0	0.0	0.0	0.0
台湾同胞	116.54	8.3	8.3	0.0	0.0	0.0
三门峡	144.80	33.0	18.2	9.3	5.5	0.0
外国人	142.34	33.1	18.1	9.5	5.5	0.0
香港同胞	224.78	6.3	5.8	0.5	0.0	0.0
澳门同胞	151.92	17.8	15.8	1.0	1.0	0.0
台湾同胞	130.00	0.0	0.0	0.0	0.0	0.0

住宿	餐饮	景区游览	娱乐	购物	市内交通	邮电通讯	其他
14.6	10.9	3.5	6.1	13.6	2.4	2.2	9.1
14.6	11.0	3.6	6.1	13.2	2.5	2.2	9.2
34.6	17.3	3.8	3.8	19.2	1.9	0.0	4.0
—	—	—	—	—	—	—	—
18.3	11.9	3.2	9.6	24.8	2.1	0.0	7.3
14.9	10.1	8.2	3.0	12.1	3.6	1.9	2.7
14.9	10.2	8.2	2.8	12.4	3.6	2.0	2.5
5.4	4.3	4.3	5.5	45.5	1.9	5.9	12.7
3.4	2.0	2.1	3.4	59.7	1.2	6.3	10.4
10.1	6.0	3.6	7.1	26.9	2.6	7.6	2.8
12.7	8.2	6.1	0.3	21.9	2.1	5.1	10.8
12.8	8.1	6.2	0.2	21.4	2.2	5.1	10.7
5.3	6.2	2.2	1.3	56.3	0.8	4.6	14.7
0.0	0.0	0.0	0.0	44.2	0.0	13.6	42.2
0.0	0.0	0.0	0.0	62.6	0.0	0.0	37.4
14.1	8.6	7.3	1.0	18.4	2.4	3.3	6.4
14.1	8.7	7.4	0.6	18.5	2.4	3.3	6.5
10.5	4.5	5.8	0.0	36.4	2.5	6.0	8.7
0.0	0.0	0.0	0.0	59.3	0.0	14.2	26.5
0.0	4.2	0.0	8.3	58.1	0.0	15.6	5.5
13.0	8.9	6.1	0.8	20.1	2.2	3.1	12.8
12.9	8.8	6.0	0.8	20.1	2.2	3.1	13.0
4.9	5.4	2.3	1.3	41.9	0.6	8.9	28.4
7.5	6.6	5.2	1.0	45.6	0.9	0.4	15.0
0.0	0.0	0.0	0.0	55.0	0.0	14.7	30.3

1-20(续14)

	人均天花费（美元/人天）	人均天花费构成（%）				
		长途交通	飞机	火车	汽车	轮船
武汉	198.26	33.6	18.1	10.1	2.6	2.8
外国人	199.48	28.5	18.2	4.1	2.8	3.4
香港同胞	200.29	35.9	21.0	9.1	2.6	3.2
澳门同胞	190.83	24.2	16.1	3.1	2.5	2.5
台湾同胞	195.08	30.9	17.2	9.8	2.5	1.4
十堰	184.49	31.6	12.2	11.7	2.4	5.3
外国人	195.93	21.7	10.7	3.5	4.7	2.8
香港同胞	177.50	35.3	10.9	13.9	3.2	7.3
澳门同胞	187.50	25.8	19.1	4.3	1.2	1.2
台湾同胞	179.78	26.6	10.9	11.3	2.1	2.3
宜昌	197.60	46.3	12.5	10.8	1.8	21.2
外国人	199.57	34.0	12.9	0.0	1.5	19.6
香港同胞	185.91	38.3	25.2	7.3	2.8	3.0
澳门同胞	220.52	41.0	41.0	0.0	0.0	0.0
台湾同胞	187.22	28.5	18.1	6.7	2.2	1.5
襄樊	209.57	46.7	23.2	7.8	5.3	10.4
外国人	217.15	38.8	31.1	7.7	0.0	0.0
香港同胞	207.14	47.0	20.7	8.6	7.2	10.5
澳门同胞	216.54	42.4	25.0	6.4	0.1	10.9
台湾同胞	193.99	40.0	25.8	10.2	3.0	1.0
荆州	204.25	58.9	18.3	8.6	1.5	30.5
外国人	209.63	57.6	18.5	7.6	1.6	29.9
香港同胞	192.29	63.1	18.3	13.1	1.3	30.4
澳门同胞	197.23	58.6	21.2	3.5	1.4	32.5
台湾同胞	205.21	54.1	19.7	0.0	1.8	32.6

住宿	餐饮	景区游览	娱乐	购物	市内交通	邮电通讯	其他
14.5	9.4	3.7	5.4	20.3	2.9	2.6	7.6
14.3	10.1	3.7	5.4	23.6	3.2	2.9	8.3
16.1	9.1	4.4	4.8	17.1	2.8	2.0	7.8
11.9	8.6	3.5	4.6	30.4	2.5	5.6	8.7
15.9	10.7	3.7	6.2	20.0	2.9	2.1	7.6
11.2	9.8	4.3	4.1	21.1	2.9	2.8	12.2
12.5	11.2	5.6	4.9	25.6	3.7	3.8	11.0
13.4	8.5	3.7	3.1	19.4	3.0	2.2	11.4
8.3	10.2	6.6	7.1	23.4	3.0	3.5	12.1
11.5	11.3	3.8	3.8	22.4	2.7	2.6	15.3
9.3	7.3	3.0	2.4	20.3	2.1	1.4	7.9
10.5	8.9	3.2	2.5	26.3	2.7	1.8	10.1
15.0	7.4	6.4	4.8	20.2	2.4	1.5	4.0
8.4	8.4	6.1	6.0	22.3	0.9	0.0	6.9
13.0	10.8	3.5	4.5	22.5	2.0	1.4	13.8
15.3	7.9	3.5	4.3	8.5	2.0	2.6	9.2
22.5	9.7	3.1	5.6	8.5	1.9	2.2	7.7
13.6	7.5	3.9	3.5	9.7	2.4	2.3	10.1
14.8	10.1	3.4	5.4	13.7	2.1	2.0	6.1
13.3	8.4	4.7	4.9	8.3	2.8	4.0	13.6
7.8	4.9	3.8	4.1	11.5	1.9	1.8	5.3
8.5	5.5	3.9	3.9	11.3	2.1	1.8	5.4
6.8	3.7	3.3	3.5	12.9	1.4	0.9	4.4
7.7	4.0	3.6	6.4	10.0	2.2	2.3	5.2
7.8	5.6	4.4	4.9	12.1	2.2	2.7	6.2

1－20(续15)

	人均天花费(美元/人天)	人均天花费构成(%)				
		长途交通	飞机	火车	汽车	轮船
湖北游船	190.54	36.1	14.1	11.9	2.6	7.5
外国人	192.62	26.6	14.6	1.7	2.6	7.7
香港同胞	177.14	34.1	11.9	10.8	2.4	9.0
澳门同胞	193.41	35.4	21.1	4.5	1.5	8.3
台湾同胞	180.71	42.9	17.2	9.4	8.7	7.6
长沙	188.22	26.6	17.8	3.0	3.0	2.8
外国人	185.40	27.0	18.5	2.9	2.9	2.7
香港同胞	212.02	12.0	7.7	0.0	4.3	0.0
澳门同胞	233.50	45.1	21.1	10.7	6.7	6.6
台湾同胞	220.23	7.7	6.6	0.0	1.1	0.0
湘潭	181.54	22.0	17.1	1.6	3.3	0.0
外国人	182.11	21.6	17.0	1.7	2.9	0.0
香港同胞	174.40	30.0	23.7	0.0	6.3	0.0
澳门同胞	169.30	13.3	12.0	0.0	1.3	0.0
台湾同胞	212.30	2.4	0.0	0.0	2.4	0.0
衡阳	198.18	31.6	20.3	3.4	3.1	4.8
外国人	201.65	32.3	21.3	3.3	3.0	4.7
香港同胞	190.08	16.2	8.4	2.1	5.7	0.0
澳门同胞	187.69	14.5	5.9	6.6	2.0	0.0
台湾同胞	162.54	12.6	7.6	2.3	2.7	0.0
岳阳	193.22	18.2	12.3	2.1	3.8	0.0
外国人	200.99	17.8	12.1	2.1	3.6	0.0
香港同胞	187.29	9.4	0.0	0.0	9.4	0.0
澳门同胞	139.63	2.3	0.0	0.0	2.3	0.0
台湾同胞	147.61	2.9	0.0	0.0	2.9	0.0

住宿	餐饮	景区游览	娱乐	购物	市内交通	邮电通讯	其他
10.2	8.7	3.8	3.1	22.6	2.9	4.1	8.5
11.4	10.5	4.2	3.2	25.5	3.3	4.6	10.7
11.1	7.4	3.5	3.6	26.8	3.6	3.4	6.5
9.7	7.6	3.0	1.8	24.9	2.5	5.8	9.3
8.4	7.4	4.3	4.5	18.8	2.4	4.8	6.5
10.6	7.5	6.3	4.5	31.0	2.3	2.8	8.4
10.4	7.3	6.3	3.8	31.1	2.4	2.9	8.8
20.0	9.1	7.8	16.8	26.4	1.5	1.1	5.3
14.0	10.7	6.9	6.8	10.9	1.3	1.4	2.9
12.3	11.9	6.2	11.5	40.4	0.8	2.8	6.4
11.1	7.5	6.9	1.0	30.7	3.4	0.0	17.4
10.0	7.5	7.4	1.1	31.4	4.0	0.0	17.0
21.2	4.2	6.5	0.9	31.8	0.4	0.0	5.0
4.3	9.9	6.0	0.9	36.1	0.9	0.0	28.6
16.9	18.3	7.3	0.0	43.7	0.9	0.0	10.5
12.3	7.8	8.4	4.8	23.8	2.1	2.7	6.5
11.6	7.8	8.7	4.4	23.8	2.4	2.9	6.1
17.2	6.1	9.2	8.7	35.9	1.1	2.0	3.6
17.2	13.2	10.3	2.6	27.7	2.1	2.5	9.9
25.4	18.8	6.3	7.4	14.4	1.6	2.7	10.8
16.2	11.6	10.7	2.7	25.4	4.1	0.8	10.3
15.8	11.2	11.0	2.8	25.6	4.5	0.8	10.5
29.5	9.5	11.9	2.4	24.0	2.0	0.0	11.3
9.3	20.7	12.2	2.5	37.0	2.7	0.0	13.3
23.9	23.1	9.4	0.0	30.2	1.8	0.0	8.7

1－20(续16)

	人均天花费（美元/人天）	人均天花费构成(%)				
		长途交通	飞 机	火 车	汽 车	轮 船
张家界	197.08	21.2	14.3	2.6	4.3	0.0
外 国 人	198.26	21.3	14.4	2.6	4.3	0.0
香港同胞	172.34	13.5	3.7	1.2	8.6	0.0
澳门同胞	134.54	6.9	3.0	1.0	2.9	0.0
台湾同胞	196.89	6.5	3.6	1.0	1.9	0.0
广 州	175.63	36.5	27.0	3.8	3.1	2.6
外 国 人	175.68	36.4	28.0	2.9	3.4	2.1
香港同胞	173.53	28.5	15.4	5.8	3.2	4.1
澳门同胞	170.85	30.2	22.1	4.0	2.6	1.5
台湾同胞	182.73	34.1	23.2	3.7	3.0	4.2
深 圳	162.59	33.5	25.5	1.9	3.0	3.1
外 国 人	171.92	31.1	22.0	2.1	3.4	3.6
香港同胞	145.28	40.3	35.1	1.4	2.2	1.6
澳门同胞	201.52	20.2	12.6	1.7	2.3	3.6
台湾同胞	156.46	26.3	19.7	0.8	3.0	2.8
珠 海	169.11	22.8	13.8	5.1	1.3	2.6
外 国 人	164.16	19.8	13.6	2.8	1.6	1.8
香港同胞	174.60	36.2	26.7	5.2	1.7	2.6
澳门同胞	176.92	32.6	16.1	14.9	1.1	0.5
台湾同胞	165.24	15.9	9.7	2.3	0.8	3.1
汕 头	156.06	34.5	21.7	3.9	4.4	4.5
外 国 人	157.23	33.2	22.0	2.7	4.4	4.1
香港同胞	161.49	39.3	19.8	9.2	4.1	6.2
澳门同胞	147.76	61.3	55.5	3.5	2.3	0.0
台湾同胞	123.32	28.1	10.2	4.5	5.2	8.2

住宿	餐饮	景区游览	娱乐	购物	市内交通	邮电通讯	其他
12.1	9.3	10.6	1.7	29.7	3.7	4.4	7.3
12.1	9.3	10.8	1.7	29.8	3.9	4.3	6.8
20.7	6.3	11.0	3.5	26.6	0.8	4.9	12.7
5.3	19.3	12.6	3.2	34.9	2.0	2.8	13.0
10.8	11.7	5.3	1.0	41.3	1.0	8.5	13.9
11.6	7.5	4.2	6.4	20.5	2.4	2.3	8.6
11.7	7.2	4.3	5.6	20.9	2.5	2.4	9.0
12.9	9.0	4.1	10.6	21.0	2.5	2.0	9.4
11.3	8.0	5.1	8.0	21.6	1.8	2.0	12.0
12.0	9.5	4.4	7.2	20.1	2.5	1.9	8.3
11.8	9.2	4.3	8.0	18.8	2.4	2.0	10.0
13.4	8.6	3.8	6.7	22.1	2.7	2.3	9.3
8.7	9.2	5.0	9.0	12.1	1.7	1.6	12.4
14.3	12.2	4.3	12.0	24.2	3.2	2.1	7.5
10.7	11.2	4.9	11.1	19.4	2.8	2.0	11.6
6.6	6.2	4.7	6.2	21.2	1.2	8.1	23.0
6.5	4.7	1.9	3.8	24.3	1.4	1.4	36.2
7.2	5.0	2.7	8.2	19.7	1.2	4.1	15.7
7.3	5.0	4.8	6.9	13.2	1.0	0.4	28.8
5.7	7.8	5.8	5.4	22.5	1.2	15.2	20.5
11.5	8.3	3.8	6.5	23.5	3.1	3.0	5.8
12.2	8.3	3.3	5.2	25.7	3.3	3.3	5.5
9.5	7.8	6.1	11.2	16.0	2.5	1.6	6.0
5.2	7.6	3.0	1.6	19.9	1.3	0.0	0.1
12.7	14.1	4.0	5.5	25.3	2.9	0.2	7.2

1－20(续17)

	人均天花费(美元/人天)	人均天花费构成(％)				
		长途交通	飞机	火车	汽车	轮船
佛山	163.41	37.1	26.0	4.8	2.6	3.7
外国人	163.80	36.7	24.9	5.0	2.6	4.2
香港同胞	166.11	32.3	20.2	4.6	3.7	3.8
澳门同胞	135.08	10.2	3.0	0.7	5.6	0.9
台湾同胞	172.20	28.2	21.4	1.3	1.4	4.1
江门	149.60	46.9	37.6	2.1	3.0	4.2
外国人	150.82	48.0	39.6	1.8	2.7	3.9
香港同胞	139.90	20.5	4.6	1.9	7.0	7.0
澳门同胞	146.09	19.5	11.0	2.5	6.0	0.0
台湾同胞	162.55	40.2	32.5	0.0	2.6	5.1
肇庆	182.40	56.1	50.3	3.2	1.3	1.3
外国人	192.08	57.4	53.0	2.1	1.3	1.0
香港同胞	166.42	14.1	1.9	9.8	1.6	0.8
澳门同胞	188.92	21.4	12.6	6.4	2.4	0.0
台湾同胞	190.32	36.1	31.6	0.0	1.3	3.2
惠州	164.19	44.6	33.8	3.7	3.4	3.7
外国人	158.31	45.8	35.8	3.8	3.0	3.2
香港同胞	167.77	20.0	8.4	2.8	6.3	2.5
澳门同胞	178.97	22.7	12.6	2.9	7.2	0.0
台湾同胞	184.64	42.6	29.2	0.9	3.2	9.3
东莞	114.74	44.1	18.5	2.9	2.7	20.0
外国人	116.92	48.0	22.9	3.0	2.7	19.4
香港同胞	105.31	13.4	4.2	4.6	3.5	1.1
澳门同胞	90.84	22.6	13.8	4.0	4.8	0.0
台湾同胞	113.03	21.1	14.2	2.5	2.3	2.1

住宿	餐饮	景区游览	娱乐	购物	市内交通	邮电通讯	其他
12.2	10.8	3.4	7.2	15.1	1.9	2.0	10.3
12.9	11.4	2.7	6.3	15.4	1.9	2.0	10.7
13.3	10.0	5.3	9.6	15.8	2.3	2.5	8.9
25.7	15.5	2.5	13.6	15.2	2.0	1.2	14.1
8.2	11.5	7.0	11.2	17.0	2.1	2.9	11.9
10.2	9.2	3.3	6.9	10.5	3.0	3.9	6.1
10.6	9.1	3.2	4.9	9.8	3.6	4.5	6.3
14.6	14.9	4.5	15.5	16.2	3.4	3.7	6.7
12.2	15.4	7.2	11.0	21.0	3.4	2.3	8.0
12.7	10.1	3.0	11.7	9.8	2.0	3.1	7.4
8.2	6.2	2.8	4.3	15.2	2.2	1.9	3.1
8.8	5.4	2.9	3.2	14.9	2.4	1.9	3.1
16.5	12.8	4.9	10.0	27.1	4.3	3.7	6.6
13.4	13.7	4.2	4.7	28.6	3.9	3.6	6.5
10.7	10.0	3.6	6.0	23.8	2.6	2.5	4.7
10.7	8.6	4.9	7.6	12.3	2.2	2.7	6.4
11.2	8.2	4.7	6.3	12.3	2.3	2.6	6.6
13.6	13.0	8.1	15.6	16.9	2.4	3.3	7.1
12.1	14.8	5.7	11.8	17.6	2.6	4.1	8.6
13.1	10.2	6.0	6.4	9.6	2.6	2.0	7.5
14.4	8.2	2.3	7.5	11.1	2.3	5.7	4.4
14.2	7.6	2.2	6.2	10.9	2.4	4.4	4.1
20.4	16.9	5.5	16.6	18.0	2.0	1.7	5.5
19.5	16.6	2.9	19.5	7.3	1.9	0.0	9.7
18.7	11.8	2.1	13.3	14.3	2.1	9.1	7.5

1 - 20(续 18)

	人均天花费(美元/人天)	人均天花费构成(%)				
		长途交通	飞 机	火 车	汽 车	轮 船
中 山	156.57	36.1	24.7	4.9	3.2	3.3
外 国 人	163.40	35.3	22.5	4.8	4.1	3.9
香港同胞	133.62	29.0	20.3	1.4	3.0	4.3
澳门同胞	154.66	38.3	30.8	0.7	2.0	4.8
台湾同胞	170.87	24.1	18.9	0.0	2.7	2.5
南 宁	178.44	43.3	34.6	6.1	2.6	0.0
外 国 人	171.15	43.8	35.6	5.9	2.3	0.0
香港同胞	195.15	41.3	30.1	5.9	5.3	0.0
澳门同胞	217.50	48.1	34.0	8.7	5.4	0.0
台湾同胞	183.03	42.1	32.5	7.7	1.9	0.0
桂 林	183.70	29.5	19.9	7.0	2.6	0.0
外 国 人	183.07	29.9	19.8	7.4	2.7	0.0
香港同胞	187.29	24.0	16.4	6.6	1.0	0.0
澳门同胞	173.70	31.5	20.5	8.1	2.9	0.0
台湾同胞	189.39	30.6	25.4	3.3	1.9	0.0
梧 州	192.81	49.1	34.7	8.5	5.9	0.0
外 国 人	183.52	49.1	34.4	10.3	4.4	0.0
香港同胞	196.05	37.7	28.1	3.3	6.3	0.0
澳门同胞	185.53	65.7	48.5	12.0	5.2	0.0
台湾同胞	218.05	50.0	31.2	8.6	10.2	0.0
北 海	183.35	35.0	23.9	7.5	3.6	0.0
外 国 人	181.88	34.1	23.0	7.2	3.9	0.0
香港同胞	198.49	32.4	19.1	10.5	2.8	0.0
澳门同胞	198.40	44.8	31.5	11.3	2.0	0.0
台湾同胞	156.69	43.9	38.9	2.3	2.7	0.0

住宿	餐饮	景区游览	娱乐	购物	市内交通	邮电通讯	其他
8.4	6.6	5.2	8.0	13.4	2.1	1.7	18.5
8.1	6.4	4.2	6.8	14.2	2.2	1.7	21.1
12.4	9.5	11.3	8.8	12.8	2.5	0.9	12.8
11.6	8.0	3.6	6.5	19.0	2.6	2.8	7.6
7.8	7.2	5.7	17.6	12.2	1.9	4.2	19.3
11.8	8.4	4.3	6.1	16.5	2.8	2.7	4.1
11.1	8.1	4.5	6.0	16.4	2.8	3.1	4.2
14.5	10.2	3.4	6.3	15.0	3.5	1.2	4.6
14.5	8.8	4.1	8.9	11.0	2.2	0.2	2.2
11.4	8.3	4.3	6.2	19.4	2.7	2.6	3.0
12.5	8.2	6.6	3.6	27.4	2.7	2.6	6.9
11.8	8.0	6.4	3.4	27.7	2.7	2.7	7.4
19.5	10.5	8.9	5.7	21.9	2.7	2.5	4.3
19.0	10.9	6.8	3.5	20.4	2.8	2.0	3.1
10.6	7.3	6.1	2.8	34.6	1.8	1.8	4.4
8.2	8.8	4.0	5.9	13.6	2.2	2.6	5.6
7.4	8.1	4.0	6.0	13.2	2.3	2.9	7.0
8.5	10.4	4.9	8.5	21.5	2.4	2.6	3.5
7.9	6.1	2.8	2.6	7.0	1.1	1.2	5.6
8.9	10.8	4.0	7.3	10.4	2.3	2.9	3.4
11.8	10.9	4.7	7.9	20.9	2.5	1.9	4.4
12.2	10.7	4.7	7.0	22.3	2.7	2.1	4.2
12.4	12.6	6.9	7.3	18.3	2.7	1.6	5.8
12.7	11.6	4.6	7.7	9.9	2.4	0.8	5.5
8.2	9.2	2.9	9.9	21.2	1.7	1.1	1.9

1－20(续19)

	人均天花费（美元/人天）	人均天花费构成(%)				
		长途交通	飞 机	火 车	汽 车	轮 船
玉 林	176.07	42.5	31.3	8.5	2.7	0.0
外国人	172.96	44.7	33.8	8.5	2.4	0.0
香港同胞	178.72	36.4	27.6	7.5	1.3	0.0
澳门同胞	170.09	42.0	25.2	14.7	2.1	0.0
台湾同胞	190.22	46.3	36.6	5.0	4.7	0.0
百 色	176.77	38.5	27.5	7.5	3.5	0.0
外国人	176.13	36.4	24.2	7.9	4.3	0.0
香港同胞	154.12	50.5	42.0	6.8	1.7	0.0
澳门同胞	175.19	35.4	16.5	17.5	1.4	0.0
台湾同胞	192.13	41.4	35.2	4.0	2.2	0.0
凭 祥	163.67	48.1	37.8	7.5	2.8	0.0
外国人	161.50	51.1	41.0	7.4	2.7	0.0
香港同胞	167.37	39.7	28.7	7.8	3.2	0.0
澳门同胞	180.52	34.3	19.2	12.3	2.8	0.0
台湾同胞	157.03	51.1	41.9	6.8	2.4	0.0
海 口	159.01	28.0	20.9	5.5	1.0	0.6
外国人	159.02	27.9	21.4	5.0	1.0	0.5
香港同胞	162.47	20.9	20.3	0.0	0.6	0.0
澳门同胞	153.74	18.1	18.1	0.0	0.0	0.0
台湾同胞	155.96	24.5	24.5	0.0	0.0	0.0
三 亚	173.18	28.0	17.9	2.0	2.1	6.0
外国人	175.56	30.1	17.7	2.7	1.1	8.6
香港同胞	168.16	26.2	15.6	1.2	4.6	4.8
澳门同胞	117.56	11.6	8.8	0.6	2.2	0.0
台湾同胞	177.01	23.8	22.3	0.4	0.6	0.5

住宿	餐饮	景区游览	娱乐	购物	市内交通	邮电通讯	其他
11.3	9.8	4.3	5.1	18.1	2.2	1.9	4.8
9.4	9.6	4.3	5.4	18.1	2.2	1.6	4.7
15.7	9.9	4.5	3.9	20.2	2.4	2.3	4.7
10.3	10.1	4.2	7.6	16.0	2.2	2.6	5.0
8.9	10.3	3.6	4.3	17.6	2.0	1.7	5.3
9.7	8.4	5.3	5.6	19.7	2.6	5.5	4.7
8.8	8.0	5.6	7.1	21.8	2.7	3.5	6.1
13.4	8.8	4.0	2.7	13.3	2.8	1.8	2.7
12.2	11.1	5.0	7.0	20.3	2.7	2.0	4.3
9.7	8.2	5.2	1.7	17.3	2.1	12.1	2.3
8.1	7.0	4.7	2.9	16.6	3.1	4.2	5.3
7.5	6.5	4.8	2.8	17.2	3.1	1.3	5.7
13.3	8.9	5.2	3.3	18.7	3.1	4.1	3.7
10.7	9.2	4.6	2.3	23.4	4.1	5.2	6.2
7.8	9.9	6.6	3.6	12.3	2.6	4.1	2.0
16.0	7.7	3.2	6.2	22.0	2.9	3.7	10.3
16.0	7.7	3.3	6.1	22.4	2.9	3.8	9.9
20.6	9.1	1.6	7.2	17.6	3.2	2.3	17.5
27.7	15.3	7.5	0.0	29.1	2.3	0.0	0.0
10.2	9.7	4.7	5.5	26.7	3.9	5.6	9.2
19.2	9.2	3.7	7.3	16.5	2.9	2.6	10.6
19.2	9.1	3.5	7.2	14.8	2.9	2.4	10.8
18.9	8.6	4.4	8.1	18.6	2.9	3.2	9.1
7.6	2.6	1.0	0.9	45.6	1.4	6.4	22.9
14.0	9.5	4.7	4.0	31.5	2.4	2.0	8.1

1－20(续20)

	人均天花费(美元/人天)	人均天花费构成(%)				
		长途交通	飞 机	火 车	汽 车	轮 船
重 庆	177.07	46.0	18.0	6.5	6.7	14.8
外 国 人	185.03	47.7	18.3	6.9	7.2	15.3
香港同胞	172.14	34.3	13.4	1.0	1.6	18.3
澳门同胞	149.12	36.1	22.9	5.7	4.7	2.8
台湾同胞	146.87	34.6	11.9	2.0	0.8	19.9
重庆游船	176.91	44.4	10.6	8.1	9.2	16.5
外 国 人	175.17	44.9	10.7	8.1	9.3	16.8
香港同胞	200.45	42.0	0.0	0.0	0.0	42.0
澳门同胞	175.00	0.0	0.0	0.0	0.0	0.0
台湾同胞	187.41	23.4	5.0	0.0	0.0	18.4
成 都	163.58	36.6	28.3	3.9	3.3	1.1
外 国 人	161.48	36.6	28.4	4.3	3.1	0.8
香港同胞	182.20	37.8	28.3	1.0	5.7	2.8
澳门同胞	139.35	20.8	18.8	0.6	1.4	0.0
台湾同胞	172.32	30.8	28.7	1.3	0.8	0.0
绵 阳	147.04	46.0	27.4	10.6	8.0	0.0
外 国 人	141.12	47.0	27.1	12.0	7.9	0.0
香港同胞	164.24	47.9	30.6	7.9	9.4	0.0
澳门同胞	301.72	57.0	57.0	0.0	0.0	0.0
台湾同胞	156.09	37.7	33.0	0.0	4.7	0.0
乐 山	197.87	39.8	27.1	8.4	4.3	0.0
外 国 人	199.12	39.7	26.9	8.8	4.0	0.0
香港同胞	187.58	39.0	32.2	0.0	6.8	0.0
澳门同胞	214.15	20.5	16.6	0.0	3.9	0.0
台湾同胞	194.90	30.9	28.9	0.0	2.0	0.0

住宿	餐饮	景区游览	娱乐	购物	市内交通	邮电通讯	其他
9.4	7.3	2.4	3.5	21.3	1.5	3.2	5.4
10.0	7.6	2.4	2.8	18.9	1.5	3.5	5.6
8.0	7.4	3.1	7.4	28.9	1.2	3.0	6.7
18.0	4.6	2.4	1.2	21.2	1.6	7.5	7.4
4.2	3.4	1.2	2.3	41.7	1.4	3.8	7.4
6.9	5.3	1.3	0.3	32.0	1.1	5.0	3.7
7.1	5.4	1.3	0.0	31.3	1.1	5.3	3.6
5.7	10.2	0.9	0.0	34.3	0.0	0.0	6.9
0.0	0.0	0.0	0.0	88.4	0.0	4.4	7.2
1.0	0.0	0.0	1.5	63.1	0.0	4.6	6.4
16.3	8.0	3.7	6.4	18.5	3.0	3.0	4.5
16.3	7.7	3.8	6.5	18.2	3.0	3.0	4.9
15.8	9.5	3.4	5.1	19.2	2.9	3.5	2.8
13.7	7.4	2.9	5.0	38.8	1.9	4.4	5.1
19.5	8.1	3.7	4.4	23.0	3.9	3.4	3.2
12.9	8.2	1.9	4.1	14.2	2.7	3.6	6.4
13.2	7.7	1.7	4.3	13.2	2.8	3.3	6.8
12.1	11.4	1.9	1.1	12.0	1.3	5.8	6.5
28.6	14.4	0.0	0.0	0.0	0.0	0.0	0.0
16.0	9.6	1.5	0.0	20.2	3.8	4.3	6.9
11.4	6.9	5.2	5.3	19.2	2.4	3.3	6.5
11.5	6.7	5.3	5.6	18.7	2.3	3.2	7.0
9.7	9.0	4.8	3.5	22.1	2.1	3.2	6.6
12.9	7.0	7.7	6.6	31.1	1.6	7.6	5.0
14.7	7.7	6.0	2.6	23.7	3.7	4.4	6.3

1－20(续21)

	人均天花费(美元/人天)	人均天花费构成(%)				
		长途交通	飞　机	火　车	汽　车	轮　船
贵　阳	174.87	33.3	15.0	10.0	8.3	0.0
外国人	178.94	32.8	13.8	10.2	8.8	0.0
香港同胞	169.11	24.1	23.4	0.0	0.7	0.0
澳门同胞	131.74	5.8	5.1	0.0	0.7	0.0
台湾同胞	165.36	26.6	19.5	0.3	6.8	0.0
安　顺	149.60	26.8	11.8	7.4	7.6	0.0
外国人	148.95	28.5	12.7	7.5	8.3	0.0
香港同胞	161.43	14.7	14.0	0.0	0.7	0.0
澳门同胞	164.08	12.0	0.0	0.0	12.0	0.0
台湾同胞	141.43	30.2	21.3	0.0	8.9	0.0
黔东南	164.89	25.7	10.3	9.2	6.2	0.0
外国人	164.87	27.5	9.9	9.7	7.9	0.0
香港同胞	172.74	14.6	11.8	2.2	0.6	0.0
澳门同胞	158.89	1.5	0.0	1.3	0.2	0.0
台湾同胞	160.03	17.5	8.7	2.2	6.6	0.0
昆　明	192.20	35.4	27.3	2.6	4.3	1.2
外国人	189.01	36.3	28.5	2.7	4.0	1.1
香港同胞	221.25	31.2	21.8	3.7	5.7	0.0
澳门同胞	235.29	36.2	25.8	1.1	9.3	0.0
台湾同胞	172.07	32.4	24.3	1.9	4.9	1.3
景　洪	167.86	27.9	18.2	1.1	7.1	1.5
外国人	169.89	35.9	21.4	2.3	9.2	3.0
香港同胞	205.64	22.6	17.2	0.0	5.4	0.0
澳门同胞	160.00	32.5	19.9	0.0	12.6	0.0
台湾同胞	151.61	19.8	15.5	0.0	4.3	0.0

住宿	餐饮	景区游览	娱乐	购物	市内交通	邮电通讯	其他
12.9	9.1	4.2	5.1	23.4	3.5	3.9	4.6
12.9	9.9	3.9	4.6	23.8	3.4	4.1	4.6
15.8	8.4	6.2	7.4	25.1	5.9	3.0	4.1
20.0	8.3	7.1	0.9	34.2	6.5	5.4	11.8
15.0	8.5	5.0	7.0	27.5	2.3	2.9	5.2
9.4	6.7	2.9	4.3	32.9	2.4	6.7	7.9
9.9	7.3	3.0	1.6	33.8	2.4	7.0	6.5
11.6	4.8	3.2	4.9	45.2	5.0	2.6	8.0
19.0	7.2	1.6	0.0	37.5	2.3	0.0	20.4
10.5	6.9	4.8	6.8	33.7	1.3	0.0	5.8
10.9	7.6	3.0	4.1	36.5	2.8	1.0	8.4
11.1	8.6	3.0	4.2	32.9	2.8	0.9	9.0
11.9	5.2	3.4	4.5	48.8	4.0	0.9	6.7
13.7	6.7	1.8	2.6	58.4	3.4	1.4	10.5
10.5	6.9	3.3	2.5	46.8	1.8	1.9	8.8
11.6	7.1	4.9	4.6	21.2	1.7	2.6	10.9
11.6	7.0	5.1	4.9	20.1	1.6	2.5	10.9
12.6	7.0	4.1	3.4	27.9	2.5	1.8	9.5
14.9	9.2	3.6	3.7	22.1	2.5	2.0	5.8
9.6	8.0	3.7	3.4	24.6	1.9	6.0	10.4
12.0	7.1	5.7	2.7	25.1	1.9	1.4	16.2
16.3	9.1	8.1	4.0	18.0	2.0	1.8	4.8
8.6	7.1	2.0	0.7	53.0	2.2	1.3	2.5
10.8	6.4	2.5	2.3	33.1	2.8	0.0	9.6
7.0	4.7	3.2	0.6	35.5	1.4	0.3	27.5

1－20（续22）

	人均天花费（美元/人天）	人均天花费构成（%）				
		长途交通	飞　机	火　车	汽　车	轮　船
大　理	138.97	18.4	14.4	0.4	3.6	0.0
外 国 人	137.68	34.4	27.5	1.4	5.5	0.0
香港同胞	160.00	5.8	3.5	0.0	2.3	0.0
澳门同胞	180.00	0.0	0.0	0.0	0.0	0.0
台湾同胞	—	—	—	—	—	—
拉　萨	171.27	52.2	22.6	12.6	17.0	0.0
外 国 人	183.20	46.9	19.6	11.4	15.9	0.0
香港同胞	174.94	51.2	16.9	12.2	22.1	0.0
澳门同胞	163.96	55.5	19.3	17.3	18.9	0.0
台湾同胞	131.98	64.6	33.8	13.2	17.6	0.0
咸　阳	190.10	33.2	24.3	4.2	4.7	0.0
外 国 人	195.25	34.1	25.1	4.2	4.8	0.0
香港同胞	192.07	18.4	18.4	0.0	0.0	0.0
澳门同胞	80.82	50.0	50.0	0.0	0.0	0.0
台湾同胞	160.00	15.9	15.9	0.0	0.0	0.0
兰　州	150.36	38.1	25.6	7.3	5.2	0.0
外 国 人	151.44	39.6	26.7	7.5	5.4	0.0
香港同胞	156.30	31.2	17.5	7.9	5.8	0.0
澳门同胞	158.90	22.2	17.9	4.3	0.0	0.0
台湾同胞	119.27	22.2	19.0	3.2	0.0	0.0
敦　煌	157.34	39.0	23.0	8.1	7.9	0.0
外 国 人	159.41	39.3	23.5	7.9	7.9	0.0
香港同胞	168.43	31.9	10.9	14.4	6.6	0.0
澳门同胞	114.73	25.8	15.4	10.4	0.0	0.0
台湾同胞	85.10	11.9	7.7	4.2	0.0	0.0

住宿	餐饮	景区游览	娱乐	购物	市内交通	邮电通讯	其他
8.9	5.3	4.8	2.2	26.7	1.5	5.4	26.8
14.9	9.0	8.9	3.8	18.1	2.8	1.4	6.7
1.9	1.7	0.9	0.3	55.7	0.7	27.8	5.2
0.0	0.0	0.0	0.0	79.7	0.2	0.0	20.1
—	—	—	—	—	—	—	—
11.5	6.9	5.5	2.9	15.6	0.8	3.1	1.5
13.2	7.7	4.7	2.9	18.3	0.8	3.7	1.8
11.8	8.9	7.0	2.4	13.0	0.7	3.2	1.8
10.7	7.1	7.4	3.7	11.3	0.6	2.7	1.0
8.0	4.5	6.0	2.3	11.3	0.6	1.8	0.9
11.7	9.3	7.4	5.5	16.1	4.4	1.5	10.9
11.1	9.2	7.5	5.9	15.9	4.6	1.6	10.1
13.2	6.2	3.2	0.3	42.5	2.0	0.8	13.4
0.0	0.0	0.0	0.0	50.0	0.0	0.0	0.0
25.0	19.0	9.7	0.0	8.6	2.5	0.0	19.3
10.9	7.2	4.5	4.7	24.2	1.8	2.9	5.7
10.6	7.5	4.4	3.5	24.6	1.2	2.9	5.7
12.5	5.8	4.6	2.4	29.7	1.5	3.0	9.3
12.9	3.8	3.4	8.1	36.6	1.7	8.2	3.1
4.4	2.8	2.1	6.9	43.4	1.5	6.1	10.6
13.0	9.2	6.5	1.0	22.5	1.4	2.3	5.1
13.1	9.3	6.5	0.9	22.8	0.3	2.3	5.5
13.9	8.2	7.2	0.0	30.0	1.8	2.7	4.3
10.6	7.4	8.7	0.0	35.3	4.2	1.7	6.3
6.6	3.8	2.9	1.0	53.2	1.5	3.6	15.5

1－20(续23)

	人均天花费(美元/人天)	人均天花费构成(%)				
		长途交通	飞　机	火　车	汽　车	轮　船
西　宁	157.05	23.4	16.9	5.1	1.4	0.0
外 国 人	159.42	24.0	17.4	4.8	1.8	0.0
香港同胞	160.23	18.1	17.6	0.0	0.5	0.0
澳门同胞	119.43	8.7	8.7	0.0	0.0	0.0
台湾同胞	147.10	23.8	18.3	5.1	0.4	0.0
格尔木	116.70	26.5	21.4	3.3	1.8	0.0
外 国 人	116.70	26.5	21.4	3.3	1.8	0.0
香港同胞	—	—	—	—	—	—
澳门同胞	—	—	—	—	—	—
台湾同胞	—	—	—	—	—	—
银　川	152.78	30.7	25.9	2.7	2.1	0.0
外 国 人	152.20	29.7	25.0	2.6	2.1	0.0
香港同胞	164.73	31.0	31.0	0.0	0.0	0.0
澳门同胞	95.79	0.0	0.0	0.0	0.0	0.0
台湾同胞	149.89	33.4	33.4	0.0	0.0	0.0
乌鲁木齐	173.48	28.1	14.6	8.0	5.5	0.0
外 国 人	179.28	27.8	14.7	7.6	5.5	0.0
香港同胞	148.44	0.0	0.0	0.0	0.0	0.0
澳门同胞	48.85	0.0	0.0	0.0	0.0	0.0
台湾同胞	151.90	16.5	11.6	0.0	4.9	0.0
吐鲁番	165.51	34.1	23.2	6.6	4.3	0.0
外 国 人	161.69	34.8	24.0	6.4	4.4	0.0
香港同胞	189.91	21.1	20.1	0.0	1.0	0.0
澳门同胞	195.35	9.5	9.1	0.0	0.4	0.0
台湾同胞	155.08	13.8	10.4	0.9	2.5	0.0

住宿	餐饮	景区游览	娱乐	购物	市内交通	邮电通讯	其他
9.2	5.0	9.6	2.4	27.3	0.9	4.0	18.2
9.8	5.6	11.2	2.4	26.0	0.8	3.6	16.6
10.5	5.0	8.4	6.8	23.9	0.3	2.7	24.3
3.4	1.5	2.7	2.9	33.4	4.4	3.5	39.5
5.4	2.3	1.8	0.7	38.7	0.2	6.7	20.4
18.2	9.0	17.0	0.8	14.6	0.7	5.0	8.2
18.2	9.0	17.0	0.8	14.6	0.7	5.0	8.2
—	—	—	—	—	—	—	—
—	—	—	—	—	—	—	—
—	—	—	—	—	—	—	—
16.4	7.5	7.5	8.5	13.6	3.9	3.3	8.6
16.5	7.6	7.6	9.2	13.9	3.6	3.4	8.5
12.5	5.4	5.3	4.0	19.0	3.6	3.1	16.1
0.0	0.0	0.0	0.0	41.1	0.0	0.0	58.9
18.1	8.1	1.2	7.4	13.3	5.8	2.0	10.7
10.5	7.5	4.1	0.0	41.2	3.4	2.0	3.2
10.4	7.4	4.1	0.0	42.1	3.3	1.9	3.0
0.0	0.0	0.0	0.0	89.6	0.0	5.8	4.6
0.0	0.0	0.0	0.0	73.8	0.0	26.2	0.0
9.4	7.2	3.1	0.0	53.6	0.0	5.4	4.8
9.3	6.5	3.7	1.0	35.3	3.1	5.4	1.6
9.5	6.5	3.7	1.1	34.7	3.0	5.1	1.6
3.1	2.4	1.4	0.9	62.5	0.8	5.4	2.4
2.0	1.5	0.5	0.7	73.3	0.0	8.3	4.2
5.6	4.5	2.3	0.4	57.6	0.0	13.6	2.2

1－20(续24)

	人均天花费(美元/人天)	人均天花费构成(%)				
		长途交通	飞机	火车	汽车	轮船
库尔勒	176.29	18.3	9.5	5.2	3.6	0.0
外国人	179.06	17.6	9.3	4.8	3.5	0.0
香港同胞	141.28	0.0	0.0	0.0	0.0	0.0
澳门同胞	95.79	0.0	0.0	0.0	0.0	0.0
台湾同胞	178.78	15.1	10.6	0.0	4.5	0.0
喀什	160.63	21.3	13.6	4.9	2.8	0.0
外国人	162.92	23.6	15.6	5.0	3.0	0.0
香港同胞	152.46	2.1	2.1	0.0	0.0	0.0
澳门同胞	152.69	9.2	6.8	2.0	0.4	0.0
台湾同胞	151.23	6.1	4.6	0.0	1.5	0.0
伊宁	183.48	29.5	15.8	8.0	5.7	0.0
外国人	184.78	28.7	15.1	7.9	5.7	0.0
香港同胞	99.38	0.0	0.0	0.0	0.0	0.0
澳门同胞	—	—	—	—	—	—
台湾同胞	237.68	36.3	31.3	1.8	3.2	0.0

住宿	餐饮	景区游览	娱乐	购物	市内交通	邮电通讯	其他
6.9	4.9	2.7	0.0	62.2	2.2	1.6	1.2
6.7	4.7	2.6	0.0	63.7	2.1	1.4	1.2
0.0	0.0	0.0	0.0	85.3	0.0	8.2	6.5
0.0	0.0	0.0	0.0	64.6	0.0	17.7	17.7
8.6	6.6	2.8	0.0	55.9	0.0	6.9	4.1
6.5	4.8	3.1	2.3	48.0	1.9	2.1	10.0
7.1	5.2	3.4	2.5	44.0	1.8	1.5	10.9
1.3	1.2	1.2	1.2	79.5	0.9	3.4	9.2
2.4	1.8	1.0	3.2	72.2	0.6	1.1	8.5
3.3	3.1	0.9	0.5	71.8	0.0	2.7	11.6
11.0	7.8	4.3	0.1	39.6	3.5	2.5	1.7
10.9	7.7	4.3	0.1	40.6	3.4	2.4	1.9
0.0	0.0	0.0	0.0	67.1	0.0	23.7	9.2
—	—	—	—	—	—	—	—
9.8	7.8	3.2	0.9	40.2	0.0	1.8	0.0

二

入境游客停留时间

2－1　2008年入境过夜旅游者停留时间

(按外国人、港澳台胞、团体及散客分组)

		调查人数(人)	1～3天(%)	4～7天(%)	8～14天(%)	15天及以上(%)
全　国	**总计**	**12 912**	**44.3**	**34.8**	**14.1**	**6.8**
	团体	4 240	33.2	42.9	19.0	4.9
	散客	8 672	49.8	30.8	11.8	7.7
外国人	小计	9 138	39.5	36.3	16.2	8.0
	团体	3 503	35.9	39.3	19.2	5.6
	散客	5 635	41.7	34.4	14.4	9.6
香港同胞	小计	2 335	68.2	23.1	6.2	2.5
	团体	243	33.3	50.6	15.6	0.4
	散客	2 092	72.2	19.9	5.1	2.7
澳门同胞	小计	294	56.5	28.9	9.9	4.8
	团体	90	43.3	37.8	15.6	3.3
	散客	204	62.3	25.0	7.4	5.4
台湾同胞	小计	1 145	31.4	48.0	14.7	5.9
	团体	404	7.4	71.0	19.8	1.7
	散客	741	44.5	35.5	11.9	8.1

2-2 2008年入境过夜旅游者停留时间
（按性别、职业、团体及散客分组）

		调查人数（人）	1~3天（%）	4~7天（%）	8~14天（%）	15天及以上（%）
全国	**总计**	**12 912**	**44.3**	**34.8**	**14.1**	**6.8**
	团体	4 240	33.2	42.9	19.0	4.9
	散客	8 672	49.8	30.8	11.8	7.7
男性	小计	7 964	44.8	34.3	13.7	7.2
	团体	2 142	31.8	44.5	18.3	5.3
	散客	5 822	49.5	30.6	12.1	7.8
女性	小计	4 948	43.6	35.5	14.8	6.1
	团体	2 098	34.6	41.4	19.6	4.4
	散客	2 850	50.2	31.2	11.2	7.4
政府工作人员	小计	503	34.6	42.5	17.1	5.8
	团体	258	24.4	47.7	23.3	4.7
	散客	245	45.3	37.1	10.6	6.9
专业技术人员	小计	2 147	42.2	34.5	15.6	7.7
	团体	497	24.5	45.3	22.5	7.6
	散客	1 650	47.5	31.3	13.5	7.7
职员	小计	1 878	47.4	36.8	11.8	3.9
	团体	664	30.0	48.6	19.0	2.4
	散客	1 214	57.0	30.4	7.9	4.7
技工/工人	小计	608	47.0	32.6	13.3	7.1
	团体	157	29.3	50.3	17.8	2.5
	散客	451	53.2	26.4	11.8	8.6
商贸人员	小计	3 553	52.0	32.2	11.1	4.6
	团体	744	53.8	34.3	10.6	1.3
	散客	2 809	51.6	31.6	11.2	5.5
服务员/推销员	小计	509	58.0	31.0	7.3	3.7
	团体	197	48.2	41.6	8.6	1.5
	散客	312	64.1	24.4	6.4	5.1
退休人员	小计	845	31.6	37.3	21.2	9.9
	团体	486	25.7	38.9	25.5	9.9
	散客	359	39.6	35.1	15.3	10.0
家庭妇女	小计	928	37.8	41.2	15.5	5.5
	团体	458	25.8	52.0	19.0	3.3
	散客	470	49.6	30.6	12.1	7.7
军人	小计	56	33.9	33.9	21.4	10.7
	团体	31	32.3	41.9	16.1	9.7
	散客	25	36.0	24.0	28.0	12.0
学生	小计	1 016	31.9	32.2	20.8	15.2
	团体	428	29.0	34.6	27.3	9.1
	散客	588	34.0	30.4	16.0	19.6
其他	小计	869	41.5	34.6	14.2	9.7
	团体	320	33.1	45.6	15.6	5.6
	散客	549	46.4	28.2	13.3	12.0

2-3 2008年入境过夜旅游者停留时间
（按年龄、旅游目的、团体及散客分组）

		调查人数（人）	1~3天（%）	4~7天（%）	8~14天（%）	15天及以上（%）
全国	**总计**	**12 912**	**44.3**	**34.8**	**14.1**	**6.8**
	团体	4 240	33.2	42.9	19.0	4.9
	散客	8 672	49.8	30.8	11.8	7.7
65岁及以上	小计	832	27.5	41.1	20.7	10.7
	团体	512	21.5	45.5	22.5	10.5
	散客	320	37.2	34.1	17.8	10.9
45~64岁	小计	4 366	40.6	37.9	15.4	6.1
	团体	1 453	27.1	45.0	23.0	4.9
	散客	2 913	47.3	34.3	11.7	6.8
25~44岁	小计	6 404	50.3	32.6	11.4	5.6
	团体	1 753	41.4	43.4	12.9	2.3
	散客	4 651	53.7	28.6	10.9	6.9
15~24岁	小计	1 225	38.5	30.9	18.4	12.2
	团体	486	34.8	33.1	24.1	8.0
	散客	739	41.0	29.5	14.6	14.9
14岁及以下	小计	85	35.3	31.8	24.7	8.2
	团体	36	27.8	33.3	36.1	2.8
	散客	49	40.8	30.6	16.3	12.2
观光游览	小计	3 699	30.4	44.4	19.5	5.7
	团体	2 505	24.0	48.9	22.2	4.9
	散客	1 194	44.0	34.8	13.9	7.4
休闲度假	小计	1 791	44.2	34.2	15.2	6.3
	团体	694	33.0	40.8	19.5	6.8
	散客	1 097	51.3	30.1	12.6	6.0
探亲访友	小计	1 583	51.9	28.2	11.9	8.0
	团体	143	45.5	39.2	14.0	1.4
	散客	1 440	52.6	27.1	11.7	8.6
商务	小计	4 220	53.7	28.9	10.9	6.4
	团体	561	69.0	24.6	4.8	1.6
	散客	3 659	51.4	29.6	11.9	7.1
会议	小计	612	51.5	38.4	7.8	2.3
	团体	64	51.6	32.8	15.6	0.0
	散客	548	51.5	39.1	6.9	2.6
宗教朝拜	小计	54	42.6	35.2	13.0	9.3
	团体	21	47.6	23.8	19.0	9.5
	散客	33	39.4	42.4	9.1	9.1
文体交流	小计	295	31.2	40.3	15.9	12.5
	团体	104	25.0	38.5	25.0	11.5
	散客	191	34.6	41.4	11.0	13.1
其他	小计	658	43.5	29.9	11.7	14.9
	团体	148	39.2	35.1	17.6	8.1
	散客	510	44.7	28.4	10.0	16.9

2－4　2008 年外国过夜旅游者停留时间

（按国别分组）

	调查人数（人）	1～3 天		4～7 天		8～14 天		15 天及以上	
		（人）	（%）	（人）	（%）	（人）	（%）	（人）	（%）
日　　本	1 925	912	47.4	762	39.6	173	9.0	78	4.1
菲 律 宾	143	33	23.1	80	55.9	18	12.6	12	8.4
泰　　国	92	44	47.8	34	37.0	6	6.5	8	8.7
新 加 坡	370	98	26.5	168	45.4	76	20.5	28	7.6
印度尼西亚	143	40	28.0	65	45.5	26	18.2	12	8.4
马来西亚	209	61	29.2	88	42.1	49	23.4	11	5.3
韩　　国	2 076	1 043	50.2	788	38.0	126	6.1	119	5.7
朝　　鲜	47	10	21.3	24	51.1	11	23.4	2	4.3
蒙　　古	213	194	91.1	13	6.1	5	2.3	1	0.5
印　　度	150	44	29.3	67	44.7	23	15.3	16	10.7
英　　国	253	66	26.1	83	32.8	64	25.3	40	15.8
法　　国	428	22	5.1	167	39.0	219	51.2	20	4.7
德　　国	140	43	30.7	41	29.3	29	20.7	27	19.3
意 大 利	114	24	21.1	48	42.1	29	25.4	13	11.4
荷　　兰	72	17	23.6	24	33.3	20	27.8	11	15.3
瑞　　典	51	10	19.6	16	31.4	21	41.2	4	7.8
俄 罗 斯	761	459	60.3	196	25.8	90	11.8	16	2.1
瑞　　士	66	22	33.3	17	25.8	17	25.8	10	15.2
美　　国	710	135	19.0	195	27.5	232	32.7	148	20.8
加 拿 大	194	55	28.4	74	38.1	39	20.1	26	13.4
澳大利亚	268	64	23.9	100	37.3	70	26.1	34	12.7
非洲国家	64	8	12.5	32	50.0	14	21.9	10	15.6
南美国家	30	7	23.3	11	36.7	8	26.7	4	13.3
其他国家	619	194	31.3	223	36.0	118	19.1	84	13.6

2-5 2008年入境过夜旅游者平均停留时间

单位:天/人

	平均停留	团 体	散 客
总 平 均	**6.3**	**5.8**	**6.6**
外 国 人	7.0	5.9	7.7
香港同胞	3.6	4.8	3.5
澳门同胞	4.9	5.0	4.9
台湾同胞	6.6	5.8	7.1
男 性	6.4	5.9	6.6
女 性	6.1	5.7	6.4
65岁及以上	7.4	7.1	7.8
45~64岁	6.2	6.1	6.2
25~44岁	5.7	4.9	6.1
15~24岁	8.9	6.5	10.4
14岁及以下	8.5	6.4	10.1
观光游览	6.2	6.1	6.4
休闲度假	5.7	6.2	5.4
探亲访友	6.0	4.7	6.1
商务	6.2	3.7	6.6
会议	4.3	4.3	4.3
宗教朝拜	6.5	6.5	6.4
文体交流	8.0	7.5	8.4
其他	10.8	5.9	12.3
政府工作人员	6.5	6.2	6.8
专业技术人员	6.6	6.7	6.6
职 员	5.2	5.5	5.1
技工/工人	6.5	5.3	6.9
商贸人员	5.4	4.4	5.7
服务员/推销员	4.3	4.4	4.2
退休人员	7.0	7.2	6.8
家庭妇女	5.8	5.4	6.3
军 人	8.0	6.4	10.0
学 生	10.4	7.0	12.9
其 他	7.2	5.8	8.0

2－6　2008年入境过夜旅游者平均停留时间
（按外国人、港澳台胞、团体及散客、性别、年龄分组）

单位：天/人

	平均停留	性别		年龄				
		男	女	14岁及以下	15～24岁	25～44岁	45～64岁	65岁及以上
全国平均	**6.3**	**6.4**	**6.1**	**8.5**	**8.9**	**5.7**	**6.2**	**7.4**
团体	5.8	5.9	5.7	6.4	6.5	4.9	6.1	7.1
散客	6.6	6.6	6.4	10.1	10.4	6.1	6.2	7.8
外国人 小计	7.0	7.1	6.8	6.4	10.3	6.5	6.6	7.4
团体	5.9	5.9	5.8	6.7	6.9	4.9	6.2	7.2
散客	7.7	7.6	7.8	6.1	13.0	7.4	6.8	7.9
香港同胞 小计	3.6	3.5	3.9	9.5	4.7	3.1	3.9	5.8
团体	4.8	4.9	4.7	8.0	5.1	4.4	4.8	6.2
散客	3.5	3.3	3.7	9.7	4.6	3.0	3.8	5.7
澳门同胞 小计	4.9	5.1	4.8	4.0	6.1	4.1	5.2	7.3
团体	5.0	5.0	5.1	2.0	4.7	4.7	5.4	10.7
散客	4.9	5.1	4.6	4.3	6.8	3.9	5.2	5.2
台湾同胞 小计	6.6	7.1	5.9	18.1	6.4	6.2	6.5	9.0
团体	5.8	6.0	5.6	5.8	6.2	5.2	6.2	6.0
散客	7.1	7.6	6.1	49.0	6.5	6.6	6.7	11.8

2-7 2008年入境过夜旅游者平均停留时间

		平均停留	职业				
			政府工作人员	专业技术人员	职员	技工工人	商贸人员
全国	**平均**	**6.3**	**6.5**	**6.6**	**5.2**	**6.5**	**5.4**
	团体	5.8	6.2	6.7	5.5	5.3	4.4
	散客	6.6	6.8	6.6	5.1	6.9	5.7
外国人	小计	7.0	6.7	7.6	6.0	7.8	5.8
	团体	5.9	6.2	6.9	5.6	5.3	4.3
	散客	7.7	7.3	7.9	6.3	9.2	6.3
香港同胞	小计	3.6	3.8	3.4	3.0	3.8	3.3
	团体	4.8	5.2	4.8	4.4	4.7	4.2
	散客	3.5	3.2	3.3	2.9	3.8	3.2
澳门同胞	小计	4.9	4.1	4.5	4.7	3.8	3.7
	团体	5.0	5.3	6.1	6.2	6.0	3.0
	散客	4.9	3.0	3.7	4.1	3.6	3.8
台湾同胞	小计	6.6	9.3	6.3	5.0	5.4	6.8
	团体	5.8	7.4	5.3	5.0	5.8	5.5
	散客	7.1	11.9	6.6	5.1	5.1	7.1

（按外国人、港澳台胞、团体及散客、职业分组）

单位:天/人

服务员推销员	退休人员	家庭妇女	军人	学生	其他
4.3	**7.0**	**5.8**	**8.0**	**10.4**	**7.2**
4.4	7.2	5.4	6.4	7.0	5.8
4.2	6.8	6.3	10.0	12.9	8.0
5.2	7.6	5.9	8.2	11.9	7.6
4.3	7.4	5.3	6.3	7.5	6.0
6.6	8.2	6.7	10.9	15.1	8.6
2.5	3.9	4.6	8.5	5.2	6.3
3.9	5.5	4.8	7.0	5.5	4.3
2.4	3.7	4.5	10.0	5.0	6.6
3.9	5.7	6.7	3.0	6.7	3.9
1.0	7.8	6.9	—	4.2	3.1
4.2	5.0	6.6	3.0	8.3	4.8
5.7	8.5	6.8	5.7	9.0	6.5
5.4	6.4	6.3	8.0	6.1	5.9
5.9	11.3	7.3	4.5	12.9	6.9

2-8 2008年入境过夜旅游者平均停留时间

		平均停留	旅游目的		
			观光游览	休闲度假	探亲访友
全国	**平均**	**6.3**	**6.2**	**5.7**	**6.0**
	团体	5.8	6.1	6.2	4.7
	散客	6.6	6.4	5.4	6.1
外国人	小计	7.0	6.5	6.9	8.0
	团体	5.9	6.3	6.6	4.5
	散客	7.7	7.0	7.2	8.8
香港同胞	小计	3.6	4.3	3.1	3.4
	团体	4.8	5.2	3.9	4.2
	散客	3.5	3.7	3.0	3.4
澳门同胞	小计	4.9	5.8	4.1	7.6
	团体	5.0	5.2	4.8	13.5
	散客	4.9	6.8	3.8	7.4
台湾同胞	小计	6.6	5.9	4.8	8.4
	团体	5.8	5.7	5.5	6.9
	散客	7.1	6.4	4.5	8.5

（按外国人、港澳台胞、团体及散客、旅游目的分组）

单位：天/人

商务	会议	宗教朝拜	文化/体育/科技交流	其他
6.2	**4.3**	**6.5**	**8.0**	**10.8**
3.7	4.3	6.5	7.5	5.9
6.6	4.3	6.4	8.4	12.3
6.7	4.7	6.9	8.9	11.2
3.7	4.4	6.6	7.9	5.8
7.3	4.8	7.1	9.4	12.8
3.5	2.7	3.0	4.2	9.2
3.4	3.3	2.0	5.3	6.3
3.5	2.7	3.3	4.0	9.9
3.6	2.4	—	3.3	2.4
3.5	1.0	—	3.4	5.0
3.6	2.7	—	3.2	1.9
7.7	3.6	5.5	7.0	10.4
5.0	4.0	8.0	8.4	7.4
7.8	3.6	4.3	5.9	12.0

2-9 2008年外国过夜旅游者

	平均停留	职业				
		政府工作人员	专业技术人员	职员	技工工人	商贸人员
日本	5.7	7.1	5.2	6.1	9.5	4.9
菲律宾	7.0	5.2	4.3	7.2	9.2	3.9
泰国	9.7	5.0	4.6	4.5	3.0	4.1
新加坡	6.8	5.6	6.8	5.8	6.3	5.6
印度尼西亚	7.2	5.6	7.4	5.2	13.9	4.9
马来西亚	6.2	4.9	5.9	6.9	5.2	6.1
韩国	6.0	4.6	7.2	5.0	5.0	6.0
朝鲜	6.9	7.2	3.0	4.6	—	5.3
蒙古	2.2	2.4	2.6	2.0	2.0	2.1
印度	7.2	3.8	6.5	4.9	7.3	5.6
英国	10.2	7.6	12.5	7.0	8.2	9.5
法国	8.4	8.1	6.6	7.8	7.1	10.7
德国	10.6	11.2	7.2	5.9	14.1	6.4
意大利	8.1	3.5	6.7	6.8	20.7	6.9
荷兰	8.9	9.7	5.7	7.7	10.0	5.0
瑞典	11.6	37.7	8.5	8.0	3.0	5.7
俄罗斯	4.5	6.5	5.6	5.7	4.3	3.3
瑞士	9.8	9.3	19.5	4.8	10.0	6.2
美国	10.7	8.1	11.9	8.7	11.7	7.4
加拿大	9.3	6.0	10.3	6.3	22.5	5.7
澳大利亚	9.6	8.3	12.8	6.5	11.3	6.9
非洲国家	10.3	7.5	6.4	6.0	—	10.0
南美国家	8.6	—	5.7	14.0	6.5	5.5
其他国家	8.3	9.8	7.4	10.4	5.1	7.9

平均停留时间(按国别、职业分组)

单位：天/人

服务员推销员	退休人员	家庭妇女	军人	学生	其他
4.3	5.0	5.1	5.0	10.8	5.2
8.4	60.0	6.3	5.0	9.5	8.2
2.7	4.4	18.5	—	39.9	3.7
6.5	8.6	9.3	14.0	8.9	7.3
2.5	5.7	6.4	—	17.8	3.9
8.7	8.9	7.4	5.0	6.8	4.6
3.5	4.1	5.1	3.6	10.3	5.3
8.9	7.0	7.8	—	10.7	8.5
1.5	1.7	1.8	1.6	11.0	1.7
4.4	—	5.3	—	15.0	5.6
3.5	13.2	10.0	—	9.2	9.1
6.8	7.6	7.1	8.0	11.6	11.7
20.0	11.3	7.3	8.0	47.8	14.4
—	6.8	11.1	—	11.3	6.8
13.5	—	39.0	—	11.7	11.9
9.0	8.0	—	—	31.3	6.4
3.3	5.7	3.9	4.7	4.8	7.2
16.0	4.3	5.9	—	16.5	5.8
14.3	13.7	8.7	6.5	12.9	13.1
9.0	9.7	5.2	—	16.4	24.2
2.3	13.8	6.2	8.3	17.1	8.2
4.0	15.0	25.0	21.0	14.5	12.5
—	6.0	9.7	—	19.2	—
4.0	8.5	11.4	18.6	11.0	10.6

2-10 2008年外国过夜旅游者平均停留时间
（按国别、旅游目的分组）

单位：天/人

	平均停留	旅游目的							
		观光游览	休闲度假	探亲访友	商务	会议	宗教朝拜	文体交流	其他
日本	5.7	4.7	4.6	7.7	6.3	3.9	3.9	4.4	11.4
菲律宾	7.0	5.8	6.1	10.8	5.3	4.3	—	9.7	8.3
泰国	9.7	4.6	4.7	3.7	14.9	3.2	2.0	7.5	28.3
新加坡	6.8	7.2	6.7	7.7	5.8	5.1	12.3	10.3	8.8
印度尼西亚	7.2	6.5	9.4	6.9	5.6	4.0	3.8	11.0	9.1
马来西亚	6.2	5.8	6.1	8.7	5.9	5.7	—	5.0	6.8
韩国	6.0	4.2	5.2	4.8	7.7	4.8	6.6	6.5	12.2
朝鲜	6.9	6.7	5.6	6.1	4.8	8.0	—	14.7	9.0
蒙古	2.2	4.0	4.4	2.3	1.7	2.0	—	9.7	2.0
印度	7.2	7.5	5.9	7.3	5.8	4.4	6.5	7.0	13.5
英国	10.2	10.3	9.5	7.4	9.8	3.8	—	9.3	44.1
法国	8.4	7.6	10.1	6.3	13.7	4.7	—	11.7	9.5
德国	10.6	9.5	10.0	9.4	7.8	3.6	—	33.8	37.6
意大利	8.1	8.4	8.6	8.4	8.4	3.8	4.0	7.3	5.0
荷兰	8.9	10.6	15.4	9.3	5.4	3.3	—	8.5	10.4
瑞典	11.6	8.3	8.7	1.0	6.1	—	—	10.3	57.3
俄罗斯	4.5	5.5	6.0	3.8	2.9	3.6	12.3	4.7	7.6
瑞士	9.8	10.9	4.9	10.4	14.8	4.4	1.0	11.5	8.8
美国	10.7	11.8	11.3	12.8	8.0	5.8	9.0	12.8	15.4
加拿大	9.3	8.7	6.9	17.0	7.2	6.4	—	30.3	6.4
澳大利亚	9.6	9.0	9.8	10.2	9.5	5.7	10.3	9.3	15.3
非洲国家	10.3	15.9	12.4	13.0	9.0	7.7	14.0	10.3	—
南美国家	8.6	11.5	6.7	—	6.6	3.0	—	20.0	8.0
其他国家	8.3	10.2	8.3	9.3	7.8	8.8	2.5	7.3	6.9

2－11　2008年外国过夜旅游者平均停留时间
（按国别、性别、年龄分组）

单位：天/人

	平均停留	性别		年龄				
		男	女	14岁及以下	15～24岁	25～44岁	45～64岁	65岁及以上
日本	5.7	5.8	5.4	6.4	7.1	5.6	5.9	4.8
菲律宾	7.0	6.4	7.8	—	7.8	6.7	6.0	32.5
泰国	9.7	7.7	12.5	—	26.1	7.1	9.2	8.0
新加坡	6.8	6.7	6.9	15.0	9.3	5.9	7.0	8.3
印度尼西亚	7.2	6.5	8.4	—	12.3	6.4	7.5	5.8
马来西亚	6.2	6.1	6.4	5.0	7.2	6.3	5.9	7.4
韩国	6.0	6.2	5.5	3.0	9.2	6.2	4.8	5.5
朝鲜	6.9	7.4	6.4	—	9.6	6.3	5.9	—
蒙古	2.2	2.3	2.1	1.0	4.3	1.9	2.2	2.3
印度	7.2	7.4	6.4	15.0	13.0	6.3	5.2	3.0
英国	10.2	9.1	12.1	7.0	8.7	10.4	10.3	10.5
法国	8.4	9.5	7.3	7.0	10.2	9.6	7.4	7.4
德国	10.6	10.5	11.0	7.5	10.0	11.4	10.1	8.8
意大利	8.1	7.9	8.6	—	10.9	9.5	6.6	4.3
荷兰	8.9	8.0	11.0	—	13.3	6.9	10.8	—
瑞典	11.6	13.9	6.9	—	33.9	7.5	5.1	11.0
俄罗斯	4.5	5.2	4.1	5.0	4.5	3.9	5.8	5.9
瑞士	9.8	12.4	7.1	—	12.0	10.7	7.9	8.8
美国	10.7	10.0	11.7	11.2	14.3	8.2	10.5	14.3
加拿大	9.3	9.3	9.3	—	18.6	9.6	6.8	10.4
澳大利亚	9.6	9.5	9.8	7.0	15.1	9.0	8.1	12.6
非洲国家	10.3	12.2	6.6	—	16.6	10.0	8.8	15.0
南美国家	8.6	7.6	10.3	—	16.4	6.8	7.3	—
其他国家	8.3	8.6	7.8	4.0	12.4	7.7	7.9	9.6

2－12　2008年入境过夜旅游者在各城市平均停留时间
（按外国人、港澳台胞分组）

单位：天/人

	平均停留	外国人	香港同胞	澳门同胞	台湾同胞
北　京	3.7	3.8	3.0	3.0	3.8
天　津	3.7	4.2	2.0	3.4	2.0
石家庄	1.8	1.8	2.0	1.7	1.2
唐　山	2.7	2.7	3.3	3.3	2.0
秦皇岛	2.1	2.1	1.6	1.7	2.3
保　定	1.3	1.3	1.0	1.3	1.0
承　德	1.8	1.8	1.5	1.0	1.0
廊　坊	2.3	2.3	2.4	2.2	2.8
太　原	2.8	2.6	3.8	2.8	2.4
大　同	1.7	1.7	1.5	1.6	1.7
长　治	2.0	2.0	1.0	3.0	1.5
晋　城	6.2	6.3	4.0	—	—
朔　州	2.4	2.4	2.0	3.0	2.7
晋　中	1.6	1.6	2.0	1.8	1.5
运　城	2.3	1.9	3.0	2.4	2.7
忻　州	2.5	2.6	2.9	2.0	1.8
临　汾	1.2	1.4	1.0	1.0	1.0
吕　梁	1.7	1.5	—	—	2.0
呼和浩特	3.7	3.7	3.6	4.0	3.8
满洲里	3.0	3.0	—	—	—
二连浩特	1.6	1.6	—	—	—
包　头	2.8	2.8	2.6	4.0	2.6
沈　阳	3.7	3.9	3.8	1.9	2.2
大　连	4.1	4.2	3.5	2.9	3.3
长　春	3.3	3.3	3.3	2.0	3.0
吉　林	2.0	2.0	2.1	2.0	2.0
延　吉	1.3	1.3	—	—	—

2－12(续1)

单位：天/人

	平均停留	外国人	香港同胞	澳门同胞	台湾同胞
哈尔滨	3.0	3.0	3.0	1.7	2.4
齐齐哈尔	1.7	1.7	—	1.0	—
大庆	1.8	1.8	1.0	1.0	1.5
佳木斯	2.2	2.2	1.3	—	2.0
牡丹江	2.4	2.5	1.3	2.0	2.0
上海	3.1	3.1	2.8	2.5	3.0
南京	1.9	2.2	1.3	1.9	1.5
无锡	1.6	1.7	1.4	1.4	1.2
苏州	3.7	3.8	2.3	2.0	4.1
南通	2.3	2.1	2.8	2.6	2.9
扬州	2.0	2.1	1.9	1.3	1.9
杭州	2.2	2.3	2.3	2.0	1.9
宁波	2.3	2.4	2.2	2.4	2.0
温州	2.5	2.6	1.9	2.7	1.9
绍兴	2.1	2.3	1.5	1.5	1.7
金华	2.4	2.6	2.0	1.4	2.3
合肥	3.0	3.0	1.9	—	5.0
芜湖	2.5	2.6	1.3	2.3	1.5
铜陵	2.4	2.5	1.9	1.5	3.0
安庆	3.8	4.1	2.8	1.0	2.3
黄山	2.0	2.0	1.5	2.3	2.3
池州	1.2	1.2	1.1	1.2	1.1
福州	3.2	3.3	4.0	1.8	2.6
厦门	3.7	4.3	2.5	1.8	2.2
泉州	4.3	4.5	3.5	4.0	5.6
漳州	3.2	3.9	2.4	1.8	1.9
武夷山	2.3	2.1	3.2	—	2.0
南昌	3.3	3.7	2.5	3.7	2.8
景德镇	1.7	1.8	1.7	1.8	1.6
九江	2.3	2.2	3.3	—	4.0
鹰潭	2.5	2.9	1.4	2.0	1.6
赣州	2.3	2.5	1.9	2.5	2.3
吉安	2.8	3.3	2.3	2.1	2.1

2－12(续2)　　单位：天/人

	平均停留	外国人	香港同胞	澳门同胞	台湾同胞
济　　南	2.5	2.5	2.4	2.1	2.4
青　　岛	3.0	3.0	3.1	3.6	3.0
烟　　台	4.9	5.1	3.9	7.0	3.3
曲　　阜	1.9	1.9	1.5	1.5	2.6
泰　　安	3.1	2.9	2.0	11.0	2.0
威　　海	2.7	2.7	3.0	—	2.5
郑　　州	4.4	4.4	4.3	4.6	4.3
开　　封	1.2	1.1	1.7	1.0	1.0
洛　　阳	1.6	1.5	1.8	2.7	2.3
三 门 峡	1.6	1.6	1.7	2.2	1.0
武　　汉	2.2	2.1	2.4	2.1	2.3
十　　堰	1.8	1.8	1.9	1.4	1.8
宜　　昌	1.4	1.4	1.5	2.0	1.6
襄　　樊	1.9	2.1	2.0	1.8	1.4
荆　　州	1.3	1.3	1.3	1.4	1.3
湖北游船	2.0	2.1	1.5	2.3	1.9
长　　沙	2.6	2.6	2.6	2.0	2.1
湘　　潭	2.3	2.3	2.3	2.1	2.8
衡　　阳	2.4	2.4	1.9	2.7	2.0
岳　　阳	2.1	2.1	2.2	2.1	2.3
张 家 界	2.7	2.7	3.1	2.4	3.3
广　　州	3.9	4.4	2.5	2.2	3.0
深　　圳	2.9	3.3	2.0	3.0	3.1
珠　　海	2.9	3.1	2.5	2.5	3.2
汕　　头	3.3	3.7	2.2	2.5	1.9
佛　　山	4.5	5.4	2.5	2.4	4.8
江　　门	4.7	5.8	2.3	1.9	3.2
肇　　庆	2.7	3.1	2.4	2.4	2.4
惠　　州	6.0	8.4	2.1	2.1	2.9
东　　莞	2.3	2.3	1.7	1.8	2.8
中　　山	3.2	3.8	2.1	2.3	2.6
南　　宁	2.5	2.8	2.0	1.8	2.2
桂　　林	2.2	2.2	2.2	2.1	2.5
梧　　州	1.5	1.6	1.4	1.2	1.3
北　　海	2.4	2.5	1.8	3.0	2.3
玉　　林	1.7	1.8	1.4	1.8	1.9

2－12(续3)

单位：天/人

	平均停留	外国人	香港同胞	澳门同胞	台湾同胞
百　　色	1.6	1.6	1.8	1.7	1.5
凭　　祥	1.4	1.3	1.7	1.3	1.4
海　　口	2.0	2.0	1.9	2.8	2.9
三　　亚	5.8	6.4	3.0	4.4	4.3
重　　庆	2.5	2.4	2.9	3.2	2.5
重庆游船	3.5	3.5	4.0	4.0	3.3
成　　都	2.6	2.7	2.3	2.6	2.4
绵　　阳	1.6	1.7	1.3	1.0	1.4
乐　　山	1.4	1.4	1.3	1.5	1.3
贵　　阳	2.4	2.4	2.2	2.6	3.3
安　　顺	1.0	1.0	1.0	1.0	1.0
黔 东 南	1.7	1.7	1.8	2.1	1.8
昆　　明	2.8	2.8	2.7	3.4	3.0
景　　洪	2.9	2.8	3.0	2.0	3.0
瑞　　丽	2.6	2.6	2.0	1.0	—
拉　　萨	7.3	7.5	6.7	6.4	7.6
西　　安	2.4	2.5	2.0	2.6	2.2
咸　　阳	2.7	2.6	2.3	7.0	2.0
兰　　州	2.0	2.0	2.2	2.1	1.7
敦　　煌	1.6	1.6	1.5	2.0	2.0
西　　宁	2.2	2.4	1.9	2.0	1.5
格 尔 木	1.5	1.5	—	—	—
银　　川	2.4	2.5	2.2	3.0	1.7
乌鲁木齐	4.1	4.1	4.6	5.0	3.7
吐 鲁 番	4.5	4.6	4.3	5.0	4.1
库 尔 勒	3.6	3.6	3.8	3.0	3.0
喀　　什	2.8	2.9	2.5	2.5	2.4
伊　　宁	3.7	3.8	2.5	—	3.0

2－13　2008 年入境过夜旅游者在各城市平均停留时间
（按性别、年龄分组）

单位：天/人

	平　均停　留	性　　别		年　　龄				
		男	女	14 岁及以下	15～24岁	25～44岁	45～64岁	65 岁及以上
北　　京	3.7	3.8	3.7	3.5	3.5	3.6	4.0	3.7
天　　津	3.7	4.1	3.2	6.0	4.1	4.1	3.0	3.5
石 家 庄	1.8	1.8	1.9	—	1.9	1.8	1.9	1.3
唐　　山	2.7	3.1	2.3	—	1.4	2.8	2.9	2.2
秦 皇 岛	2.1	2.0	2.2	1.8	2.3	2.1	1.9	5.0
保　　定	1.3	1.3	1.2	2.0	1.2	1.2	1.4	1.4
承　　德	1.8	1.7	1.8	—	1.7	1.7	1.9	1.5
廊　　坊	2.3	2.3	2.3	—	3.3	2.2	2.2	—
太　　原	2.8	3.1	2.4	—	2.4	3.1	2.4	5.3
大　　同	1.7	1.6	1.7	—	1.3	1.8	1.6	1.1
长　　治	2.0	2.2	1.8	—	5.0	1.9	2.0	—
晋　　城	6.2	6.5	3.7	—	27.0	1.9	6.9	—
朔　　州	2.4	2.8	1.8	—	3.5	2.1	2.1	3.7
晋　　中	1.6	1.5	1.7	2.0	1.6	1.5	1.7	2.2
运　　城	2.3	2.0	2.7	—	1.6	2.6	2.7	1.5
忻　　州	2.5	2.5	2.5	—	2.2	2.3	2.3	3.9
临　　汾	1.2	1.2	1.3	—	1.0	1.9	1.0	1.0
吕　　梁	1.7	1.7	—	—	—	—	1.5	2.0
呼和浩特	3.7	3.6	3.7	—	4.3	3.5	3.8	3.3
满 洲 里	3.0	2.3	3.0	2.0	—	3.0	2.5	—
二连浩特	1.6	1.6	1.5	—	1.3	1.6	1.6	—
包　　头	2.8	3.0	2.3	—	2.7	3.3	2.7	1.9
沈　　阳	3.7	3.5	4.1	—	7.1	3.7	3.0	1.3
大　　连	4.1	4.3	3.7	3.0	3.3	3.9	4.6	3.7
长　　春	3.3	3.8	2.5	—	2.2	3.5	3.4	2.8
吉　　林	2.0	2.1	1.9	—	2.0	2.1	1.9	1.5
延　　吉	1.3	1.2	1.4	—	1.4	1.3	1.3	—

2－13(续1)　　单位：天/人

	平均停留	性别		年龄				
		男	女	14岁及以下	15～24岁	25～44岁	45～64岁	65岁及以上
哈尔滨	3.0	2.8	3.2	5.0	3.6	2.9	2.9	2.3
齐齐哈尔	1.7	1.7	1.5	1.0	1.5	1.6	1.8	1.5
大庆	1.8	1.7	2.0	2.0	2.0	1.9	1.5	1.7
佳木斯	2.2	2.3	2.1	6.3	1.9	1.8	2.2	2.2
牡丹江	2.4	2.3	2.5	2.1	2.6	2.4	2.4	1.7
上海	3.1	3.2	3.0	3.2	2.9	3.1	3.2	3.1
南京	1.9	2.0	1.7	1.5	1.4	2.2	1.7	1.4
无锡	1.6	1.6	1.5	—	1.4	1.7	1.4	1.1
苏州	3.7	4.2	2.5	1.0	3.8	3.8	3.9	2.2
南通	2.3	2.3	2.2	—	1.6	2.4	2.1	2.0
扬州	2.0	2.1	1.8	—	2.4	2.1	1.8	1.4
杭州	2.2	2.3	2.2	3.0	1.9	2.3	2.2	2.1
宁波	2.3	2.5	2.1	—	2.5	2.2	2.5	2.3
温州	2.5	2.7	2.1	—	2.6	2.5	2.3	3.0
绍兴	2.1	2.2	2.0	4.0	1.7	2.1	2.1	2.3
金华	2.4	2.7	1.9	3.0	2.6	2.7	1.9	2.0
合肥	3.0	2.9	3.3	1.0	4.3	2.9	2.9	2.6
芜湖	2.5	2.8	2.3	4.0	1.0	3.1	2.4	1.9
铜陵	2.4	2.6	1.9	—	3.3	3.5	1.5	1.0
安庆	3.8	4.2	2.5	—	2.7	3.9	4.1	1.5
黄山	2.0	2.0	2.0	2.0	1.8	2.0	2.0	2.1
池州	1.2	1.2	1.1	—	1.0	1.3	1.1	1.0
福州	3.2	3.1	3.4	21.0	3.9	3.2	2.8	3.5
厦门	3.7	3.5	4.0	1.0	11.0	2.6	2.7	2.6
泉州	4.3	4.5	4.0	6.0	4.5	3.8	4.6	9.2
漳州	3.2	3.7	2.1	—	3.0	2.9	3.8	1.2
武夷山	2.3	2.3	2.4	—	2.3	2.4	2.3	2.1
南昌	3.3	3.3	3.4	—	3.1	3.4	3.3	1.0
景德镇	1.7	1.7	1.8	2.0	1.6	1.8	1.7	1.6
九江	2.3	2.7	1.8	—	1.7	2.3	2.2	2.6
鹰潭	2.5	2.9	1.7	1.0	1.5	2.0	3.9	1.5
赣州	2.3	2.6	2.0	1.0	2.9	2.1	2.6	2.8
吉安	2.8	2.6	2.9	5.0	3.5	2.7	2.4	3.0

2－13(续2) 单位：天/人

	平均停留	性别		年龄				
		男	女	14岁及以下	15～24岁	25～44岁	45～64岁	65岁及以上
济南	2.5	2.4	2.5	1.0	2.7	2.4	2.4	2.7
青岛	3.0	2.9	3.1	2.3	3.2	2.8	3.0	3.7
烟台	4.9	5.7	3.3	1.0	4.7	5.0	4.9	4.0
曲阜	1.9	2.0	1.8	1.0	1.5	2.1	2.2	1.5
泰安	3.1	2.8	3.4	1.0	3.8	3.1	2.8	2.5
威海	2.7	2.7	2.6	2.0	2.3	3.0	2.3	2.4
郑州	4.4	4.3	4.5	5.0	3.7	4.4	4.4	4.8
开封	1.2	1.2	1.1	1.0	1.2	1.2	1.2	1.1
洛阳	1.6	1.6	1.5	—	1.5	1.5	1.6	1.5
三门峡	1.6	2.2	1.4	—	2.2	1.7	1.4	2.7
武汉	2.2	2.2	2.3	1.4	2.2	2.3	2.3	1.9
十堰	1.8	1.7	1.8	—	1.9	1.8	1.7	1.5
宜昌	1.4	1.4	1.4	—	1.6	1.4	1.4	1.3
襄樊	1.9	1.9	1.8	—	1.4	2.0	1.9	1.3
荆州	1.3	1.2	1.4	—	1.4	1.2	1.3	1.2
湖北游船	2.0	2.3	1.8	1.0	1.7	1.8	2.5	2.0
长沙	2.6	2.4	2.9	—	2.6	2.7	2.5	3.1
湘潭	2.3	2.1	2.6	2.1	1.9	2.7	2.3	3.0
衡阳	2.4	2.3	2.5	2.0	2.6	2.2	2.5	3.0
岳阳	2.1	2.1	2.1	—	—	2.1	2.2	—
张家界	2.7	2.6	2.7	3.5	2.7	2.7	2.7	2.6
广州	3.9	4.3	3.4	2.0	3.6	4.0	4.0	3.8
深圳	2.9	2.9	2.8	2.0	4.0	2.8	2.8	3.2
珠海	2.9	2.9	2.8	3.2	2.9	2.7	3.0	2.9
汕头	3.3	3.4	3.1	1.3	3.7	3.6	3.3	3.1
佛山	4.5	5.3	3.3	6.3	3.2	4.4	5.2	3.9
江门	4.7	5.3	3.6	1.0	3.7	4.0	5.4	5.6
肇庆	2.7	2.7	2.6	—	2.7	2.7	2.8	2.6
惠州	6.0	7.5	3.6	—	3.9	6.9	6.3	1.8
东莞	2.3	2.5	2.0	1.5	2.0	2.3	2.3	3.0
中山	3.2	3.4	2.8	—	3.0	2.9	3.4	5.6
南宁	2.5	2.7	2.3	—	2.1	2.4	2.6	3.9
桂林	2.2	2.1	2.3	3.5	2.3	2.2	2.1	2.2
梧州	1.5	1.6	1.2	—	1.1	1.8	1.2	1.4
北海	2.4	2.5	1.8	—	—	2.5	2.5	1.6
玉林	1.7	1.7	1.7	1.5	1.9	1.5	1.8	3.0

2－13(续3)

单位：天/人

	平均停留	性别		年龄				
		男	女	14岁及以下	15～24岁	25～44岁	45～64岁	65岁及以上
百色	1.6	1.6	1.6	1.0	2.0	1.6	1.4	1.5
凭祥	1.4	1.5	1.1	—	—	1.3	1.4	1.7
海口	2.0	2.1	2.0	1.0	2.5	2.0	2.0	2.2
三亚	5.8	5.7	5.9	5.8	6.0	5.4	6.5	6.6
重庆	2.5	2.5	2.5	1.7	2.4	2.5	2.4	2.8
重庆游船	3.5	3.5	3.5	—	3.0	3.6	3.4	3.6
成都	2.6	2.8	2.4	2.8	2.1	2.6	2.6	4.0
绵阳	1.6	1.7	1.2	—	1.3	1.7	1.4	1.7
乐山	1.4	1.4	1.3	1.0	1.2	1.3	1.5	1.3
贵阳	2.4	2.4	2.5	2.2	2.6	2.5	2.3	2.4
安顺	1.0	1.0	1.0	—	1.0	1.0	1.0	1.0
黔东南	1.7	1.8	1.7	—	1.5	1.9	1.7	1.9
昆明	2.8	2.9	2.6	4.5	2.8	2.7	3.0	2.6
景洪	2.9	2.9	2.9	—	3.7	2.8	2.8	2.7
瑞丽	2.6	2.6	2.6	—	2.0	2.8	2.8	2.2
拉萨	7.3	7.1	7.6	9.0	8.1	7.1	7.4	7.0
西安	2.4	2.5	2.4	2.0	2.3	2.5	2.5	2.3
咸阳	2.7	2.7	2.8	—	2.3	3.0	2.5	2.3
兰州	2.0	2.1	1.8	1.0	1.4	2.1	1.9	2.1
敦煌	1.6	1.6	1.6	—	1.6	1.6	1.5	1.7
西宁	2.2	2.3	2.1	3.0	2.1	2.2	2.2	2.4
格尔木	1.5	1.5	1.5	—	2.0	1.4	1.7	1.5
银川	2.4	2.3	2.8	1.5	1.7	2.4	2.4	2.6
乌鲁木齐	4.1	4.1	4.1	—	4.2	4.1	3.6	—
吐鲁番	4.5	4.6	4.3	—	3.8	4.7	3.8	—
库尔勒	3.6	3.5	3.7	—	3.9	3.5	3.9	—
喀什	2.8	3.0	2.7	—	2.5	3.2	2.8	2.4
伊宁	3.7	3.7	3.9	—	5.0	3.5	3.8	—

2－14 2008年入境过夜旅游者在各城市

	平均停留	职业				
		政府工作人员	专业技术人员	职员	技工工人	商贸人员
北京	3.7	3.6	4.2	3.3	4.0	4.1
天津	3.7	3.6	4.9	4.6	2.8	3.0
石家庄	1.8	1.7	1.6	2.0	1.4	2.0
唐山	2.7	3.5	3.1	1.4	1.5	3.0
秦皇岛	2.1	1.5	2.1	2.0	2.0	2.2
保定	1.3	2.0	1.7	1.0	1.4	1.3
承德	1.8	1.7	1.8	1.9	1.9	1.7
廊坊	2.3	2.6	2.0	2.7	2.0	1.8
太原	2.8	3.8	2.5	2.3	2.5	3.0
大同	1.7	1.7	1.9	1.8	1.5	1.8
长治	2.0	—	2.0	3.0	—	1.6
晋城	6.2	—	6.7	2.0	1.5	8.9
朔州	2.4	2.0	2.2	2.5	3.5	2.5
晋中	1.6	1.5	1.5	1.4	1.7	1.8
运城	2.3	3.3	2.7	1.6	1.5	2.0
忻州	2.5	3.3	3.3	2.5	2.3	2.1
临汾	1.2	1.0	1.3	1.0	2.3	—
吕梁	1.7	—	—	—	—	2.0
呼和浩特	3.7	3.3	3.8	3.7	3.5	3.8
满洲里	3.0	—	—	—	2.0	3.0
二连浩特	1.6	1.0	1.0	2.0	1.5	1.5
包头	2.8	2.4	3.9	3.4	2.5	3.4
沈阳	3.7	2.3	6.3	4.6	6.5	2.8
大连	4.1	4.7	3.7	4.3	4.1	4.3
长春	3.3	2.5	6.7	2.4	1.6	3.6
吉林	2.0	1.8	2.4	2.1	—	1.7
延吉	1.3	1.3	1.3	1.2	1.0	1.4

平均停留时间（按职业分组）

单位：天/人

服务员推销员	退休人员	家庭妇女	军人	学生	其他
2.9	3.6	3.5	4.7	3.4	3.8
5.8	3.0	2.8	3.5	3.2	2.1
2.5	1.8	1.8	2.5	1.9	1.7
5.0	1.3	2.6	—	2.5	4.7
4.5	2.0	1.5	2.5	2.1	2.7
1.0	1.5	1.3	1.0	1.4	—
1.7	2.0	2.0	1.0	1.6	1.0
3.0	1.5	2.3	2.0	2.6	3.0
2.0	3.6	1.5	—	2.3	2.8
1.8	1.3	1.4	—	1.3	1.2
—	—	2.0	—	—	1.8
—	—	2.0	—	—	—
—	2.0	2.0	—	3.5	—
2.0	2.2	2.0	2.0	1.5	1.8
2.5	1.6	4.0	3.0	1.5	3.0
1.0	3.1	1.3	—	1.4	2.0
—	1.0	—	—	—	4.0
—	1.0	—	—	—	2.0
3.0	3.4	3.3	3.5	3.8	3.9
—	—	—	—	—	—
—	2.5	1.5	—	—	1.6
1.0	2.6	3.0	1.0	3.0	1.7
2.5	1.4	2.0	—	10.3	2.2
3.8	3.6	3.7	2.0	3.5	4.3
2.0	2.5	3.0	1.0	2.3	3.1
—	2.0	1.0	—	2.3	1.7
—	1.3	1.1	1.0	1.5	1.4

2－14(续1)

	平均停留	职业				
		政府工作人员	专业技术人员	职员	技工工人	商贸人员
哈尔滨	3.0	4.8	2.7	2.5	2.3	2.2
齐齐哈尔	1.7	1.5	1.8	1.6	1.7	1.5
大庆	1.8	1.8	1.4	1.5	1.6	2.2
佳木斯	2.2	2.3	2.1	1.9	1.6	1.9
牡丹江	2.4	2.5	3.2	1.9	2.6	2.3
上海	3.1	2.6	3.2	3.0	3.1	3.3
南京	1.9	1.4	2.3	1.6	3.3	2.0
无锡	1.6	1.2	2.2	1.7	2.8	1.4
苏州	3.7	1.9	5.4	2.3	4.4	3.9
南通	2.3	2.0	2.2	2.1	2.3	2.7
扬州	2.0	1.5	2.1	2.2	4.5	1.8
杭州	2.2	1.9	2.5	2.3	2.3	2.3
宁波	2.3	1.5	2.8	2.3	3.4	2.3
温州	2.5	4.0	2.1	1.9	2.0	2.6
绍兴	2.1	—	2.2	1.8	3.0	2.1
金华	2.4	2.5	1.8	2.2	2.0	2.8
合肥	3.0	2.9	3.2	3.7	1.9	2.9
芜湖	2.5	1.6	2.8	2.8	2.6	2.4
铜陵	2.4	7.3	5.1	1.6	1.3	1.5
安庆	3.8	5.8	4.7	1.9	34.0	1.4
黄山	2.0	2.7	1.9	2.0	2.3	1.9
池州	1.2	1.6	1.2	1.1	1.0	1.5
福州	3.2	3.2	3.3	2.5	2.7	4.7
厦门	3.7	2.9	3.5	2.2	3.8	2.8
泉州	4.3	2.6	6.4	4.3	1.3	3.7
漳州	3.2	2.2	3.6	3.3	—	3.6
武夷山	2.3	2.1	2.5	2.4	2.0	2.1
南昌	3.3	4.8	3.5	2.9	7.3	2.8
景德镇	1.7	2.2	1.8	1.7	1.1	1.7
九江	2.3	3.6	1.2	1.6	4.0	2.3
鹰潭	2.5	2.3	3.7	1.4	5.3	2.3
赣州	2.3	2.6	3.1	2.1	1.3	2.3
吉安	2.8	2.6	2.2	2.3	5.6	2.2

单位：天/人

服务员推销员	退休人员	家庭妇女	军人	学生	其他
3.2	3.9	4.1	1.0	3.7	2.5
1.0	1.4	2.0	—	1.6	2.6
1.5	2.2	—	—	2.6	1.7
2.1	2.3	1.0	—	3.4	1.4
2.8	2.3	2.8	5.0	2.4	2.4
2.3	2.8	2.7	2.6	3.0	4.0
1.2	1.3	2.5	—	1.7	1.8
1.0	1.0	1.1	—	1.1	1.0
—	1.9	2.0	—	1.9	3.1
2.2	2.0	1.0	2.0	1.5	2.0
2.7	1.1	2.0	1.0	1.1	2.0
1.9	1.9	2.1	2.5	1.6	2.2
2.6	2.0	1.6	—	1.6	1.7
4.7	1.5	3.0	—	1.0	1.4
1.8	—	1.7	—	1.0	1.0
4.5	2.0	2.0	—	1.0	1.7
1.0	2.5	4.8	1.5	2.6	1.6
3.8	1.0	3.0	—	—	1.0
1.2	1.0	5.5	—	2.0	—
1.8	1.0	7.0	—	2.0	2.5
2.3	2.1	1.8	—	1.6	2.0
1.0	1.0	1.0	—	1.0	—
2.3	3.1	2.1	3.0	4.0	2.4
17.0	2.3	2.9	—	8.3	7.7
2.7	13.3	4.4	3.0	4.5	3.4
3.0	1.0	1.7	—	—	3.7
—	2.2	2.4	—	3.0	2.5
2.4	2.2	3.4	—	3.5	4.3
1.0	1.9	1.8	—	1.9	1.6
7.5	3.1	4.0	—	3.7	3.0
2.3	2.3	1.6	—	2.0	1.4
1.0	2.5	1.9	—	2.5	1.8
2.5	2.7	4.1	4.5	3.2	4.8

2－14(续2)

	平均停留	职业				
		政府工作人员	专业技术人员	职员	技工工人	商贸人员
济南	2.5	3.1	2.3	2.4	2.3	2.2
青岛	3.0	3.0	2.6	2.9	3.0	2.7
烟台	4.9	3.6	7.6	3.9	7.4	4.5
曲阜	1.9	3.5	2.0	2.4	2.0	1.7
泰安	3.1	3.1	2.6	3.0	—	3.4
威海	2.7	3.4	2.8	2.7	1.9	2.8
郑州	4.4	3.6	3.7	4.5	4.4	5.1
开封	1.2	1.0	1.3	1.3	1.3	1.4
洛阳	1.6	1.9	1.7	1.3	1.9	2.3
三门峡	1.6	2.0	2.2	2.0	1.5	1.2
武汉	2.2	2.0	2.0	2.2	2.5	2.4
十堰	1.8	1.9	2.0	1.6	2.0	1.9
宜昌	1.4	1.8	1.3	1.4	1.7	1.5
襄樊	1.9	2.0	2.2	1.9	1.2	1.7
荆州	1.3	1.7	1.3	1.2	1.0	1.2
湖北游船	2.0	3.3	2.7	1.5	1.8	2.1
长沙	2.6	2.7	2.4	2.9	2.3	2.6
湘潭	2.3	1.0	3.8	1.7	3.0	2.2
衡阳	2.4	2.1	3.2	2.2	2.3	2.1
岳阳	2.1	2.0	2.0	2.1	1.8	2.2
张家界	2.7	2.6	2.9	2.6	2.8	2.8
广州	3.9	3.0	3.6	2.8	3.7	5.0
深圳	2.9	3.4	2.8	2.9	2.6	2.9
珠海	2.9	3.0	2.7	2.7	2.6	2.7
汕头	3.3	1.7	3.9	2.8	11.5	2.6
佛山	4.5	2.7	6.3	3.0	5.6	5.7
江门	4.7	2.8	4.5	3.1	8.9	7.1
肇庆	2.7	2.7	2.2	2.8	2.8	2.7
惠州	6.0	2.9	8.2	6.2	17.3	4.4
东莞	2.3	2.3	2.7	2.1	2.0	2.3
中山	3.2	2.3	2.8	3.0	3.3	3.6
南宁	2.5	2.1	2.6	2.3	3.1	2.5
桂林	2.2	2.5	2.3	2.0	1.9	2.1
梧州	1.5	1.0	2.0	1.3	1.3	2.3
北海	2.4	1.8	3.2	2.1	2.0	2.6

单位：天/人

服务员推销员	退休人员	家庭妇女	军人	学生	其他
3.2	3.1	2.2	3.0	2.3	2.6
3.7	4.1	3.3	3.3	3.0	2.9
2.0	3.7	3.4	2.5	3.9	3.4
2.0	2.0	1.0	—	1.0	—
—	4.2	3.0	3.0	2.3	2.0
1.3	2.4	2.5	1.5	2.5	3.2
6.2	4.9	5.0	4.0	7.0	7.0
1.0	1.1	1.0	1.0	1.0	1.0
2.0	1.5	1.0	—	1.4	1.8
1.0	1.0	2.4	1.0	1.0	1.1
2.4	2.0	2.4	1.8	2.2	2.4
2.0	1.3	1.7	1.0	1.4	1.9
1.3	1.1	1.3	—	1.6	1.2
1.5	2.0	1.4	1.7	2.0	1.3
1.2	1.4	1.6	—	1.3	1.3
—	1.9	2.0	2.5	1.6	2.0
2.6	3.1	2.0	3.0	—	—
1.7	3.0	3.0	—	2.2	2.6
2.6	1.9	2.6	1.5	2.5	2.1
2.0	2.3	2.0	—	—	—
2.8	2.5	2.5	3.0	—	—
2.9	3.4	3.5	2.4	3.5	2.9
2.4	3.2	2.7	3.6	3.8	2.7
2.1	3.5	3.4	5.0	2.8	3.5
5.0	2.9	3.6	—	4.0	2.7
2.7	2.3	3.1	2.0	2.3	3.4
3.4	2.9	4.1	2.5	4.9	2.7
2.6	2.6	—	—	—	—
2.8	2.6	2.0	—	1.5	3.0
3.8	2.4	2.9	—	1.3	2.3
1.9	4.2	3.3	—	3.5	2.4
2.7	3.4	2.1	—	2.0	2.8
2.6	1.9	2.4	2.2	2.3	2.3
1.0	1.4	1.0	—	1.2	1.0
2.0	1.5	—	—	—	2.6

2－14(续3)

	平均停留	职业				
		政府工作人员	专业技术人员	职员	技工工人	商贸人员
玉林	1.7	2.4	1.9	1.2	1.9	1.4
百色	1.6	1.4	1.5	1.6	1.0	1.4
凭祥	1.4	1.0	1.3	1.3	1.0	1.4
海口	2.0	2.8	2.1	1.8	1.5	2.0
三亚	5.8	5.6	5.1	5.0	7.3	6.2
重庆	2.5	3.3	2.1	2.3	3.4	2.8
重庆游船	3.5	4.0	3.4	3.4	3.8	3.6
成都	2.6	2.4	2.7	2.5	2.0	2.9
绵阳	1.6	1.3	1.8	1.2	1.1	1.7
乐山	1.4	1.3	1.5	1.2	2.1	1.8
贵阳	2.4	3.0	2.7	2.4	3.6	2.4
安顺	1.0	1.0	1.0	1.0	1.0	1.0
黔东南	1.7	1.6	1.8	1.8	2.0	2.0
昆明	2.8	2.3	3.2	2.6	2.7	3.0
景洪	2.9	2.7	2.5	3.0	—	2.5
瑞丽	2.6	2.0	2.0	2.8	3.0	2.0
拉萨	7.3	7.3	7.4	6.7	7.1	7.7
西安	2.4	2.4	2.7	2.3	2.6	2.5
咸阳	2.7	1.7	2.6	3.9	3.0	1.9
兰州	2.0	1.7	2.6	2.3	2.2	2.4
敦煌	1.6	1.5	1.7	1.3	1.7	2.1
西宁	2.2	2.3	2.3	2.3	3.4	1.8
格尔木	1.5	1.7	1.4	1.3	1.4	2.0
银川	2.4	3.2	2.4	2.1	2.0	2.5
乌鲁木齐	4.1	—	3.8	4.2	4.1	—
吐鲁番	4.5	—	4.4	4.6	4.4	5.0
库尔勒	3.6	—	3.4	3.7	3.5	3.5
喀什	2.8	2.4	2.7	3.4	2.4	2.1
伊宁	3.7	—	3.6	3.7	3.5	—

单位：天/人

服务员推销员	退休人员	家庭妇女	军人	学生	其他
1.5	2.1	2.6	2.0	2.0	2.2
1.2	1.3	2.0	—	2.1	1.8
2.0	1.6	1.0	—	—	1.6
1.1	2.6	2.1	3.0	2.3	2.6
4.3	7.0	5.8	10.4	5.9	7.1
2.2	2.3	2.9	2.2	2.3	2.3
4.0	3.5	3.5	3.5	3.0	3.3
1.5	3.2	2.1	1.5	2.4	3.0
—	1.4	1.0	1.0	1.0	1.3
1.2	1.3	1.1	1.2	—	—
2.1	2.4	2.2	5.0	2.3	2.1
—	1.0	—	1.0	—	1.0
2.0	1.8	1.5	1.0	1.6	1.7
2.1	3.1	2.5	1.8	2.4	3.0
3.0	3.2	3.5	3.0	2.0	3.1
2.0	2.8	2.0	—	2.0	2.0
7.2	6.3	8.4	6.0	9.2	11.0
2.2	2.2	2.3	3.0	2.1	2.7
—	2.6	2.5	—	3.0	1.5
1.6	1.6	1.7	2.0	1.3	2.2
1.5	1.6	1.4	2.0	1.3	1.6
2.0	2.5	1.8	—	2.5	2.0
1.5	2.0	1.8	—	2.0	1.5
4.5	1.9	2.0	2.0	—	2.3
4.0	—	—	—	4.4	—
5.0	—	4.7	—	4.0	4.6
—	—	—	—	4.3	—
4.0	3.2	3.2	—	2.4	2.7
—	—	—	—	5.0	—

2－15　2008年入境过夜旅游者在各城市平均停留时间
（按旅游目的分组）

单位：天/人

	平均停留	旅游目的							
		观光游览	休闲度假	探亲访友	商务	会议	宗教朝拜	文体交流	其他
北　京	3.7	3.6	3.9	3.5	4.2	3.0	3.0	3.2	3.5
天　津	3.7	2.4	4.1	2.9	4.7	2.4	3.2	3.3	3.6
石家庄	1.8	2.0	1.8	1.4	1.9	1.8	1.5	2.0	1.6
唐　山	2.7	2.3	1.8	1.5	2.9	1.4	—	8.5	4.0
秦皇岛	2.1	2.3	2.1	1.9	2.1	1.6	3.5	1.5	3.5
保　定	1.3	1.1	1.6	1.6	1.0	1.5	—	1.8	1.0
承　德	1.8	1.7	1.7	2.0	2.0	1.8	2.0	1.9	1.0
廊　坊	2.3	2.3	2.5	4.2	2.5	1.9	—	1.7	1.3
太　原	2.8	2.4	3.0	3.3	3.0	2.0	1.3	6.5	3.0
大　同	1.7	1.7	1.6	—	1.4	4.0	1.0	1.0	—
长　治	2.0	1.9	2.5	1.5	1.5	3.0	1.0	—	1.6
晋　城	6.2	1.0	2.0	7.0	7.0	2.0	—	—	4.0
朔　州	2.4	2.0	2.0	4.3	2.5	1.5	3.0	2.3	2.0
晋　中	1.6	1.6	1.5	1.7	1.9	—	1.0	1.0	1.5
运　城	2.3	1.6	1.4	4.7	2.6	2.5	1.5	—	2.5
忻　州	2.5	2.3	2.0	1.0	—	—	3.5	2.3	—
临　汾	1.2	1.0	1.0	—	4.0	—	—	3.0	—
吕　梁	1.7	—	1.0	2.0	—	—	—	2.0	—
呼和浩特	3.7	3.4	3.6	4.5	3.6	3.7	4.0	3.7	4.2
满洲里	3.0	—	—	—	3.0	2.5	—	—	—
二连浩特	1.6	1.0	—	2.0	1.5	—	—	—	1.6
包　头	2.8	2.8	2.9	3.5	3.6	2.4	1.0	2.5	2.0
沈　阳	3.7	2.0	2.4	2.3	5.0	2.5	—	11.0	51.0
大　连	4.1	3.9	4.3	4.9	4.2	3.6	4.3	3.3	4.1
长　春	3.3	2.3	2.1	2.6	4.5	2.8	3.0	7.8	4.8
吉　林	2.0	1.7	2.3	3.7	1.9	2.3	—	1.9	1.8
延　吉	1.3	1.4	1.2	—	—	1.0	—	1.3	—

2－15（续1） 单位：天/人

	平均停留	旅游目的							
		观光游览	休闲度假	探亲访友	商务	会议	宗教朝拜	文体交流	其他
哈尔滨	3.0	2.6	3.1	5.3	3.0	2.2	—	2.6	1.8
齐齐哈尔	1.7	1.4	1.6	2.9	2.0	1.2	2.0	2.1	1.5
大庆	1.8	2.1	2.1	1.7	2.1	1.3	—	1.5	1.4
佳木斯	2.2	1.8	2.3	2.5	2.4	1.9	—	1.0	1.3
牡丹江	2.4	1.9	2.7	2.0	2.3	2.6	—	3.0	2.0
上海	3.1	2.7	2.9	3.1	3.5	2.6	2.7	4.0	3.4
南京	1.9	1.4	2.0	1.7	2.6	1.6	1.3	2.0	2.7
无锡	1.6	1.1	1.4	2.3	1.8	1.5	1.0	3.3	1.0
苏州	3.7	1.8	1.9	1.7	4.8	4.5	—	2.5	4.3
南通	2.3	2.1	2.0	2.7	2.5	1.8	—	1.7	1.8
扬州	2.0	1.5	2.2	1.5	2.5	—	—	1.8	2.3
杭州	2.2	1.8	2.1	3.8	2.5	2.7	1.7	3.4	2.6
宁波	2.3	2.0	2.2	2.5	2.5	1.8	2.0	—	2.0
温州	2.5	2.0	2.7	2.4	2.7	2.2	—	1.3	1.0
绍兴	2.1	1.7	1.5	2.2	2.3	1.8	2.0	—	3.0
金华	2.4	2.5	2.1	2.9	2.6	2.0	1.0	1.7	1.3
合肥	3.0	2.6	3.4	4.4	2.6	3.3	—	2.7	10.0
芜湖	2.5	2.1	1.8	1.0	3.4	1.8	3.3	1.3	1.0
铜陵	2.4	1.3	2.0	2.3	5.8	1.6	1.0	6.0	—
安庆	3.8	5.0	1.7	1.5	5.0	3.3	2.0	4.1	1.8
黄山	2.0	1.9	2.2	2.6	2.3	2.0	—	2.6	2.5
池州	1.2	1.0	1.9	—	1.0	—	1.0	—	—
福州	3.2	2.9	3.1	2.8	4.0	2.1	1.5	2.2	4.5
厦门	3.7	2.3	2.8	2.4	4.9	2.7	2.0	3.9	10.7
泉州	4.3	3.1	6.5	3.5	3.7	3.8	—	4.3	10.8
漳州	3.2	1.6	2.1	2.5	4.8	2.0	1.0	1.0	1.0
武夷山	2.3	2.3	2.4	2.0	1.8	—	—	2.0	—
南昌	3.3	3.0	3.7	3.3	2.8	3.1	3.5	5.0	5.6
景德镇	1.7	1.7	1.7	2.0	1.9	1.0	—	1.7	1.0
九江	2.3	2.2	2.6	—	3.5	1.0	—	2.5	—
鹰潭	2.5	1.6	2.0	2.2	2.4	—	2.0	1.0	7.4
赣州	2.3	2.0	1.9	3.3	2.3	2.0	—	3.5	1.5
吉安	2.8	2.0	2.8	4.3	2.4	2.5	2.0	2.8	11.0

2-15(续2)　　单位：天/人

	平均停留	旅游目的							
		观光游览	休闲度假	探亲访友	商务	会议	宗教朝拜	文体交流	其他
济　南	2.5	2.0	3.3	3.5	2.3	2.3	6.0	3.0	1.5
青　岛	3.0	3.2	3.2	3.8	2.7	2.5	2.0	2.6	3.3
烟　台	4.9	3.4	3.9	3.5	5.9	4.2	—	13.2	5.6
曲　阜	1.9	1.5	2.4	2.5	2.2	2.4	—	2.4	—
泰　安	3.1	2.1	4.1	3.0	5.6	3.3	1.0	2.5	1.8
威　海	2.7	2.6	3.4	2.5	2.6	2.1	1.0	2.5	2.3
郑　州	4.4	4.1	5.5	4.6	4.1	4.9	5.3	6.3	6.5
开　封	1.2	1.0	1.1	1.4	1.3	1.2	1.0	1.0	2.0
洛　阳	1.6	1.4	1.6	2.0	2.6	4.5	2.5	—	2.0
三门峡	1.6	2.4	1.1	1.9	1.4	1.2	1.0	—	4.0
武　汉	2.2	2.1	2.2	2.6	2.1	2.4	2.7	2.3	2.2
十　堰	1.8	1.8	1.8	1.5	2.0	2.0	1.4	2.5	1.5
宜　昌	1.4	1.3	1.2	2.0	1.6	2.0	—	1.0	1.5
襄　樊	1.9	1.4	2.5	1.0	2.0	2.1	1.5	2.3	1.8
荆　州	1.3	1.1	1.1	2.0	1.4	2.0	1.0	1.3	—
湖北游船	2.0	1.9	2.0	1.8	1.9	2.4	3.5	2.7	1.8
长　沙	2.6	2.6	2.7	3.1	2.6	1.8	8.0	2.5	3.9
湘　潭	2.3	2.5	2.2	—	2.0	3.0	—	2.2	—
衡　阳	2.4	2.1	2.7	2.4	3.5	1.7	1.7	1.6	2.4
岳　阳	2.1	2.1	2.1	—	—	2.0	—	—	—
张家界	2.7	2.6	3.4	2.8	2.0	3.0	—	3.0	2.0
广　州	3.9	3.1	3.2	3.3	4.8	2.6	7.0	3.3	3.5
深　圳	2.9	2.6	2.7	3.9	2.9	4.1	2.0	3.2	3.1
珠　海	2.9	2.8	3.1	3.2	2.6	2.6	2.0	2.8	2.3
汕　头	3.3	2.6	2.9	3.4	5.0	3.2	3.2	5.6	1.8
佛　山	4.5	2.8	2.8	3.3	6.3	2.1	2.0	4.6	5.6
江　门	4.7	2.6	2.6	5.2	7.0	1.8	1.8	4.1	4.1
肇　庆	2.7	2.7	2.8	2.7	2.4	2.9	—	—	—
惠　州	6.0	2.0	3.0	1.9	9.8	3.2	1.5	8.8	2.3
东　莞	2.3	1.0	1.1	3.3	2.5	1.8	—	2.6	4.0
中　山	3.2	2.3	3.5	3.4	3.3	4.1	3.0	3.5	2.7
南　宁	2.5	2.3	3.6	2.4	1.9	2.3	—	2.7	1.6
桂　林	2.2	2.0	2.3	2.5	2.3	2.5	1.0	2.1	2.6
梧　州	1.5	1.1	1.2	1.5	2.3	—	—	1.3	—
北　海	2.4	2.0	2.6	2.6	2.4	2.7	—	3.2	2.8
玉　林	1.7	1.4	1.3	2.4	1.9	1.3	—	1.6	—

2－15(续3)

单位：天/人

	平均停留	旅游目的							
		观光游览	休闲度假	探亲访友	商务	会议	宗教朝拜	文体交流	其他
百色	1.6	1.3	2.2	1.9	1.7	1.6	—	1.8	1.6
凭祥	1.4	1.4	1.4	1.3	1.4	—	—	—	—
海口	2.0	1.7	2.4	2.1	1.9	1.7	1.3	2.8	3.3
三亚	5.8	4.7	6.5	5.2	5.1	4.2	6.5	8.8	6.7
重庆	2.5	2.3	2.1	3.8	2.9	2.2	2.0	3.0	2.5
重庆游船	3.5	3.4	3.7	3.0	3.5	3.7	—	4.0	4.0
成都	2.6	2.3	2.6	4.1	2.5	2.2	3.9	2.6	3.2
绵阳	1.6	1.2	1.2	1.8	1.8	1.5	—	2.3	1.7
乐山	1.4	1.2	1.2	1.5	2.8	1.0	1.6	1.2	1.8
贵阳	2.4	2.4	2.6	2.7	2.1	2.4	—	3.1	2.2
安顺	1.0	1.0	1.0	1.0	1.0	1.0	—	—	—
黔东南	1.7	1.7	1.7	2.6	2.7	1.6	1.8	1.6	2.5
昆明	2.8	2.6	2.6	3.4	3.1	2.8	7.3	3.4	4.0
景洪	2.9	2.8	2.8	4.0	2.5	—	—	2.0	—
瑞丽	2.6	2.5	3.7	—	2.0	—	—	—	2.0
拉萨	7.3	7.3	7.1	6.0	7.4	7.7	8.2	7.4	7.5
西安	2.4	2.3	2.4	2.8	3.4	2.8	2.0	2.5	4.3
咸阳	2.7	2.6	3.1	5.5	3.0	3.0	—	—	1.0
兰州	2.0	1.5	1.9	2.9	4.1	1.9	2.0	2.6	1.9
敦煌	1.6	1.5	1.6	1.0	2.8	1.5	1.3	1.4	1.6
西宁	2.2	2.1	2.6	4.0	2.3	1.6	1.5	1.9	1.8
格尔木	1.5	1.5	1.4	—	—	—	—	2.5	1.0
银川	2.4	2.2	2.7	10.0	2.5	2.7	—	2.4	1.7
乌鲁木齐	4.1	4.0	4.3	—	4.0	—	—	—	6.0
吐鲁番	4.5	4.4	4.6	—	8.0	6.0	6.0	4.0	4.6
库尔勒	3.6	3.5	3.8	—	—	—	—	—	—
喀什	2.8	3.1	2.7	3.3	2.7	2.3	1.5	3.3	3.2
伊宁	3.7	3.8	2.0	—	—	—	—	—	—

三

入境游客来华(内地)旅游次数

3-1 2008年入境游客来华(内地)旅游次数
(按团体及散客、外国人、港澳台胞分组)

		调查人数		次数构成(%)		
		(人)	(%)	第1次	第2~3次	≥4次
全　国	**总计**	**15 797**	**100**	**26.3**	**29.7**	**44.0**
	团体	4 739	100	49.1	26.9	23.9
	散客	11 058	100	16.5	30.9	52.6
外国人	小计	10 205	100	35.4	29.1	35.6
	团体	3 944	100	52.0	25.6	22.4
	散客	6 261	100	24.9	31.3	43.9
香港同胞	小计	3 415	100	5.4	19.6	75.0
	团体	272	100	33.8	28.3	37.9
	散客	3 143	100	2.9	18.9	78.2
澳门同胞	小计	859	100	12.2	73.5	14.3
	团体	104	100	36.5	47.1	16.3
	散客	755	100	8.9	77.1	14.0
台湾同胞	小计	1 318	100	19.7	32.1	48.3
	团体	419	100	35.1	33.9	31.0
	散客	899	100	12.5	31.3	56.3

3-2 2008年入境游客来华(内地)旅游次数

		过夜游客		次数构成(%)		
		(人)	(%)	第1次	第2~3次	≥4次
全　国	**总计**	**12 912**	**81.7**	**28.4**	**29.0**	**42.6**
	团体	4 240	89.5	49.8	28.4	21.8
	散客	8 672	78.4	17.9	29.3	52.8
外国人	小计	9 138	89.5	35.1	29.8	35.1
	团体	3 503	88.8	53.3	27.4	19.3
	散客	5 635	90.0	23.8	31.3	44.9
香港同胞	小计	2 335	68.4	6.5	20.6	73.0
	团体	243	89.3	30.0	28.4	41.6
	散客	2 092	66.6	3.7	19.6	76.6
澳门同胞	小计	294	34.2	22.8	53.7	23.5
	团体	90	86.5	38.9	43.3	17.8
	散客	204	27.0	15.7	58.3	26.0
台湾同胞	小计	1 145	86.9	20.7	33.7	45.6
	团体	404	96.4	33.7	34.2	32.2
	散客	741	82.4	13.6	33.5	52.9

（按过夜与不过夜、团体及散客、外国人、港澳台胞分组）

一日游游客 (人)	一日游游客 (%)	次数构成(%) 第1次	次数构成(%) 第2~3次	次数构成(%) ≥4次
2 885	**18.3**	**17.1**	**32.7**	**50.3**
499	10.5	43.3	14.4	42.3
2 386	21.6	11.6	36.5	51.9
1 067	10.5	37.4	22.7	39.9
441	11.2	41.5	11.3	47.2
626	10.0	34.5	30.7	34.8
1 080	31.6	3.1	17.7	79.3
29	10.7	65.5	27.6	6.9
1 051	33.4	1.3	17.4	81.3
565	65.8	6.7	83.7	9.6
14	13.5	21.4	71.4	7.1
551	73.0	6.4	84.0	9.6
173	13.1	12.7	21.4	65.9
15	3.6	73.3	26.7	0.0
158	17.6	7.0	20.9	72.2

3－3　2008年入境游客来华(内地)旅游次数

(按团体及散客、性别、年龄分组)

		调查人数		次数构成(%)		
		(人)	(%)	第1次	第2~3次	≥4次
全　国	**总计**	**15 797**	**100**	**26.3**	**29.7**	**44.0**
	团体	4 739	100	49.1	26.9	23.9
	散客	11 058	100	16.5	30.9	52.6
男　性	小计	9 345	100	24.5	28.7	46.8
	团体	2 303	100	51.4	28.9	19.8
	散客	7 042	100	15.7	28.6	55.6
女　性	小计	6 452	100	28.9	31.1	40.0
	团体	2 436	100	47.0	25.1	27.9
	散客	4 016	100	17.9	34.8	47.3
65岁及以上	小计	905	100	39.2	29.7	31.0
	团体	534	100	56.4	27.7	15.9
	散客	371	100	14.6	32.6	52.8
45~64岁	小计	5 031	100	25.4	28.8	45.8
	团体	1 563	100	50.0	29.5	20.5
	散客	3 468	100	14.4	28.4	57.2
25~44岁	小计	8 028	100	22.8	28.8	48.3
	团体	2 067	100	42.6	25.3	32.1
	散客	5 961	100	16.0	30.1	54.0
15~24岁	小计	1 726	100	37.0	36.4	26.6
	团体	533	100	62.5	25.9	11.6
	散客	1 193	100	25.6	41.1	33.3
14岁及以下	小计	107	100	46.7	29.9	23.4
	团体	42	100	76.2	16.7	7.1
	散客	65	100	27.7	38.5	33.8

3－4　2008年入境游客来华(内地)旅游次数
(按团体及散客、职业分组)

		调查人数 (人)	(%)	次数构成(%) 第1次	第2~3次	≥4次
全　　国	**总计**	**15 797**	**100**	**26.3**	**29.7**	**44.0**
	团体	4 739	100	49.1	26.9	23.9
	散客	11 058	100	16.5	30.9	52.6
政府工作人员	小计	608	100	37.8	36.5	25.7
	团体	287	100	51.6	31.7	16.7
	散客	321	100	25.5	40.8	33.6
专业技术人员	小计	2 574	100	25.4	29.9	44.8
	团体	544	100	57.4	27.8	14.9
	散客	2 030	100	16.8	30.4	52.8
职　　员	小计	2 396	100	29.5	32.8	37.7
	团体	721	100	59.5	30.0	10.5
	散客	1 675	100	16.5	34.1	49.4
技工/工人	小计	776	100	23.8	30.5	45.6
	团体	169	100	57.4	32.5	10.1
	散客	607	100	14.5	30.0	55.5
商贸人员	小计	4 237	100	14.7	25.2	60.1
	团体	982	100	21.6	20.6	57.8
	散客	3 255	100	12.6	26.6	60.8
服务员/推销员	小计	677	100	19.4	26.6	54.1
	团体	207	100	41.5	30.9	27.5
	散客	470	100	9.6	24.7	65.7
退休人员	小计	975	100	37.0	28.2	34.8
	团体	514	100	54.5	29.2	16.3
	散客	461	100	17.6	27.1	55.3
家庭妇女	小计	1 120	100	32.5	31.9	35.6
	团体	483	100	57.8	30.0	12.2
	散客	637	100	13.3	33.3	53.4
军　　人	小计	63	100	44.4	27.0	28.6
	团体	33	100	60.6	21.2	18.2
	散客	30	100	26.7	33.3	40.0
学　　生	小计	1 359	100	41.1	37.3	21.6
	团体	469	100	65.9	24.1	10.0
	散客	890	100	28.1	44.3	27.6
其　　他	小计	1 012	100	31.4	26.9	41.7
	团体	330	100	47.3	25.2	27.6
	散客	682	100	23.8	27.7	48.5

3-5 2008年入境游客来华(内地)旅游次数
(按团体及散客、旅游目的分组)

		调查人数(人)	(%)	次数构成(%) 第1次	第2~3次	≥4次
全　　国	**总计**	**15 797**	**100**	**26.3**	**29.7**	**44.0**
	团体	4 739	100	49.1	26.9	23.9
	散客	11 058	100	16.5	30.9	52.6
观光游览	小计	4 119	100	49.3	30.2	20.5
	团体	2 648	100	58.8	26.6	14.6
	散客	1 471	100	32.2	36.6	31.2
休闲度假	小计	2 600	100	30.8	40.2	29.0
	团体	837	100	54.5	34.8	10.8
	散客	1 763	100	19.5	42.8	37.7
探亲访友	小计	2 137	100	10.5	24.2	65.3
	团体	150	100	41.3	40.0	18.7
	散客	1 987	100	8.2	23.0	68.8
商　　务	小计	4 978	100	11.9	24.9	63.2
	团体	755	100	12.1	18.1	69.8
	散客	4 223	100	11.8	26.1	62.0
会　　议	小计	697	100	22.1	33.3	44.6
	团体	70	100	44.3	31.4	24.3
	散客	627	100	19.6	33.5	46.9
宗教朝拜	小计	69	100	23.2	33.3	43.5
	团体	23	100	43.5	26.1	30.4
	散客	46	100	13.0	37.0	50.0
文体交流	小计	321	100	43.6	33.0	23.4
	团体	105	100	64.8	21.0	14.3
	散客	216	100	33.3	38.9	27.8
其　　他	小计	876	100	22.9	32.3	44.7
	团体	151	100	35.1	23.2	41.7
	散客	725	100	20.4	34.2	45.4

3-6 2008年入境游客到各省(区、市)旅游次数

	调查人数		次数构成(%)		
	(人)	(%)	第1次	第2~3次	≥4次
北京	1 804	100	43.3	36.6	20.1
天津	500	100	44.8	43.2	12.0
河北	800	100	66.3	27.0	6.8
山西	670	100	76.3	18.5	5.2
内蒙古	500	100	29.4	12.4	58.2
辽宁	593	100	49.4	33.6	17.0
吉林	400	100	63.8	31.5	4.8
黑龙江	700	100	61.3	29.7	9.0
上海	1 860	100	59.2	28.3	12.5
江苏	1 078	100	55.2	31.2	13.6
浙江	1 000	100	43.4	40.7	15.9
安徽	1 016	100	75.4	19.8	4.8
福建	1 042	100	44.6	35.5	19.9
江西	700	100	73.6	20.4	6.0
山东	1 408	100	48.9	35.5	15.6
河南	806	100	80.0	8.9	11.0
湖北	1 100	100	69.2	23.5	7.3
湖南	1 497	100	80.4	16.8	2.8
广东	5 607	100	15.2	9.4	75.4
广西	1 102	100	70.1	24.6	5.4
海南	897	100	65.0	29.7	5.4
重庆	600	100	61.3	29.3	9.3
四川	1 715	100	71.4	22.3	6.4
贵州	600	100	81.3	14.8	3.8
云南	800	100	62.0	28.5	9.5
西藏	191	100	61.8	24.1	14.1
陕西	1 045	100	75.6	19.7	4.7
甘肃	700	100	81.9	14.6	3.6
青海	250	100	88.0	11.2	0.8
宁夏	150	100	61.3	28.7	10.0
新疆	500	100	87.4	9.4	3.2

3－7　2008年外国游客到各省(区、市)旅游次数

	外国游客		次数构成(%)		
	(人)	(%)	第1次	第2～3次	≥4次
北　京	1 587	88.0	43.9	36.2	20.0
天　津	385	77.0	47.3	41.8	10.9
河　北	648	81.0	67.1	25.9	6.9
山　西	511	76.3	77.3	17.4	5.3
内蒙古	455	91.0	25.7	10.8	63.5
辽　宁	480	80.9	49.8	32.5	17.7
吉　林	370	92.5	64.6	31.1	4.3
黑龙江	654	93.4	59.5	30.9	9.6
上　海	1 607	86.4	60.2	27.6	12.2
江　苏	714	66.2	55.3	30.4	14.3
浙　江	752	75.2	45.7	40.4	13.8
安　徽	825	81.2	75.3	19.9	4.8
福　建	687	65.9	48.3	31.9	19.8
江　西	469	67.0	75.7	17.9	6.4
山　东	1 154	82.0	47.2	36.3	16.5
河　南	741	91.9	81.2	8.0	10.8
湖　北	607	55.2	74.6	20.9	4.4
湖　南	1 309	87.4	81.3	16.0	2.8
广　东	3 211	57.3	19.6	10.1	70.4
广　西	775	70.3	74.2	20.9	4.9
海　南	751	83.7	67.5	27.0	5.5
重　庆	434	72.3	68.2	25.6	6.2
四　川	1 336	77.9	72.2	21.1	6.7
贵　州	445	74.2	85.2	12.1	2.7
云　南	654	81.8	65.7	25.1	9.2
西　藏	115	60.2	63.5	27.0	9.6
陕　西	954	91.3	77.5	17.6	4.9
甘　肃	611	87.3	82.2	14.7	3.1
青　海	206	82.4	88.8	10.2	1.0
宁　夏	127	84.7	57.5	31.5	11.0
新　疆	418	83.6	87.8	8.4	3.8

3－8　2008 年香港游客到各省(区、市)旅游次数

	香港游客		次数构成(%)		
	(人)	(%)	第 1 次	第 2～3 次	≥4 次
北　京	115	6.4	33.9	40.9	25.2
天　津	66	13.2	28.8	54.5	16.7
河　北	57	7.1	54.4	33.3	12.3
山　西	61	9.1	67.2	29.5	3.3
内蒙古	24	4.8	70.8	25.0	4.2
辽　宁	60	10.1	46.7	36.7	16.7
吉　林	15	3.8	40.0	40.0	20.0
黑龙江	26	3.7	88.5	11.5	0.0
上　海	130	7.0	50.8	33.8	15.4
江　苏	155	14.4	54.8	35.5	9.7
浙　江	102	10.2	33.3	37.3	29.4
安　徽	90	8.9	78.9	15.6	5.6
福　建	179	17.2	37.4	40.8	21.8
江　西	122	17.4	72.1	23.0	4.9
山　东	126	8.9	54.8	30.2	15.1
河　南	30	3.7	60.0	16.7	23.3
湖　北	212	19.3	61.8	28.3	9.9
湖　南	80	5.3	73.8	21.3	5.0
广　东	1 319	23.5	6.3	7.7	86.0
广　西	154	14.0	55.2	37.0	7.8
海　南	88	9.8	51.1	43.2	5.7
重　庆	77	12.8	45.5	35.1	19.5
四　川	171	10.0	64.9	29.8	5.3
贵　州	79	13.2	69.6	20.3	10.1
云　南	69	8.6	34.8	52.2	13.0
西　藏	16	8.4	56.3	31.3	12.5
陕　西	47	4.5	57.4	40.4	2.1
甘　肃	47	6.7	80.9	12.8	6.4
青　海	15	6.0	93.3	6.7	0.0
宁　夏	13	8.7	84.6	7.7	7.7
新　疆	31	6.2	83.9	16.1	0.0

3－9　2008年澳门游客到各省(区、市)旅游次数

	澳门游客		次数构成(%)		
	(人)	(%)	第1次	第2～3次	≥4次
北　　京	38	2.1	52.6	36.8	10.5
天　　津	14	2.8	35.7	50.0	14.3
河　　北	38	4.8	55.3	42.1	2.6
山　　西	46	6.9	71.7	17.4	10.9
内 蒙 古	3	0.6	100.0	0.0	0.0
辽　　宁	18	3.0	55.6	33.3	11.1
吉　　林	4	1.0	25.0	75.0	0.0
黑 龙 江	8	1.1	87.5	12.5	0.0
上　　海	24	1.3	45.8	45.8	8.3
江　　苏	44	4.1	59.1	36.4	4.5
浙　　江	47	4.7	38.3	48.9	12.8
安　　徽	37	3.6	78.4	21.6	0.0
福　　建	40	3.8	42.5	37.5	20.0
江　　西	38	5.4	63.2	28.9	7.9
山　　东	27	1.9	59.3	33.3	7.4
河　　南	24	3.0	75.0	20.8	4.2
湖　　北	67	6.1	59.7	32.8	7.5
湖　　南	48	3.2	81.3	16.7	2.1
广　　东	342	6.1	11.4	9.6	78.9
广　　西	58	5.3	63.8	29.3	6.9
海　　南	21	2.3	57.1	42.9	0.0
重　　庆	15	2.5	53.3	33.3	13.3
四　　川	38	2.2	50.0	39.5	10.5
贵　　州	21	3.5	71.4	23.8	4.8
云　　南	21	2.6	42.9	52.4	4.8
西　　藏	29	15.2	55.2	20.7	24.1
陕　　西	9	0.9	55.6	33.3	11.1
甘　　肃	16	2.3	81.3	6.3	12.5
青　　海	4	1.6	25.0	75.0	0.0
宁　　夏	1	0.7	100.0	0.0	0.0
新　　疆	20	4.0	75.0	25.0	0.0

3－10　2008年台湾游客到各省(区、市)旅游次数

	台湾游客		次数构成(%)		
	(人)	(%)	第1次	第2～3次	≥4次
北　　京	64	3.5	40.6	39.1	20.3
天　　津	35	7.0	51.4	34.3	14.3
河　　北	57	7.1	75.4	22.8	1.8
山　　西	52	7.8	80.8	17.3	1.9
内 蒙 古	18	3.6	55.6	38.9	5.6
辽　　宁	35	5.9	45.7	42.9	11.4
吉　　林	11	2.8	81.8	18.2	0.0
黑 龙 江	12	1.7	83.3	16.7	0.0
上　　海	99	5.3	57.6	28.3	14.1
江　　苏	165	15.3	53.9	29.1	17.0
浙　　江	99	9.9	38.4	42.4	19.2
安　　徽	64	6.3	70.3	23.4	6.3
福　　建	136	13.1	36.0	46.3	17.6
江　　西	71	10.1	67.6	28.2	4.2
山　　东	101	7.2	57.4	33.7	8.9
河　　南	11	1.4	63.6	27.3	9.1
湖　　北	214	19.5	64.0	23.4	12.6
湖　　南	60	4.0	70.0	28.3	1.7
广　　东	735	13.1	13.7	9.4	76.9
广　　西	115	10.4	65.2	30.4	4.3
海　　南	37	4.1	51.4	43.2	5.4
重　　庆	74	12.3	39.2	44.6	16.2
四　　川	170	9.9	75.9	20.0	4.1
贵　　州	55	9.2	70.9	25.5	3.6
云　　南	56	7.0	58.9	30.4	10.7
西　　藏	31	16.2	64.5	12.9	22.6
陕　　西	35	3.3	54.3	45.7	0.0
甘　　肃	26	3.7	76.9	19.2	3.8
青　　海	25	10.0	88.0	12.0	0.0
宁　　夏	9	6.0	77.8	22.2	0.0
新　　疆	31	6.2	93.5	6.5	0.0

四

入境游客的行程

4－1　2008 年入境游客游览城市座数所占比重

		口岸调查人数 (人)	(%)	1 座 (%)	2 座 (%)	3 座 (%)
全　国	**总 计**	**15 797**	**100**	**54.4**	**20.0**	**13.7**
	团 体	4 739	100	42.4	18.5	21.3
	散 客	11 058	100	59.5	20.7	10.5
外 国 人	小 计	10 205	100	47.9	21.2	15.8
	团 体	3 944	100	44.7	18.0	19.3
	散 客	6 261	100	50.0	23.2	13.6
香港同胞	小 计	3 415	100	72.0	16.8	7.0
	团 体	272	100	30.1	18.8	33.1
	散 客	3 143	100	75.7	16.6	4.7
澳门同胞	小 计	859	100	79.2	9.0	6.5
	团 体	104	100	42.3	15.4	24.0
	散 客	755	100	84.2	8.1	4.1
台湾同胞	小 计	1 318	100	42.4	26.3	20.1
	团 体	419	100	29.1	23.6	31.5
	散 客	899	100	48.6	27.6	14.8

（按外国人、港澳台胞、团体及散客分组）

4座（%）	5座（%）	6座（%）	7座（%）	8座（%）	9座（%）	10座及以上（%）
5.1	**3.2**	**1.6**	**0.5**	**0.4**	**0.2**	**0.9**
7.3	4.7	3.3	1.0	0.5	0.3	0.7
4.1	2.6	0.9	0.3	0.3	0.1	1.0
6.0	4.2	2.2	0.8	0.5	0.2	1.1
6.5	5.0	3.6	1.1	0.6	0.3	0.7
5.7	3.6	1.3	0.5	0.5	0.1	1.4
2.2	1.2	0.3	0.1	0.1	0.1	0.2
11.4	4.4	1.5	0.4	0.0	0.0	0.4
1.4	1.0	0.2	0.1	0.1	0.1	0.2
2.9	1.4	0.3	0.2	0.0	0.1	0.3
11.5	3.8	1.9	1.0	0.0	0.0	0.0
1.7	1.1	0.1	0.1	0.0	0.1	0.4
6.8	2.2	1.2	0.1	0.2	0.0	0.7
11.2	2.4	1.7	0.0	0.2	0.0	0.2
4.7	2.1	1.0	0.1	0.2	0.0	0.9

4－2 2008年入境游客游览城市座数所占比重

		口岸调查人数（人）	（%）	1座（%）	2座（%）	3座（%）
全　国	**总计**	**15 797**	**100**	**54.4**	**20.0**	**13.7**
	团体	4 739	100	42.4	18.5	21.3
	散客	11 058	100	59.5	20.7	10.5
男　性	小计	9 345	100	52.6	21.5	13.5
	团体	2 303	100	40.1	19.2	21.4
	散客	7 042	100	56.6	22.3	10.9
女　性	小计	6 452	100	57.0	17.8	14.1
	团体	2 436	100	44.7	17.8	21.3
	散客	4 016	100	64.5	17.9	9.8
65岁及以上	小计	905	100	43.4	19.4	15.9
	团体	534	100	35.2	19.5	18.5
	散客	371	100	55.3	19.4	12.1
45～64岁	小计	5 031	100	49.0	21.9	15.5
	团体	1 563	100	35.8	20.0	22.8
	散客	3 468	100	55.0	22.8	12.3
25～44岁	小计	8 028	100	58.6	19.9	12.2
	团体	2 067	100	51.7	17.2	19.0
	散客	5 961	100	60.9	20.8	9.8
15～24岁	小计	1 726	100	56.0	15.4	14.9
	团体	533	100	32.6	17.6	29.5
	散客	1 193	100	66.5	14.3	8.4
14岁及以下	小计	107	100	58.9	19.6	9.3
	团体	42	100	50.0	23.8	9.5
	散客	65	100	64.6	16.9	9.2

（按性别、年龄、团体及散客分组）

4座（%）	5座（%）	6座（%）	7座（%）	8座（%）	9座（%）	10座及以上（%）
5.1	**3.2**	**1.6**	**0.5**	**0.4**	**0.2**	**0.9**
7.3	4.7	3.3	1.0	0.5	0.3	0.7
4.1	2.6	0.9	0.3	0.3	0.1	1.0
5.1	3.5	1.7	0.6	0.4	0.1	1.0
7.3	5.6	3.5	1.1	0.7	0.3	0.9
4.4	2.9	1.1	0.4	0.3	0.1	1.0
5.0	2.8	1.5	0.5	0.4	0.2	0.7
7.4	3.9	3.0	0.9	0.5	0.2	0.5
3.6	2.1	0.6	0.2	0.3	0.1	0.8
8.0	6.9	2.2	0.9	1.2	0.6	1.5
9.4	8.6	3.0	1.5	1.3	0.9	2.1
5.9	4.3	1.1	0.0	1.1	0.0	0.8
5.8	3.2	2.3	0.7	0.4	0.2	0.9
8.8	4.4	5.2	1.5	0.6	0.3	0.6
4.5	2.7	1.0	0.3	0.3	0.1	1.1
4.1	2.8	1.1	0.4	0.2	0.1	0.7
5.5	3.7	1.9	0.3	0.2	0.1	0.4
3.6	2.4	0.9	0.4	0.3	0.1	0.8
6.1	3.7	1.5	0.8	0.6	0.1	1.0
8.3	6.2	3.0	1.3	0.9	0.2	0.4
5.2	2.5	0.8	0.5	0.4	0.1	1.3
4.7	1.9	2.8	0.9	0.0	0.9	0.9
4.8	2.4	4.8	2.4	0.0	2.4	0.0
4.6	1.5	1.5	0.0	0.0	0.0	1.5

4-3 2008年入境游客游览城市座数所占比重

		口岸调查人数 (人)	(%)	1座 (%)	2座 (%)	3座 (%)
全　国	**总计**	**15 797**	**100**	**54.4**	**20.0**	**13.7**
	团体	4 739	100	42.4	18.5	21.3
	散客	11 058	100	59.5	20.7	10.5
政府工作人员	小计	608	100	49.0	18.6	18.4
	团体	287	100	32.8	19.2	28.6
	散客	321	100	63.6	18.1	9.3
专业技术人员	小计	2 574	100	53.8	20.9	12.6
	团体	544	100	34.6	18.2	21.0
	散客	2 030	100	59.0	21.7	10.3
职　员	小计	2 396	100	57.6	19.6	14.0
	团体	721	100	38.7	18.0	26.6
	散客	1 675	100	65.8	20.3	8.5
技工/工人	小计	776	100	62.2	18.2	11.9
	团体	169	100	49.7	20.1	23.7
	散客	607	100	65.7	17.6	8.6
商贸人员	小计	4 237	100	54.8	21.9	13.1
	团体	982	100	61.5	15.3	14.1
	散客	3 255	100	52.8	23.8	12.8
服务员/推销员	小计	677	100	61.2	20.5	10.8
	团体	207	100	49.3	20.8	18.8
	散客	470	100	66.4	20.4	7.2
退休人员	小计	975	100	45.5	18.2	14.2
	团体	514	100	32.3	18.5	18.7
	散客	461	100	60.3	17.8	9.1
家庭妇女	小计	1 120	100	54.8	20.4	16.1
	团体	483	100	41.2	21.7	23.6
	散客	637	100	65.1	19.3	10.4
军　人	小计	63	100	46.0	15.9	19.0
	团体	33	100	42.4	18.2	18.2
	散客	30	100	50.0	13.3	20.0
学　生	小计	1 359	100	51.1	15.7	16.3
	团体	469	100	31.8	17.3	27.7
	散客	890	100	61.2	14.8	10.2
其　他	小计	1 012	100	52.1	20.3	12.7
	团体	330	100	40.0	23.6	17.9
	散客	682	100	57.9	18.6	10.3

（按职业、团体及散客分组）

4座（%）	5座（%）	6座（%）	7座（%）	8座（%）	9座（%）	10座及以上（%）
5.1	**3.2**	**1.6**	**0.5**	**0.4**	**0.2**	**0.9**
7.3	4.7	3.3	1.0	0.5	0.3	0.7
4.1	2.6	0.9	0.3	0.3	0.1	1.0
7.2	3.5	1.2	0.2	0.7	0.0	1.3
10.8	5.2	1.4	0.3	0.7	0.0	1.0
4.0	1.9	0.9	0.0	0.6	0.0	1.6
5.2	3.1	2.2	0.9	0.4	0.2	0.7
11.0	5.3	5.7	2.4	0.4	0.9	0.6
3.6	2.5	1.3	0.4	0.4	0.0	0.8
4.3	2.5	1.0	0.4	0.2	0.0	0.3
8.0	5.0	2.2	1.0	0.3	0.0	0.1
2.6	1.5	0.5	0.2	0.1	0.0	0.4
3.7	1.8	0.9	0.3	0.1	0.1	0.8
3.6	1.2	1.8	0.0	0.0	0.0	0.0
3.8	2.0	0.7	0.3	0.2	0.2	1.0
4.6	2.8	1.3	0.3	0.2	0.2	0.8
3.7	2.6	2.0	0.1	0.2	0.1	0.4
4.9	2.8	1.1	0.3	0.2	0.2	1.0
4.1	2.1	0.7	0.1	0.1	0.1	0.1
5.8	1.9	2.4	0.0	0.0	0.5	0.5
3.4	2.1	0.0	0.2	0.2	0.0	0.0
7.4	6.2	4.0	1.2	1.2	0.4	1.7
9.1	8.2	6.8	1.9	1.8	0.4	2.3
5.4	3.9	0.9	0.4	0.7	0.4	1.1
3.8	2.4	1.4	0.3	0.4	0.1	0.4
5.4	3.9	2.9	0.6	0.6	0.0	0.0
2.7	1.3	0.3	0.0	0.2	0.2	0.6
9.5	3.2	1.6	0.0	0.0	0.0	4.8
15.2	0.0	3.0	0.0	0.0	0.0	3.0
3.3	6.7	0.0	0.0	0.0	0.0	6.7
6.8	5.0	2.2	1.1	0.6	0.2	1.1
8.7	6.6	4.1	1.9	1.1	0.4	0.4
5.7	4.2	1.2	0.7	0.3	0.1	1.5
5.7	4.4	1.1	0.6	0.7	0.3	2.1
7.6	6.1	2.1	0.6	0.3	0.6	1.2
4.8	3.7	0.6	0.6	0.9	0.1	2.5

4－4 2008年入境游客游览城市座数所占比重

		口岸调查人数（人）	（%）	1座（%）	2座（%）	3座（%）
全 国	**总 计**	**15 797**	**100**	**54.4**	**20.0**	**13.7**
	团 体	4 739	100	42.4	18.5	21.3
	散 客	11 058	100	59.5	20.7	10.5
观光游览	小 计	4 119	100	42.4	19.3	21.2
	团 体	2 648	100	38.3	17.4	24.7
	散 客	1 471	100	49.8	22.8	15.0
休闲度假	小 计	2 600	100	55.4	17.8	13.4
	团 体	837	100	33.2	20.3	23.2
	散 客	1 763	100	65.9	16.7	8.8
探亲访友	小 计	2 137	100	66.9	19.3	7.9
	团 体	150	100	36.0	27.3	20.0
	散 客	1 987	100	69.3	18.7	7.0
商 务	小 计	4 978	100	57.4	21.9	11.2
	团 体	755	100	70.2	16.0	9.1
	散 客	4 223	100	55.1	23.0	11.6
会 议	小 计	697	100	60.4	24.1	9.9
	团 体	70	100	37.1	22.9	24.3
	散 客	627	100	63.0	24.2	8.3
宗教朝拜	小 计	69	100	44.9	21.7	23.2
	团 体	23	100	21.7	34.8	26.1
	散 客	46	100	56.5	15.2	21.7
文体交流	小 计	321	100	47.4	19.6	16.8
	团 体	105	100	36.2	19.0	21.0
	散 客	216	100	52.8	19.9	14.8
其 他	小 计	876	100	58.6	17.2	9.5
	团 体	151	100	43.7	25.8	11.9
	散 客	725	100	61.7	15.4	9.0

（按旅游目的、团体及散客分组）

4座(%)	5座(%)	6座(%)	7座(%)	8座(%)	9座(%)	10座及以上(%)
5.1	**3.2**	**1.6**	**0.5**	**0.4**	**0.2**	**0.9**
7.3	4.7	3.3	1.0	0.5	0.3	0.7
4.1	2.6	0.9	0.3	0.3	0.1	1.0
7.4	4.0	2.8	1.1	0.6	0.4	0.8
8.1	4.6	3.5	1.4	0.7	0.4	0.7
6.0	2.7	1.4	0.5	0.5	0.3	1.1
5.0	4.3	2.4	0.3	0.5	0.0	0.8
8.1	6.9	5.7	0.7	0.8	0.1	0.8
3.5	3.0	0.8	0.2	0.4	0.0	0.8
3.2	1.8	0.4	0.1	0.1	0.1	0.2
11.3	4.7	0.7	0.0	0.0	0.0	0.0
2.6	1.6	0.4	0.1	0.1	0.1	0.3
4.2	2.6	1.0	0.3	0.3	0.1	0.9
2.1	1.5	0.7	0.1	0.0	0.0	0.3
4.6	2.8	1.1	0.4	0.3	0.1	1.0
3.3	1.1	0.4	0.1	0.1	0.0	0.4
12.9	1.4	1.4	0.0	0.0	0.0	0.0
2.2	1.1	0.3	0.2	0.2	0.0	0.5
2.9	2.9	1.4	0.0	0.0	1.4	1.4
4.3	8.7	0.0	0.0	0.0	4.3	0.0
2.2	0.0	2.2	0.0	0.0	0.0	2.2
7.5	4.0	0.9	0.9	0.0	0.0	2.8
13.3	6.7	2.9	0.0	0.0	0.0	1.0
4.6	2.8	0.0	1.4	0.0	0.0	3.7
4.8	5.1	1.3	0.9	0.5	0.1	2.1
4.6	9.9	2.0	0.7	0.0	0.0	1.3
4.8	4.1	1.1	1.0	0.6	0.1	2.2

五

入境游客的流向

5-1 2008年入境游客的流向

国别(或地区)	调查人数	出境后将前往的		
		香港	澳门	台湾
总计	**32 787**	**9 676**	**1 417**	**1 862**
香港	8 394	7 416	170	139
澳门	1 502	174	1 120	30
台湾地区	2 191	423	42	1 584
日本	4 369	219	13	28
菲律宾	231	51	5	2
泰国	344	58	7	3
新加坡	992	142	7	7
印度尼西亚	277	81	2	1
马来西亚	444	89	5	3
韩国	3 967	128	11	16
朝鲜	151	9	0	1
蒙古	395	9	0	2
印度	264	75	0	1
英国	560	84	1	3
法国	883	61	5	2
德国	407	36	1	3
意大利	274	31	2	3
荷兰	227	13	0	0
瑞典	143	16	1	0
俄罗斯	2 048	18	2	2
瑞士	235	34	1	2
美国	1 335	250	10	11
加拿大	515	84	3	4
澳大利亚	425	51	3	4
非洲国家	185	20	0	0
南美国家	73	3	0	0
其他国家	1 956	101	6	11

（按国别或地区分组）

单位：人

国 家（或地区）							
日 本	菲律宾	泰 国	新加坡	印度尼西亚	马来西亚	韩 国	朝 鲜
4 318	**199**	**358**	**915**	**214**	**363**	**3 974**	**150**
162	8	29	58	10	24	85	3
25	4	13	3	1	3	10	1
29	4	9	8	2	3	14	3
3 866	6	20	11	4	6	94	3
9	148	4	0	1	0	1	0
9	2	217	4	2	2	5	0
18	2	13	740	5	5	13	0
3	2	2	3	167	1	0	0
14	0	6	7	1	295	2	1
44	4	1	15	3	5	3 661	8
1	0	3	0	0	0	6	114
1	0	1	0	1	0	1	0
4	0	1	1	2	1	0	0
11	2	0	2	2	2	11	1
12	0	2	3	0	0	3	0
6	1	0	3	0	1	6	0
4	0	0	0	2	1	1	0
5	0	3	2	0	1	1	0
4	0	0	1	0	0	0	1
5	1	2	1	0	2	4	1
2	2	4	1	1	0	6	5
45	6	6	31	1	0	21	5
5	0	0	3	1	2	4	1
10	3	4	4	3	1	2	0
1	1	1	2	1	0	6	0
1	2	0	0	0	1	1	0
22	1	17	12	4	7	16	3

5－1(续)

国别(或地区)	调查人数	出境后将前往的						
		蒙古	印度	英国	法国	德国	意大利	荷兰
总计	**32 787**	**379**	**224**	**484**	**787**	**367**	**232**	**208**
香港	8 394	1	13	21	12	12	10	5
澳门	1 502	0	0	2	1	2	2	2
台湾地区	2 191	2	1	2	1	0	2	1
日本	4 369	1	4	9	4	4	3	3
菲律宾	231	1	0	0	0	1	0	1
泰国	344	1	2	2	0	2	0	0
新加坡	992	0	1	3	2	1	1	0
印度尼西亚	277	0	0	2	2	0	0	0
马来西亚	444	0	2	1	1	0	0	0
韩国	3 967	2	4	3	2	2	1	0
朝鲜	151	0	1	1	2	1	2	0
蒙古	395	367	0	1	0	1	2	0
印度	264	1	164	1	0	0	0	1
英国	560	0	3	396	1	7	1	0
法国	883	1	5	5	728	4	0	3
德国	407	0	3	2	6	311	0	0
意大利	274	0	3	1	4	4	196	0
荷兰	227	0	0	2	5	1	2	181
瑞典	143	0	0	2	4	1	1	1
俄罗斯	2 048	0	0	1	0	1	0	2
瑞士	235	0	1	0	3	2	2	1
美国	1 335	0	2	12	4	5	2	2
加拿大	515	1	8	3	1	1	1	1
澳大利亚	425	0	0	6	2	1	1	1
非洲国家	185	0	2	0	2	0	0	0
南美国家	73	0	0	0	0	1	0	0
其他国家	1 956	1	5	6	0	2	3	3

单位：人

国家（地区）								
瑞典	俄罗斯	瑞士	美国	加拿大	澳大利亚	非洲国家	南美国家	其他国家
134	**2 001**	**216**	**1 143**	**448**	**368**	**170**	**78**	**2 101**
6	6	11	96	21	17	4	7	48
1	1	3	9	2	1	0	0	92
1	2	4	18	5	3	3	0	25
2	1	8	24	7	3	1	0	25
1	0	2	2	0	0	0	0	2
1	6	3	6	1	2	0	0	9
1	1	0	11	4	4	0	0	11
0	0	0	3	1	2	2	1	2
0	1	0	5	0	2	2	0	7
1	2	7	18	5	1	1	2	20
0	0	6	0	0	0	0	0	4
1	1	0	0	1	0	1	0	5
0	1	0	4	2	1	0	0	4
1	1	0	14	0	5	1	1	10
2	1	2	11	6	2	0	0	24
0	0	3	7	0	2	1	1	14
0	0	0	5	3	2	2	0	10
1	1	1	1	1	0	1	0	5
105	1	0	2	0	0	1	0	2
2	1 966	3	4	5	5	3	2	16
1	0	145	5	1	1	3	0	12
1	0	4	872	18	6	3	0	18
0	2	5	10	359	3	1	1	11
1	1	0	6	3	303	0	0	15
1	0	0	1	0	0	137	1	9
0	0	1	1	0	0	0	59	3
4	6	8	8	3	3	3	3	1 698

5－2 2008年入境游客的流向

	调查人数	将前往的					
		北 京	天 津	河 北	山 西	内蒙古	辽 宁
总 计	**12 710**	**2 695**	**116**	**50**	**152**	**29**	**299**
北 京	317	0	13	4	6	0	22
天 津	176	97	0	0	0	0	8
河 北	547	304	38	25	8	1	17
山 西	442	132	4	2	125	21	2
内 蒙 古	—	—	—	—	—	—	—
辽 宁	246	74	2	0	0	0	40
吉 林	96	21	0	0	0	0	19
黑 龙 江	363	105	1	0	0	3	54
上 海	382	98	6	0	1	0	16
江 苏	766	65	3	0	0	0	2
浙 江	758	113	0	0	0	0	3
安 徽	143	82	2	14	0	0	0
福 建	394	45	4	0	0	1	0
江 西	419	86	2	0	0	0	0
山 东	666	185	4	1	0	0	26
河 南	302	19	0	0	0	0	44
湖 北	783	142	4	0	0	0	4
湖 南	—	—	—	—	—	—	—
广 东	1 126	98	5	0	0	0	4
广 西	427	45	1	0	0	0	3
海 南	195	64	0	0	0	0	0
重 庆	469	73	4	0	0	0	0
四 川	958	250	15	1	1	0	6
贵 州	520	76	2	1	3	2	16
云 南	447	56	1	0	0	0	4
西 藏	—	—	—	—	—	—	—
陕 西	782	236	3	1	5	0	7
甘 肃	646	88	0	0	0	0	1
青 海	190	40	1	1	0	0	1
宁 夏	150	101	1	0	3	1	0
新 疆	—	—	—	—	—	—	—

（按省〈区、市〉分组）

单位：人

省（地区）								
吉林	黑龙江	上海	江苏	浙江	安徽	福建	江西	山东
81	**176**	**2 460**	**538**	**443**	**57**	**240**	**116**	**356**
0	2	114	20	13	1	2	2	17
0	0	40	2	6	0	1	0	2
2	4	80	5	10	1	3	0	11
0	0	18	2	2	1	12	0	6
—	—	—	—	—	—	—	—	—
5	5	65	2	2	0	4	0	14
37	10	7	0	0	0	0	0	0
26	143	22	0	2	0	0	0	0
1	2	0	70	82	9	11	1	13
0	0	349	239	53	0	2	0	6
0	0	374	38	156	0	3	0	14
0	0	4	0	0	21	0	0	3
0	0	97	3	10	1	126	4	6
0	0	105	6	6	4	9	93	1
4	7	139	14	8	1	1	0	202
0	0	22	36	0	0	0	0	0
0	2	218	16	9	3	4	1	6
—	—	—	—	—	—	—	—	—
0	0	105	15	25	1	30	5	11
0	0	23	2	5	1	2	2	2
0	0	32	5	2	1	0	0	0
0	0	96	16	4	1	3	0	1
0	0	89	22	19	3	4	2	10
2	1	57	6	6	7	21	5	13
0	0	44	4	4	1	0	1	5
—	—	—	—	—	—	—	—	—
4	0	288	13	13	0	0	0	3
0	0	25	1	3	0	1	0	2
0	0	26	1	1	0	1	0	6
0	0	21	0	2	0	0	0	2
—	—	—	—	—	—	—	—	—

5－2(续)

	调查人数	将前往的						
		河　南	湖　北	湖　南	广　东	广　西	海　南	重　庆
总　　计	**12 710**	**203**	**284**	**86**	**1 498**	**507**	**158**	**148**
北　　京	317	5	2	0	26	3	8	3
天　　津	176	0	0	0	13	0	0	1
河　　北	547	1	3	2	8	1	2	1
山　　西	442	10	1	1	19	1	4	0
内 蒙 古	—	—	—	—	—	—	—	—
辽　　宁	246	1	0	1	17	0	3	0
吉　　林	96	0	0	0	2	0	0	0
黑 龙 江	363	0	2	0	4	0	0	0
上　　海	382	3	3	4	29	8	7	3
江　　苏	766	0	1	1	35	2	1	1
浙　　江	758	1	0	1	37	3	1	0
安　　徽	143	0	16	0	0	0	0	0
福　　建	394	0	1	1	74	3	4	2
江　　西	419	0	15	3	75	0	3	0
山　　东	666	1	9	1	39	1	1	1
河　　南	302	133	0	0	0	0	0	0
湖　　北	783	4	135	24	77	16	2	40
湖　　南	—	—	—	—	—	—	—	—
广　　东	1 126	6	10	15	611	103	15	9
广　　西	427	1	0	4	162	160	5	4
海　　南	195	0	0	0	33	7	42	3
重　　庆	469	0	61	4	54	56	5	0
四　　川	958	2	4	5	56	11	30	35
贵　　州	520	11	4	14	64	29	20	3
云　　南	447	0	2	5	27	18	3	0
西　　藏	—	—	—	—	—	—	—	—
陕　　西	782	24	14	0	8	77	0	38
甘　　肃	646	0	1	0	12	8	1	4
青　　海	190	0	0	0	10	0	1	0
宁　　夏	150	0	0	0	6	0	0	0
新　　疆	—	—	—	—	—	—	—	—

单位：人

省（地区）								
四川	贵州	云南	西藏	陕西	甘肃	青海	宁夏	新疆
357	**77**	**481**	**119**	**484**	**275**	**41**	**10**	**174**
1	0	6	1	43	0	0	0	3
1	0	1	0	4	0	0	0	0
1	1	3	0	7	0	4	1	3
2	0	2	0	62	8	0	0	5
—	—	—	—	—	—	—	—	—
3	0	2	0	6	0	0	0	0
0	0	0	0	0	0	0	0	0
1	0	0	0	0	0	0	0	0
2	1	4	0	7	0	0	0	1
0	0	1	0	5	0	0	0	0
1	0	2	0	11	0	0	0	0
0	0	0	0	1	0	0	0	0
0	1	7	1	2	0	0	0	1
2	1	3	0	4	0	0	0	1
0	0	3	2	14	1	0	0	1
0	0	0	0	48	0	0	0	0
12	2	9	3	47	3	0	0	0
—	—	—	—	—	—	—	—	—
9	1	34	0	4	0	0	0	10
1	1	1	0	2	0	0	0	0
3	1	2	0	0	0	0	0	0
44	1	14	1	30	0	1	0	0
203	6	68	68	43	2	1	0	2
12	57	71	3	5	1	4	1	3
24	3	238	2	4	0	0	1	0
—	—	—	—	—	—	—	—	—
18	1	5	3	1	17	1	2	0
11	0	4	1	105	221	17	4	136
5	0	1	33	19	21	13	1	8
1	0	0	1	10	1	0	0	0
—	—	—	—	—	—	—	—	—

六

入境过夜旅游者住宿设施的选择

6－1　2008年入境过夜旅游者住宿设施的选择
（按外国人、港澳台胞、团体及散客分组）

单位：%

		合 计	宾馆饭店	公 寓	私人住所	车 船	其 他
全　国	**总 计**	**100**	**71.0**	**10.4**	**14.4**	**1.3**	**2.9**
	团 体	100	94.8	1.7	1.5	1.2	0.8
	散 客	100	60.7	14.1	19.9	1.4	3.8
外 国 人	小 计	100	73.4	11.8	10.3	1.5	3.0
	团 体	100	94.9	1.8	1.4	1.1	0.9
	散 客	100	63.2	16.6	14.5	1.7	4.0
香港同胞	小 计	100	51.9	5.3	39.7	0.4	2.8
	团 体	100	96.2	0.2	2.3	1.3	0.0
	散 客	100	44.8	6.1	45.6	0.2	3.2
澳门同胞	小 计	100	62.2	8.1	26.7	1.4	1.6
	团 体	100	92.3	0.4	3.3	3.5	0.4
	散 客	100	48.5	11.6	37.4	0.4	2.1
台湾同胞	小 计	100	73.9	4.4	18.3	0.8	2.7
	团 体	100	94.2	1.5	1.6	1.9	0.9
	散 客	100	64.8	5.7	25.8	0.3	3.5

6－2 2008年入境过夜旅游者住宿设施的选择
（按性别、年龄、团体及散客分组）

单位：%

		合 计	宾馆饭店	公 寓	私人住所	车 船	其 他
全 国	**总 计**	**100**	**71.0**	**10.4**	**14.4**	**1.3**	**2.9**
	团 体	100	94.8	1.7	1.5	1.2	0.8
	散 客	100	60.7	14.1	19.9	1.4	3.8
男 性	小 计	100	72.6	9.7	12.8	1.4	3.6
	团 体	100	94.3	1.9	1.4	1.2	1.2
	散 客	100	65.5	12.2	16.5	1.5	4.4
女 性	小 计	100	68.3	11.5	17.1	1.2	1.8
	团 体	100	95.4	1.4	1.5	1.2	0.4
	散 客	100	50.7	18.1	27.3	1.2	2.7
65岁及以上	小 计	100	78.9	4.0	14.9	1.4	0.8
	团 体	100	94.8	1.7	1.3	2.0	0.2
	散 客	100	55.5	7.5	34.9	0.6	1.5
45~64岁	小 计	100	75.7	8.1	12.8	1.3	2.1
	团 体	100	95.6	1.3	1.2	1.3	0.5
	散 客	100	65.9	11.5	18.5	1.3	2.9
25~44岁	小 计	100	69.8	10.9	14.8	1.4	3.2
	团 体	100	95.4	1.4	1.8	1.1	0.4
	散 客	100	62.0	13.7	18.7	1.5	4.0
15~24岁	小 计	100	58.5	18.2	16.8	1.2	5.3
	团 体	100	90.8	3.5	1.5	0.5	3.7
	散 客	100	45.1	24.3	23.2	1.5	6.0
14岁及以下	小 计	100	78.6	6.8	11.2	0.8	2.6
	团 体	100	98.3	0.9	0.9	0.0	0.0
	散 客	100	69.5	9.5	16.0	1.2	3.8

6－3　2008年入境过夜旅游者住宿设施的选择

（按职业、团体及散客分组）

单位：%

		合 计	宾馆饭店	公 寓	私人住所	车 船	其 他
全　国	**总 计**	**100**	**71.0**	**10.4**	**14.4**	**1.3**	**2.9**
	团 体	100	94.8	1.7	1.5	1.2	0.8
	散 客	100	60.7	14.1	19.9	1.4	3.8
政府工作人员	小 计	100	91.3	2.6	3.1	1.3	1.7
	团 体	100	93.9	3.1	0.8	1.2	1.1
	散 客	100	88.8	2.2	5.4	1.3	2.4
专业技术人员	小 计	100	72.1	12.1	12.2	0.7	2.9
	团 体	100	93.9	2.7	1.9	1.1	0.5
	散 客	100	65.5	14.9	15.3	0.6	3.6
职　员	小 计	100	73.8	8.8	14.2	0.7	2.5
	团 体	100	97.3	0.9	0.9	0.6	0.2
	散 客	100	60.1	13.5	21.9	0.7	3.8
技工/工人	小 计	100	62.2	14.5	19.0	2.2	2.1
	团 体	100	95.7	2.6	0.7	0.7	0.2
	散 客	100	53.3	17.7	23.8	2.6	2.6
商贸人员	小 计	100	76.8	10.0	10.2	0.7	2.3
	团 体	100	96.5	0.8	1.5	1.2	0.1
	散 客	100	72.8	11.9	11.9	0.6	2.8
服务员/推销员	小 计	100	64.7	1.7	29.2	1.3	3.1
	团 体	100	96.6	0.7	0.9	1.5	0.2
	散 客	100	43.9	2.3	47.6	1.1	5.0
退休人员	小 计	100	76.6	3.5	16.4	1.4	2.2
	团 体	100	94.9	1.2	1.6	1.9	0.5
	散 客	100	50.3	6.8	37.7	0.6	4.6
家庭妇女	小 计	100	64.7	7.0	25.0	1.7	1.5
	团 体	100	96.3	0.3	1.3	1.4	0.7
	散 客	100	38.2	12.7	44.9	2.0	2.3
军　人	小 计	100	85.1	2.7	7.8	2.9	1.6
	团 体	100	82.4	5.0	11.1	0.5	1.0
	散 客	100	87.2	0.8	5.2	4.8	2.0
学　生	小 计	100	59.9	18.0	15.4	0.8	5.9
	团 体	100	92.0	2.4	1.1	0.6	3.9
	散 客	100	47.3	24.2	21.0	0.9	6.7
其　他	小 计	100	61.0	11.8	18.1	5.5	3.6
	团 体	100	91.9	3.3	2.4	2.1	0.3
	散 客	100	48.1	15.3	24.6	7.0	5.0

6－4　2008年入境过夜旅游者住宿设施的选择
（按旅游目的、团体及散客分组）

单位：%

		合 计	宾馆饭店	公 寓	私人住所	车 船	其 他
全　国	**总 计**	**100**	**71.0**	**10.4**	**14.4**	**1.3**	**2.9**
	团 体	100	94.8	1.7	1.5	1.2	0.8
	散 客	100	60.7	14.1	19.9	1.4	3.8
观光游览	小 计	100	90.6	2.6	4.0	1.3	1.4
	团 体	100	97.3	0.9	0.6	1.0	0.2
	散 客	100	77.3	6.1	11.0	1.9	3.8
休闲度假	小 计	100	78.5	6.7	11.2	1.4	2.1
	团 体	100	93.5	1.6	2.7	2.0	0.2
	散 客	100	67.7	10.5	17.4	1.0	3.4
探亲访友	小 计	100	31.4	7.9	58.4	0.9	1.5
	团 体	100	81.5	4.9	8.4	2.4	2.8
	散 客	100	27.5	8.1	62.2	0.7	1.4
商　务	小 计	100	71.8	14.8	9.7	0.9	2.8
	团 体	100	93.7	2.2	3.0	0.5	0.6
	散 客	100	69.9	15.9	10.3	0.9	3.0
会　议	小 计	100	89.2	2.5	5.3	0.1	2.9
	团 体	100	97.5	1.1	0.0	0.0	1.5
	散 客	100	88.3	2.7	5.9	0.1	3.1
宗教朝拜	小 计	100	75.6	1.4	18.3	2.0	2.6
	团 体	100	82.5	3.6	7.3	5.1	1.5
	散 客	100	71.2	0.0	25.5	0.0	3.3
文体交流	小 计	100	72.0	8.0	10.3	0.7	9.0
	团 体	100	90.5	1.3	0.3	0.0	8.0
	散 客	100	63.0	11.2	15.2	1.1	9.5
其　他	小 计	100	39.2	32.0	15.4	4.2	9.2
	团 体	100	76.4	12.7	2.4	2.1	6.4
	散 客	100	34.0	34.7	17.3	4.5	9.6

七

入境游客对旅游服务质量的评价

7-1　2008年入境游客对旅游服务质量的评价

单位：%

	合　计	最　好 (5分)	好 (4分)	尚　好 (3分)	差 (2分)	最　差 (1分)
宾馆饭店	100	31.3	40.1	25.4	2.6	0.6
餐　　饮	100	23.1	40.4	30.6	5.0	0.9
交　　通	100	17.8	32.7	33.8	12.5	3.2
娱　　乐	100	19.0	33.6	37.9	7.5	2.0
购　　物	100	20.7	35.6	35.7	6.4	1.6
导游服务	100	24.3	31.0	36.3	6.5	1.9
邮电通讯	100	21.2	31.5	36.2	8.2	2.9

7－2　2008年外国游客对旅游服务质量的评价

单位：%

	合计	最好 (5分)	好 (4分)	尚好 (3分)	差 (2分)	最差 (1分)
宾馆饭店	100	41.4	37.6	17.8	2.5	0.7
餐　饮	100	29.7	41.3	24.2	4.0	0.8
交　通	100	23.4	34.9	29.6	9.3	2.8
娱　乐	100	25.0	33.4	32.6	6.8	2.2
购　物	100	27.1	37.7	28.3	5.3	1.6
导游服务	100	33.0	29.6	29.4	6.0	2.0
邮电通讯	100	27.7	33.5	28.0	8.0	2.8

7-3 2008年香港游客对旅游服务质量的评价

单位：%

	合 计	最 好（5分）	好（4分）	尚 好（3分）	差（2分）	最 差（1分）
宾馆饭店	100	9.4	48.9	39.4	1.9	0.4
餐 饮	100	8.5	40.3	44.8	5.8	0.6
交 通	100	5.7	27.9	42.9	20.6	2.9
娱 乐	100	6.3	35.8	48.8	7.9	1.2
购 物	100	6.9	29.4	54.9	7.6	1.2
导游服务	100	5.9	34.3	52.0	6.9	0.9
邮电通讯	100	7.4	26.9	56.1	7.4	2.2

7－4　2008年澳门游客对旅游服务质量的评价

单位：%

	合　计	最　好 (5分)	好 (4分)	尚　好 (3分)	差 (2分)	最　差 (1分)
宾馆饭店	100	11.9	31.0	49.4	6.1	1.6
餐　　饮	100	12.6	35.2	41.2	9.4	1.6
交　　通	100	8.1	29.9	41.4	12.9	7.7
娱　　乐	100	10.9	28.6	47.1	10.4	3.0
购　　物	100	11.7	33.6	43.3	8.9	2.5
导游服务	100	8.2	28.5	51.3	8.3	3.7
邮电通讯	100	9.5	26.5	47.2	10.3	6.6

7-5　2008 年台湾游客对旅游服务质量的评价

单位：%

	合　计	最　好 (5 分)	好 (4 分)	尚　好 (3 分)	差 (2 分)	最　差 (1 分)
宾馆饭店	100	26.0	41.5	29.5	2.6	0.4
餐　　饮	100	16.9	37.2	36.8	7.6	1.5
交　　通	100	12.3	30.5	36.9	15.4	4.9
娱　　乐	100	13.2	32.4	41.8	10.4	2.2
购　　物	100	13.8	37.1	36.9	9.4	2.8
导游服务	100	21.9	33.5	34.5	8.3	1.8
邮电通讯	100	17.9	32.1	36.1	10.0	3.9

7－6　2008年入境游客对旅游服务质量的评价
（按外国人、港澳台胞分组）

		调查人数		外国人		香港同胞		澳门同胞		台湾同胞	
		（人）	（%）	（人）	（%）	（人）	（%）	（人）	（%）	（人）	（%）
宾馆饭店	小计	15 080	100.0	9 580	100.0	3 384	100.0	849	100.0	1 267	100.0
	1分	94	0.6	63	0.7	13	0.4	14	1.6	4	0.3
	2分	391	2.6	241	2.5	65	1.9	52	6.1	33	2.6
	3分	3 829	25.4	1 703	17.8	1 333	39.4	419	49.4	374	29.5
	4分	6 048	40.1	3 603	37.6	1 656	48.9	263	31.0	526	41.5
	5分	4 718	31.3	3 970	41.4	317	9.4	101	11.9	330	26.0
餐　　饮	小计	15 685	100.0	10 123	100.0	3 406	100.0	852	100.0	1 304	100.0
	1分	137	0.9	82	0.8	22	0.6	14	1.6	19	1.5
	2分	780	5.0	403	4.0	198	5.8	80	9.4	99	7.6
	3分	4 804	30.6	2 448	24.2	1 525	44.8	351	41.2	480	36.8
	4分	6 342	40.4	4 184	41.3	1 373	40.3	300	35.2	485	37.2
	5分	3 622	23.1	3 006	29.7	288	8.5	107	12.6	221	16.9
交　　通	小计	15 566	100.0	10 023	100.0	3 395	100.0	852	100.0	1 296	100.0
	1分	510	3.3	279	2.8	102	3.0	65	7.6	64	4.9
	2分	1 943	12.5	936	9.3	698	20.6	110	12.9	199	15.4
	3分	5 257	33.8	2 970	29.6	1 456	42.9	353	41.4	478	36.9
	4分	5 092	32.7	3 495	34.9	947	27.9	255	29.9	395	30.5
	5分	2 764	17.8	2 343	23.4	192	5.7	69	8.1	160	12.3
娱　　乐	小计	14 812	100.0	9 395	100.0	3 337	100.0	845	100.0	1 235	100.0
	1分	300	2.0	210	2.2	37	1.1	25	3.0	28	2.3
	2分	1 118	7.5	639	6.8	263	7.9	88	10.4	128	10.4
	3分	5 607	37.9	3 063	32.6	1 630	48.8	398	47.1	516	41.8
	4分	4 973	33.6	3 135	33.4	1 196	35.8	242	28.6	400	32.4
	5分	2 814	19.0	2 348	25.0	211	6.3	92	10.9	163	13.2

7－6(续)

		调查人数		外国人		香港同胞		澳门同胞		台湾同胞	
		(人)	(%)	(人)	(%)	(人)	(%)	(人)	(%)	(人)	(%)
购　　物	小计	15 278	100.0	9 803	100.0	3 364	100.0	846	100.0	1 265	100.0
	1分	249	1.6	152	1.6	40	1.2	22	2.6	35	2.8
	2分	972	6.4	524	5.3	254	7.6	75	8.9	119	9.4
	3分	5 457	35.7	2 776	28.3	1 848	54.9	366	43.3	467	36.9
	4分	5 433	35.6	3 691	37.7	989	29.4	284	33.6	469	37.1
	5分	3 167	20.7	2 660	27.1	233	6.9	99	11.7	175	13.8
导游服务	小计	14 176	100.0	8 876	100.0	3 282	100.0	834	100.0	1 184	100.0
	1分	261	1.8	178	2.0	31	0.9	31	3.7	21	1.8
	2分	928	6.5	536	6.0	225	6.9	69	8.3	98	8.3
	3分	5 149	36.3	2 607	29.4	1 705	52.0	428	51.3	409	34.5
	4分	4 389	31.0	2 627	29.6	1 127	34.3	238	28.5	397	33.5
	5分	3 449	24.3	2 928	33.0	194	5.9	68	8.2	259	21.9
邮电通讯	小计	14 404	100.0	9 050	100.0	3 315	100.0	835	100.0	1 204	100.0
	1分	422	2.9	249	2.8	71	2.1	55	6.6	47	3.9
	2分	1 180	8.2	728	8.0	245	7.4	86	10.3	121	10.0
	3分	5 220	36.2	2 530	28.0	1 861	56.1	394	47.2	435	36.1
	4分	4 531	31.5	3 032	33.5	892	26.9	221	26.5	386	32.1
	5分	3 051	21.2	2 511	27.7	246	7.4	79	9.5	215	17.9

7－7　2008 年入境游客对旅游服务质量

		调查人数		男　性		女　性	
		（人）	（%）	（人）	（%）	（人）	（%）
宾馆饭店	小计	15 080	100.0	8 957	100.0	6 123	100.0
	1 分	94	0.6	50	0.6	44	0.7
	2 分	391	2.6	220	2.5	171	2.8
	3 分	3 829	25.4	2 335	26.1	1 494	24.4
	4 分	6 048	40.1	3 711	41.4	2 337	38.2
	5 分	4 718	31.3	2 641	29.5	2 077	33.9
餐　饮	小计	15 685	100.0	9 276	100.0	6 409	100.0
	1 分	137	0.9	84	0.9	53	0.8
	2 分	780	5.0	473	5.1	307	4.8
	3 分	4 804	30.6	2 939	31.7	1 865	29.1
	4 分	6 342	40.4	3 828	41.3	2 514	39.2
	5 分	3 622	23.1	1 952	21.0	1 670	26.1
交　通	小计	15 566	100.0	9 204	100.0	6 362	100.0
	1 分	510	3.3	337	3.7	173	2.7
	2 分	1 943	12.5	1 278	13.9	665	10.5
	3 分	5 257	33.8	3 252	35.3	2 005	31.5
	4 分	5 092	32.7	2 975	32.3	2 117	33.3
	5 分	2 764	17.8	1 362	14.8	1 402	22.0
娱　乐	小计	14 812	100.0	8 648	100.0	6 164	100.0
	1 分	300	2.0	182	2.1	118	1.9
	2 分	1 118	7.5	706	8.2	412	6.7
	3 分	5 607	37.9	3 521	40.7	2 086	33.8
	4 分	4 973	33.6	2 834	32.8	2 139	34.7
	5 分	2 814	19.0	1 405	16.2	1 409	22.9

的评价(按性别、年龄分组)

14岁及以下		15~24岁		25~44岁		45~64岁		65岁及以上	
(人)	(%)	(人)	(%)	(人)	(%)	(人)	(%)	(人)	(%)
100	100.0	1 612	100.0	7 681	100.0	4 819	100.0	868	100.0
1	1.0	18	1.1	31	0.4	42	0.9	2	0.2
5	5.0	50	3.1	180	2.3	143	3.0	13	1.5
25	25.0	490	30.4	2 033	26.5	1 120	23.2	161	18.5
32	32.0	644	40.0	3 067	39.9	1 976	41.0	329	37.9
37	37.0	410	25.4	2 370	30.9	1 538	31.9	363	41.8
106	100.0	1 713	100.0	7 976	100.0	4 989	100.0	901	100.0
1	0.9	22	1.3	63	0.8	45	0.9	6	0.7
14	13.2	93	5.4	390	4.9	249	5.0	34	3.8
22	20.8	533	31.1	2 469	31.0	1 528	30.6	252	28.0
46	43.4	699	40.8	3 179	39.9	2 036	40.8	382	42.4
23	21.7	366	21.4	1 875	23.5	1 131	22.7	227	25.2
106	100.0	1 704	100.0	7 910	100.0	4 950	100.0	896	100.0
6	5.7	66	3.9	272	3.4	153	3.1	13	1.5
11	10.4	222	13.0	1 070	13.5	597	12.1	43	4.8
30	28.3	560	32.9	2 666	33.7	1 723	34.8	278	31.0
40	37.7	582	34.2	2 421	30.6	1 691	34.2	358	40.0
19	17.9	274	16.1	1 481	18.7	786	15.9	204	22.8
103	100.0	1 652	100.0	7 586	100.0	4 633	100.0	838	100.0
0	0.0	36	2.2	143	1.9	108	2.3	13	1.6
12	11.7	127	7.7	574	7.6	356	7.7	49	5.8
29	28.2	572	34.6	2 955	39.0	1 785	38.5	266	31.7
32	31.1	612	37.0	2 470	32.6	1 563	33.7	296	35.3
30	29.1	305	18.5	1 444	19.0	821	17.7	214	25.5

7－7(续)

		调查人数		男　　性		女　　性	
		(人)	(%)	(人)	(%)	(人)	(%)
购　　物	小计	15 278	100.0	8 952	100.0	6 326	100.0
	1 分	249	1.6	162	1.8	87	1.4
	2 分	972	6.4	647	7.2	325	5.1
	3 分	5 457	35.7	3 391	37.9	2 066	32.7
	4 分	5 433	35.6	3 204	35.8	2 229	35.2
	5 分	3 167	20.7	1 548	17.3	1 619	25.6
导游服务	小计	14 176	100.0	8 210	100.0	5 966	100.0
	1 分	261	1.8	162	2.0	99	1.7
	2 分	928	6.5	603	7.3	325	5.4
	3 分	5 149	36.3	3 199	39.0	1 950	32.7
	4 分	4 389	31.0	2 515	30.6	1 874	31.4
	5 分	3 449	24.3	1 731	21.1	1 718	28.8
邮电通讯	小计	14 404	100.0	8 448	100.0	5 956	100.0
	1 分	422	2.9	247	2.9	175	2.9
	2 分	1 180	8.2	746	8.8	434	7.3
	3 分	5 220	36.2	3 171	37.5	2 049	34.4
	4 分	4 531	31.5	2 702	32.0	1 829	30.7
	5 分	3 051	21.2	1 582	18.7	1 469	24.7

14 岁及以下		15 ~ 24 岁		25 ~ 44 岁		45 ~ 64 岁		65 岁及以上	
(人)	(%)	(人)	(%)	(人)	(%)	(人)	(%)	(人)	(%)
104	100.0	1 701	100.0	7 794	100.0	4 811	100.0	868	100.0
2	1.9	18	1.1	128	1.6	91	1.9	10	1.2
7	6.7	100	5.9	519	6.7	308	6.4	38	4.4
34	32.7	568	33.4	2 841	36.5	1 731	36.0	283	32.6
30	28.8	671	39.4	2 662	34.2	1 744	36.3	326	37.6
31	29.8	344	20.2	1 644	21.1	937	19.5	211	24.3
97	100.0	1 558	100.0	7 228	100.0	4 456	100.0	837	100.0
2	2.1	36	2.3	134	1.9	82	1.8	7	0.8
7	7.2	114	7.3	471	6.5	305	6.8	31	3.7
29	29.9	544	34.9	2 798	38.7	1 593	35.7	185	22.1
27	27.8	521	33.4	2 150	29.7	1 414	31.7	277	33.1
32	33.0	343	22.0	1 675	23.2	1 062	23.8	337	40.3
99	100.0	1 586	100.0	7 390	100.0	4 506	100.0	823	100.0
2	2.0	66	4.2	203	2.7	136	3.0	15	1.8
11	11.1	144	9.1	616	8.3	365	8.1	44	5.3
34	34.3	564	35.6	2 788	37.7	1 603	35.6	231	28.1
28	28.3	533	33.6	2 222	30.1	1 474	32.7	274	33.3
24	24.2	279	17.6	1 561	21.1	928	20.6	259	31.5

7－8　2008 年入境游客对旅游服务质量

		调查人数		政府工作人员		专业技术人员		职员		技工工人	
		（人）	（%）	（人）	（%）	（人）	（%）	（人）	（%）	（人）	（%）
宾馆饭店	小计	15 080	100.0	545	100.0	2 484	100.0	2 257	100.0	746	100.0
	1 分	94	0.6	3	0.6	19	0.8	14	0.6	2	0.3
	2 分	391	2.6	12	2.2	59	2.4	40	1.8	33	4.4
	3 分	3 829	25.4	105	19.3	689	27.7	508	22.5	216	29.0
	4 分	6 048	40.1	191	35.0	1 032	41.5	1 017	45.1	321	43.0
	5 分	4 718	31.3	234	42.9	685	27.6	678	30.0	174	23.3
餐　　饮	小计	15 685	100.0	604	100.0	2 554	100.0	2 377	100.0	770	100.0
	1 分	137	0.9	8	1.3	31	1.2	13	0.5	7	0.9
	2 分	780	5.0	28	4.6	146	5.7	92	3.9	43	5.6
	3 分	4 804	30.6	160	26.5	795	31.1	714	30.0	278	36.1
	4 分	6 342	40.4	228	37.7	1 068	41.8	1 075	45.2	294	38.2
	5 分	3 622	23.1	180	29.8	514	20.1	483	20.3	148	19.2
交　　通	小计	15 566	100.0	600	100.0	2 530	100.0	2 358	100.0	768	100.0
	1 分	510	3.3	20	3.3	86	3.4	64	2.7	24	3.1
	2 分	1 943	12.5	49	8.2	331	13.1	280	11.9	126	16.4
	3 分	5 257	33.8	188	31.3	914	36.1	818	34.7	294	38.3
	4 分	5 092	32.7	202	33.7	840	33.2	834	35.4	226	29.4
	5 分	2 764	17.8	141	23.5	359	14.2	362	15.4	98	12.8
娱　　乐	小计	14 812	100.0	565	100.0	2 380	100.0	2 285	100.0	739	100.0
	1 分	300	2.0	14	2.5	56	2.4	46	2.0	14	1.9
	2 分	1 118	7.5	31	5.5	175	7.4	177	7.7	54	7.3
	3 分	5 607	37.9	167	29.6	979	41.1	773	33.8	325	44.0
	4 分	4 973	33.6	213	37.7	807	33.9	889	38.9	245	33.2
	5 分	2 814	19.0	140	24.8	363	15.3	400	17.5	101	13.7

的评价(按职业分组)

商贸人员		服务员推销员		退休人员		家庭妇女		军人		学生		其他	
(人)	(%)	(人)	(%)	(人)	(%)	(人)	(%)	(人)	(%)	(人)	(%)	(人)	(%)
4 081	100.0	655	100.0	934	100.0	1 067	100.0	61	100.0	1 285	100.0	965	100.0
26	0.6	2	0.3	1	0.1	7	0.7	1	1.6	11	0.9	8	0.8
89	2.2	14	2.1	29	3.1	37	3.5	3	4.9	42	3.3	33	3.4
1 018	24.9	197	30.1	181	19.4	226	21.2	17	27.9	417	32.5	255	26.4
1 473	36.1	306	46.7	371	39.7	481	45.1	14	23.0	498	38.8	344	35.6
1 475	36.1	136	20.8	352	37.7	316	29.6	26	42.6	317	24.7	325	33.7
4 206	100.0	677	100.0	973	100.0	1 112	100.0	63	100.0	1 348	100.0	1 001	100.0
27	0.6	5	0.7	4	0.4	10	0.9	0	0.0	14	1.0	18	1.8
194	4.6	36	5.3	46	4.7	59	5.3	1	1.6	79	5.9	56	5.6
1 252	29.8	260	38.4	268	27.5	336	30.2	24	38.1	422	31.3	295	29.5
1 532	36.4	293	43.3	417	42.9	480	43.2	22	34.9	546	40.5	387	38.7
1 201	28.6	83	12.3	238	24.5	227	20.4	16	25.4	287	21.3	245	24.5
4 177	100.0	673	100.0	970	100.0	1 099	100.0	63	100.0	1 343	100.0	985	100.0
131	3.1	37	5.5	19	2.0	36	3.3	4	6.3	53	3.9	36	3.7
529	12.7	159	23.6	68	7.0	129	11.7	5	7.9	164	12.2	103	10.5
1 421	34.0	218	32.4	295	30.4	343	31.2	17	27.0	427	31.8	322	32.7
1 181	28.3	188	27.9	379	39.1	408	37.1	20	31.7	478	35.6	336	34.1
915	21.9	71	10.5	209	21.5	183	16.7	17	27.0	221	16.5	188	19.1
3 920	100.0	659	100.0	909	100.0	1 064	100.0	62	100.0	1 299	100.0	930	100.0
72	1.8	17	2.6	13	1.4	22	2.1	3	4.8	25	1.9	18	1.9
277	7.1	68	10.3	52	5.7	88	8.3	5	8.1	95	7.3	96	10.3
1 630	41.6	257	39.0	294	32.3	373	35.1	20	32.3	456	35.1	333	35.8
1 036	26.4	248	37.6	340	37.4	405	38.1	10	16.1	470	36.2	310	33.3
905	23.1	69	10.5	210	23.1	176	16.5	24	38.7	253	19.5	173	18.6

7-8(续)

		调查人数		政府工作人员		专业技术人员		职员		技工工人	
		(人)	(%)	(人)	(%)	(人)	(%)	(人)	(%)	(人)	(%)
购物	小计	15 278	100.0	589	100.0	2 463	100.0	2 335	100.0	758	100.0
	1分	249	1.6	18	3.1	42	1.7	25	1.1	9	1.2
	2分	972	6.4	35	5.9	177	7.2	146	6.3	50	6.6
	3分	5 457	35.7	163	27.7	962	39.1	876	37.5	324	42.7
	4分	5 433	35.6	213	36.2	884	35.9	904	38.7	271	35.8
	5分	3 167	20.7	160	27.2	398	16.2	384	16.4	104	13.7
导游服务	小计	14 176	100.0	533	100.0	2 258	100.0	2 181	100.0	719	100.0
	1分	261	1.8	11	2.1	62	2.7	32	1.5	6	0.8
	2分	928	6.5	25	4.7	167	7.4	140	6.4	52	7.2
	3分	5 149	36.3	137	25.7	911	40.3	769	35.3	310	43.1
	4分	4 389	31.0	177	33.2	675	29.9	740	33.9	213	29.6
	5分	3 449	24.3	183	34.3	443	19.6	500	22.9	138	19.2
邮电通讯	小计	14 404	100.0	525	100.0	2 351	100.0	2 189	100.0	724	100.0
	1分	422	2.9	19	3.6	69	2.9	70	3.2	13	1.8
	2分	1 180	8.2	35	6.7	219	9.3	173	7.9	75	10.4
	3分	5 220	36.2	135	25.7	941	40.0	781	35.7	311	43.0
	4分	4 531	31.5	200	38.1	725	30.8	744	34.0	210	29.0
	5分	3 051	21.2	136	25.9	397	16.9	421	19.2	115	15.9

商贸人员		服务员推销员		退休人员		家庭妇女		军人		学生		其他	
(人)	(%)	(人)	(%)	(人)	(%)	(人)	(%)	(人)	(%)	(人)	(%)	(人)	(%)
4 047	100.0	673	100.0	949	100.0	1 091	100.0	62	100.0	1 338	100.0	973	100.0
71	1.8	7	1.0	10	1.1	27	2.5	2	3.2	16	1.2	22	2.3
255	6.3	51	7.6	43	4.5	58	5.3	6	9.7	76	5.7	75	7.7
1 402	34.6	299	44.4	316	33.3	370	33.9	14	22.6	406	30.3	325	33.4
1 273	31.5	234	34.8	357	37.6	407	37.3	24	38.7	533	39.8	333	34.2
1 046	25.8	82	12.2	223	23.5	229	21.0	16	25.8	307	22.9	218	22.4
3 686	100.0	653	100.0	917	100.0	1 038	100.0	62	100.0	1 225	100.0	904	100.0
74	2.0	5	0.8	5	0.5	15	1.4	2	3.2	28	2.3	21	2.3
235	6.4	64	9.8	36	3.9	48	4.6	2	3.2	90	7.3	69	7.6
1 510	41.0	256	39.2	224	24.4	297	28.6	17	27.4	431	35.2	287	31.7
938	25.4	224	34.3	337	36.8	392	37.8	10	16.1	391	31.9	292	32.3
929	25.2	104	15.9	315	34.4	286	27.6	31	50.0	285	23.3	235	26.0
3 820	100.0	646	100.0	901	100.0	1 027	100.0	61	100.0	1 259	100.0	901	100.0
109	2.9	18	2.8	17	1.9	24	2.3	0	0.0	50	4.0	33	3.7
298	7.8	60	9.3	48	5.3	80	7.8	6	9.8	117	9.3	69	7.7
1 381	36.2	290	44.9	264	29.3	356	34.7	20	32.8	439	34.9	302	33.5
1 042	27.3	189	29.3	336	37.3	354	34.5	20	32.8	434	34.5	277	30.7
990	25.9	89	13.8	236	26.2	213	20.7	15	24.6	219	17.4	220	24.4

7－9　2008年入境游客对旅游服务质量

		调查人数		观光游览		休闲度假		探亲访友	
		(人)	(%)	(人)	(%)	(人)	(%)	(人)	(%)
宾馆饭店	小计	15 080	100.0	3 910	100.0	2 449	100.0	2 023	100.0
	1分	94	0.6	16	0.4	12	0.5	12	0.6
	2分	391	2.6	116	3.0	75	3.1	38	1.9
	3分	3 829	25.4	688	17.6	683	27.9	618	30.5
	4分	6 048	40.1	1 476	37.7	1 001	40.9	1 061	52.4
	5分	4 718	31.3	1 614	41.3	678	27.7	294	14.5
餐　　饮	小计	15 685	100.0	4 097	100.0	2 586	100.0	2 124	100.0
	1分	137	0.9	48	1.2	19	0.7	5	0.2
	2分	780	5.0	196	4.8	131	5.1	107	5.0
	3分	4 804	30.6	1 119	27.3	752	29.1	787	37.1
	4分	6 342	40.4	1 726	42.1	1 122	43.4	957	45.1
	5分	3 622	23.1	1 008	24.6	562	21.7	268	12.6
交　　通	小计	15 566	100.0	4 077	100.0	2 572	100.0	2 117	100.0
	1分	510	3.3	113	2.8	95	3.7	62	2.9
	2分	1 943	12.5	342	8.4	291	11.3	413	19.5
	3分	5 257	33.8	1 204	29.5	896	34.8	800	37.8
	4分	5 092	32.7	1 594	39.1	874	34.0	639	30.2
	5分	2 764	17.8	824	20.2	416	16.2	203	9.6
娱　乐	小计	14 812	100.0	3 903	100.0	2 510	100.0	2 042	100.0
	1分	300	2.0	97	2.5	53	2.1	17	0.8
	2分	1 118	7.5	267	6.8	164	6.5	168	8.2
	3分	5 607	37.9	1 142	29.3	904	36.0	841	41.2
	4分	4 973	33.6	1 485	38.0	921	36.7	832	40.7
	5分	2 814	19.0	912	23.4	468	18.6	184	9.0

的评价(按旅游目的分组)

商务		会议		宗教朝拜		文化/体育/科技交流		其他	
(人)	(%)	(人)	(%)	(人)	(%)	(人)	(%)	(人)	(%)
4 833	100.0	685	100.0	65	100.0	292	100.0	823	100.0
36	0.7	4	0.6	2	3.1	2	0.7	10	1.2
97	2.0	19	2.8	1	1.5	9	3.1	36	4.4
1 330	27.5	168	24.5	15	23.1	55	18.8	272	33.0
1 831	37.9	237	34.6	23	35.4	118	40.4	301	36.6
1 539	31.8	257	37.5	24	36.9	108	37.0	204	24.8
4 948	100.0	691	100.0	68	100.0	314	100.0	857	100.0
40	0.8	7	1.0	0	0.0	3	1.0	15	1.8
242	4.9	25	3.6	4	5.9	19	6.1	56	6.5
1 581	32.0	190	27.5	23	33.8	77	24.5	275	32.1
1 806	36.5	262	37.9	22	32.4	125	39.8	322	37.6
1 279	25.8	207	30.0	19	27.9	90	28.7	189	22.1
4 894	100.0	686	100.0	64	100.0	307	100.0	849	100.0
165	3.4	26	3.8	1	1.6	14	4.6	34	4.0
695	14.2	65	9.5	8	12.5	27	8.8	102	12.0
1 732	35.4	249	36.3	13	20.3	74	24.1	289	34.0
1 336	27.3	212	30.9	32	50.0	124	40.4	281	33.1
966	19.7	134	19.5	10	15.6	68	22.1	143	16.8
4 551	100.0	645	100.0	62	100.0	284	100.0	815	100.0
94	2.1	15	2.3	2	3.2	4	1.4	18	2.2
384	8.4	34	5.3	9	14.5	17	6.0	75	9.2
2 016	44.3	280	43.4	16	25.8	89	31.3	319	39.1
1 133	24.9	201	31.2	20	32.3	111	39.1	270	33.1
924	20.3	115	17.8	15	24.2	63	22.2	133	16.3

7 -9(续)

		调查人数		观光游览		休闲度假		探亲访友	
		(人)	(%)	(人)	(%)	(人)	(%)	(人)	(%)
购物	小计	15 278	100.0	4 040	100.0	2 563	100.0	2 086	100.0
	1分	249	1.6	79	2.0	30	1.2	15	0.7
	2分	972	6.4	254	6.3	151	5.9	107	5.1
	3分	5 457	35.7	1 152	28.5	940	36.7	988	47.4
	4分	5 433	35.6	1 578	39.1	924	36.1	735	35.2
	5分	3 167	20.7	977	24.2	518	20.2	241	11.6
导游服务	小计	14 176	100.0	3 875	100.0	2 393	100.0	1 958	100.0
	1分	261	1.8	46	1.2	40	1.7	21	1.1
	2分	928	6.5	182	4.7	169	7.1	149	7.6
	3分	5 149	36.3	842	21.7	914	38.2	837	42.7
	4分	4 389	31.0	1 320	34.1	734	30.7	788	40.2
	5分	3 449	24.3	1 485	38.3	536	22.4	163	8.3
邮电通讯	小计	14 404	100.0	3 757	100.0	2 399	100.0	1 999	100.0
	1分	422	2.9	121	3.2	75	3.1	36	1.8
	2分	1 180	8.2	273	7.3	181	7.5	172	8.6
	3分	5 220	36.2	877	23.3	947	39.5	965	48.3
	4分	4 531	31.5	1 386	36.9	774	32.3	638	31.9
	5分	3 051	21.2	1 100	29.3	422	17.6	188	9.4

商务		会议		宗教朝拜		文化/体育/科技交流		其他	
(人)	(%)	(人)	(%)	(人)	(%)	(人)	(%)	(人)	(%)
4 720	100.0	665	100.0	66	100.0	301	100.0	837	100.0
84	1.8	16	2.4	1	1.5	6	2.0	18	2.2
336	7.1	41	6.2	4	6.1	14	4.7	65	7.8
1 810	38.3	208	31.3	17	25.8	79	26.2	263	31.4
1 478	31.3	250	37.6	30	45.5	127	42.2	311	37.2
1 012	21.4	150	22.6	14	21.2	75	24.9	180	21.5
4 235	100.0	610	100.0	60	100.0	277	100.0	768	100.0
107	2.5	13	2.1	1	1.7	5	1.8	28	3.6
307	7.2	37	6.1	5	8.3	10	3.6	69	9.0
1 885	44.5	274	44.9	18	30.0	69	24.9	310	40.4
1 055	24.9	165	27.0	17	28.3	83	30.0	227	29.6
881	20.8	121	19.8	19	31.7	110	39.7	134	17.4
4 487	100.0	628	100.0	60	100.0	277	100.0	797	100.0
143	3.2	13	2.1	1	1.7	10	3.6	23	2.9
390	8.7	42	6.7	8	13.3	23	8.3	91	11.4
1 786	39.8	253	40.3	17	28.3	71	25.6	304	38.1
1 184	26.4	187	29.8	23	38.3	101	36.5	238	29.9
984	21.9	133	21.2	11	18.3	72	26.0	141	17.7

7－10 2008 年入境游客对各省(区、市)

	宾馆饭店						餐饮					
	小计	5分	4分	3分	2分	1分	小计	5分	4分	3分	2分	1分
北京	100	59.8	34.0	5.4	0.4	0.3	100	43.4	43.8	11.2	1.2	0.4
天津	100	41.5	44.6	13.3	0.6	0.0	100	37.1	43.1	16.1	3.1	0.6
河北	100	42.2	43.2	12.5	1.9	0.1	100	36.1	44.2	18.7	0.8	0.3
山西	100	42.7	37.8	14.7	3.7	1.1	100	43.9	32.8	17.4	4.7	1.2
内蒙古	100	52.3	33.3	13.9	0.2	0.2	100	46.9	33.6	19.1	0.2	0.2
辽宁	100	67.1	27.2	5.4	0.3	0.0	100	50.9	36.8	11.0	1.0	0.2
吉林	100	41.5	49.0	9.3	0.3	0.0	100	33.0	48.3	16.0	2.3	0.5
黑龙江	100	50.6	37.1	10.7	1.6	0.0	100	40.8	41.4	15.0	2.0	0.7
上海	100	48.7	43.9	5.4	1.2	0.7	100	34.4	48.3	14.3	2.7	0.3
江苏	100	56.9	37.8	5.1	0.3	0.0	100	37.8	44.5	15.5	2.0	0.2
浙江	100	44.0	44.7	9.8	0.9	0.6	100	29.1	50.5	18.0	1.7	0.6
安徽	100	49.0	43.3	7.2	0.3	0.2	100	38.7	47.4	10.4	2.7	0.8
福建	100	45.8	39.2	13.2	1.5	0.3	100	27.0	44.2	23.8	4.2	0.9
江西	100	35.2	44.6	19.5	0.7	0.0	100	26.1	43.1	29.9	0.9	0.0
山东	100	52.9	36.9	8.9	1.3	0.0	100	35.2	42.8	17.4	4.3	0.3
河南	100	52.2	38.9	7.3	1.0	0.6	100	45.8	34.4	16.5	2.5	0.9
湖北	100	37.0	47.6	14.3	0.8	0.3	100	32.0	44.9	20.7	2.2	0.3
湖南	100	48.5	35.3	14.4	1.1	0.7	100	45.6	35.5	17.0	1.4	0.5
广东	100	35.1	39.2	17.4	2.2	6.1	100	25.1	38.4	25.4	4.8	6.3
广西	100	47.8	35.8	15.0	1.2	0.2	100	29.8	47.2	20.4	2.5	0.2
海南	100	55.8	31.6	10.5	0.8	1.2	100	28.2	44.9	21.4	3.7	1.7
重庆	100	56.7	33.8	9.3	0.2	0.0	100	48.1	40.0	9.5	1.8	0.5
四川	100	47.8	30.5	15.6	5.9	0.3	100	33.4	38.3	21.3	6.8	0.2
贵州	100	24.0	53.5	21.4	0.9	0.2	100	16.3	48.8	32.3	2.2	0.3
云南	100	32.8	51.4	12.6	2.3	0.9	100	18.5	44.9	30.3	4.5	1.8
西藏	100	13.1	73.3	13.6	0.0	0.0	100	20.0	68.9	11.1	0.0	0.0
陕西	100	47.4	45.0	6.1	1.2	0.4	100	34.1	47.6	14.2	2.9	1.1
甘肃	100	29.7	50.0	17.0	3.0	0.3	100	17.0	48.7	26.4	7.7	0.1
青海	100	26.9	50.6	21.7	0.8	0.0	100	22.4	42.7	31.3	3.7	0.0
宁夏	100	37.4	39.5	22.4	0.7	0.0	100	29.7	56.8	11.5	2.0	0.0
新疆	100	0.2	52.9	46.5	0.2	0.2	100	0.2	45.6	53.6	0.4	0.2

旅游服务质量的评价

单位：%

交通						娱乐					
小计	5分	4分	3分	2分	1分	小计	5分	4分	3分	2分	1分
100	24.3	35.1	31.6	6.4	2.7	100	30.5	38.5	22.8	6.2	2.0
100	19.2	34.0	31.1	13.2	2.5	100	23.2	32.7	32.5	9.5	2.1
100	24.9	44.6	28.3	1.8	0.5	100	21.6	46.4	28.8	1.5	1.8
100	24.9	25.7	34.3	12.8	2.3	100	24.6	34.6	24.8	13.3	2.7
100	46.6	20.9	29.5	2.6	0.4	100	40.1	21.0	35.3	3.0	0.6
100	35.7	37.0	19.8	5.2	2.3	100	34.0	38.1	20.8	4.6	2.5
100	22.8	54.0	20.3	3.0	0.0	100	21.1	52.6	22.1	4.0	0.3
100	30.5	32.1	29.4	7.0	1.0	100	26.9	32.8	29.1	8.3	2.9
100	21.7	44.2	26.4	6.1	1.6	100	28.3	45.9	19.1	5.7	1.0
100	20.1	44.4	29.6	5.2	0.7	100	23.3	42.1	28.1	5.8	0.7
100	13.4	37.4	36.1	10.1	3.0	100	14.1	40.8	34.5	8.3	2.3
100	32.7	44.7	17.0	4.5	1.1	100	19.6	49.9	21.8	5.9	2.8
100	14.9	31.1	37.5	11.4	5.2	100	14.0	33.9	36.8	12.3	3.0
100	16.9	37.8	39.5	5.6	0.3	100	17.6	39.6	36.9	5.7	0.1
100	26.4	39.9	22.2	9.3	2.2	100	27.8	35.9	22.7	9.7	3.9
100	47.5	25.7	17.2	6.5	3.0	100	39.1	24.7	21.5	10.2	4.6
100	20.5	35.0	34.6	8.0	1.9	100	16.2	36.5	37.2	8.7	1.4
100	36.2	30.3	26.3	6.0	1.3	100	33.8	37.1	22.2	5.0	1.9
100	15.7	28.1	40.6	12.4	3.3	100	19.4	27.5	43.9	7.6	1.5
100	18.4	46.3	27.7	7.0	0.6	100	21.7	44.4	25.3	7.6	1.0
100	13.9	37.3	28.1	12.6	8.1	100	18.6	26.5	26.0	15.4	13.5
100	25.5	34.3	27.3	9.0	3.9	100	31.1	34.8	28.4	4.5	1.1
100	22.9	35.9	30.6	9.5	1.1	100	21.4	33.9	31.7	11.5	1.5
100	7.7	51.3	33.7	6.7	0.7	100	11.6	52.1	31.6	4.2	0.5
100	9.3	35.8	34.1	13.0	7.8	100	8.5	38.3	35.9	10.8	6.4
100	12.6	71.2	16.2	0.0	0.0	100	1.0	24.6	26.7	36.6	11.0
100	26.3	39.9	22.6	8.5	2.7	100	30.1	37.9	23.1	7.3	1.6
100	13.1	35.7	38.5	9.8	3.0	100	7.5	25.2	47.5	15.7	3.9
100	10.9	39.1	37.4	10.4	2.2	100	13.7	28.0	34.3	18.9	5.1
100	12.9	47.5	35.3	3.6	0.7	100	7.7	42.3	39.4	10.6	0.0
100	0.6	44.7	53.1	1.3	0.2	100	0.4	41.6	56.2	1.5	0.2

7－10(续)

	购物					
	小计	5分	4分	3分	2分	1分
北京	100	40.0	41.3	15.6	2.6	0.5
天津	100	23.4	41.4	25.7	8.3	1.1
河北	100	30.0	46.0	21.8	1.9	0.3
山西	100	27.2	41.6	22.5	7.5	1.2
内蒙古	100	41.1	24.0	32.3	2.2	0.4
辽宁	100	43.1	34.3	18.7	3.6	0.4
吉林	100	19.3	52.8	25.8	2.3	0.0
黑龙江	100	32.3	39.9	20.0	6.4	1.4
上海	100	30.2	48.2	16.0	4.8	0.9
江苏	100	28.5	45.1	23.1	2.9	0.3
浙江	100	21.4	49.4	24.7	3.5	1.0
安徽	100	23.8	52.2	18.8	3.9	1.4
福建	100	17.6	39.6	31.5	8.5	2.8
江西	100	20.1	43.3	34.1	2.4	0.0
山东	100	30.3	39.8	19.0	8.7	2.3
河南	100	39.4	28.1	22.0	7.2	3.4
湖北	100	21.5	42.5	30.7	4.7	0.5
湖南	100	35.7	38.7	21.4	2.9	1.3
广东	100	22.4	32.0	37.8	6.4	1.4
广西	100	32.1	41.8	20.5	4.2	1.4
海南	100	18.9	33.2	29.3	10.4	8.1
重庆	100	35.3	41.0	21.6	2.0	0.2
四川	100	28.6	35.9	26.7	8.1	0.8
贵州	100	12.3	52.3	30.4	4.4	0.6
云南	100	11.4	43.1	34.9	8.6	2.0
西藏	100	5.8	69.1	19.9	5.2	0.0
陕西	100	28.0	45.7	18.8	6.3	1.2
甘肃	100	7.2	37.9	41.9	11.8	1.2
青海	100	15.9	38.2	35.7	8.7	1.4
宁夏	100	18.4	43.2	28.8	9.6	0.0
新疆	100	0.2	39.6	58.4	1.6	0.2

单位：%

导游服务						邮电通讯					
小计	5分	4分	3分	2分	1分	小计	5分	4分	3分	2分	1分
100	38.1	35.4	19.3	6.0	1.2	100	38.8	35.8	19.2	4.4	1.8
100	27.4	31.9	26.6	8.0	6.0	100	25.7	39.7	24.3	6.8	3.5
100	32.1	45.6	19.5	2.0	0.8	100	28.6	47.4	21.3	2.0	0.8
100	36.7	29.6	21.6	9.8	2.3	100	23.4	35.8	28.3	9.8	2.6
100	41.1	17.7	38.8	1.8	0.6	100	42.6	18.9	34.7	3.0	0.8
100	33.7	39.1	22.1	2.9	2.1	100	42.5	33.9	17.7	4.1	1.9
100	32.7	46.5	17.8	2.5	0.5	100	22.8	52.6	21.3	2.5	0.8
100	40.6	32.4	21.4	3.3	2.3	100	26.9	32.8	31.3	6.2	2.9
100	29.5	45.2	19.1	5.3	1.0	100	28.7	45.4	18.2	6.3	1.5
100	27.5	44.1	22.2	5.4	0.9	100	31.0	40.8	22.3	5.0	0.9
100	21.8	48.1	25.2	3.4	1.5	100	22.7	44.7	26.7	5.1	0.8
100	39.2	38.9	15.6	4.6	1.6	100	36.2	38.9	17.9	5.0	2.0
100	19.8	34.4	29.2	11.7	4.9	100	23.5	40.1	23.7	9.0	3.7
100	31.6	42.1	23.7	2.4	0.1	100	27.1	45.3	25.4	1.9	0.3
100	29.4	38.6	20.6	8.2	3.1	100	31.2	34.7	22.6	7.8	3.8
100	48.0	27.4	13.2	9.1	2.3	100	41.8	21.8	22.7	9.0	4.7
100	22.0	41.5	30.8	4.0	1.6	100	19.3	37.9	36.8	4.8	1.3
100	39.6	36.1	21.8	2.1	0.5	100	33.8	38.5	23.2	3.2	1.3
100	16.1	23.0	52.1	6.7	2.1	100	14.1	17.7	61.0	5.3	1.9
100	34.2	42.0	17.7	4.0	2.0	100	27.2	42.9	22.6	5.6	1.7
100	17.5	27.7	22.7	15.7	16.5	100	17.4	32.1	20.9	11.8	17.9
100	36.6	39.8	18.1	3.7	1.8	100	36.4	40.2	17.1	4.6	1.8
100	25.7	34.5	29.6	9.4	1.0	100	24.5	32.7	31.2	10.0	1.5
100	17.1	52.1	27.3	3.3	0.2	100	8.1	56.1	29.4	6.0	0.4
100	13.8	42.7	28.1	10.0	5.4	100	11.8	46.5	28.6	8.0	5.1
100	0.0	16.2	61.8	20.4	1.6	100	67.0	18.8	12.0	2.1	0.0
100	39.6	41.0	14.3	3.9	1.3	100	29.1	40.0	21.1	7.0	2.8
100	17.4	42.3	31.3	7.0	2.0	100	9.4	26.2	50.6	9.8	4.0
100	19.7	45.7	26.6	6.9	1.1	100	16.6	27.3	42.8	9.1	4.3
100	18.6	41.2	33.0	6.2	1.0	100	20.3	39.2	31.6	8.9	0.0
100	0.9	37.7	60.1	1.2	0.0	100	0.2	36.0	62.8	1.0	0.0

八

入境游客对旅游接待设施的评价

8－1　2008年入境游客对旅游接待设施

		调查人数		外　国　人	
		（人）	（%）	（人）	（%）
宾馆饭店	小计	15 027	100.0	9 550	100.0
	1分	101	0.7	60	0.6
	2分	468	3.1	281	2.9
	3分	3 944	26.2	1 796	18.8
	4分	5 922	39.4	3 607	37.8
	5分	4 592	30.6	3 806	39.9
餐　　饮	小计	15 549	100.0	10 021	100.0
	1分	131	0.8	91	0.9
	2分	818	5.3	431	4.3
	3分	4 893	31.5	2 639	26.3
	4分	6 282	40.4	4 010	40.0
	5分	3 425	22.0	2 850	28.4
交　　通	小计	15 420	100.0	9 917	100.0
	1分	402	2.6	234	2.4
	2分	1 814	11.8	858	8.7
	3分	5 474	35.5	3 161	31.9
	4分	4 988	32.3	3 359	33.9
	5分	2 742	17.8	2 305	23.2

的评价(按外国人、港澳台胞分组)

香港同胞		澳门同胞		台湾同胞	
(人)	(%)	(人)	(%)	(人)	(%)
3 370	100.0	844	100.0	1 263	100.0
16	0.5	18	2.1	7	0.6
80	2.4	58	6.9	49	3.9
1 400	41.5	409	48.5	339	26.8
1 515	45.0	257	30.5	543	43.0
359	10.7	102	12.1	325	25.7
3 392	100.0	847	100.0	1 289	100.0
24	0.7	8	0.9	8	0.6
204	6.0	85	10.0	98	7.6
1 447	42.7	336	39.7	471	36.5
1 431	42.2	311	36.7	530	41.1
286	8.4	107	12.6	182	14.1
3 379	100.0	841	100.0	1 283	100.0
75	2.2	51	6.1	42	3.3
668	19.8	107	12.7	181	14.1
1 431	42.3	366	43.5	516	40.2
980	29.0	242	28.8	407	31.7
225	6.7	75	8.9	137	10.7

8-1(续)

		调查人数		外国人	
		(人)	(%)	(人)	(%)
娱　　乐	小计	14 744	100.0	9 342	100.0
	1 分	285	1.9	190	2.0
	2 分	1 038	7.0	606	6.5
	3 分	5 845	39.6	3 090	33.1
	4 分	4 930	33.4	3 241	34.7
	5 分	2 646	17.9	2 215	23.7
购　　物	小计	15 185	100.0	9 738	100.0
	1 分	217	1.4	133	1.4
	2 分	990	6.5	556	5.7
	3 分	5 376	35.4	2 920	30.0
	4 分	5 561	36.6	3 601	37.0
	5 分	3 041	20.0	2 528	26.0
游览/参观点	小计	14 690	100.0	9 294	100.0
	1 分	266	1.8	169	1.8
	2 分	942	6.4	529	5.7
	3 分	5 348	36.4	2 700	29.1
	4 分	4 767	32.5	3 062	32.9
	5 分	3 367	22.9	2 834	30.5
旅游景区厕所	小计	14 741	100.0	9 338	100.0
	1 分	1 941	13.2	1 104	11.8
	2 分	3 010	20.4	1 705	18.3
	3 分	5 287	35.9	3 108	33.3
	4 分	2 892	19.6	2 057	22.0
	5 分	1 611	10.9	1 364	14.6

香港同胞		澳门同胞		台湾同胞	
(人)	(%)	(人)	(%)	(人)	(%)
3 329	100.0	838	100.0	1 235	100.0
39	1.2	24	2.9	32	2.6
223	6.7	88	10.5	121	9.8
1 828	54.9	401	47.9	526	42.6
1 042	31.3	239	28.5	408	33.0
197	5.9	86	10.3	148	12.0
3 351	100.0	840	100.0	1 256	100.0
33	1.0	20	2.4	31	2.5
253	7.6	66	7.9	115	9.2
1 639	48.9	356	42.4	461	36.7
1 191	35.5	291	34.6	478	38.1
235	7.0	107	12.7	171	13.6
3 328	100.0	836	100.0	1 232	100.0
38	1.1	39	4.7	20	1.6
242	7.3	75	9.0	96	7.8
1 773	53.3	427	51.1	448	36.4
1 030	30.9	222	26.6	453	36.8
245	7.4	73	8.7	215	17.5
3 329	100.0	834	100.0	1 240	100.0
388	11.7	267	32.0	182	14.7
805	24.2	166	19.9	334	26.9
1 510	45.4	266	31.9	403	32.5
510	15.3	90	10.8	235	19.0
116	3.5	45	5.4	86	6.9

8－2　2008 年入境游客对旅游

		调查人数		男　性		女　性	
		（人）	（%）	（人）	（%）	（人）	（%）
宾馆饭店	小计	15 027	100.0	8 917	100.0	6 110	100.0
	1 分	101	0.7	51	0.6	50	0.8
	2 分	468	3.1	263	2.9	205	3.4
	3 分	3 944	26.2	2 358	26.4	1 586	26.0
	4 分	5 922	39.4	3 670	41.2	2 252	36.9
	5 分	4 592	30.6	2 575	28.9	2 017	33.0
餐　　饮	小计	15 549	100.0	9 175	100.0	6 374	100.0
	1 分	131	0.8	83	0.9	48	0.8
	2 分	818	5.3	511	5.6	307	4.8
	3 分	4 893	31.5	2 999	32.7	1 894	29.7
	4 分	6 282	40.4	3 759	41.0	2 523	39.6
	5 分	3 425	22.0	1 823	19.9	1 602	25.1
交　　通	小计	15 420	100.0	9 097	100.0	6 323	100.0
	1 分	402	2.6	274	3.0	128	2.0
	2 分	1 814	11.8	1 165	12.8	649	10.3
	3 分	5 474	35.5	3 438	37.8	2 036	32.2
	4 分	4 988	32.3	2 864	31.5	2 124	33.6
	5 分	2 742	17.8	1 356	14.9	1 386	21.9

接待设施的评价(按性别、年龄分组)

14岁及以下		15～24岁		25～44岁		45～64岁		65岁及以上	
(人)	(%)	(人)	(%)	(人)	(%)	(人)	(%)	(人)	(%)
103	100.0	1 609	100.0	7 650	100.0	4 802	100.0	863	100.0
0	0.0	15	0.9	50	0.7	33	0.7	3	0.3
3	2.9	58	3.6	217	2.8	173	3.6	17	2.0
27	26.2	479	29.8	2 058	26.9	1 220	25.4	160	18.5
33	32.0	622	38.7	3 009	39.3	1 934	40.3	324	37.5
40	38.8	435	27.0	2 316	30.3	1 442	30.0	359	41.6
105	100.0	1 706	100.0	7 916	100.0	4 933	100.0	889	100.0
2	1.9	16	0.9	65	0.8	42	0.9	6	0.7
12	11.4	106	6.2	401	5.1	255	5.2	44	4.9
30	28.6	525	30.8	2 511	31.7	1 566	31.7	261	29.4
35	33.3	710	41.6	3 150	39.8	2 005	40.6	382	43.0
26	24.8	349	20.5	1 789	22.6	1 065	21.6	196	22.0
106	100.0	1 694	100.0	7 848	100.0	4 888	100.0	884	100.0
2	1.9	59	3.5	224	2.9	105	2.1	12	1.4
15	14.2	209	12.3	957	12.2	576	11.8	57	6.4
34	32.1	537	31.7	2 779	35.4	1 794	36.7	330	37.3
34	32.1	597	35.2	2 429	31.0	1 623	33.2	305	34.5
21	19.8	292	17.2	1 459	18.6	790	16.2	180	20.4

8 -2(续)

		调查人数		男性		女性	
		(人)	(%)	(人)	(%)	(人)	(%)
娱乐	小计	14 744	100.0	8 590	100.0	6 154	100.0
	1 分	285	1.9	166	1.9	119	1.9
	2 分	1 038	7.0	661	7.7	377	6.1
	3 分	5 845	39.6	3 613	42.1	2 232	36.3
	4 分	4 930	33.4	2 886	33.6	2 044	33.2
	5 分	2 646	17.9	1 264	14.7	1 382	22.5
购物	小计	15 185	100.0	8 890	100.0	6 295	100.0
	1 分	217	1.4	134	1.5	83	1.3
	2 分	990	6.5	643	7.2	347	5.5
	3 分	5 376	35.4	3 426	38.5	1 950	31.0
	4 分	5 561	36.6	3 207	36.1	2 354	37.4
	5 分	3 041	20.0	1 480	16.6	1 561	24.8
游览/参观点	小计	14 690	100.0	8 544	100.0	6 146	100.0
	1 分	266	1.8	168	2.0	98	1.6
	2 分	942	6.4	593	6.9	349	5.7
	3 分	5 348	36.4	3 313	38.8	2 035	33.1
	4 分	4 767	32.5	2 753	32.2	2 014	32.8
	5 分	3 367	22.9	1 717	20.1	1 650	26.8
旅游景区厕所	小计	14 741	100.0	8 606	100.0	6 135	100.0
	1 分	1 941	13.2	1 147	13.3	794	12.9
	2 分	3 010	20.4	1 828	21.2	1 182	19.3
	3 分	5 287	35.9	3 239	37.6	2 048	33.4
	4 分	2 892	19.6	1 661	19.3	1 231	20.1
	5 分	1 611	10.9	731	8.5	880	14.3

14 岁及以下		15 ~ 24 岁		25 ~ 44 岁		45 ~ 64 岁		65 岁及以上	
(人)	(%)	(人)	(%)	(人)	(%)	(人)	(%)	(人)	(%)
102	100.0	1 649	100.0	7 537	100.0	4 617	100.0	839	100.0
5	4.9	43	2.6	129	1.7	94	2.0	14	1.7
7	6.9	128	7.8	488	6.5	363	7.9	52	6.2
26	25.5	602	36.5	3 102	41.2	1 854	40.2	261	31.1
36	35.3	598	36.3	2 419	32.1	1 547	33.5	330	39.3
28	27.5	278	16.9	1 399	18.6	759	16.4	182	21.7
103	100.0	1 685	100.0	7 744	100.0	4 785	100.0	868	100.0
2	1.9	21	1.2	101	1.3	83	1.7	10	1.2
7	6.8	126	7.5	499	6.4	316	6.6	42	4.8
25	24.3	541	32.1	2 822	36.4	1 694	35.4	294	33.9
45	43.7	654	38.8	2 713	35.0	1 825	38.1	324	37.3
24	23.3	343	20.4	1 609	20.8	867	18.1	198	22.8
97	100.0	1 650	100.0	7 502	100.0	4 590	100.0	851	100.0
3	3.1	39	2.4	136	1.8	77	1.7	11	1.3
7	7.2	104	6.3	495	6.6	301	6.6	35	4.1
30	30.9	559	33.9	2 868	38.2	1 693	36.9	198	23.3
27	27.8	590	35.8	2 366	31.5	1 486	32.4	298	35.0
30	30.9	358	21.7	1 637	21.8	1 033	22.5	309	36.3
99	100.0	1 634	100.0	7 517	100.0	4 633	100.0	858	100.0
28	28.3	285	17.4	930	12.4	602	13.0	96	11.2
22	22.2	353	21.6	1 594	21.2	899	19.4	142	16.6
24	24.2	484	29.6	2 696	35.9	1 777	38.4	306	35.7
13	13.1	343	21.0	1 355	18.0	961	20.7	220	25.6
12	12.1	169	10.3	942	12.5	394	8.5	94	11.0

8－3 2008 年入境游客对旅游

		调查人数		政府工作人员		专业技术人员		职员		技工工人	
		（人）	（%）	（人）	（%）	（人）	（%）	（人）	（%）	（人）	（%）
宾馆饭店	小计	15 027	100.0	545	100.0	2 476	100.0	2 239	100.0	748	100.0
	1 分	101	0.7	7	1.3	23	0.9	7	0.3	1	0.1
	2 分	468	3.1	21	3.9	77	3.1	63	2.8	29	3.9
	3 分	3 944	26.2	107	19.6	676	27.3	576	25.7	247	33.0
	4 分	5 922	39.4	210	38.5	1 000	40.4	947	42.3	301	40.2
	5 分	4 592	30.6	200	36.7	700	28.3	646	28.9	170	22.7
餐　　饮	小计	15 549	100.0	596	100.0	2 534	100.0	2 351	100.0	764	100.0
	1 分	131	0.8	9	1.5	22	0.9	13	0.6	6	0.8
	2 分	818	5.3	27	4.5	142	5.6	102	4.3	46	6.0
	3 分	4 893	31.5	155	26.0	844	33.3	693	29.5	292	38.2
	4 分	6 282	40.4	232	38.9	1 063	41.9	1 072	45.6	299	39.1
	5 分	3 425	22.0	173	29.0	463	18.3	471	20.0	121	15.8
交　　通	小计	15 420	100.0	592	100.0	2 505	100.0	2 339	100.0	762	100.0
	1 分	402	2.6	13	2.2	62	2.5	40	1.7	14	1.8
	2 分	1 814	11.8	42	7.1	302	12.1	238	10.2	115	15.1
	3 分	5 474	35.5	190	32.1	962	38.4	829	35.4	326	42.8
	4 分	4 988	32.3	202	34.1	825	32.9	876	37.5	210	27.6
	5 分	2 742	17.8	145	24.5	354	14.1	356	15.2	97	12.7

接待设施的评价(按职业分组)

商贸人员		服务员推销员		退休人员		家庭妇女		军人		学生		其他	
(人)	(%)	(人)	(%)	(人)	(%)	(人)	(%)	(人)	(%)	(人)	(%)	(人)	(%)
4 062	100.0	658	100.0	929	100.0	1 064	100.0	60	100.0	1 290	100.0	956	100.0
27	0.7	3	0.5	1	0.1	9	0.8	2	3.3	14	1.1	7	0.7
109	2.7	29	4.4	26	2.8	44	4.1	1	1.7	43	3.3	26	2.7
983	24.2	213	32.4	208	22.4	284	26.7	13	21.7	368	28.5	269	28.1
1 502	37.0	290	44.1	366	39.4	427	40.1	18	30.0	514	39.8	347	36.3
1 441	35.5	123	18.7	328	35.3	300	28.2	26	43.3	351	27.2	307	32.1
4 171	100.0	677	100.0	960	100.0	1 105	100.0	62	100.0	1 342	100.0	987	100.0
33	0.8	5	0.7	5	0.5	12	1.1	1	1.6	15	1.1	10	1.0
191	4.6	44	6.5	48	5.0	63	5.7	4	6.5	85	6.3	66	6.7
1 276	30.6	257	38.0	277	28.9	356	32.2	22	35.5	405	30.2	316	32.0
1 524	36.5	282	41.7	417	43.4	455	41.2	18	29.0	545	40.6	375	38.0
1 147	27.5	89	13.1	213	22.2	219	19.8	17	27.4	292	21.8	220	22.3
4 129	100.0	672	100.0	961	100.0	1 098	100.0	61	100.0	1 332	100.0	969	100.0
123	3.0	26	3.9	17	1.8	25	2.3	2	3.3	46	3.5	34	3.5
495	12.0	155	23.1	71	7.4	137	12.5	4	6.6	167	12.5	88	9.1
1 454	35.2	228	33.9	346	36.0	358	32.6	21	34.4	401	30.1	359	37.0
1 116	27.0	201	29.9	352	36.6	394	35.9	18	29.5	483	36.3	311	32.1
941	22.8	62	9.2	175	18.2	184	16.8	16	26.2	235	17.6	177	18.3

8－3(续)

		调查人数		政　府工作人员		专　业技术人员		职　员		技　工工　人	
		(人)	(%)	(人)	(%)	(人)	(%)	(人)	(%)	(人)	(%)
娱　乐	小计	14 744	100.0	557	100.0	2 383	100.0	2 278	100.0	731	100.0
	1分	285	1.9	19	3.4	53	2.2	36	1.6	12	1.6
	2分	1 038	7.0	35	6.3	162	6.8	157	6.9	48	6.6
	3分	5 845	39.6	147	26.4	1 013	42.5	852	37.4	346	47.3
	4分	4 930	33.4	221	39.7	828	34.7	849	37.3	246	33.7
	5分	2 646	17.9	135	24.2	327	13.7	384	16.9	79	10.8
购　物	小计	15 185	100.0	582	100.0	2 464	100.0	2 316	100.0	749	100.0
	1分	217	1.4	10	1.7	35	1.4	35	1.5	9	1.2
	2分	990	6.5	42	7.2	169	6.9	146	6.3	43	5.7
	3分	5 376	35.4	152	26.1	950	38.6	777	33.5	328	43.8
	4分	5 561	36.6	229	39.3	905	36.7	932	40.2	267	35.6
	5分	3 041	20.0	149	25.6	405	16.4	426	18.4	102	13.6
游览/参观点	小计	14 690	100.0	552	100.0	2 360	100.0	2 260	100.0	735	100.0
	1分	266	1.8	14	2.5	57	2.4	27	1.2	14	1.9
	2分	942	6.4	28	5.1	170	7.2	126	5.6	48	6.5
	3分	5 348	36.4	143	25.9	931	39.4	800	35.4	315	42.9
	4分	4 767	32.5	196	35.5	747	31.7	816	36.1	238	32.4
	5分	3 367	22.9	171	31.0	455	19.3	491	21.7	120	16.3
旅游景区厕所	小计	14 741	100.0	555	100.0	2 383	100.0	2 251	100.0	734	100.0
	1分	1 941	13.2	76	13.7	327	13.7	287	12.7	91	12.4
	2分	3 010	20.4	78	14.1	522	21.9	476	21.1	169	23.0
	3分	5 287	35.9	167	30.1	901	37.8	791	35.1	297	40.5
	4分	2 892	19.6	161	29.0	446	18.7	505	22.4	125	17.0
	5分	1 611	10.9	73	13.2	187	7.8	192	8.5	52	7.1

商贸人员		服务员推销员		退休人员		家庭妇女		军人		学生		其他	
(人)	(%)	(人)	(%)	(人)	(%)	(人)	(%)	(人)	(%)	(人)	(%)	(人)	(%)
3 877	100.0	657	100.0	918	100.0	1 067	100.0	62	100.0	1 302	100.0	912	100.0
68	1.8	11	1.7	14	1.5	23	2.2	2	3.2	32	2.5	15	1.6
272	7.0	53	8.1	48	5.2	82	7.7	7	11.3	100	7.7	74	8.1
1 644	42.4	309	47.0	298	32.5	388	36.4	18	29.0	466	35.8	364	39.9
1 036	26.7	227	34.6	364	39.7	394	36.9	17	27.4	464	35.6	284	31.1
857	22.1	57	8.7	194	21.1	180	16.9	18	29.0	240	18.4	175	19.2
4 022	100.0	673	100.0	946	100.0	1 091	100.0	61	100.0	1 326	100.0	955	100.0
52	1.3	7	1.0	12	1.3	22	2.0	0	0.0	18	1.4	17	1.8
260	6.5	58	8.6	52	5.5	69	6.3	3	4.9	91	6.9	57	6.0
1 459	36.3	290	43.1	298	31.5	354	32.4	21	34.4	387	29.2	360	37.7
1 273	31.7	245	36.4	376	39.7	442	40.5	19	31.1	546	41.2	327	34.2
978	24.3	73	10.8	208	22.0	204	18.7	18	29.5	284	21.4	194	20.3
3 833	100.0	667	100.0	932	100.0	1 058	100.0	62	100.0	1 302	100.0	929	100.0
71	1.9	9	1.3	7	0.8	13	1.2	5	8.1	30	2.3	19	2.0
276	7.2	64	9.6	36	3.9	69	6.5	3	4.8	71	5.5	51	5.5
1 535	40.0	283	42.4	237	25.4	348	32.9	19	30.6	437	33.6	300	32.3
1 043	27.2	202	30.3	354	38.0	375	35.4	15	24.2	456	35.0	325	35.0
908	23.7	109	16.3	298	32.0	253	23.9	20	32.3	308	23.7	234	25.2
3 875	100.0	659	100.0	939	100.0	1 062	100.0	62	100.0	1 291	100.0	930	100.0
433	11.2	85	12.9	97	10.3	143	13.5	11	17.7	271	21.0	120	12.9
730	18.8	168	25.5	162	17.3	223	21.0	7	11.3	281	21.8	194	20.9
1 452	37.5	252	38.2	363	38.7	371	34.9	15	24.2	352	27.3	326	35.1
606	15.6	122	18.5	227	24.2	243	22.9	16	25.8	253	19.6	188	20.2
654	16.9	32	4.9	90	9.6	82	7.7	13	21.0	134	10.4	102	11.0

8－4　2008 年入境游客对旅游

		调查人数		观光游览		休闲度假		探亲访友	
		(人)	(%)	(人)	(%)	(人)	(%)	(人)	(%)
宾馆饭店	小计	15 027	100.0	3 895	100.0	2 438	100.0	2 035	100.0
	1 分	101	0.7	26	0.7	14	0.6	7	0.3
	2 分	468	3.1	131	3.4	93	3.8	54	2.7
	3 分	3 944	26.2	671	17.2	731	30.0	743	36.5
	4 分	5 922	39.4	1 526	39.2	949	38.9	919	45.2
	5 分	4 592	30.6	1 541	39.6	651	26.7	312	15.3
餐　　饮	小计	15 549	100.0	4 064	100.0	2 571	100.0	2 111	100.0
	1 分	131	0.8	45	1.1	19	0.7	8	0.4
	2 分	818	5.3	228	5.6	126	4.9	115	5.4
	3 分	4 893	31.5	1 187	29.2	764	29.7	793	37.6
	4 分	6 282	40.4	1 648	40.6	1 087	42.3	927	43.9
	5 分	3 425	22.0	956	23.5	575	22.4	268	12.7
交　　通	小计	15 420	100.0	4 036	100.0	2 562	100.0	2 104	100.0
	1 分	402	2.6	92	2.3	69	2.7	43	2.0
	2 分	1 814	11.8	385	9.5	244	9.5	391	18.6
	3 分	5 474	35.5	1 302	32.3	910	35.5	764	36.3
	4 分	4 988	32.3	1 455	36.1	923	36.0	710	33.7
	5 分	2 742	17.8	802	19.9	416	16.2	196	9.3

接待设施的评价（按旅游目的分组）

商务		会议		宗教朝拜		文化/体育/科技交流		其他	
（人）	（%）	（人）	（%）	（人）	（%）	（人）	（%）	（人）	（%）
4 795	100.0	685	100.0	63	100.0	296	100.0	820	100.0
33	0.7	6	0.9	2	3.2	3	1.0	10	1.2
119	2.5	21	3.1	1	1.6	12	4.1	37	4.5
1 291	26.9	150	21.9	13	20.6	57	19.3	288	35.1
1 841	38.4	264	38.5	22	34.9	122	41.2	279	34.0
1 511	31.5	244	35.6	25	39.7	102	34.5	206	25.1
4 888	100.0	686	100.0	66	100.0	311	100.0	852	100.0
36	0.7	4	0.6	1	1.5	1	0.3	17	2.0
234	4.8	34	5.0	6	9.1	17	5.5	58	6.8
1 596	32.7	196	28.6	18	27.3	76	24.4	263	30.9
1 853	37.9	270	39.4	27	40.9	128	41.2	342	40.1
1 169	23.9	182	26.5	14	21.2	89	28.6	172	20.2
4 838	100.0	672	100.0	65	100.0	303	100.0	840	100.0
127	2.6	25	3.7	3	4.6	12	4.0	31	3.7
585	12.1	75	11.2	6	9.2	21	6.9	107	12.7
1 885	39.0	227	33.8	11	16.9	83	27.4	292	34.8
1 283	26.5	210	31.3	32	49.2	114	37.6	261	31.1
958	19.8	135	20.1	13	20.0	73	24.1	149	17.7

8－4(续)

		调查人数 (人)	调查人数 (%)	观光游览 (人)	观光游览 (%)	休闲度假 (人)	休闲度假 (%)	探亲访友 (人)	探亲访友 (%)
娱乐	小计	14 744	100.0	3 904	100.0	2 493	100.0	2 041	100.0
	1分	285	1.9	94	2.4	44	1.8	19	0.9
	2分	1 038	7.0	277	7.1	167	6.7	123	6.0
	3分	5 845	39.6	1 196	30.6	897	36.0	960	47.0
	4分	4 930	33.4	1 524	39.0	915	36.7	751	36.8
	5分	2 646	17.9	813	20.8	470	18.9	188	9.2
购物	小计	15 185	100.0	4 016	100.0	2 545	100.0	2 077	100.0
	1分	217	1.4	74	1.8	42	1.7	13	0.6
	2分	990	6.5	306	7.6	135	5.3	119	5.7
	3分	5 376	35.4	1 182	29.4	842	33.1	828	39.9
	4分	5 561	36.6	1 551	38.6	986	38.7	888	42.8
	5分	3 041	20.0	903	22.5	540	21.2	229	11.0
游览/参观点	小计	14 690	100.0	3 957	100.0	2 509	100.0	2 022	100.0
	1分	266	1.8	59	1.5	50	2.0	17	0.8
	2分	942	6.4	185	4.7	154	6.1	164	8.1
	3分	5 348	36.4	899	22.7	923	36.8	885	43.8
	4分	4 767	32.5	1 453	36.7	815	32.5	734	36.3
	5分	3 367	22.9	1 361	34.4	567	22.6	222	11.0
旅游景区厕所	小计	14 741	100.0	3 942	100.0	2 482	100.0	2 034	100.0
	1分	1 941	13.2	538	13.6	403	16.2	247	12.1
	2分	3 010	20.4	749	19.0	475	19.1	561	27.6
	3分	5 287	35.9	1 188	30.1	819	33.0	795	39.1
	4分	2 892	19.6	1 052	26.7	523	21.1	343	16.9
	5分	1 611	10.9	415	10.5	262	10.6	88	4.3

商务		会议		宗教朝拜		文化/体育/科技交流		其他	
(人)	(%)	(人)	(%)	(人)	(%)	(人)	(%)	(人)	(%)
4 513	100.0	636	100.0	62	100.0	288	100.0	807	100.0
85	1.9	12	1.9	5	8.1	5	1.7	21	2.6
338	7.5	46	7.2	5	8.1	21	7.3	61	7.6
2 060	45.6	284	44.7	18	29.0	83	28.8	347	43.0
1 169	25.9	191	30.0	16	25.8	111	38.5	253	31.4
861	19.1	103	16.2	18	29.0	68	23.6	125	15.5
4 695	100.0	661	100.0	63	100.0	301	100.0	827	100.0
62	1.3	11	1.7	2	3.2	2	0.7	11	1.3
281	6.0	50	7.6	1	1.6	24	8.0	74	8.9
1 886	40.2	237	35.9	22	34.9	77	25.6	302	36.5
1 487	31.7	226	34.2	20	31.7	127	42.2	276	33.4
979	20.9	137	20.7	18	28.6	71	23.6	164	19.8
4 423	100.0	627	100.0	61	100.0	294	100.0	797	100.0
92	2.1	14	2.2	4	6.6	7	2.4	23	2.9
335	7.6	28	4.5	6	9.8	16	5.4	54	6.8
1 960	44.3	270	43.1	16	26.2	71	24.1	324	40.7
1 182	26.7	191	30.5	18	29.5	114	38.8	260	32.6
854	19.3	124	19.8	17	27.9	86	29.3	136	17.1
4 495	100.0	634	100.0	61	100.0	291	100.0	802	100.0
500	11.1	75	11.8	6	9.8	38	13.1	134	16.7
895	19.9	106	16.7	11	18.0	50	17.2	163	20.3
1 810	40.3	286	45.1	27	44.3	83	28.5	279	34.8
625	13.9	108	17.0	11	18.0	83	28.5	147	18.3
665	14.8	59	9.3	6	9.8	37	12.7	79	9.9

8－5　2008年入境游客对各省(区、市)

	宾馆饭店						餐　饮					
	小计	5分	4分	3分	2分	1分	小计	5分	4分	3分	2分	1分
北　京	100	60.2	31.4	7.5	0.6	0.2	100	42.4	42.4	12.6	2.1	0.4
天　津	100	35.2	49.5	14.5	0.9	0.0	100	32.3	45.9	17.9	3.0	0.9
河　北	100	40.7	42.1	15.5	1.5	0.3	100	33.3	43.2	21.9	1.3	0.3
山　西	100	40.6	35.7	18.4	4.7	0.6	100	41.8	29.1	21.3	6.3	1.5
内蒙古	100	48.9	29.4	21.3	0.4	0.0	100	45.0	28.7	26.1	0.2	0.0
辽　宁	100	65.1	27.6	6.5	0.7	0.2	100	50.4	38.0	8.7	2.6	0.3
吉　林	100	34.7	56.8	8.0	0.3	0.3	100	26.3	55.8	17.0	1.0	0.0
黑龙江	100	49.4	37.4	12.4	0.7	0.0	100	36.7	44.9	15.6	2.4	0.4
上　海	100	41.5	45.6	9.8	2.5	0.7	100	33.2	47.8	14.3	3.8	0.9
江　苏	100	47.0	45.7	6.9	0.4	0.0	100	33.1	47.4	17.9	1.6	0.0
浙　江	100	39.3	47.3	12.1	0.6	0.7	100	28.7	50.5	18.8	1.5	0.5
安　徽	100	47.5	39.4	10.8	1.6	0.7	100	40.6	43.5	12.4	3.1	0.4
福　建	100	45.3	38.1	14.5	1.2	0.8	100	25.6	44.7	24.1	4.4	1.2
江　西	100	31.9	48.0	19.5	0.6	0.0	100	25.8	46.6	24.7	2.9	0.0
山　东	100	53.5	35.9	8.9	1.3	0.4	100	36.3	43.8	15.6	3.9	0.5
河　南	100	41.6	32.5	14.8	8.7	2.4	100	37.4	29.4	21.8	8.4	3.0
湖　北	100	32.8	50.5	15.3	1.3	0.2	100	26.9	49.0	20.8	3.0	0.3
湖　南	100	42.2	40.0	15.2	1.7	0.7	100	34.7	42.0	20.7	1.9	0.7
广　东	100	34.9	38.1	23.9	2.4	0.6	100	24.6	37.7	32.5	4.2	0.9
广　西	100	43.2	38.1	16.9	1.6	0.2	100	27.4	47.0	23.3	1.8	0.5
海　南	100	55.5	31.8	9.4	0.8	2.5	100	27.3	44.9	20.2	4.8	2.8
重　庆	100	49.2	39.9	10.4	0.3	0.2	100	43.8	43.1	11.6	1.2	0.3
四　川	100	39.8	34.8	19.3	5.7	0.4	100	28.2	39.2	25.4	7.0	0.2
贵　州	100	15.9	61.9	20.8	1.3	0.2	100	11.3	57.7	28.1	2.8	0.2
云　南	100	27.9	50.5	19.2	1.8	0.7	100	14.7	45.7	32.2	5.5	1.8
西　藏	100	20.4	69.1	10.5	0.0	0.0	100	25.1	60.7	13.6	0.5	0.0
陕　西	100	43.9	46.5	8.1	1.1	0.4	100	32.5	48.6	14.7	3.2	1.0
甘　肃	100	29.0	50.2	17.8	2.9	0.1	100	18.6	44.2	29.9	6.9	0.4
青　海	100	26.6	49.2	20.6	3.6	0.0	100	18.1	44.0	30.0	7.0	0.8
宁　夏	100	28.0	39.4	30.3	0.8	1.5	100	25.0	54.5	16.7	2.3	1.5
新　疆	100	0.5	35.6	63.2	0.7	0.0	100	0.3	34.3	62.0	3.4	0.0

旅游接待设施的评价

单位：%

交通						娱乐					
小计	5分	4分	3分	2分	1分	小计	5分	4分	3分	2分	1分
100	24.2	36.5	29.9	6.9	2.5	100	32.2	38.8	22.0	5.2	1.7
100	18.5	34.4	30.5	13.5	3.1	100	22.2	35.8	29.2	10.1	2.8
100	24.7	47.6	25.1	2.1	0.5	100	25.0	46.6	26.3	1.3	0.9
100	19.5	28.3	34.5	14.7	3.0	100	16.9	39.1	24.7	15.6	3.6
100	44.8	17.1	35.5	2.4	0.2	100	39.3	19.6	38.3	2.6	0.2
100	34.4	37.6	20.6	4.9	2.5	100	31.1	39.0	23.4	4.8	1.6
100	22.8	55.6	19.5	2.0	0.0	100	19.3	57.0	21.3	2.5	0.0
100	27.8	31.7	33.0	6.6	1.0	100	28.3	34.6	26.6	8.1	2.4
100	23.8	42.6	25.5	6.4	1.7	100	27.6	47.4	18.4	5.7	0.9
100	15.1	47.3	30.8	5.9	0.8	100	20.6	46.2	27.2	5.6	0.4
100	12.9	39.7	37.2	7.7	2.6	100	13.0	45.9	31.9	7.8	1.4
100	29.7	45.7	19.0	3.9	1.8	100	17.7	51.4	22.4	6.1	2.4
100	15.7	32.5	33.6	13.7	4.5	100	15.5	32.7	36.9	11.3	3.6
100	18.5	38.3	38.9	4.1	0.1	100	19.4	40.1	35.9	4.6	0.0
100	27.1	40.9	21.7	8.1	2.1	100	26.8	37.4	23.8	9.1	3.0
100	37.5	29.2	22.1	7.7	3.4	100	31.6	28.4	20.5	12.9	6.6
100	16.2	40.2	34.1	7.6	1.9	100	14.0	37.9	38.1	8.2	1.8
100	28.6	38.1	27.5	4.3	1.4	100	28.0	41.4	25.3	3.5	1.8
100	16.1	28.1	42.0	10.5	3.3	100	18.8	28.2	43.9	6.7	2.3
100	17.7	45.8	30.0	5.8	0.8	100	21.9	43.9	25.5	7.8	0.9
100	12.4	38.9	28.0	11.4	9.3	100	17.6	28.9	25.0	15.8	12.7
100	28.3	34.3	28.0	6.3	3.1	100	30.9	36.7	26.8	4.3	1.4
100	21.7	34.6	32.1	10.6	1.1	100	17.9	36.3	31.8	11.8	2.2
100	7.2	59.1	28.7	4.8	0.2	100	9.4	59.8	27.5	2.9	0.4
100	7.1	37.7	36.4	12.0	6.7	100	9.0	33.9	39.1	11.3	6.7
100	11.0	71.2	15.7	2.1	0.0	100	0.0	4.7	35.6	48.2	11.5
100	23.7	42.7	23.7	7.3	2.5	100	28.9	39.3	22.0	8.6	1.2
100	11.9	31.5	44.3	9.9	2.3	100	7.9	21.6	50.4	17.0	3.1
100	9.1	41.3	37.4	10.4	1.7	100	15.0	24.0	40.7	18.0	2.4
100	11.8	48.8	33.9	2.4	3.1	100	13.0	35.9	38.0	13.0	0.0
100	0.3	34.6	59.0	6.2	0.0	100	0.3	35.4	60.3	4.1	0.0

8－5(续)

	购物					
	小计	5分	4分	3分	2分	1分
北京	100	39.7	43.3	13.3	3.2	0.6
天津	100	24.6	39.9	27.7	6.2	1.7
河北	100	30.8	47.1	20.5	1.3	0.4
山西	100	21.2	40.7	26.0	10.3	1.8
内蒙古	100	41.6	23.9	31.2	3.2	0.0
辽宁	100	41.2	40.0	14.9	3.0	0.9
吉林	100	18.5	56.0	22.5	2.8	0.3
黑龙江	100	27.6	43.7	23.1	4.9	0.7
上海	100	31.6	48.1	14.6	4.5	1.2
江苏	100	26.0	46.4	23.6	3.4	0.7
浙江	100	25.3	46.3	24.0	3.9	0.6
安徽	100	27.2	46.4	21.4	3.6	1.4
福建	100	18.7	40.8	28.7	8.6	3.2
江西	100	21.0	42.6	34.0	2.4	0.0
山东	100	29.5	42.5	20.1	6.1	1.8
河南	100	36.6	25.7	22.5	11.0	4.2
湖北	100	19.2	45.6	29.4	5.0	0.8
湖南	100	34.3	37.2	24.5	2.7	1.3
广东	100	22.0	31.5	39.1	6.0	1.4
广西	100	30.1	42.5	21.9	4.4	1.1
海南	100	17.1	35.5	27.8	11.2	8.4
重庆	100	37.4	41.7	17.4	2.4	1.1
四川	100	27.1	37.7	26.7	8.0	0.5
贵州	100	8.6	59.9	28.2	3.2	0.2
云南	100	10.1	46.8	32.9	8.0	2.2
西藏	100	2.1	72.6	17.4	7.9	0.0
陕西	100	25.7	48.0	18.6	6.3	1.5
甘肃	100	8.5	34.5	46.6	9.6	0.7
青海	100	15.5	37.0	37.0	8.5	2.0
宁夏	100	13.1	43.9	32.7	9.3	0.9
新疆	100	0.6	36.5	60.4	2.5	0.0

单位：%

游览/参观点						旅游景区厕所					
小 计	5 分	4 分	3 分	2 分	1 分	小 计	5 分	4 分	3 分	2 分	1 分
100	42.6	37.4	15.0	4.1	0.8	100	22.7	34.1	27.1	10.0	6.2
100	22.0	34.7	28.9	12.2	2.3	100	12.8	28.6	35.3	14.8	8.5
100	31.5	43.9	23.1	1.0	0.5	100	23.7	46.1	23.1	3.6	3.5
100	32.7	30.1	24.2	10.9	2.1	100	13.5	28.7	29.6	17.9	10.3
100	43.1	18.7	35.0	2.6	0.6	100	38.1	10.8	42.4	6.1	2.6
100	42.8	32.3	20.1	3.7	1.1	100	24.6	28.3	31.2	9.8	6.1
100	17.3	57.5	22.3	2.8	0.3	100	5.8	36.8	35.5	15.9	6.0
100	26.6	35.0	31.9	4.9	1.7	100	16.2	20.6	34.3	20.6	8.3
100	29.9	45.3	16.8	6.1	1.8	100	21.4	37.7	25.0	10.9	5.1
100	30.3	44.8	21.0	3.3	0.6	100	17.5	42.0	28.0	8.9	3.6
100	27.3	43.4	24.7	3.4	1.3	100	13.7	26.4	36.0	14.4	9.4
100	42.6	37.5	15.1	3.2	1.5	100	37.4	35.4	17.2	7.0	3.0
100	22.6	40.6	26.2	8.2	2.4	100	11.0	28.3	30.1	18.6	12.0
100	27.7	45.3	24.6	2.3	0.1	100	17.7	37.3	39.7	4.1	1.1
100	30.2	40.4	20.9	6.4	2.1	100	22.5	32.1	22.2	12.2	11.0
100	48.4	24.9	15.0	9.4	2.3	100	35.1	31.1	20.2	8.7	4.9
100	19.7	45.8	28.8	4.9	0.9	100	10.4	30.5	41.0	11.5	6.6
100	40.4	33.8	22.2	2.7	0.8	100	28.4	34.7	29.7	5.9	1.4
100	17.5	26.0	48.7	6.3	1.6	100	9.1	17.6	52.7	13.4	7.3
100	34.2	42.4	19.0	3.3	1.2	100	14.9	38.2	27.5	13.7	5.7
100	23.0	32.9	19.7	12.6	11.8	100	10.3	21.2	24.0	23.4	21.1
100	36.2	38.7	20.1	3.8	1.1	100	28.2	30.2	24.1	10.9	6.6
100	30.4	34.8	25.7	8.6	0.5	100	19.4	31.4	33.0	13.3	3.0
100	10.9	59.7	26.7	2.3	0.4	100	3.8	43.5	44.3	7.0	1.5
100	16.6	50.4	24.2	6.4	2.3	100	5.4	28.3	33.7	17.8	14.8
100	0.0	18.8	59.7	21.5	0.0	100	0.5	5.8	52.9	35.6	5.2
100	41.3	40.3	14.1	3.1	1.2	100	17.2	37.1	26.8	13.1	5.7
100	21.7	43.5	26.9	6.7	1.2	100	2.3	17.1	46.9	21.8	11.9
100	12.6	42.4	25.3	18.2	1.5	100	8.7	14.1	27.7	25.2	24.3
100	22.5	36.3	33.8	6.3	1.3	100	15.7	18.6	55.7	4.3	5.7
100	0.3	34.3	61.9	3.5	0.0	100	0.3	34.0	55.2	10.4	0.0

九

入境游客对旅游资源的兴趣

9-1 2008年入境游客感兴趣的旅游资源
（按外国人、港澳台胞、团体及散客分组）

单位：%

		山水风光	文物古迹	民俗风情	文化艺术	饮食烹调	医疗保健	旅游购物	海滩	节庆活动	其他
总平均	**总计**	**51.6**	**43.0**	**35.4**	**25.2**	**34.5**	**12.1**	**27.2**	**10.4**	**10.8**	**11.6**
	团体	57.3	48.8	39.0	25.7	32.6	14.4	28.5	8.8	11.1	9.6
	散客	48.0	39.4	33.1	25.0	35.7	10.6	26.4	11.3	10.7	12.9
外国人	小计	50.9	43.4	35.0	26.1	34.3	13.0	27.3	10.1	11.3	11.9
	团体	55.4	48.3	37.9	26.0	33.7	15.6	29.1	8.6	11.3	9.7
	散客	47.5	39.7	32.8	26.2	34.7	11.1	25.9	11.2	11.4	13.6
香港同胞	小计	51.4	40.1	35.8	22.5	38.7	9.1	27.1	11.2	8.9	10.6
	团体	65.7	48.5	41.8	24.1	29.9	9.5	27.5	11.0	10.9	9.3
	散客	47.7	37.9	34.2	22.0	40.9	9.0	27.0	11.2	8.4	10.9
澳门同胞	小计	51.1	40.8	32.5	22.2	34.9	11.3	32.5	13.6	11.7	11.8
	团体	58.0	50.1	41.3	21.7	28.0	10.9	25.6	11.6	12.0	9.5
	散客	48.3	37.1	29.1	22.5	37.6	11.5	35.3	14.3	11.6	12.7
台湾同胞	小计	58.0	46.1	39.7	24.2	29.1	9.5	23.9	9.6	9.8	10.8
	团体	68.1	53.7	46.3	26.1	26.1	9.0	24.4	7.7	9.6	8.3
	散客	52.1	41.7	35.9	23.1	30.9	9.8	23.6	10.6	9.8	12.2

9－2　2008年入境游客感兴趣的旅游资源
（按性别、年龄、团体及散客分组）

单位：%

		山水风光	文物古迹	民俗风情	文化艺术	饮食烹调	医疗保健	旅游购物	海滩	节庆活动	其他
总平均	**总计**	**51.6**	**43.0**	**35.4**	**25.2**	**34.5**	**12.1**	**27.2**	**10.4**	**10.8**	**11.6**
	团体	57.3	48.8	39.0	25.7	32.6	14.4	28.5	8.8	11.1	9.6
	散客	48.0	39.4	33.1	25.0	35.7	10.6	26.4	11.3	10.7	12.9
男性	小计	51.5	44.2	34.3	24.8	33.2	11.9	23.3	9.6	10.3	12.5
	团体	58.7	51.7	38.8	25.8	29.1	14.8	24.2	8.0	10.4	10.1
	散客	47.9	40.4	32.1	24.3	35.3	10.5	22.9	10.4	10.2	13.6
女性	小计	51.7	41.4	36.9	25.8	36.4	12.3	32.6	11.5	11.6	10.5
	团体	55.9	45.7	39.2	25.6	36.2	14.1	32.9	9.7	11.8	9.1
	散客	48.1	37.8	34.9	26.0	36.5	10.8	32.3	13.0	11.4	11.6
65岁及以上	小计	57.8	48.7	37.8	26.2	27.4	17.6	21.8	7.8	11.2	9.8
	团体	60.2	53.0	39.6	27.6	25.6	18.4	21.3	6.1	10.6	7.9
	散客	53.4	41.1	34.5	23.5	30.7	16.1	22.6	10.9	12.2	13.1
45～64岁	小计	52.8	46.2	35.6	25.7	33.0	13.6	24.5	9.0	10.1	11.5
	团体	59.9	53.1	40.4	26.9	29.5	16.5	24.7	7.9	10.4	9.0
	散客	48.2	41.7	32.6	24.9	35.3	11.7	24.3	9.7	10.0	13.1
25～44岁	小计	49.4	40.7	34.6	24.3	36.0	10.8	28.3	10.5	10.2	11.9
	团体	54.7	45.0	37.1	23.4	35.9	12.6	32.2	9.1	10.6	10.0
	散客	46.7	38.6	33.3	24.8	36.0	10.0	26.4	11.1	9.9	12.8
15～24岁	小计	54.3	40.5	37.3	27.8	37.4	9.4	33.8	15.7	15.9	12.1
	团体	57.7	46.7	42.3	29.3	36.7	11.3	32.9	13.4	15.7	11.6
	散客	51.9	36.2	33.8	26.7	37.8	8.0	34.5	17.3	16.1	12.4
14岁及以下	小计	47.0	32.9	29.7	24.9	34.2	8.6	33.9	13.4	13.7	14.1
	团体	47.5	36.9	32.5	24.4	36.9	9.4	35.6	10.0	13.1	11.9
	散客	46.4	28.8	26.8	25.5	31.4	7.8	32.0	17.0	14.4	16.3

9－3　2008年入境游客感兴趣的旅游资源

（按职业、团体及散客分组）

单位：%

		山水风光	文物古迹	民俗风情	文化艺术	饮食烹调	医疗保健	旅游购物	海滩	节庆活动	其他
总平均	**总计**	**51.6**	**43.0**	**35.4**	**25.2**	**34.5**	**12.1**	**27.2**	**10.4**	**10.8**	**11.6**
	团体	57.3	48.8	39.0	25.7	32.6	14.4	28.5	8.8	11.1	9.6
	散客	48.0	39.4	33.1	25.0	35.7	10.6	26.4	11.3	10.7	12.9
政府工作人员	小计	54.9	47.4	36.4	28.4	30.9	15.6	24.7	11.4	13.6	11.7
	团体	59.2	50.2	39.6	26.3	28.7	16.6	25.2	10.9	14.1	9.7
	散客	51.0	44.7	33.4	30.4	33.1	14.6	24.3	12.0	13.1	13.6
专业技术人员	小计	53.6	47.2	35.4	27.3	32.3	11.5	23.2	9.6	10.5	11.2
	团体	62.8	55.6	40.3	28.6	27.2	13.9	22.6	7.6	10.9	8.7
	散客	49.8	43.6	33.3	26.8	34.4	10.4	23.4	10.5	10.3	12.3
职员	小计	52.2	43.0	38.7	23.8	33.9	11.6	26.8	11.4	10.6	11.5
	团体	60.2	50.9	43.0	24.9	31.6	13.4	26.7	10.9	10.7	10.5
	散客	46.7	37.6	35.8	23.1	35.5	10.3	26.9	11.8	10.5	12.2
技工/工人	小计	50.7	42.5	36.1	24.7	32.8	12.4	23.6	7.5	9.1	11.2
	团体	55.6	49.8	41.0	26.3	27.5	15.6	23.8	6.3	8.8	11.0
	散客	47.8	38.2	33.1	23.7	35.9	10.6	23.5	8.1	9.3	11.3
商贸人员	小计	46.2	37.8	29.9	23.6	39.1	10.9	29.4	10.0	9.4	13.1
	团体	47.0	36.3	29.0	19.9	47.4	13.0	43.5	7.7	8.6	8.7
	散客	45.9	38.3	30.2	24.8	36.4	10.3	24.8	10.7	9.7	14.6
服务员/推销员	小计	49.5	39.4	34.3	21.5	32.3	11.4	31.8	11.3	10.6	10.8
	团体	49.7	43.9	34.9	22.3	23.8	14.2	34.5	9.7	10.7	10.8
	散客	49.3	36.2	33.8	21.0	38.5	9.4	29.8	12.4	10.5	10.7
退休人员	小计	58.8	50.6	39.8	27.3	29.9	16.5	22.9	7.5	10.9	8.6
	团体	62.2	54.8	40.5	28.6	28.0	17.5	21.4	6.3	9.9	7.9
	散客	52.7	43.2	38.5	25.1	33.3	14.8	25.5	9.5	12.5	10.0
家庭妇女	小计	52.3	42.1	37.4	22.1	34.4	14.5	31.9	9.5	10.8	8.5
	团体	58.1	49.5	40.4	25.2	30.6	16.8	26.3	7.8	11.3	7.6
	散客	45.3	33.3	33.8	18.5	39.0	11.9	38.6	11.4	10.2	9.6
军人	小计	46.4	43.5	36.3	27.4	34.6	13.5	24.5	10.1	14.3	14.3
	团体	55.6	46.8	39.5	33.1	37.1	16.1	24.2	7.3	17.7	13.7
	散客	36.3	39.8	32.7	21.2	31.9	10.6	24.8	13.3	10.6	15.0
学生	小计	54.8	42.6	37.0	29.4	38.5	8.7	33.9	14.9	16.7	11.6
	团体	57.4	46.9	41.7	29.2	37.8	10.2	32.1	12.8	17.3	12.0
	散客	52.6	38.9	33.0	29.5	39.2	7.4	35.4	16.7	16.1	11.4
其他	小计	51.0	42.4	36.3	26.2	32.2	11.4	25.7	11.4	10.5	15.5
	团体	55.2	48.2	40.5	27.2	29.5	13.8	26.8	9.1	11.6	12.3
	散客	48.5	38.8	33.8	25.6	33.9	9.9	25.0	12.8	9.9	17.4

9-4 2008年入境游客感兴趣的旅游资源
（按旅游目的、团体及散客分组）

单位：%

		山水风光	文物古迹	民俗风情	文化艺术	饮食烹调	医疗保健	旅游购物	海滩	节庆活动	其他
总平均	**总计**	**51.6**	**43.0**	**35.4**	**25.2**	**34.5**	**12.1**	**27.2**	**10.4**	**10.8**	**11.6**
	团体	57.3	48.8	39.0	25.7	32.6	14.4	28.5	8.8	11.1	9.6
	散客	48.0	39.4	33.1	25.0	35.7	10.6	26.4	11.3	10.7	12.9
观光游览	小计	63.5	51.9	40.6	26.4	30.2	13.4	25.4	9.0	10.9	8.5
	团体	64.9	55.0	41.8	26.4	28.4	15.0	23.9	7.4	10.6	7.9
	散客	60.6	45.8	38.3	26.4	33.8	10.1	28.4	12.0	11.6	9.7
休闲度假	小计	52.8	44.1	37.1	25.7	35.2	12.6	30.1	14.0	11.5	10.3
	团体	53.8	49.0	40.3	27.2	33.1	15.0	29.4	12.1	11.3	9.6
	散客	51.7	39.5	34.1	24.2	37.2	10.4	30.7	15.8	11.7	10.9
探亲访友	小计	48.4	36.2	38.3	21.7	38.0	12.4	29.1	10.3	11.6	10.2
	团体	52.3	36.2	39.8	22.1	30.2	17.0	26.1	11.2	17.9	15.9
	散客	47.8	36.2	38.1	21.7	39.4	11.6	29.7	10.1	10.5	9.2
商务	小计	42.0	36.4	28.4	23.6	38.4	9.9	27.6	9.7	9.2	14.5
	团体	33.1	26.3	21.7	16.6	56.6	10.6	52.9	7.4	7.8	11.0
	散客	43.4	38.0	29.5	24.7	35.4	9.8	23.4	10.1	9.4	15.1
会议	小计	41.5	37.1	31.6	27.3	35.2	13.1	23.9	10.1	11.7	14.5
	团体	47.5	34.0	30.4	28.1	37.0	13.7	25.9	12.0	13.5	15.2
	散客	40.3	37.8	31.9	27.1	34.8	13.0	23.4	9.7	11.3	14.3
宗教朝拜	小计	52.0	42.2	36.1	21.0	23.4	14.9	17.6	6.1	14.4	17.6
	团体	56.6	36.7	39.4	21.2	21.2	12.4	18.1	5.8	13.3	17.3
	散客	46.2	48.9	32.1	20.7	26.1	17.9	16.8	6.5	15.8	17.9
文体交流	小计	45.7	46.3	39.1	36.1	34.5	12.4	25.7	10.1	14.5	13.7
	团体	52.0	51.8	45.4	38.8	32.2	11.8	29.6	11.1	18.6	13.2
	散客	42.9	43.9	36.2	34.9	35.5	12.7	23.9	9.7	12.6	14.0
其他	小计	43.0	34.4	29.9	23.6	33.2	10.3	28.7	10.7	11.8	19.4
	团体	41.6	35.7	37.0	25.8	29.3	10.2	33.7	7.9	14.3	20.2
	散客	43.4	34.1	28.1	23.1	34.3	10.4	27.4	11.4	11.1	19.2

9－5　2008年入境游客对各省(区、市)旅游资源的兴趣

单位：%

	山水风光	文物古迹	民俗风情	文化艺术	饮食烹调	医疗保健	旅游购物	海滩	节庆活动	其他
北　京	37.1	56.5	35.5	33.5	45.7	17.8	39.4	4.3	11.0	9.0
天　津	25.6	34.2	34.8	19.8	36.2	7.4	23.2	4.4	12.0	25.4
河　北	45.4	44.3	32.1	20.9	33.5	12.5	26.4	7.4	9.1	15.8
山　西	40.6	64.3	39.7	24.2	33.4	6.7	15.1	1.9	8.8	13.3
内蒙古	12.6	15.2	28.6	10.2	48.4	5.0	64.6	1.0	3.2	8.6
辽　宁	46.9	27.7	28.2	20.2	38.6	8.6	27.3	30.4	14.3	9.6
吉　林	53.8	29.3	43.8	30.3	38.8	24.5	13.5	7.5	13.3	13.3
黑龙江	37.3	22.1	36.9	23.3	48.9	23.0	35.9	2.9	13.7	8.4
上　海	38.4	34.9	32.7	36.3	37.8	23.7	33.4	22.1	23.1	23.3
江　苏	49.9	53.7	36.3	25.1	32.6	9.5	21.8	1.9	6.9	6.3
浙　江	63.1	41.3	29.5	26.4	34.9	8.4	23.0	19.9	14.4	11.9
安　徽	63.5	48.8	40.0	21.9	20.3	6.5	16.4	4.8	7.4	11.5
福　建	51.2	34.9	35.7	20.1	34.3	5.9	24.7	19.5	7.3	12.1
江　西	69.0	51.9	37.1	22.0	28.0	4.0	21.6	2.4	8.0	12.0
山　东	54.5	33.7	33.1	27.2	33.0	11.9	30.8	32.8	11.4	7.5
河　南	54.2	53.7	41.7	40.1	33.5	24.1	23.2	17.2	29.3	31.6
湖　北	49.8	48.5	34.2	26.8	33.2	9.7	18.1	3.8	10.8	10.9
湖　南	68.7	42.3	33.4	23.1	26.1	23.0	18.4	2.1	10.6	10.0
广　东	36.4	28.4	27.4	20.4	35.2	8.3	33.9	9.6	10.8	18.1
广　西	68.0	34.3	45.2	23.0	30.3	12.0	30.6	12.3	11.1	14.9
海　南	50.2	20.3	32.2	17.8	28.0	15.9	28.7	61.0	10.1	13.0
重　庆	54.8	40.2	40.5	26.3	42.0	3.3	9.2	0.0	2.5	5.8
四　川	70.8	58.5	32.7	23.3	33.0	7.9	16.2	1.2	5.0	6.1
贵　州	74.0	30.0	57.3	18.3	17.2	2.8	13.2	0.2	16.0	5.5
云　南	69.1	39.9	63.1	34.9	34.0	8.0	20.8	2.9	16.5	12.5
西　藏	27.2	39.3	75.4	0.0	0.0	0.0	0.0	0.0	1.6	2.1
陕　西	35.4	79.5	34.0	45.3	27.8	8.6	27.6	2.7	8.0	7.1
甘　肃	44.7	69.4	41.9	45.3	31.6	4.0	16.9	0.6	8.7	6.1
青　海	63.2	34.8	67.6	20.4	28.4	5.6	24.8	1.6	15.2	14.8
宁　夏	48.7	56.7	44.0	18.7	33.3	4.0	10.7	0.7	10.0	14.0
新　疆	69.6	60.4	55.0	18.8	15.4	2.0	7.4	0.2	2.6	3.8

十

入境游客对旅游商品的兴趣

10－1　2008年入境游客感兴趣的旅游商品
（按外国人、港澳台胞、团体及散客分组）

单位：%

		服装/丝绸	中成药/保健品	食品/茶叶	酒类/香烟	瓷器/陶器	文复品/字画	地毯/挂毯	首饰/珍珠	胶卷/电器	纪念品/工艺品
总平均	**总计**	**37.7**	**20.0**	**44.0**	**17.6**	**21.7**	**18.4**	**9.3**	**18.9**	**7.0**	**37.1**
	团体	42.5	22.9	43.7	18.4	22.5	19.4	11.2	21.0	5.7	40.8
	散客	34.8	18.2	44.3	17.1	21.1	17.7	8.1	17.6	7.8	34.8
外国人	小计	39.4	20.7	43.1	17.5	22.3	18.7	10.1	19.7	6.8	37.6
	团体	44.0	23.2	43.7	18.9	22.5	19.8	11.7	21.0	5.9	39.7
	散客	35.9	18.7	42.7	16.5	22.2	17.8	8.9	18.7	7.5	36.1
香港同胞	小计	32.7	16.5	48.5	17.7	19.6	17.5	6.9	14.4	8.4	33.7
	团体	36.5	20.6	46.0	14.4	23.1	17.6	10.3	19.8	4.5	45.0
	散客	31.8	15.4	49.2	18.6	18.7	17.4	6.0	13.0	9.4	30.8
澳门同胞	小计	37.1	19.6	45.4	17.3	19.2	16.4	7.4	23.4	6.3	36.2
	团体	36.0	23.5	42.3	18.7	21.0	19.4	9.7	22.6	5.3	41.6
	散客	37.6	18.1	46.6	16.8	18.5	15.2	6.5	23.7	6.7	34.0
台湾同胞	小计	33.1	20.7	43.0	18.0	21.0	18.6	7.8	17.7	5.7	39.3
	团体	36.0	21.5	41.2	17.1	22.2	17.4	8.3	21.5	4.4	46.7
	散客	31.4	20.2	44.1	18.4	20.3	19.3	7.6	15.5	6.5	35.1

10－2　2008年入境游客感兴趣的旅游商品
（按性别、年龄、团体及散客分组）

单位：%

		服装/丝绸	中成药/保健品	食品/茶叶	酒类/香烟	瓷器/陶器	文复品/字画	地毯/挂毯	首饰/珍珠	胶卷/电器	纪念品/工艺品
总平均	**总计**	**37.7**	**20.0**	**44.0**	**17.6**	**21.7**	**18.4**	**9.3**	**18.9**	**7.0**	**37.1**
	团体	42.5	22.9	43.7	18.4	22.5	19.4	11.2	21.0	5.7	40.8
	散客	34.8	18.2	44.3	17.1	21.1	17.7	8.1	17.6	7.8	34.8
男性	小计	32.0	20.3	43.8	19.3	21.8	18.9	9.0	13.9	7.6	36.7
	团体	35.5	24.2	41.6	18.9	22.7	20.9	11.3	16.0	6.2	41.5
	散客	30.3	18.3	44.9	19.5	21.4	17.9	7.8	12.9	8.4	34.2
女性	小计	45.7	19.6	44.3	15.1	21.4	17.7	9.8	25.9	6.0	37.8
	团体	49.6	21.6	45.8	17.9	22.3	17.9	11.2	26.1	5.2	39.9
	散客	42.5	17.9	43.2	12.8	20.7	17.5	8.7	25.7	6.7	35.9
65岁及以上	小计	34.4	24.6	40.9	15.4	22.2	19.6	10.7	18.4	5.1	37.8
	团体	36.2	25.1	39.4	14.2	21.7	19.4	11.1	19.0	4.6	40.3
	散客	31.0	23.9	43.7	17.6	23.1	20.0	9.9	17.4	6.1	33.2
45～64岁	小计	35.5	22.1	43.1	16.8	23.0	19.4	10.2	17.7	6.4	37.1
	团体	40.3	25.5	42.3	15.9	23.6	21.1	12.2	21.3	5.2	41.1
	散客	32.5	19.8	43.6	17.3	22.6	18.3	9.0	15.4	7.2	34.6
25～44岁	小计	38.5	19.0	45.6	19.1	21.3	17.5	8.5	18.2	7.4	35.7
	团体	45.7	21.8	46.9	22.6	22.3	18.1	10.4	20.0	5.9	38.5
	散客	34.9	17.6	45.0	17.4	20.7	17.2	7.5	17.4	8.2	34.3
15～24岁	小计	43.4	15.3	41.8	14.6	19.3	18.8	9.1	26.2	7.5	43.3
	团体	43.8	17.7	40.1	14.9	21.0	19.7	11.2	26.4	7.1	49.0
	散客	43.1	13.7	43.0	14.4	18.1	18.2	7.7	26.0	7.8	39.3
14岁及以下	小计	39.3	13.4	40.3	14.7	17.3	16.9	13.1	17.3	9.9	38.3
	团体	39.4	12.5	41.9	10.6	19.4	17.5	14.4	14.4	11.3	41.9
	散客	39.2	14.4	38.6	19.0	15.0	16.3	11.8	20.3	8.5	34.6

10－3　2008年入境游客感兴趣的旅游商品

（按职业、团体及散客分组）

单位：%

		服装/丝绸	中成药/保健品	食品/茶叶	酒类/香烟	瓷器/陶器	文复品/字画	地毯/挂毯	首饰/珍珠	胶卷/电器	纪念品/工艺品
总平均	**总计**	**37.7**	**20.0**	**44.0**	**17.6**	**21.7**	**18.4**	**9.3**	**18.9**	**7.0**	**37.1**
	团体	42.5	22.9	43.7	18.4	22.5	19.4	11.2	21.0	5.7	40.8
	散客	34.8	18.2	44.3	17.1	21.1	17.7	8.1	17.6	7.8	34.8
政府工作人员	小计	38.1	23.8	40.8	18.2	25.2	20.8	12.9	18.8	8.1	37.6
	团体	41.9	25.3	39.5	18.3	24.9	20.2	14.9	20.3	8.2	37.7
	散客	34.6	22.4	42.0	18.2	25.5	21.3	11.1	17.4	8.0	37.5
专业技术人员	小计	34.2	20.6	44.1	17.9	22.5	19.3	9.0	16.5	7.4	36.5
	团体	38.3	26.2	43.1	17.1	23.6	21.7	10.5	18.5	6.5	41.1
	散客	32.5	18.2	44.5	18.3	22.1	18.2	8.4	15.6	7.8	34.5
职员	小计	38.3	20.2	45.2	16.4	21.5	18.4	9.2	20.7	6.6	38.1
	团体	42.4	23.6	43.3	16.5	22.7	20.9	11.5	23.4	5.5	43.2
	散客	35.6	17.9	46.5	16.4	20.8	16.7	7.7	18.8	7.4	34.6
技工/工人	小计	32.2	19.4	40.4	20.2	20.8	19.1	9.1	15.8	8.2	36.8
	团体	38.4	24.0	35.7	19.2	22.5	19.1	10.2	16.3	6.0	43.4
	散客	28.6	16.7	43.2	20.8	19.8	19.1	8.4	15.5	9.5	32.8
商贸人员	小计	37.6	18.4	47.2	21.7	21.4	16.6	8.2	15.7	7.2	32.3
	团体	51.4	19.9	54.3	34.1	20.8	15.4	10.1	16.4	5.0	30.9
	散客	33.1	17.9	44.9	17.7	21.7	17.0	7.6	15.5	7.9	32.7
服务员/推销员	小计	39.3	19.3	42.0	18.6	20.8	18.6	10.0	20.3	10.0	31.4
	团体	41.3	20.3	38.5	16.1	20.6	18.3	13.1	23.8	7.3	36.1
	散客	37.9	18.6	44.5	20.4	21.0	18.7	7.7	17.7	11.9	28.0
退休人员	小计	33.8	26.4	43.2	15.8	23.4	21.5	10.4	17.9	4.8	41.1
	团体	35.0	26.4	42.6	14.7	23.5	21.3	10.9	19.4	3.9	42.9
	散客	31.8	26.5	44.4	17.6	23.2	21.9	9.5	15.3	6.2	37.8
家庭妇女	小计	47.8	22.4	44.2	11.1	22.0	16.5	10.8	28.3	5.2	36.2
	团体	49.2	25.6	45.7	12.1	22.7	16.9	12.1	28.5	3.8	38.7
	散客	46.1	18.6	42.5	10.0	21.3	16.0	9.2	28.1	6.8	33.3
军人	小计	32.1	23.2	37.1	26.2	21.5	19.0	11.8	19.8	12.7	35.9
	团体	39.5	28.2	33.1	29.0	17.7	21.8	13.7	21.8	13.7	33.1
	散客	23.9	17.7	41.6	23.0	25.7	15.9	9.7	17.7	11.5	38.9
学生	小计	44.2	13.5	41.5	12.8	19.6	19.2	9.5	25.5	6.8	45.7
	团体	43.9	14.6	40.2	12.6	23.1	20.5	11.1	25.3	7.3	50.7
	散客	44.4	12.5	42.5	13.1	16.6	18.0	8.2	25.8	6.5	41.4
其他	小计	36.3	16.9	39.0	14.8	18.1	17.2	7.5	17.4	6.7	44.6
	团体	38.2	17.5	38.1	13.2	19.5	18.4	9.1	18.2	6.0	48.1
	散客	35.1	16.6	39.6	15.8	17.3	16.5	6.6	16.8	7.1	42.4

10－4 2008年入境游客感兴趣的旅游商品

（按旅游目的、团体及散客分组）

单位：%

		服装/丝绸	中成药/保健品	食品/茶叶	酒类/香烟	瓷器/陶器	文复品/字画	地毯/挂毯	首饰/珍珠	胶卷/电器	纪念品/工艺品
总平均	**总计**	**37.7**	**20.0**	**44.0**	**17.6**	**21.7**	**18.4**	**9.3**	**18.9**	**7.0**	**37.1**
	团体	42.5	22.9	43.7	18.4	22.5	19.4	11.2	21.0	5.7	40.8
	散客	34.8	18.2	44.3	17.1	21.1	17.7	8.1	17.6	7.8	34.8
观光游览	小计	40.3	22.0	43.3	15.4	22.2	20.1	10.2	21.3	5.6	41.9
	团体	41.9	23.7	43.1	15.3	22.6	19.9	10.5	21.5	5.0	42.6
	散客	37.2	18.6	43.7	15.6	21.3	20.4	9.7	20.8	6.8	40.5
休闲度假	小计	40.3	21.8	43.9	16.5	22.6	19.3	9.8	22.3	6.6	38.6
	团体	42.0	24.8	42.1	16.5	24.0	20.6	12.2	23.3	6.0	42.0
	散客	38.6	19.0	45.7	16.5	21.3	18.2	7.6	21.4	7.2	35.4
探亲访友	小计	37.0	21.8	46.4	16.5	20.5	17.8	8.9	19.1	10.3	28.8
	团体	35.5	23.6	37.5	16.8	23.5	20.8	13.4	24.1	9.2	33.7
	散客	37.3	21.5	48.0	16.4	20.0	17.2	8.1	18.2	10.5	27.9
商务	小计	35.5	16.4	46.7	21.4	20.5	15.5	7.4	14.0	7.6	31.9
	团体	55.3	17.4	58.1	43.1	17.0	12.7	9.5	12.9	6.4	25.0
	散客	32.3	16.3	44.8	17.8	21.1	16.0	7.1	14.1	7.8	33.0
会议	小计	31.5	19.0	39.5	18.2	23.7	20.0	10.5	17.3	6.7	37.0
	团体	34.9	18.6	36.0	18.2	25.3	20.1	15.2	18.4	9.0	41.1
	散客	30.7	19.1	40.3	18.2	23.3	20.0	9.5	17.1	6.2	36.2
宗教朝拜	小计	23.9	18.5	41.2	14.9	21.7	19.5	11.2	15.4	4.4	46.1
	团体	22.6	16.4	42.5	14.2	15.0	16.8	11.9	13.7	3.1	55.3
	散客	25.5	21.2	39.7	15.8	29.9	22.8	10.3	17.4	6.0	34.8
文体交流	小计	33.4	21.9	42.0	17.6	23.4	24.0	10.9	21.0	8.2	45.7
	团体	36.9	22.6	41.4	14.1	27.3	26.6	14.6	23.8	7.8	48.9
	散客	31.8	21.6	42.3	19.2	21.7	22.8	9.2	19.7	8.4	44.2
其他	小计	37.5	16.2	35.7	16.3	19.6	14.9	10.0	18.9	7.3	38.5
	团体	42.9	15.6	31.6	13.3	22.7	16.6	14.5	19.4	5.4	45.4
	散客	36.1	16.4	36.7	17.1	18.7	14.5	8.8	18.7	7.8	36.6

10－5　2008年外国游客感兴趣的旅游商品

（按国别分组）

单位：%

	服装/丝绸	中成药/保健品	食品/茶叶	酒类/香烟	瓷器/陶器	文复品/字画	地毯/挂毯	首饰/珍珠	胶卷/电器	纪念品/工艺品
外国人	**47.7**	**22.2**	**46.4**	**18.4**	**20.4**	**14.8**	**9.6**	**20.5**	**8.0**	**30.6**
日　　本	29.6	21.0	51.6	18.2	18.2	13.6	6.6	11.7	3.0	26.0
菲律宾	38.0	24.0	43.3	10.0	20.7	14.0	3.3	16.0	18.0	25.3
泰　　国	38.4	21.2	51.5	17.2	17.2	13.1	3.0	20.2	11.1	29.3
新加坡	39.0	22.6	46.5	12.7	25.2	19.0	6.5	19.7	8.3	37.1
印度尼西亚	41.1	37.1	51.0	19.2	30.5	23.2	9.9	18.5	9.3	27.8
马来西亚	43.3	21.4	46.0	8.5	22.3	15.2	11.6	20.1	7.6	40.6
韩　　国	42.5	29.6	45.4	21.2	21.5	14.3	11.6	15.8	5.1	23.6
朝　　鲜	44.7	23.4	42.6	14.9	23.4	17.0	21.3	27.7	2.1	31.9
蒙　　古	47.2	8.8	7.9	6.5	13.0	6.5	3.2	13.9	7.4	45.8
印　　度	50.3	15.5	35.4	6.8	21.1	13.0	9.9	29.2	13.0	26.7
英　　国	48.6	16.2	43.5	9.4	23.4	19.1	11.5	22.3	12.6	39.9
法　　国	77.2	10.0	40.5	5.0	12.3	10.3	6.2	51.5	3.0	33.9
德　　国	47.3	26.7	46.7	13.3	22.7	20.7	7.3	14.0	8.7	40.0
意大利	56.2	20.7	39.7	11.6	24.8	18.2	6.6	19.8	14.9	31.4
荷　　兰	55.7	12.7	43.0	12.7	21.5	12.7	8.9	24.1	7.6	41.8
瑞　　典	55.6	14.8	46.3	9.3	25.9	24.1	11.1	22.2	16.7	40.7
俄罗斯	71.8	19.7	66.2	44.6	15.1	8.1	11.2	23.1	5.6	27.0
瑞　　士	45.7	25.7	50.0	17.1	32.9	12.9	14.3	41.4	10.0	32.9
美　　国	52.9	17.0	42.0	8.8	27.7	25.0	10.8	30.1	9.7	46.0
加拿大	59.0	22.9	47.6	12.9	21.4	17.1	11.0	29.5	10.5	37.6
澳大利亚	46.9	14.9	38.9	10.1	22.2	17.7	8.7	21.9	14.9	44.4
非洲国家	60.0	13.8	35.4	16.9	23.1	15.4	12.3	33.8	23.1	27.7
南美国家	64.7	32.4	38.2	20.6	20.6	5.9	17.6	35.3	17.6	44.1
其他国家	52.3	26.6	33.9	13.0	21.1	16.3	12.3	21.1	20.2	28.8

10－6 2008年入境游客感兴趣的旅游商品
（按外国人、港澳台胞分组）

单位：%

	服装/丝绸	中成药/保健品	食品/茶叶	酒类/香烟	瓷器/陶器	文复品/字画	地毯/挂毯	首饰/珍珠	胶卷/电器	纪念品/工艺品
北 京	51.8	23.9	41.6	13.4	32.5	25.9	11.4	32.3	6.3	36.0
外 国 人	52.6	23.8	42.7	13.7	33.1	25.9	11.3	32.1	6.5	36.4
香港同胞	47.0	20.0	30.4	9.6	26.1	21.7	11.3	35.7	2.6	41.7
澳门同胞	55.3	34.2	36.8	18.4	26.3	34.2	15.8	36.8	10.5	13.2
台湾同胞	37.5	28.1	37.5	10.9	34.4	29.7	10.9	28.1	4.7	28.1
天 津	22.4	20.2	30.6	12.0	26.4	23.8	9.4	11.8	4.6	48.6
外 国 人	23.1	19.7	28.6	11.2	24.9	22.3	8.6	12.2	5.5	46.5
香港同胞	21.2	22.7	31.8	13.6	33.3	25.8	12.1	6.1	0.0	57.6
澳门同胞	14.3	14.3	50.0	0.0	21.4	35.7	21.4	28.6	0.0	64.3
台湾同胞	20.0	22.9	42.9	22.9	31.4	31.4	8.6	11.4	5.7	48.6
河 北	26.6	22.0	34.3	16.1	29.9	22.6	12.4	19.8	7.1	47.8
外 国 人	27.2	24.8	35.3	16.0	29.3	24.2	12.7	18.8	6.0	47.7
香港同胞	21.1	8.8	35.1	19.3	33.3	14.0	15.8	17.5	12.3	45.6
澳门同胞	23.7	7.9	18.4	10.5	39.5	7.9	7.9	36.8	15.8	50.0
台湾同胞	28.1	12.3	31.6	17.5	26.3	22.8	8.8	21.1	8.8	49.1
山 西	13.7	15.8	36.4	19.1	19.6	31.0	10.6	7.5	3.9	57.0
外 国 人	15.5	16.0	36.4	20.2	20.2	33.5	10.8	7.8	4.3	55.6
香港同胞	6.6	14.8	34.4	18.0	9.8	27.9	11.5	11.5	0.0	75.4
澳门同胞	15.2	15.2	28.3	8.7	17.4	19.6	4.3	4.3	2.2	65.2
台湾同胞	3.8	15.4	46.2	19.2	26.9	21.2	13.5	1.9	5.8	42.3
内蒙古	62.4	5.6	43.2	39.6	8.0	6.6	16.8	6.8	3.6	45.2
外 国 人	65.9	5.5	44.8	42.6	7.7	6.4	14.1	5.5	4.0	42.9
香港同胞	33.3	0.0	20.8	4.2	12.5	8.3	45.8	16.7	0.0	70.8
澳门同胞	33.3	0.0	66.7	33.3	0.0	0.0	66.7	33.3	0.0	0.0
台湾同胞	16.7	16.7	27.8	11.1	11.1	11.1	38.9	22.2	0.0	77.8

10－6(续1)　　单位：%

	服装/丝绸	中成药/保健品	食品/茶叶	酒类/香烟	瓷器/陶器	文复品/字画	地毯/挂毯	首饰/珍珠	胶卷/电器	纪念品/工艺品
辽　宁	37.8	17.5	41.0	15.2	24.3	16.9	4.7	21.8	2.5	38.4
外 国 人	37.1	19.0	42.7	16.0	24.2	17.7	3.8	21.7	2.7	37.1
香港同胞	43.3	10.0	28.3	8.3	31.7	15.0	3.3	23.3	0.0	40.0
澳门同胞	44.4	11.1	50.0	0.0	33.3	11.1	11.1	16.7	5.6	44.4
台湾同胞	34.3	14.3	34.3	22.9	8.6	11.4	17.1	22.9	2.9	51.4
吉　林	34.3	40.0	37.5	29.5	24.3	27.8	9.5	14.5	5.0	32.0
外 国 人	34.6	40.0	38.1	29.7	24.9	28.1	8.9	15.1	5.1	31.1
香港同胞	33.3	40.0	40.0	26.7	20.0	20.0	20.0	13.3	6.7	40.0
澳门同胞	50.0	50.0	25.0	25.0	50.0	50.0	0.0	0.0	0.0	0.0
台湾同胞	18.2	36.4	18.2	27.3	0.0	18.2	18.2	0.0	0.0	63.6
黑龙江	38.6	27.0	41.3	26.7	17.9	15.6	10.0	17.9	13.4	28.1
外 国 人	39.6	27.5	42.2	27.7	18.7	16.1	10.2	18.0	14.4	26.5
香港同胞	15.4	15.4	23.1	15.4	7.7	0.0	7.7	15.4	0.0	57.7
澳门同胞	37.5	37.5	37.5	12.5	12.5	25.0	12.5	12.5	0.0	50.0
台湾同胞	33.3	16.7	33.3	8.3	0.0	16.7	0.0	16.7	0.0	41.7
上　海	37.8	29.4	38.9	27.6	28.4	26.9	19.8	23.2	14.3	30.8
外 国 人	37.6	28.9	39.0	27.4	28.7	26.8	20.2	23.6	14.1	30.7
香港同胞	43.8	32.3	40.0	29.2	27.7	24.6	15.4	20.0	11.5	27.7
澳门同胞	25.0	29.2	33.3	29.2	16.7	25.0	25.0	33.3	8.3	37.5
台湾同胞	36.4	34.3	37.4	28.3	27.3	32.3	18.2	19.2	22.2	35.4
江　苏	46.5	13.1	45.7	13.5	20.5	18.8	6.5	23.4	1.8	39.6
外 国 人	49.2	13.6	46.8	13.6	20.7	20.3	7.4	23.5	2.1	36.4
香港同胞	48.4	11.6	46.5	14.8	18.7	11.6	4.5	19.4	0.6	42.6
澳门同胞	40.9	13.6	31.8	4.5	15.9	15.9	2.3	20.5	2.3	31.8
台湾同胞	34.5	12.1	44.2	13.9	22.4	20.0	5.5	27.3	1.2	52.7

10－6(续2)　　单位：%

	服装/丝绸	中成药/保健品	食品/茶叶	酒类/香烟	瓷器/陶器	文复品/字画	地毯/挂毯	首饰/珍珠	胶卷/电器	纪念品/工艺品
浙　江	57.7	15.1	53.6	19.3	19.1	15.0	3.9	14.5	7.0	39.5
外 国 人	59.6	15.7	54.1	18.5	19.5	14.6	4.0	15.6	8.0	38.8
香港同胞	52.0	16.7	52.9	22.5	14.7	9.8	4.9	10.8	5.9	39.2
澳门同胞	68.1	12.8	48.9	23.4	23.4	10.6	4.3	4.3	8.5	42.6
台湾同胞	44.4	10.1	52.5	20.2	18.2	25.3	2.0	15.2	0.0	43.4
安　徽	28.2	17.8	61.0	16.6	14.2	24.1	5.4	10.7	5.6	45.0
外 国 人	28.1	18.4	57.6	15.3	13.3	25.8	5.5	9.5	5.5	43.2
香港同胞	33.3	13.3	81.1	23.3	18.9	17.8	6.7	17.8	6.7	53.3
澳门同胞	27.0	16.2	83.8	21.6	5.4	18.9	2.7	2.7	8.1	48.6
台湾同胞	23.4	17.2	64.1	21.9	23.4	14.1	4.7	21.9	4.7	54.7
福　建	27.7	13.0	62.7	10.7	24.2	11.1	3.0	14.0	3.4	41.0
外 国 人	29.1	11.1	60.0	11.2	25.0	12.4	3.8	13.8	3.9	41.2
香港同胞	24.6	17.9	69.8	7.8	20.1	9.5	1.1	14.0	2.8	39.7
澳门同胞	30.0	17.5	65.0	10.0	25.0	7.5	0.0	17.5	2.5	32.5
台湾同胞	24.3	14.7	66.2	11.8	25.0	8.1	2.2	14.0	1.5	44.1
江　西	18.7	8.9	59.7	13.9	42.6	15.9	3.9	9.3	1.3	44.9
外 国 人	18.8	9.6	59.9	14.1	45.0	16.6	4.3	10.2	1.5	42.4
香港同胞	18.0	9.8	57.4	13.1	37.7	13.1	4.1	7.4	1.6	53.3
澳门同胞	10.5	5.3	68.4	13.2	26.3	15.8	0.0	2.6	0.0	50.0
台湾同胞	23.9	4.2	57.7	14.1	43.7	15.5	2.8	9.9	0.0	43.7
山　东	31.7	18.3	43.4	21.4	24.8	25.1	9.0	32.0	3.8	41.5
外 国 人	30.9	18.3	44.1	21.8	23.7	25.9	9.1	33.4	3.3	39.5
香港同胞	31.0	15.9	38.9	20.6	31.7	23.0	3.2	18.3	4.0	51.6
澳门同胞	51.9	18.5	44.4	14.8	29.6	25.9	11.1	48.1	11.1	59.3
台湾同胞	35.6	20.8	40.6	20.8	27.7	17.8	14.9	28.7	6.9	46.5

10－6(续3)　　单位：%

	服装/丝绸	中成药/保健品	食品/茶叶	酒类/香烟	瓷器/陶器	文复品/字画	地毯/挂毯	首饰/珍珠	胶卷/电器	纪念品/工艺品
河　南	26.9	24.6	29.2	28.7	37.0	32.6	22.5	23.8	22.8	42.1
外 国 人	26.3	23.6	29.7	28.5	35.5	32.7	22.1	24.7	22.9	40.9
香港同胞	26.7	26.7	20.0	33.3	53.3	33.3	20.0	10.0	16.7	63.3
澳门同胞	41.7	41.7	29.2	25.0	50.0	33.3	29.2	25.0	29.2	50.0
台湾同胞	36.4	45.5	18.2	36.4	63.6	27.3	36.4	0.0	18.2	45.5
湖　北	30.5	19.2	44.9	21.6	14.7	23.9	7.0	12.4	3.1	46.3
外 国 人	34.8	16.8	44.5	18.3	15.2	22.4	7.9	12.0	2.6	42.7
香港同胞	23.6	21.7	46.2	24.1	9.9	26.9	7.1	15.6	5.7	53.8
澳门同胞	37.3	23.9	53.7	29.9	14.9	25.4	9.0	19.4	3.0	40.3
台湾同胞	22.9	22.0	42.1	26.2	18.2	24.8	3.7	7.9	1.9	50.9
湖　南	33.2	27.9	46.2	23.6	32.7	20.0	8.5	16.8	5.8	35.9
外 国 人	33.9	28.5	45.5	21.5	32.3	20.5	8.4	16.3	5.3	35.9
香港同胞	33.8	15.0	53.8	28.8	30.0	18.8	10.0	17.5	3.8	38.8
澳门同胞	22.9	29.2	47.9	50.0	39.6	10.4	12.5	20.8	8.3	27.1
台湾同胞	25.0	30.0	50.0	40.0	40.0	20.0	5.0	25.0	16.7	38.3
广　东	35.6	15.5	42.5	15.8	17.0	12.8	5.0	18.6	8.1	31.9
外 国 人	36.8	16.8	41.2	14.0	21.3	14.2	6.0	19.7	9.9	33.7
香港同胞	30.5	13.2	45.1	19.4	9.6	10.5	3.2	14.9	5.0	28.5
澳门同胞	36.3	15.2	45.0	12.9	12.6	12.0	3.8	22.5	5.6	30.4
台湾同胞	39.2	13.9	42.3	18.5	13.6	11.3	4.6	19.0	6.5	30.5
广　西	34.8	24.2	37.4	11.6	19.1	21.0	9.1	28.0	7.4	56.1
外 国 人	37.5	21.3	34.6	11.1	19.2	21.3	8.1	28.0	7.1	56.4
香港同胞	24.7	29.9	40.3	9.7	19.5	20.8	8.4	31.2	6.5	55.8
澳门同胞	39.7	44.8	36.2	13.8	22.4	24.1	22.4	29.3	10.3	50.0
台湾同胞	27.8	26.1	53.0	16.5	16.5	17.4	9.6	23.5	8.7	57.4

10－6(续4)　　　　单位：%

	服装/丝绸	中成药/保健品	食品/茶叶	酒类/香烟	瓷器/陶器	文复品/字画	地毯/挂毯	首饰/珍珠	胶卷/电器	纪念品/工艺品
海　南	37.7	20.4	43.3	13.6	10.4	10.8	8.9	45.3	4.2	45.4
外 国 人	39.0	21.7	43.0	14.6	10.7	10.9	9.3	43.9	4.5	45.5
香港同胞	25.0	8.0	47.7	6.8	11.4	8.0	3.4	52.3	3.4	47.7
澳门同胞	52.4	14.3	23.8	4.8	4.8	23.8	19.0	47.6	4.8	28.6
台湾同胞	32.4	27.0	48.6	13.5	5.4	8.1	8.1	54.1	0.0	45.9
重　庆	22.2	7.8	47.3	9.2	18.7	8.2	1.3	4.2	1.5	33.0
外 国 人	25.8	6.5	47.7	8.5	21.4	7.8	1.2	5.1	1.2	31.3
香港同胞	7.8	11.7	53.2	9.1	13.0	9.1	2.6	1.3	3.9	36.4
澳门同胞	20.0	6.7	46.7	13.3	20.0	13.3	0.0	0.0	0.0	33.3
台湾同胞	16.2	12.2	39.2	12.2	8.1	8.1	1.4	2.7	1.4	39.2
四　川	38.9	32.6	56.9	14.3	23.1	14.0	6.1	12.5	2.3	33.5
外 国 人	37.1	30.1	58.1	14.9	24.3	14.1	7.0	12.9	2.7	33.9
香港同胞	54.4	41.5	52.0	9.9	13.5	13.5	4.7	12.3	1.2	36.3
澳门同胞	39.5	36.8	76.3	23.7	23.7	18.4	0.0	7.9	0.0	18.4
台湾同胞	37.6	42.4	48.2	12.4	24.1	12.4	1.8	11.2	1.2	31.2
贵　州	28.5	14.2	30.3	18.8	8.7	10.2	3.8	9.7	1.2	55.8
外 国 人	28.1	12.6	30.1	17.8	8.5	10.8	3.8	9.4	0.9	56.9
香港同胞	36.7	13.9	30.4	19.0	12.7	6.3	6.3	12.7	1.3	51.9
澳门同胞	19.0	19.0	23.8	19.0	4.8	19.0	0.0	4.8	4.8	57.1
台湾同胞	23.6	25.5	34.5	27.3	5.5	7.3	1.8	9.1	1.8	52.7
云　南	28.1	22.9	56.3	25.0	13.6	12.9	4.5	20.8	3.6	55.1
外 国 人	28.7	20.3	53.1	23.7	14.8	13.3	4.9	20.0	4.0	56.0
香港同胞	18.8	42.0	71.0	31.9	10.1	10.1	2.9	17.4	1.4	53.6
澳门同胞	38.1	38.1	57.1	38.1	4.8	19.0	0.0	19.0	0.0	47.6
台湾同胞	28.6	23.2	75.0	26.8	7.1	8.9	3.6	33.9	3.6	50.0

10－6(续5)　　单位：%

	服装/丝绸	中成药/保健品	食品/茶叶	酒类/香烟	瓷器/陶器	文复品/字画	地毯/挂毯	首饰/珍珠	胶卷/电器	纪念品/工艺品
西　藏	0.0	0.0	0.0	0.0	0.0	30.4	39.8	13.6	0.0	42.9
外国人	0.0	0.0	0.0	0.0	0.0	30.4	40.9	13.9	0.0	40.9
香港同胞	0.0	0.0	0.0	0.0	0.0	37.5	50.0	12.5	0.0	37.5
澳门同胞	0.0	0.0	0.0	0.0	0.0	34.5	27.6	10.3	0.0	48.3
台湾同胞	0.0	0.0	0.0	0.0	0.0	22.6	41.9	16.1	0.0	48.4
陕　西	37.4	12.9	27.0	6.6	30.3	38.4	18.1	20.1	3.3	48.7
外国人	37.0	12.9	26.3	6.7	29.4	38.5	18.3	20.6	3.2	49.8
香港同胞	44.7	10.6	36.2	6.4	42.6	46.8	14.9	14.9	8.5	42.6
澳门同胞	22.2	22.2	33.3	0.0	22.2	22.2	11.1	33.3	0.0	22.2
台湾同胞	42.9	14.3	31.4	5.7	42.9	28.6	17.1	8.6	0.0	34.3
甘　肃	23.6	4.7	20.6	11.0	20.9	30.7	29.4	10.6	1.7	49.4
外国人	23.9	4.4	20.0	10.5	20.5	29.1	28.3	10.8	1.6	48.6
香港同胞	23.4	10.6	23.4	10.6	25.5	44.7	42.6	6.4	2.1	51.1
澳门同胞	18.8	0.0	25.0	25.0	18.8	31.3	25.0	12.5	6.3	56.3
台湾同胞	19.2	3.8	26.9	15.4	23.1	42.3	34.6	11.5	0.0	61.5
青　海	21.6	21.6	13.6	10.8	10.8	15.6	39.2	17.2	0.4	78.4
外国人	22.8	22.3	14.1	10.7	12.1	15.5	38.3	17.5	0.5	80.1
香港同胞	20.0	20.0	20.0	6.7	6.7	20.0	40.0	20.0	0.0	80.0
澳门同胞	25.0	0.0	0.0	0.0	0.0	0.0	50.0	50.0	0.0	50.0
台湾同胞	12.0	20.0	8.0	16.0	4.0	16.0	44.0	8.0	0.0	68.0
宁　夏	16.7	13.3	30.0	5.3	10.0	22.0	20.7	1.3	1.3	67.3
外国人	17.3	12.6	31.5	5.5	10.2	23.6	17.3	0.8	1.6	69.3
香港同胞	0.0	23.1	23.1	7.7	15.4	7.7	38.5	0.0	0.0	69.2
澳门同胞	0.0	0.0	100.0	0.0	0.0	0.0	0.0	0.0	0.0	100.0
台湾同胞	33.3	11.1	11.1	0.0	0.0	22.2	44.4	11.1	0.0	33.3
新　疆	37.8	33.0	6.2	3.8	14.0	4.0	12.0	5.4	0.2	56.2
外国人	40.4	35.4	7.2	4.3	13.6	4.5	11.2	5.0	0.0	52.4
香港同胞	19.4	25.8	3.2	3.2	19.4	3.2	19.4	9.7	3.2	90.3
澳门同胞	20.0	20.0	0.0	0.0	5.0	0.0	15.0	10.0	0.0	70.0
台湾同胞	32.3	16.1	0.0	0.0	19.4	0.0	12.9	3.2	0.0	64.5

十一

入境游客抽样调查总人数及构成

11－1　2008年入境游客抽样调查总人数及所占比重

		调查总人数		口岸调查人数		其中： 过夜旅游者	
		（人）	（%）	（人）	（%）	（人）	（%）
全　国	**总计**	**47 428**	**100**	**15 797**	**33.3**	**12 912**	**81.7**
	团体	18 245	100	4 739	26.0	4 240	89.5
	散客	29 183	100	11 058	37.9	8 672	78.4
外国人	小计	34 197	100	10 205	29.8	9 138	89.5
	团体	14 732	100	3 944	26.8	3 503	88.8
	散客	19 465	100	6 261	32.2	5 635	90.0
香港同胞	小计	7 191	100	3 415	47.5	2 335	68.4
	团体	1 474	100	272	18.5	243	89.3
	散客	5 717	100	3 143	55.0	2 092	66.6
澳门同胞	小计	2 019	100	859	42.5	294	34.2
	团体	567	100	104	18.3	90	86.5
	散客	1 452	100	755	52.0	204	27.0
台湾同胞	小计	4 021	100	1 318	32.8	1 145	86.9
	团体	1 472	100	419	28.5	404	96.4
	散客	2 549	100	899	35.3	741	82.4

（按外国人、港澳台胞、团体及散客分组）

一日游游客		饭店调查人数		游船调查人数	
（人）	（%）	（人）	（%）	（人）	（%）
2 885	**18.3**	**31 390**	**66.2**	**241**	**0.5**
499	10.5	13 315	73.0	191	1.0
2 386	21.6	18 075	61.9	50	0.2
1 067	10.5	23 793	69.6	199	0.6
441	11.2	10 628	72.1	160	1.1
626	10.0	13 165	67.6	39	0.2
1 080	31.6	3 759	52.3	17	0.2
29	10.7	1 189	80.7	13	0.9
1 051	33.4	2 570	45.0	4	0.1
565	65.8	1 150	57.0	10	0.5
14	13.5	456	80.4	7	1.2
551	73.0	694	47.8	3	0.2
173	13.1	2 688	66.8	15	0.4
15	3.6	1 042	70.8	11	0.7
158	17.6	1 646	64.6	4	0.2

11－2 2008年入境游客抽样调查总人数及所占比重

		调查总人数		口岸调查人数		其中：过夜旅游者	
		（人）	（%）	（人）	（%）	（人）	（%）
北 京	小计	3 304	100	1 500	45.4	1 500	100.0
	团体	2 130	100	1 338	62.8	1 338	100.0
	散客	1 174	100	162	13.8	162	100.0
天 津	小计	1 100	100	600	54.5	595	99.2
	团体	269	100	130	48.3	130	100.0
	散客	831	100	470	56.6	465	98.9
河 北	小计	800	100	0	0.0	0	0.0
	团体	333	100	0	0.0	0	0.0
	散客	467	100	0	0.0	0	0.0
山 西	小计	670	100	0	0.0	0	0.0
	团体	318	100	0	0.0	0	0.0
	散客	352	100	0	0.0	0	0.0
内蒙古	小计	1 100	100	600	54.5	397	66.2
	团体	642	100	400	62.3	200	50.0
	散客	458	100	200	43.7	197	98.5
辽 宁	小计	1 302	100	709	54.5	603	85.0
	团体	440	100	289	65.7	184	63.7
	散客	862	100	420	48.7	419	99.8
吉 林	小计	700	100	300	42.9	295	98.3
	团体	450	100	234	52.0	234	100.0
	散客	250	100	66	26.4	61	92.4
黑龙江	小计	1 300	100	600	46.2	399	66.5
	团体	711	100	265	37.3	264	99.6
	散客	589	100	335	56.9	135	40.3
上 海	小计	3 360	100	1 500	44.6	1 460	97.3
	团体	639	100	251	39.3	248	98.8
	散客	2721	100	1 249	45.9	1 212	97.0

（按省〈区、市〉、团体及散客分组）

一日游游客		饭店调查人数		游船调查人数	
（人）	（%）	（人）	（%）	（人）	（%）
0	0.0	1 804	54.6	0	0.0
0	0.0	792	37.2	0	0.0
0	0.0	1 012	86.2	0	0.0
5	0.8	500	45.5	0	0.0
0	0.0	139	51.7	0	0.0
5	1.1	361	43.4	0	0.0
0	0.0	800	100.0	0	0.0
0	0.0	333	100.0	0	0.0
0	0.0	467	100.0	0	0.0
0	0.0	670	100.0	0	0.0
0	0.0	318	100.0	0	0.0
0	0.0	352	100.0	0	0.0
203	33.8	500	45.5	0	0.0
200	50.0	242	37.7	0	0.0
3	1.5	258	56.3	0	0.0
106	15.0	593	45.5	0	0.0
105	36.3	151	34.3	0	0.0
1	0.2	442	51.3	0	0.0
5	1.7	400	57.1	0	0.0
0	0.0	216	48.0	0	0.0
5	7.6	184	73.6	0	0.0
201	33.5	700	53.8	0	0.0
1	0.4	446	62.7	0	0.0
200	59.7	254	43.1	0	0.0
40	2.7	1 860	55.4	0	0.0
3	1.2	388	60.7	0	0.0
37	3.0	1 472	54.1	0	0.0

11－2(续1)

		调查总人数 (人)	(%)	口岸调查人数 (人)	(%)	其中：过夜旅游者 (人)	(%)
江　苏	小计	1 506	100	428	28.4	428	100.0
	团体	379	100	43	11.3	43	100.0
	散客	1 127	100	385	34.2	385	100.0
浙　江	小计	1 400	100	400	28.6	400	100.0
	团体	428	100	108	25.2	108	100.0
	散客	972	100	292	30.0	292	100.0
安　徽	小计	1 016	100	0	0.0	0	0.0
	团体	576	100	0	0.0	0	0.0
	散客	440	100	0	0.0	0	0.0
福　建	小计	1 816	100	774	42.6	706	91.2
	团体	501	100	213	42.5	146	68.5
	散客	1 315	100	561	42.7	560	99.8
江　西	小计	700	100	0	0.0	0	0.0
	团体	301	100	0	0.0	0	0.0
	散客	399	100	0	0.0	0	0.0
山　东	小计	2 418	100	1 010	41.8	936	92.7
	团体	446	100	116	26.0	113	97.4
	散客	1 972	100	894	45.3	823	92.1
河　南	小计	806	100	0	0.0	0	0.0
	团体	653	100	0	0.0	0	0.0
	散客	153	100	0	0.0	0	0.0
湖　北	小计	1 100	100	0	0.0	0	0.0
	团体	457	100	0	0.0	0	0.0
	散客	643	100	0	0.0	0	0.0
湖　南	小计	1 497	100	0	0.0	0	0.0
	团体	1 083	100	0	0.0	0	0.0
	散客	414	100	0	0.0	0	0.0
广　东	小计	11 186	100	5 579	49.9	3 720	66.7
	团体	1 631	100	205	12.6	185	90.2
	散客	9 555	100	5 374	56.2	3 535	65.8
广　西	小计	1 799	100	697	38.7	501	71.9
	团体	916	100	445	48.6	366	82.2
	散客	883	100	252	28.5	135	53.6

一日游游客		饭店调查人数		游船调查人数	
（人）	（%）	（人）	（%）	（人）	（%）
0	0.0	1 078	71.6	0	0.0
0	0.0	336	88.7	0	0.0
0	0.0	742	65.8	0	0.0
0	0.0	1 000	71.4	0	0.0
0	0.0	320	74.8	0	0.0
0	0.0	680	70.0	0	0.0
0	0.0	1 016	100.0	0	0.0
0	0.0	576	100.0	0	0.0
0	0.0	440	100.0	0	0.0
68	8.8	1 042	57.4	0	0.0
67	31.5	288	57.5	0	0.0
1	0.2	754	57.3	0	0.0
0	0.0	700	100.0	0	0.0
0	0.0	301	100.0	0	0.0
0	0.0	399	100.0	0	0.0
74	7.3	1 408	58.2	0	0.0
3	2.6	330	74.0	0	0.0
71	7.9	1 078	54.7	0	0.0
0	0.0	806	100.0	0	0.0
0	0.0	653	100.0	0	0.0
0	0.0	153	100.0	0	0.0
0	0.0	959	87.2	141	12.8
0	0.0	362	79.2	95	20.8
0	0.0	597	92.8	46	7.2
0	0.0	1 497	100.0	0	0.0
0	0.0	1 083	100.0	0	0.0
0	0.0	414	100.0	0	0.0
1 859	33.3	5 607	50.1	0	0.0
20	9.8	1 426	87.4	0	0.0
1 839	34.2	4 181	43.8	0	0.0
196	28.1	1 102	61.3	0	0.0
79	17.8	471	51.4	0	0.0
117	46.4	631	71.5	0	0.0

11－2(续2)

		调查总人数 (人)	调查总人数 (%)	口岸调查人数 (人)	口岸调查人数 (%)	其中：过夜旅游者 (人)	其中：过夜旅游者 (%)
海　南	小计	897	100	0	0.0	0	0.0
	团体	464	100	0	0.0	0	0.0
	散客	433	100	0	0.0	0	0.0
重　庆	小计	600	100	0	0.0	0	0.0
	团体	340	100	0	0.0	0	0.0
	散客	260	100	0	0.0	0	0.0
四　川	小计	1 715	100	0	0.0	0	0.0
	团体	713	100	0	0.0	0	0.0
	散客	1 002	100	0	0.0	0	0.0
贵　州	小计	600	100	0	0.0	0	0.0
	团体	457	100	0	0.0	0	0.0
	散客	143	100	0	0.0	0	0.0
云　南	小计	1 400	100	600	42.9	475	79.2
	团体	730	100	340	46.6	320	94.1
	散客	670	100	260	38.8	155	59.6
西　藏	小计	191	100	0	0.0	0	0.0
	团体	119	100	0	0.0	0	0.0
	散客	72	100	0	0.0	0	0.0
陕　西	小计	1 045	100	0	0.0	0	0.0
	团体	723	100	0	0.0	0	0.0
	散客	322	100	0	0.0	0	0.0
甘　肃	小计	700	100	0	0.0	0	0.0
	团体	476	100	0	0.0	0	0.0
	散客	224	100	0	0.0	0	0.0
青　海	小计	250	100	0	0.0	0	0.0
	团体	120	100	0	0.0	0	0.0
	散客	130	100	0	0.0	0	0.0
宁　夏	小计	150	100	0	0.0	0	0.0
	团体	30	100	0	0.0	0	0.0
	散客	120	100	0	0.0	0	0.0
新　疆	小计	1 000	100	500	50.0	497	99.4
	团体	770	100	362	47.0	361	99.7
	散客	230	100	138	60.0	136	98.6

一日游游客		饭店调查人数		游船调查人数	
(人)	(%)	(人)	(%)	(人)	(%)
0	0.0	897	100.0	0	0.0
0	0.0	464	100.0	0	0.0
0	0.0	433	100.0	0	0.0
0	0.0	500	83.3	100	16.7
0	0.0	244	71.8	96	28.2
0	0.0	256	98.5	4	1.5
0	0.0	1 715	100.0	0	0.0
0	0.0	713	100.0	0	0.0
0	0.0	1 002	100.0	0	0.0
0	0.0	600	100.0	0	0.0
0	0.0	457	100.0	0	0.0
0	0.0	143	100.0	0	0.0
125	20.8	800	57.1	0	0.0
20	5.9	390	53.4	0	0.0
105	40.4	410	61.2	0	0.0
0	0.0	191	100.0	0	0.0
0	0.0	119	100.0	0	0.0
0	0.0	72	100.0	0	0.0
0	0.0	1 045	100.0	0	0.0
0	0.0	723	100.0	0	0.0
0	0.0	322	100.0	0	0.0
0	0.0	700	100.0	0	0.0
0	0.0	476	100.0	0	0.0
0	0.0	224	100.0	0	0.0
0	0.0	250	100.0	0	0.0
0	0.0	120	100.0	0	0.0
0	0.0	130	100.0	0	0.0
0	0.0	150	100.0	0	0.0
0	0.0	30	100.0	0	0.0
0	0.0	120	100.0	0	0.0
3	0.6	500	50.0	0	0.0
1	0.3	408	53.0	0	0.0
2	1.4	92	40.0	0	0.0

11－3　2008年口岸调查入境游客人数及所占比重

		调查人数		男　性		女　性	
		(人)	(%)	(人)	(%)	(人)	(%)
全　国	**总计**	**15 797**	**100**	**9 345**	**59.2**	**6 452**	**40.8**
	团体	4 739	100	2 303	48.6	2 436	51.4
	散客	11 058	100	7 042	63.7	4 016	36.3
外国人	小计	10 205	100	6 211	60.9	3 994	39.1
	团体	3 944	100	1 943	49.3	2 001	50.7
	散客	6 261	100	4 268	68.2	1 993	31.8
香港同胞	小计	3 415	100	1 982	58.0	1 433	42.0
	团体	272	100	124	45.6	148	54.4
	散客	3 143	100	1 858	59.1	1 285	40.9
澳门同胞	小计	859	100	394	45.9	465	54.1
	团体	104	100	40	38.5	64	61.5
	散客	755	100	354	46.9	401	53.1
台湾同胞	小计	1 318	100	758	57.5	560	42.5
	团体	419	100	196	46.8	223	53.2
	散客	899	100	562	62.5	337	37.5

（按外国人、港澳台胞、团体及散客、性别、年龄分组）

14岁及以下		15~24岁		25~44岁		45~64岁		65岁及以上	
（人）	（%）	（人）	（%）	（人）	（%）	（人）	（%）	（人）	（%）
107	**0.7**	**1 726**	**10.9**	**8 028**	**50.8**	**5 031**	**31.8**	**905**	**5.7**
42	0.9	533	11.2	2 067	43.6	1 563	33.0	534	11.3
65	0.6	1 193	10.8	5 961	53.9	3 468	31.4	371	3.4
62	0.6	1 018	10.0	4 988	48.9	3 427	33.6	710	7.0
30	0.8	415	10.5	1 751	44.4	1 264	32.0	484	12.3
32	0.5	603	9.6	3 237	51.7	2 163	34.5	226	3.6
14	0.4	358	10.5	2 015	59.0	917	26.9	111	3.3
1	0.4	61	22.4	111	40.8	82	30.1	17	6.3
13	0.4	297	9.4	1 904	60.6	835	26.6	94	3.0
17	2.0	268	31.2	365	42.5	186	21.7	23	2.7
1	1.0	24	23.1	45	43.3	31	29.8	3	2.9
16	2.1	244	32.3	320	42.4	155	20.5	20	2.6
14	1.1	82	6.2	660	50.1	501	38.0	61	4.6
10	2.4	33	7.9	160	38.2	186	44.4	30	7.2
4	0.4	49	5.5	500	55.6	315	35.0	31	3.4

11－4　2008年口岸调查入境游客人数及所占比重

	调查人数		政府工作人员		专业技术人员		职员		技工工人	
	(人)	(%)	(人)	(%)	(人)	(%)	(人)	(%)	(人)	(%)
全国总计	**15 797**	**100**	**608**	**3.8**	**2 574**	**16.3**	**2 396**	**15.2**	**776**	**4.9**
团体	4 739	100	287	6.1	544	11.5	721	15.2	169	3.6
散客	11 058	100	321	2.9	2 030	18.4	1 675	15.1	607	5.5
外国人小计	10 205	100	455	4.5	1 588	15.6	1 383	13.6	422	4.1
团体	3 944	100	235	6.0	462	11.7	572	14.5	146	3.7
散客	6 261	100	220	3.5	1 126	18.0	811	13.0	276	4.4
香港同胞小计	3 415	100	79	2.3	627	18.4	672	19.7	239	7.0
团体	272	100	19	7.0	26	9.6	59	21.7	4	1.5
散客	3 143	100	60	1.9	601	19.1	613	19.5	235	7.5
澳门同胞小计	859	100	30	3.5	112	13.0	137	15.9	52	6.1
团体	104	100	8	7.7	12	11.5	14	13.5	2	1.9
散客	755	100	22	2.9	100	13.2	123	16.3	50	6.6
台湾同胞小计	1 318	100	44	3.3	247	18.7	204	15.5	63	4.8
团体	419	100	25	6.0	44	10.5	76	18.1	17	4.1
散客	899	100	19	2.1	203	22.6	128	14.2	46	5.1

（按外国人、港澳台胞、团体及散客、职业分组）

商贸人员		服务员推销员		退休人员		家庭妇女		军人		学生		其他	
（人）	（%）	（人）	（%）	（人）	（%）	（人）	（%）	（人）	（%）	（人）	（%）	（人）	（%）
4 237	**26.8**	**677**	**4.3**	**975**	**6.2**	**1 120**	**7.1**	**63**	**0.4**	**1 359**	**8.6**	**1 012**	**6.4**
982	20.7	207	4.4	514	10.8	483	10.2	33	0.7	469	9.9	330	7.0
3 255	29.4	470	4.3	461	4.2	637	5.8	30	0.3	890	8.0	682	6.2
3 072	30.1	292	2.9	639	6.3	745	7.3	51	0.5	825	8.1	733	7.2
879	22.3	170	4.3	439	11.1	393	10.0	30	0.8	353	9.0	265	6.7
2 193	35.0	122	1.9	200	3.2	352	5.6	21	0.3	472	7.5	468	7.5
767	22.5	252	7.4	209	6.1	213	6.2	3	0.1	217	6.4	137	4.0
37	13.6	10	3.7	19	7.0	30	11.0	1	0.4	51	18.8	16	5.9
730	23.2	242	7.7	190	6.0	183	5.8	2	0.1	166	5.3	121	3.8
88	10.2	39	4.5	34	4.0	66	7.7	6	0.7	241	28.1	54	6.3
9	8.7	2	1.9	5	4.8	11	10.6	1	1.0	24	23.1	16	15.4
79	10.5	37	4.9	29	3.8	55	7.3	5	0.7	217	28.7	38	5.0
310	23.5	94	7.1	93	7.1	96	7.3	3	0.2	76	5.8	88	6.7
57	13.6	25	6.0	51	12.2	49	11.7	1	0.2	41	9.8	33	7.9
253	28.1	69	7.7	42	4.7	47	5.2	2	0.2	35	3.9	55	6.1

11－5　2008年口岸调查入境游客人数及所占比重

	调查人数		观光游览		休闲度假		探亲访友	
	(人)	(%)	(人)	(%)	(人)	(%)	(人)	(%)
全　国　总计	**15 797**	**100**	**4 119**	**26.1**	**2 600**	**16.5**	**2 137**	**13.5**
团体	4 739	100	2 648	55.9	837	17.7	150	3.2
散客	11 058	100	1 471	13.3	1 763	15.9	1 987	18.0
外国人　小计	10 205	100	3 082	30.2	1 398	13.7	735	7.2
团体	3 944	100	2 106	53.4	682	17.3	133	3.4
散客	6 261	100	976	15.6	716	11.4	602	9.6
香港同胞　小计	3 415	100	463	13.6	629	18.4	1 070	31.3
团体	272	100	168	61.8	67	24.6	6	2.2
散客	3 143	100	295	9.4	562	17.9	1 064	33.9
澳门同胞　小计	859	100	138	16.1	377	43.9	105	12.2
团体	104	100	55	52.9	27	26.0	4	3.8
散客	755	100	83	11.0	350	46.4	101	13.4
台湾同胞　小计	1 318	100	436	33.1	196	14.9	227	17.2
团体	419	100	319	76.1	61	14.6	7	1.7
散客	899	100	117	13.0	135	15.0	220	24.5

（按外国人、港澳台胞、团体及散客、旅游目的分组）

商务		会议		宗教朝拜		文化/体育/科技交流		其他	
（人）	（%）	（人）	（%）	（人）	（%）	（人）	（%）	（人）	（%）
4 978	**31.5**	**697**	**4.4**	**69**	**0.4**	**321**	**2.0**	**876**	**5.5**
755	15.9	70	1.5	23	0.5	105	2.2	151	3.2
4 223	38.2	627	5.7	46	0.4	216	2.0	725	6.6
3 565	34.9	477	4.7	51	0.5	247	2.4	650	6.4
734	18.6	63	1.6	19	0.5	78	2.0	129	3.3
2 831	45.2	414	6.6	32	0.5	169	2.7	521	8.3
990	29.0	141	4.1	8	0.2	26	0.8	88	2.6
13	4.8	4	1.5	1	0.4	4	1.5	9	3.3
977	31.1	137	4.4	7	0.2	22	0.7	79	2.5
92	10.7	21	2.4	2	0.2	17	2.0	107	12.5
3	2.9	2	1.9	1	1.0	9	8.7	3	2.9
89	11.8	19	2.5	1	0.1	8	1.1	104	13.8
331	25.1	58	4.4	8	0.6	31	2.4	31	2.4
5	1.2	1	0.2	2	0.5	14	3.3	10	2.4
326	36.3	57	6.3	6	0.7	17	1.9	21	2.3

11－6　2008年口岸调查外国游客人数

	调查人数		男性		女性	
	（人）	（%）	（人）	（%）	（人）	（%）
外国人	**10 205**	**100**	**6 211**	**60.9**	**3 994**	**39.1**
日本	1 995	100	1 527	76.5	468	23.5
菲律宾	150	100	88	58.7	62	41.3
泰国	99	100	56	56.6	43	43.4
新加坡	385	100	213	55.3	172	44.7
印度尼西亚	151	100	94	62.3	57	37.7
马来西亚	224	100	126	56.3	98	43.8
韩国	2 198	100	1 450	66.0	748	34.0
朝鲜	47	100	23	48.9	24	51.1
蒙古	216	100	84	38.9	132	61.1
印度	161	100	128	79.5	33	20.5
英国	278	100	173	62.2	105	37.8
法国	439	100	219	49.9	220	50.1
德国	150	100	102	68.0	48	32.0
意大利	121	100	82	67.8	39	32.2
荷兰	79	100	54	68.4	25	31.6
瑞典	54	100	36	66.7	18	33.3
俄罗斯	1 167	100	383	32.8	784	67.2
瑞士	70	100	37	52.9	33	47.1
美国	741	100	458	61.8	283	38.2
加拿大	210	100	117	55.7	93	44.3
澳大利亚	288	100	164	56.9	124	43.1
非洲国家	65	100	44	67.7	21	32.3
南美国家	34	100	20	58.8	14	41.2
其他国家	883	100	533	60.4	350	39.6

及所占比重（按国别、性别、年龄分组）

14岁及以下		15～24岁		25～44岁		45～64岁		65岁及以上	
（人）	（%）	（人）	（%）	（人）	（%）	（人）	（%）	（人）	（%）
62	**0.6**	**1 018**	**10.0**	**4 988**	**48.9**	**3 427**	**33.6**	**710**	**7.0**
5	0.3	127	6.4	826	41.4	866	43.4	171	8.6
0	0.0	14	9.3	100	66.7	33	22.0	3	2.0
0	0.0	10	10.1	59	59.6	25	25.3	5	5.1
2	0.5	42	10.9	194	50.4	127	33.0	20	5.2
0	0.0	12	7.9	81	53.6	49	32.5	9	6.0
1	0.4	18	8.0	107	47.8	89	39.7	9	4.0
14	0.6	241	11.0	1 073	48.8	699	31.8	171	7.8
0	0.0	10	21.3	21	44.7	16	34.0	0	0.0
1	0.5	17	7.9	148	68.5	45	20.8	5	2.3
1	0.6	25	15.5	93	57.8	41	25.5	1	0.6
1	0.4	22	7.9	145	52.2	89	32.0	21	7.6
4	0.9	43	9.8	135	30.8	175	39.9	82	18.7
2	1.3	6	4.0	73	48.7	59	39.3	10	6.7
0	0.0	8	6.6	56	46.3	51	42.1	6	5.0
0	0.0	6	7.6	40	50.6	33	41.8	0	0.0
0	0.0	10	18.5	25	46.3	16	29.6	3	5.6
10	0.9	139	11.9	762	65.3	217	18.6	39	3.3
0	0.0	4	5.7	41	58.6	20	28.6	5	7.1
10	1.3	94	12.7	259	35.0	296	39.9	82	11.1
1	0.5	18	8.6	90	42.9	87	41.4	14	6.7
1	0.3	33	11.5	129	44.8	109	37.8	16	5.6
0	0.0	5	7.7	46	70.8	13	20.0	1	1.5
0	0.0	5	14.7	14	41.2	15	44.1	0	0.0
9	1.0	109	12.3	471	53.3	257	29.1	37	4.2

11－7　2008年口岸调查外国游客人数

	调查人数		政府工作人员		专业技术人员		职员		技工人	
	（人）	（%）	（人）	（%）	（人）	（%）	（人）	（%）	（人）	（%）
外国人	**10 205**	**100**	**455**	**4.5**	**1 588**	**15.6**	**1 383**	**13.6**	**422**	**4.1**
日本	1 995	100	64	3.2	343	17.2	266	13.3	117	5.9
菲律宾	150	100	5	3.3	19	12.7	24	16.0	14	9.3
泰国	99	100	3	3.0	16	16.2	18	18.2	2	2.0
新加坡	385	100	17	4.4	85	22.1	52	13.5	14	3.6
印度尼西亚	151	100	9	6.0	18	11.9	24	15.9	10	6.6
马来西亚	224	100	10	4.5	51	22.8	30	13.4	12	5.4
韩国	2 198	100	104	4.7	269	12.2	450	20.5	63	2.9
朝鲜	47	100	5	10.6	3	6.4	8	17.0	0	0.0
蒙古	216	100	10	4.6	26	12.0	10	4.6	29	13.4
印度	161	100	5	3.1	35	21.7	21	13.0	6	3.7
英国	278	100	16	5.8	85	30.6	33	11.9	7	2.5
法国	439	100	28	6.4	60	13.7	51	11.6	22	5.0
德国	150	100	7	4.7	34	22.7	10	6.7	11	7.3
意大利	121	100	3	2.5	25	20.7	11	9.1	6	5.0
荷兰	79	100	6	7.6	15	19.0	17	21.5	4	5.1
瑞典	54	100	3	5.6	13	24.1	2	3.7	1	1.9
俄罗斯	1 167	100	54	4.6	81	6.9	145	12.4	32	2.7
瑞士	70	100	4	5.7	16	22.9	4	5.7	4	5.7
美国	741	100	23	3.1	178	24.0	61	8.2	17	2.3
加拿大	210	100	7	3.3	46	21.9	33	15.7	2	1.0
澳大利亚	288	100	18	6.3	54	18.8	43	14.9	14	4.9
非洲国家	65	100	4	6.2	5	7.7	2	3.1	0	0.0
南美国家	34	100	1	2.9	7	20.6	1	2.9	2	5.9
其他国家	883	100	49	5.5	104	11.8	67	7.6	33	3.7

及所占比重(按国别、职业分组)

商贸人员		服务员推销员		退休人员		家庭妇女		军人		学生		其他	
(人)	(%)	(人)	(%)	(人)	(%)	(人)	(%)	(人)	(%)	(人)	(%)	(人)	(%)
3 072	**30.1**	**292**	**2.9**	**639**	**6.3**	**745**	**7.3**	**51**	**0.5**	**825**	**8.1**	**733**	**7.2**
684	34.3	40	2.0	116	5.8	153	7.7	1	0.1	91	4.6	120	6.0
29	19.3	8	5.3	2	1.3	10	6.7	1	0.7	5	3.3	33	22.0
26	26.3	4	4.0	5	5.1	8	8.1	0	0.0	11	11.1	6	6.1
97	25.2	13	3.4	24	6.2	17	4.4	1	0.3	42	10.9	23	6.0
45	29.8	2	1.3	8	5.3	12	7.9	0	0.0	15	9.9	8	5.3
66	29.5	6	2.7	11	4.9	15	6.7	1	0.4	10	4.5	12	5.4
504	22.9	40	1.8	123	5.6	223	10.1	9	0.4	224	10.2	189	8.6
10	21.3	7	14.9	2	4.3	4	8.5	0	0.0	6	12.8	2	4.3
47	21.8	4	1.9	3	1.4	47	21.8	5	2.3	4	1.9	31	14.4
53	32.9	5	3.1	1	0.6	5	3.1	0	0.0	25	15.5	5	3.1
73	26.3	2	0.7	23	8.3	8	2.9	0	0.0	17	6.1	14	5.0
56	12.8	19	4.3	82	18.7	54	12.3	5	1.1	31	7.1	31	7.1
48	32.0	1	0.7	9	6.0	10	6.7	1	0.7	8	5.3	11	7.3
49	40.5	0	0.0	5	4.1	8	6.6	0	0.0	9	7.4	5	4.1
18	22.8	2	2.5	1	1.3	2	2.5	0	0.0	7	8.9	7	8.9
17	31.5	1	1.9	3	5.6	0	0.0	0	0.0	6	11.1	8	14.8
550	47.1	44	3.8	61	5.2	47	4.0	9	0.8	104	8.9	40	3.4
20	28.6	1	1.4	4	5.7	7	10.0	0	0.0	2	2.9	8	11.4
184	24.8	12	1.6	83	11.2	36	4.9	2	0.3	94	12.7	51	6.9
60	28.6	5	2.4	19	9.0	10	4.8	0	0.0	15	7.1	13	6.2
73	25.3	5	1.7	17	5.9	16	5.6	4	1.4	24	8.3	20	6.9
40	61.5	1	1.5	1	1.5	1	1.5	1	1.5	4	6.2	6	9.2
12	35.3	0	0.0	1	2.9	3	8.8	1	2.9	5	14.7	1	2.9
311	35.2	70	7.9	35	4.0	49	5.5	10	1.1	66	7.5	89	10.1

11－8 2008年口岸调查外国游客人数

	调查人数		观光游览		休闲度假		探亲访友	
	（人）	（%）	（人）	（%）	（人）	（%）	（人）	（%）
外国人	**10 205**	**100**	**3 082**	**30.2**	**1 398**	**13.7**	**735**	**7.2**
日本	1 995	100	571	28.6	225	11.3	106	5.3
菲律宾	150	100	26	17.3	16	10.7	19	12.7
泰国	99	100	20	20.2	18	18.2	13	13.1
新加坡	385	100	81	21.0	72	18.7	56	14.5
印度尼西亚	151	100	29	19.2	34	22.5	16	10.6
马来西亚	224	100	62	27.7	57	25.4	25	11.2
韩国	2 198	100	833	37.9	212	9.6	190	8.6
朝鲜	47	100	14	29.8	8	17.0	8	17.0
蒙古	216	100	20	9.3	5	2.3	4	1.9
印度	161	100	22	13.7	17	10.6	7	4.3
英国	278	100	70	25.2	56	20.1	14	5.0
法国	439	100	328	74.7	36	8.2	7	1.6
德国	150	100	35	23.3	22	14.7	10	6.7
意大利	121	100	28	23.1	16	13.2	7	5.8
荷兰	79	100	24	30.4	10	12.7	7	8.9
瑞典	54	100	15	27.8	13	24.1	1	1.9
俄罗斯	1 167	100	239	20.5	278	23.8	19	1.6
瑞士	70	100	17	24.3	16	22.9	5	7.1
美国	741	100	274	37.0	85	11.5	74	10.0
加拿大	210	100	54	25.7	33	15.7	27	12.9
澳大利亚	288	100	70	24.3	63	21.9	29	10.1
非洲国家	65	100	7	10.8	5	7.7	3	4.6
南美国家	34	100	10	29.4	6	17.6	0	0.0
其他国家	883	100	233	26.4	95	10.8	88	10.0

及所占比重(按国别、旅游目的分组)

商务		会议		宗教朝拜		文化/体育/科技交流		其他	
(人)	(%)	(人)	(%)	(人)	(%)	(人)	(%)	(人)	(%)
3 565	**34.9**	**477**	**4.7**	**51**	**0.5**	**247**	**2.4**	**650**	**6.4**
839	42.1	128	6.4	10	0.5	44	2.2	72	3.6
37	24.7	10	6.7	0	0.0	3	2.0	39	26.0
28	28.3	6	6.1	1	1.0	4	4.0	9	9.1
115	29.9	32	8.3	3	0.8	10	2.6	16	4.2
38	25.2	4	2.6	5	3.3	5	3.3	20	13.2
56	25.0	15	6.7	0	0.0	4	1.8	5	2.2
650	29.6	91	4.1	9	0.4	44	2.0	169	7.7
8	17.0	1	2.1	0	0.0	3	6.4	5	10.6
143	66.2	1	0.5	0	0.0	3	1.4	40	18.5
70	43.5	15	9.3	2	1.2	3	1.9	25	15.5
94	33.8	26	9.4	0	0.0	10	3.6	8	2.9
35	8.0	10	2.3	0	0.0	14	3.2	9	2.1
58	38.7	12	8.0	0	0.0	6	4.0	7	4.7
57	47.1	5	4.1	1	0.8	6	5.0	1	0.8
25	31.6	4	5.1	0	0.0	4	5.1	5	6.3
16	29.6	1	1.9	0	0.0	4	7.4	4	7.4
562	48.2	19	1.6	3	0.3	20	1.7	27	2.3
19	27.1	5	7.1	1	1.4	2	2.9	5	7.1
216	29.1	29	3.9	3	0.4	24	3.2	36	4.9
66	31.4	15	7.1	0	0.0	5	2.4	10	4.8
80	27.8	19	6.6	4	1.4	7	2.4	16	5.6
42	64.6	3	4.6	2	3.1	3	4.6	0	0.0
15	44.1	1	2.9	0	0.0	1	2.9	1	2.9
296	33.5	25	2.8	7	0.8	18	2.0	121	13.7

11－9　2008年饭店调查入境游客人数及所占比重

		饭店及游船调查人数		外国人	
		（人）	（%）	（人）	（%）
北　京	小计	1 804	100	1 587	88.0
	团体	792	100	720	90.9
	散客	1 012	100	867	85.7
天　津	小计	500	100	385	77.0
	团体	139	100	107	77.0
	散客	361	100	278	77.0
河　北	小计	800	100	648	81.0
	团体	333	100	272	81.7
	散客	467	100	376	80.5
山　西	小计	670	100	511	76.3
	团体	318	100	237	74.5
	散客	352	100	274	77.8
内蒙古	小计	500	100	455	91.0
	团体	242	100	230	95.0
	散客	258	100	225	87.2
辽　宁	小计	593	100	480	80.9
	团体	151	100	117	77.5
	散客	442	100	363	82.1
吉　林	小计	400	100	370	92.5
	团体	216	100	212	98.1
	散客	184	100	158	85.9
黑龙江	小计	700	100	654	93.4
	团体	446	100	416	93.3
	散客	254	100	238	93.7
上　海	小计	1 860	100	1 607	86.4
	团体	388	100	348	89.7
	散客	1 472	100	1 259	85.5
江　苏	小计	1 078	100	714	66.2
	团体	336	100	203	60.4
	散客	742	100	511	68.9

（按省〈区、市〉、团体及散客、性别、外国人、港澳台胞分组）

香港同胞		澳门同胞		台湾同胞	
（人）	（%）	（人）	（%）	（人）	（%）
115	6.4	38	2.1	64	3.5
35	4.4	14	1.8	23	2.9
80	7.9	24	2.4	41	4.1
66	13.2	14	2.8	35	7.0
19	13.7	3	2.2	10	7.2
47	13.0	11	3.0	25	6.9
57	7.1	38	4.8	57	7.1
18	5.4	15	4.5	28	8.4
39	8.4	23	4.9	29	6.2
61	9.1	46	6.9	52	7.8
25	7.9	27	8.5	29	9.1
36	10.2	19	5.4	23	6.5
24	4.8	3	0.6	18	3.6
7	2.9	0	0.0	5	2.1
17	6.6	3	1.2	13	5.0
60	10.1	18	3.0	35	5.9
15	9.9	8	5.3	11	7.3
45	10.2	10	2.3	24	5.4
15	3.8	4	1.0	11	2.8
3	1.4	0	0.0	1	0.5
12	6.5	4	2.2	10	5.4
26	3.7	8	1.1	12	1.7
17	3.8	4	0.9	9	2.0
9	3.5	4	1.6	3	1.2
130	7.0	24	1.3	99	5.3
20	5.2	4	1.0	16	4.1
110	7.5	20	1.4	83	5.6
155	14.4	44	4.1	165	15.3
60	17.9	14	4.2	59	17.6
95	12.8	30	4.0	106	14.3

11 -9(续1)

		饭店及游船调查人数		外国人	
		(人)	(%)	(人)	(%)
浙　江	小计	1 000	100	752	75.2
	团体	320	100	252	78.8
	散客	680	100	500	73.5
安　徽	小计	1 016	100	825	81.2
	团体	576	100	442	76.7
	散客	440	100	383	87.0
福　建	小计	1 042	100	687	65.9
	团体	288	100	184	63.9
	散客	754	100	503	66.7
江　西	小计	700	100	469	67.0
	团体	301	100	195	64.8
	散客	399	100	274	68.7
山　东	小计	1 408	100	1 154	82.0
	团体	330	100	271	82.1
	散客	1 078	100	883	81.9
河　南	小计	806	100	741	91.9
	团体	653	100	612	93.7
	散客	153	100	129	84.3
湖　北	小计	1 100	100	607	55.2
	团体	457	100	270	59.1
	散客	643	100	337	52.4
湖　南	小计	1 497	100	1 309	87.4
	团体	1 083	100	958	88.5
	散客	414	100	351	84.8
广　东	小计	5 607	100	3 211	57.3
	团体	1 426	100	921	64.6
	散客	4 181	100	2 290	54.8
广　西	小计	1 102	100	775	70.3
	团体	471	100	337	71.5
	散客	631	100	438	69.4
海　南	小计	897	100	751	83.7
	团体	464	100	399	86.0
	散客	433	100	352	81.3

香港同胞		澳门同胞		台湾同胞	
（人）	（%）	（人）	（%）	（人）	（%）
102	10.2	47	4.7	99	9.9
22	6.9	17	5.3	29	9.1
80	11.8	30	4.4	70	10.3
90	8.9	37	3.6	64	6.3
55	9.5	32	5.6	47	8.2
35	8.0	5	1.1	17	3.9
179	17.2	40	3.8	136	13.1
47	16.3	20	6.9	37	12.8
132	17.5	20	2.7	99	13.1
122	17.4	38	5.4	71	10.1
53	17.6	18	6.0	35	11.6
69	17.3	20	5.0	36	9.0
126	8.9	27	1.9	101	7.2
29	8.8	11	3.3	19	5.8
97	9.0	16	1.5	82	7.6
30	3.7	24	3.0	11	1.4
18	2.8	17	2.6	6	0.9
12	7.8	7	4.6	5	3.3
212	19.3	67	6.1	214	19.5
70	15.3	26	5.7	91	19.9
142	22.1	41	6.4	123	19.1
80	5.3	48	3.2	60	4.0
48	4.4	31	2.9	46	4.2
32	7.7	17	4.1	14	3.4
1 319	23.5	342	6.1	735	13.1
236	16.5	76	5.3	193	13.5
1 083	25.9	266	6.4	542	13.0
154	14.0	58	5.3	115	10.4
67	14.2	15	3.2	52	11.0
87	13.8	43	6.8	63	10.0
88	9.8	21	2.3	37	4.1
31	6.7	12	2.6	22	4.7
57	13.2	9	2.1	15	3.5

11－9(续2)

		饭店及游船调查人数		外国人	
		(人)	(%)	(人)	(%)
重　庆	小计	600	100	434	72.3
	团体	340	100	275	80.9
	散客	260	100	159	61.2
四　川	小计	1 715	100	1 336	77.9
	团体	713	100	535	75.0
	散客	1 002	100	801	79.9
贵　州	小计	600	100	445	74.2
	团体	457	100	350	76.6
	散客	143	100	95	66.4
云　南	小计	800	100	654	81.8
	团体	390	100	313	80.3
	散客	410	100	341	83.2
西　藏	小计	191	100	115	60.2
	团体	119	100	54	45.4
	散客	72	100	61	84.7
陕　西	小计	1 045	100	954	91.3
	团体	723	100	676	93.5
	散客	322	100	278	86.3
甘　肃	小计	700	100	611	87.3
	团体	476	100	424	89.1
	散客	224	100	187	83.5
青　海	小计	250	100	206	82.4
	团体	120	100	94	78.3
	散客	130	100	112	86.2
宁　夏	小计	150	100	127	84.7
	团体	30	100	25	83.3
	散客	120	100	102	85.0
新　疆	小计	500	100	418	83.6
	团体	408	100	339	83.1
	散客	92	100	79	85.9

香港同胞		澳门同胞		台湾同胞	
(人)	(%)	(人)	(%)	(人)	(%)
77	12.8	15	2.5	74	12.3
26	7.6	5	1.5	34	10.0
51	19.6	10	3.8	40	15.4
171	10.0	38	2.2	170	9.9
80	11.2	12	1.7	86	12.1
91	9.1	26	2.6	84	8.4
79	13.2	21	3.5	55	9.2
58	12.7	16	3.5	33	7.2
21	14.7	5	3.5	22	15.4
69	8.6	21	2.6	56	7.0
34	8.7	12	3.1	31	7.9
35	8.5	9	2.2	25	6.1
16	8.4	29	15.2	31	16.2
12	10.1	27	22.7	26	21.8
4	5.6	2	2.8	5	6.9
47	4.5	9	0.9	35	3.3
29	4.0	2	0.3	16	2.2
18	5.6	7	2.2	19	5.9
47	6.7	16	2.3	26	3.7
30	6.3	7	1.5	15	3.2
17	7.6	9	4.0	11	4.9
15	6.0	4	1.6	25	10.0
9	7.5	2	1.7	15	12.5
6	4.6	2	1.5	10	7.7
13	8.7	1	0.7	9	6.0
3	10.0	1	3.3	1	3.3
10	8.3	0	0.0	8	6.7
31	6.2	20	4.0	31	6.2
26	6.4	15	3.7	28	6.9
5	5.4	5	5.4	3	3.3

11－10 2008年饭店调查入境游客人数及所占比重

		饭店及游船调查人数		男性		女性	
		（人）	（%）	（人）	（%）	（人）	（%）
北京	小计	1 804	100	910	50.4	894	49.6
	团体	792	100	331	41.8	461	58.2
	散客	1 012	100	579	57.2	433	42.8
天津	小计	500	100	312	62.4	188	37.6
	团体	139	100	64	46.0	75	54.0
	散客	361	100	248	68.7	113	31.3
河北	小计	800	100	435	54.4	365	45.6
	团体	333	100	163	48.9	170	51.1
	散客	467	100	272	58.2	195	41.8
山西	小计	670	100	402	60.0	268	40.0
	团体	318	100	182	57.2	136	42.8
	散客	352	100	220	62.5	132	37.5
内蒙古	小计	500	100	192	38.4	308	61.6
	团体	242	100	47	19.4	195	80.6
	散客	258	100	145	56.2	113	43.8
辽宁	小计	593	100	351	59.2	242	40.8
	团体	151	100	70	46.4	81	53.6
	散客	442	100	281	63.6	161	36.4
吉林	小计	400	100	212	53.0	188	47.0
	团体	216	100	98	45.4	118	54.6
	散客	184	100	114	62.0	70	38.0
黑龙江	小计	700	100	405	57.9	295	42.1
	团体	446	100	233	52.2	213	47.8
	散客	254	100	172	67.7	82	32.3
上海	小计	1 860	100	1 213	65.2	647	34.8
	团体	388	100	190	49.0	198	51.0
	散客	1 472	100	1 023	69.5	449	30.5
江苏	小计	1 078	100	692	64.2	386	35.8
	团体	336	100	174	51.8	162	48.2
	散客	742	100	518	69.8	224	30.2

（按省〈区、市〉、性别、年龄、团体及散客分组）

14岁及以下		15～24岁		25～44岁		45～64岁		65岁及以上	
（人）	（%）	（人）	（%）	（人）	（%）	（人）	（%）	（人）	（%）
11	0.6	229	12.7	824	45.7	590	32.7	150	8.3
6	0.8	126	15.9	318	40.2	239	30.2	103	13.0
5	0.5	103	10.2	506	50.0	351	34.7	47	4.6
2	0.4	50	10.0	274	54.8	148	29.6	26	5.2
2	1.4	21	15.1	58	41.7	47	33.8	11	7.9
0	0.0	29	8.0	216	59.8	101	28.0	15	4.2
6	0.8	104	13.0	395	49.4	260	32.5	35	4.4
2	0.6	53	15.9	159	47.7	105	31.5	14	4.2
4	0.9	51	10.9	236	50.5	155	33.2	21	4.5
1	0.1	65	9.7	311	46.4	244	36.4	49	7.3
0	0.0	32	10.1	125	39.3	133	41.8	28	8.8
1	0.3	33	9.4	186	52.8	111	31.5	21	6.0
1	0.2	18	3.6	360	72.0	106	21.2	15	3.0
1	0.4	6	2.5	199	82.2	28	11.6	8	3.3
0	0.0	12	4.7	161	62.4	78	30.2	7	2.7
2	0.3	57	9.6	299	50.4	186	31.4	49	8.3
1	0.7	21	13.9	66	43.7	30	19.9	33	21.9
1	0.2	36	8.1	233	52.7	156	35.3	16	3.6
0	0.0	68	17.0	204	51.0	114	28.5	14	3.5
0	0.0	51	23.6	102	47.2	57	26.4	6	2.8
0	0.0	17	9.2	102	55.4	57	31.0	8	4.3
18	2.6	80	11.4	355	50.7	210	30.0	37	5.3
14	3.1	66	14.8	202	45.3	134	30.0	30	6.7
4	1.6	14	5.5	153	60.2	76	29.9	7	2.8
16	0.9	143	7.7	867	46.6	719	38.7	115	6.2
2	0.5	50	12.9	139	35.8	146	37.6	51	13.1
14	1.0	93	6.3	728	49.5	573	38.9	64	4.3
3	0.3	92	8.5	533	49.4	392	36.4	58	5.4
1	0.3	30	8.9	146	43.5	127	37.8	32	9.5
2	0.3	62	8.4	387	52.2	265	35.7	26	3.5

11 - 10(续 1)

		饭店及游船调查人数		男　性		女　性	
		(人)	(%)	(人)	(%)	(人)	(%)
浙　江	小计	1 000	100	581	58.1	419	41.9
	团体	320	100	138	43.1	182	56.9
	散客	680	100	443	65.1	237	34.9
安　徽	小计	1 016	100	614	60.4	402	39.6
	团体	576	100	320	55.6	256	44.4
	散客	440	100	294	66.8	146	33.2
福　建	小计	1 042	100	621	59.6	421	40.4
	团体	288	100	133	46.2	155	53.8
	散客	754	100	488	64.7	266	35.3
江　西	小计	700	100	400	57.1	300	42.9
	团体	301	100	140	46.5	161	53.5
	散客	399	100	260	65.2	139	34.8
山　东	小计	1 408	100	886	62.9	522	37.1
	团体	330	100	206	62.4	124	37.6
	散客	1 078	100	680	63.1	398	36.9
河　南	小计	806	100	479	59.4	327	40.6
	团体	653	100	397	60.8	256	39.2
	散客	153	100	82	53.6	71	46.4
湖　北	小计	1 100	100	653	59.4	447	40.6
	团体	457	100	221	48.4	236	51.6
	散客	643	100	432	67.2	211	32.8
湖　南	小计	1 497	100	820	54.8	677	45.2
	团体	1 083	100	568	52.4	515	47.6
	散客	414	100	252	60.9	162	39.1
广　东	小计	5 607	100	3 253	58.0	2 354	42.0
	团体	1 426	100	695	48.7	731	51.3
	散客	4 181	100	2 558	61.2	1 623	38.8
广　西	小计	1 102	100	636	57.7	466	42.3
	团体	471	100	233	49.5	238	50.5
	散客	631	100	403	63.9	228	36.1
海　南	小计	897	100	483	53.8	414	46.2
	团体	464	100	243	52.4	221	47.6
	散客	433	100	240	55.4	193	44.6

14岁及以下		15~24岁		25~44岁		45~64岁		65岁及以上	
(人)	(%)	(人)	(%)	(人)	(%)	(人)	(%)	(人)	(%)
4	0.4	74	7.4	541	54.1	335	33.5	46	4.6
3	0.9	35	10.9	154	48.1	100	31.3	28	8.8
1	0.1	39	5.7	387	56.9	235	34.6	18	2.6
6	0.6	70	6.9	386	38.0	422	41.5	132	13.0
4	0.7	38	6.6	197	34.2	228	39.6	109	18.9
2	0.5	32	7.3	189	43.0	194	44.1	23	5.2
3	0.3	120	11.5	462	44.3	386	37.0	71	6.8
1	0.3	40	13.9	99	34.4	114	39.6	34	11.8
2	0.3	80	10.6	363	48.1	272	36.1	37	4.9
6	0.9	61	8.7	359	51.3	231	33.0	43	6.1
3	1.0	30	10.0	148	49.2	97	32.2	23	7.6
3	0.8	31	7.8	211	52.9	134	33.6	20	5.0
14	1.0	150	10.7	679	48.2	472	33.5	93	6.6
8	2.4	49	14.8	140	42.4	107	32.4	26	7.9
6	0.6	101	9.4	539	50.0	365	33.9	67	6.2
5	0.6	50	6.2	381	47.3	243	30.1	127	15.8
4	0.6	35	5.4	316	48.4	189	28.9	109	16.7
1	0.7	15	9.8	65	42.5	54	35.3	18	11.8
9	0.8	126	11.5	459	41.7	380	34.5	126	11.5
5	1.1	68	14.9	143	31.3	146	31.9	95	20.8
4	0.6	58	9.0	316	49.1	234	36.4	31	4.8
25	1.7	150	10.0	685	45.8	488	32.6	149	10.0
23	2.1	85	7.8	486	44.9	362	33.4	127	11.7
2	0.5	65	15.7	199	48.1	126	30.4	22	5.3
28	0.5	649	11.6	3 005	53.6	1 587	28.3	338	6.0
12	0.8	195	13.7	635	44.5	420	29.5	164	11.5
16	0.4	454	10.9	2 370	56.7	1 167	27.9	174	4.2
5	0.5	110	10.0	495	44.9	408	37.0	84	7.6
2	0.4	50	10.6	190	40.3	188	39.9	41	8.7
3	0.5	60	9.5	305	48.3	220	34.9	43	6.8
6	0.7	120	13.4	465	51.8	254	28.3	52	5.8
5	1.1	56	12.1	223	48.1	145	31.3	35	7.5
1	0.2	64	14.8	242	55.9	109	25.2	17	3.9

11－10(续2)

		饭店及游船调查人数		男性		女性	
		(人)	(%)	(人)	(%)	(人)	(%)
重庆	小计	600	100	326	54.3	274	45.7
	团体	340	100	183	53.8	157	46.2
	散客	260	100	143	55.0	117	45.0
四川	小计	1 715	100	1 000	58.3	715	41.7
	团体	713	100	360	50.5	353	49.5
	散客	1 002	100	640	63.9	362	36.1
贵州	小计	600	100	325	54.2	275	45.8
	团体	457	100	243	53.2	214	46.8
	散客	143	100	82	57.3	61	42.7
云南	小计	800	100	470	58.8	330	41.3
	团体	390	100	210	53.8	180	46.2
	散客	410	100	260	63.4	150	36.6
西藏	小计	191	100	127	66.5	64	33.5
	团体	119	100	80	67.2	39	32.8
	散客	72	100	47	65.3	25	34.7
陕西	小计	1 045	100	571	54.6	474	45.4
	团体	723	100	385	53.3	338	46.7
	散客	322	100	186	57.8	136	42.2
甘肃	小计	700	100	375	53.6	325	46.4
	团体	476	100	244	51.3	232	48.7
	散客	224	100	131	58.5	93	41.5
青海	小计	250	100	143	57.2	107	42.8
	团体	120	100	60	50.0	60	50.0
	散客	130	100	83	63.8	47	36.2
宁夏	小计	150	100	113	75.3	37	24.7
	团体	30	100	18	60.0	12	40.0
	散客	120	100	95	79.2	25	20.8
新疆	小计	500	100	364	72.8	136	27.2
	团体	408	100	303	74.3	105	25.7
	散客	92	100	61	66.3	31	33.7

14 岁及以下		15 ~ 24 岁		25 ~ 44 岁		45 ~ 64 岁		65 岁及以上	
(人)	(%)	(人)	(%)	(人)	(%)	(人)	(%)	(人)	(%)
4	0.7	68	11.3	231	38.5	225	37.5	72	12.0
1	0.3	42	12.4	97	28.5	148	43.5	52	15.3
3	1.2	26	10.0	134	51.5	77	29.6	20	7.7
14	0.8	117	6.8	840	49.0	616	35.9	128	7.5
8	1.1	51	7.2	308	43.2	264	37.0	82	11.5
6	0.6	66	6.6	532	53.1	352	35.1	46	4.6
5	0.8	66	11.0	269	44.8	189	31.5	71	11.8
4	0.9	49	10.7	196	42.9	150	32.8	58	12.7
1	0.7	17	11.9	73	51.0	39	27.3	13	9.1
4	0.5	86	10.8	390	48.8	243	30.4	77	9.6
1	0.3	42	10.8	170	43.6	119	30.5	58	14.9
3	0.7	44	10.7	220	53.7	124	30.2	19	4.6
3	1.6	7	3.7	85	44.5	88	46.1	8	4.2
2	1.7	7	5.9	53	44.5	51	42.9	6	5.0
1	1.4	0	0.0	32	44.4	37	51.4	2	2.8
1	0.1	70	6.7	364	34.8	414	39.6	196	18.8
1	0.1	53	7.3	196	27.1	299	41.4	174	24.1
0	0.0	17	5.3	168	52.2	115	35.7	22	6.8
1	0.1	54	7.7	256	36.6	273	39.0	116	16.6
1	0.2	24	5.0	134	28.2	213	44.7	104	21.8
0	0.0	30	13.4	122	54.5	60	26.8	12	5.4
1	0.4	29	11.6	141	56.4	70	28	9	3.6
0	0.0	15	12.5	66	55.0	34	28.3	5	4.2
1	0.8	14	10.8	75	57.7	36	27.7	4	3.1
2	1.3	3	2.0	78	52.0	52	34.7	15	10.0
1	3.3	1	3.3	10	33.3	11	36.7	7	23.3
1	0.8	2	1.7	68	56.7	41	34.2	8	6.7
0	0.0	58	11.6	320	64.0	108	21.6	14	2.8
0	0.0	49	12.0	272	66.7	77	18.9	10	2.5
0	0.0	9	9.8	48	52.2	31	33.7	4	4.3

11－11　2008年饭店调查入境游客人数及所占比重

		饭店及游船调查人数		政府工作人员		专业技术人员		职员		技工工人	
		（人）	（%）	（人）	（%）	（人）	（%）	（人）	（%）	（人）	（%）
北　京	小计	1 804	100	90	5.0	251	13.9	352	19.5	53	2.9
	团体	792	100	35	4.4	61	7.7	171	21.6	26	3.3
	散客	1 012	100	55	5.4	190	18.8	181	17.9	27	2.7
天　津	小计	500	100	18	3.6	84	16.8	105	21.0	35	7.0
	团体	139	100	5	3.6	11	7.9	36	25.9	4	2.9
	散客	361	100	13	3.6	73	20.2	69	19.1	31	8.6
河　北	小计	800	100	54	6.8	173	21.6	171	21.4	47	5.9
	团体	333	100	18	5.4	54	16.2	98	29.4	23	6.9
	散客	467	100	36	7.7	119	25.5	73	15.6	24	5.1
山　西	小计	670	100	40	6.0	121	18.1	122	18.2	39	5.8
	团体	318	100	22	6.9	49	15.4	75	23.6	19	6.0
	散客	352	100	18	5.1	72	20.5	47	13.4	20	5.7
内蒙古	小计	500	100	14	2.8	33	6.6	33	6.6	17	3.4
	团体	242	100	4	1.7	5	2.1	16	6.6	6	2.5
	散客	258	100	10	3.9	28	10.9	17	6.6	11	4.3
辽　宁	小计	593	100	39	6.6	81	13.7	122	20.6	10	1.7
	团体	151	100	10	6.6	8	5.3	20	13.2	0	0.0
	散客	442	100	29	6.6	73	16.5	102	23.1	10	2.3
吉　林	小计	400	100	30	7.5	64	16.0	80	20.0	8	2.0
	团体	216	100	15	6.9	23	10.6	40	18.5	6	2.8
	散客	184	100	15	8.2	41	22.3	40	21.7	2	1.1
黑龙江	小计	700	100	51	7.3	86	12.3	121	17.3	32	4.6
	团体	446	100	24	5.4	38	8.5	79	17.7	21	4.7
	散客	254	100	27	10.6	48	18.9	42	16.5	11	4.3
上　海	小计	1 860	100	81	4.4	287	15.4	473	25.4	93	5.0
	团体	388	100	29	7.5	30	7.7	77	19.8	15	3.9
	散客	1 472	100	52	3.5	257	17.5	396	26.9	78	5.3
江　苏	小计	1 078	100	39	3.6	280	26.0	213	19.8	48	4.5
	团体	336	100	14	4.2	75	22.3	80	23.8	7	2.1
	散客	742	100	25	3.4	205	27.6	133	17.9	41	5.5

（按省〈区、市〉、职业、团体及散客分组）

商贸人员		服务员推销员		退休人员		家庭妇女		军人		学生		其他	
（人）	（%）	（人）	（%）	（人）	（%）	（人）	（%）	（人）	（%）	（人）	（%）	（人）	（%）
444	24.6	40	2.2	162	9.0	120	6.7	6	0.3	174	9.6	112	6.2
114	14.4	20	2.5	130	16.4	80	10.1	3	0.4	109	13.8	43	5.4
330	32.6	20	2.0	32	3.2	40	4.0	3	0.3	65	6.4	69	6.8
135	27.0	14	2.8	41	8.2	34	6.8	3	0.6	23	4.6	8	1.6
27	19.4	4	2.9	24	17.3	16	11.5	1	0.7	9	6.5	2	1.4
108	29.9	10	2.8	17	4.7	18	5.0	2	0.6	14	3.9	6	1.7
137	17.1	28	3.5	41	5.1	33	4.1	11	1.4	63	7.9	42	5.3
42	12.6	20	6.0	18	5.4	16	4.8	5	1.5	34	10.2	5	1.5
95	20.3	8	1.7	23	4.9	17	3.6	6	1.3	29	6.2	37	7.9
115	17.2	16	2.4	84	12.5	33	4.9	6	0.9	35	5.2	59	8.8
37	11.6	7	2.2	56	17.6	15	4.7	5	1.6	13	4.1	20	6.3
78	22.2	9	2.6	28	8.0	18	5.1	1	0.3	22	6.3	39	11.1
251	50.2	3	0.6	19	3.8	51	10.2	3	0.6	15	3.0	61	12.2
176	72.7	1	0.4	9	3.7	5	2.1	1	0.4	6	2.5	13	5.4
75	29.1	2	0.8	10	3.9	46	17.8	2	0.8	9	3.5	48	18.6
155	26.1	22	3.7	53	8.9	35	5.9	1	0.2	42	7.1	33	5.6
18	11.9	5	3.3	32	21.2	23	15.2	1	0.7	20	13.2	14	9.3
137	31.0	17	3.8	21	4.8	12	2.7	0	0.0	22	5.0	19	4.3
72	18.0	3	0.8	47	11.8	25	6.3	2	0.5	45	11.3	24	6.0
30	13.9	2	0.9	37	17.1	16	7.4	2	0.9	38	17.6	7	3.2
42	22.8	1	0.5	10	5.4	9	4.9	0	0.0	7	3.8	17	9.2
139	19.9	31	4.4	72	10.3	23	3.3	2	0.3	82	11.7	61	8.7
65	14.6	25	5.6	67	15.0	14	3.1	2	0.4	65	14.6	46	10.3
74	29.1	6	2.4	5	2.0	9	3.5	0	0.0	17	6.7	15	5.9
493	26.5	47	2.5	128	6.9	115	6.2	5	0.3	83	4.5	55	3.0
44	11.3	9	2.3	70	18.0	60	15.5	2	0.5	37	9.5	15	3.9
449	30.5	38	2.6	58	3.9	55	3.7	3	0.2	46	3.1	40	2.7
255	23.7	28	2.6	72	6.7	51	4.7	2	0.2	49	4.5	41	3.8
23	6.8	10	3.0	52	15.5	36	10.7	0	0.0	24	7.1	15	4.5
232	31.3	18	2.4	20	2.7	15	2.0	2	0.3	25	3.4	26	3.5

11－11(续1)

		饭店及游船调查人数		政府工作人员		专业技术人员		职员		技工人	
		(人)	(%)	(人)	(%)	(人)	(%)	(人)	(%)	(人)	(%)
浙江	小计	1 000	100	19	1.9	160	16.0	148	14.8	32	3.2
	团体	320	100	7	2.2	42	13.1	49	15.3	12	3.8
	散客	680	100	12	1.8	118	17.4	99	14.6	20	2.9
安徽	小计	1 016	100	71	7.0	212	20.9	157	15.5	77	7.6
	团体	576	100	33	5.7	91	15.8	107	18.6	35	6.1
	散客	440	100	38	8.6	121	27.5	50	11.4	42	9.5
福建	小计	1 042	100	46	4.4	134	12.9	229	22.0	25	2.4
	团体	288	100	21	7.3	26	9.0	67	23.3	11	3.8
	散客	754	100	25	3.3	108	14.3	162	21.5	14	1.9
江西	小计	700	100	42	6.0	134	19.1	135	19.3	26	3.7
	团体	301	100	17	5.6	44	14.6	68	22.6	9	3.0
	散客	399	100	25	6.3	90	22.6	67	16.8	17	4.3
山东	小计	1 408	100	88	6.3	266	18.9	214	15.2	57	4.0
	团体	330	100	17	5.2	39	11.8	55	16.7	10	3.0
	散客	1 078	100	71	6.6	227	21.1	159	14.7	47	4.4
河南	小计	806	100	102	12.7	99	12.3	240	29.8	78	9.7
	团体	653	100	85	13.0	68	10.4	197	30.2	63	9.6
	散客	153	100	17	11.1	31	20.3	43	28.1	15	9.8
湖北	小计	1 100	100	80	7.3	208	18.9	211	19.2	41	3.7
	团体	457	100	39	8.5	57	12.5	89	19.5	13	2.8
	散客	643	100	41	6.4	151	23.5	122	19.0	28	4.4
湖南	小计	1 497	100	223	14.9	323	21.6	216	14.4	70	4.7
	团体	1 083	100	167	15.4	223	20.6	149	13.8	58	5.4
	散客	414	100	56	13.5	100	24.2	67	16.2	12	2.9
广东	小计	5 607	100	267	4.8	813	14.5	1 036	18.5	273	4.9
	团体	1 426	100	88	6.2	161	11.3	283	19.8	67	4.7
	散客	4 181	100	179	4.3	652	15.6	753	18.0	206	4.9
广西	小计	1 102	100	55	5.0	142	12.9	221	20.1	53	4.8
	团体	471	100	17	3.6	57	12.1	114	24.2	24	5.1
	散客	631	100	38	6.0	85	13.5	107	17.0	29	4.6
海南	小计	897	100	70	7.8	100	11.1	249	27.8	20	2.2
	团体	464	100	40	8.6	44	9.5	135	29.1	11	2.4
	散客	433	100	30	6.9	56	12.9	114	26.3	9	2.1

商贸人员		服务员推销员		退休人员		家庭妇女		军人		学生		其他	
(人)	(%)	(人)	(%)	(人)	(%)	(人)	(%)	(人)	(%)	(人)	(%)	(人)	(%)
429	42.9	36	3.6	50	5.0	61	6.1	4	0.4	27	2.7	34	3.4
61	19.1	24	7.5	39	12.2	46	14.4	3	0.9	22	6.9	15	4.7
368	54.1	12	1.8	11	1.6	15	2.2	1	0.1	5	0.7	19	2.8
176	17.3	43	4.2	101	9.9	87	8.6	2	0.2	43	4.2	47	4.6
75	13.0	16	2.8	90	15.6	77	13.4	1	0.2	26	4.5	25	4.3
101	23.0	27	6.1	11	2.5	10	2.3	1	0.2	17	3.9	22	5.0
294	28.2	20	1.9	76	7.3	74	7.1	6	0.6	56	5.4	82	7.9
28	9.7	8	2.8	46	16.0	32	11.1	2	0.7	17	5.9	30	10.4
266	35.3	12	1.6	30	4.0	42	5.6	4	0.5	39	5.2	52	6.9
159	22.7	22	3.1	61	8.7	47	6.7	2	0.3	32	4.6	40	5.7
58	19.3	9	3.0	38	12.6	22	7.3	1	0.3	13	4.3	22	7.3
101	25.3	13	3.3	23	5.8	25	6.3	1	0.3	19	4.8	18	4.5
362	25.7	26	1.8	121	8.6	87	6.2	12	0.9	108	7.7	67	4.8
65	19.7	9	2.7	49	14.8	26	7.9	4	1.2	46	13.9	10	3.0
297	27.6	17	1.6	72	6.7	61	5.7	8	0.7	62	5.8	57	5.3
56	6.9	30	3.7	82	10.2	44	5.5	9	1.1	35	4.3	31	3.8
43	6.6	27	4.1	71	10.9	36	5.5	7	1.1	31	4.7	25	3.8
13	8.5	3	2.0	11	7.2	8	5.2	2	1.3	4	2.6	6	3.9
186	16.9	30	2.7	141	12.8	70	6.4	11	1.0	76	6.9	46	4.2
44	9.6	15	3.3	101	22.1	39	8.5	5	1.1	39	8.5	16	3.5
142	22.1	15	2.3	40	6.2	31	4.8	6	0.9	37	5.8	30	4.7
218	14.6	92	6.1	142	9.5	115	7.7	13	0.9	58	3.9	27	1.8
112	10.3	62	5.7	124	11.4	102	9.4	10	0.9	53	4.9	23	2.1
106	25.6	30	7.2	18	4.3	13	3.1	3	0.7	5	1.2	4	1.0
1 627	29.0	242	4.3	377	6.7	379	6.8	14	0.2	265	4.7	314	5.6
249	17.5	86	6.0	166	11.6	144	10.1	3	0.2	95	6.7	84	5.9
1 378	33.0	156	3.7	211	5.0	235	5.6	11	0.3	170	4.1	230	5.5
209	19.0	40	3.6	116	10.5	91	8.3	7	0.6	73	6.6	95	8.6
51	10.8	16	3.4	55	11.7	62	13.2	2	0.4	38	8.1	35	7.4
158	25.0	24	3.8	61	9.7	29	4.6	5	0.8	35	5.5	60	9.5
162	18.1	33	3.7	62	6.9	68	7.6	11	1.2	51	5.7	71	7.9
66	14.2	23	5.0	40	8.6	47	10.1	6	1.3	26	5.6	26	5.6
96	22.2	10	2.3	22	5.1	21	4.8	5	1.2	25	5.8	45	10.4

11－11(续2)

		饭店及游船调查人数		政府工作人员		专业技术人员		职员		技工 工人	
		(人)	(%)	(人)	(%)	(人)	(%)	(人)	(%)	(人)	(%)
重　庆	小计	600	100	42	7.0	103	17.2	103	17.2	15	2.5
	团体	340	100	22	6.5	66	19.4	45	13.2	7	2.1
	散客	260	100	20	7.7	37	14.2	58	22.3	8	3.1
四　川	小计	1 715	100	129	7.5	293	17.1	380	22.2	67	3.9
	团体	713	100	51	7.2	94	13.2	157	22.0	35	4.9
	散客	1 002	100	78	7.8	199	19.9	223	22.3	32	3.2
贵　州	小计	600	100	56	9.3	76	12.7	126	21.0	11	1.8
	团体	457	100	42	9.2	49	10.7	96	21.0	10	2.2
	散客	143	100	14	9.8	27	18.9	30	21.0	1	0.7
云　南	小计	800	100	33	4.1	99	12.4	158	19.8	24	3.0
	团体	390	100	16	4.1	33	8.5	95	24.4	11	2.8
	散客	410	100	17	4.1	66	16.1	63	15.4	13	3.2
西　藏	小计	191	100	16	8.4	35	18.3	33	17.3	38	19.9
	团体	119	100	12	10.1	20	16.8	17	14.3	22	18.5
	散客	72	100	4	5.6	15	20.8	16	22.2	16	22.2
陕　西	小计	1 045	100	47	4.5	208	19.9	138	13.2	49	4.7
	团体	723	100	25	3.5	123	17.0	89	12.3	33	4.6
	散客	322	100	22	6.8	85	26.4	49	15.2	16	5.0
甘　肃	小计	700	100	60	8.6	95	13.6	103	14.7	43	6.1
	团体	476	100	44	9.2	53	11.1	65	13.7	24	5.0
	散客	224	100	16	7.1	42	18.8	38	17.0	19	8.5
青　海	小计	250	100	31	12.4	32	12.8	60	24.0	16	6.4
	团体	120	100	19	15.8	13	10.8	26	21.7	6	5.0
	散客	130	100	12	9.2	19	14.6	34	26.2	10	7.7
宁　夏	小计	150	100	11	7.3	52	34.7	18	12.0	7	4.7
	团体	30	100	3	10.0	3	10.0	5	16.7	0	0.0
	散客	120	100	8	6.7	49	40.8	13	10.8	7	5.8
新　疆	小计	500	100	7	1.4	136	27.2	138	27.6	110	22.0
	团体	408	100	7	1.7	117	28.7	112	27.5	97	23.8
	散客	92	100	0	0.0	19	20.7	26	28.3	13	14.1

商贸人员		服务员推销员		退休人员		家庭妇女		军人		学生		其他	
(人)	(%)	(人)	(%)	(人)	(%)	(人)	(%)	(人)	(%)	(人)	(%)	(人)	(%)
102	17.0	10	1.7	72	12.0	66	11.0	7	1.2	46	7.7	34	5.7
32	9.4	4	1.2	56	16.5	49	14.4	4	1.2	35	10.3	20	5.9
70	26.9	6	2.3	16	6.2	17	6.5	3	1.2	11	4.2	14	5.4
312	18.2	34	2.0	209	12.2	140	8.2	16	0.9	60	3.5	75	4.4
69	9.7	15	2.1	130	18.2	94	13.2	9	1.3	29	4.1	30	4.2
243	24.3	19	1.9	79	7.9	46	4.6	7	0.7	31	3.1	45	4.5
105	17.5	14	2.3	71	11.8	38	6.3	3	0.5	44	7.3	56	9.3
75	16.4	13	2.8	63	13.8	30	6.6	3	0.7	33	7.2	43	9.4
30	21.0	1	0.7	8	5.6	8	5.6	0	0.0	11	7.7	13	9.1
153	19.1	20	2.5	106	13.3	49	6.1	6	0.8	69	8.6	83	10.4
37	9.5	13	3.3	77	19.7	35	9.0	3	0.8	33	8.5	37	9.5
116	28.3	7	1.7	29	7.1	14	3.4	3	0.7	36	8.8	46	11.2
15	7.9	33	17.3	7	3.7	5	2.6	1	0.5	5	2.6	3	1.6
11	9.2	22	18.5	6	5.0	3	2.5	0	0.0	4	3.4	2	1.7
4	5.6	11	15.3	1	1.4	2	2.8	1	1.4	1	1.4	1	1.4
147	14.1	15	1.4	196	18.8	119	11.4	2	0.2	47	4.5	77	7.4
82	11.3	11	1.5	171	23.7	97	13.4	0	0.0	35	4.8	57	7.9
65	20.2	4	1.2	25	7.8	22	6.8	2	0.6	12	3.7	20	6.2
72	10.3	24	3.4	127	18.1	50	7.1	6	0.9	58	8.3	62	8.9
47	9.9	18	3.8	111	23.3	47	9.9	5	1.1	21	4.4	41	8.6
25	11.2	6	2.7	16	7.1	3	1.3	1	0.4	37	16.5	21	9.4
30	12.0	4	1.6	18	7.2	19	7.6	0	0.0	14	5.6	26	10.4
14	11.7	2	1.7	12	10.0	11	9.2	0	0.0	8	6.7	9	7.5
16	12.3	2	1.5	6	4.6	8	6.2	0	0.0	6	4.6	17	13.1
24	16.0	2	1.3	13	8.7	4	2.7	1	0.7	0	0.0	18	12.0
4	13.3	0	0.0	10	33.3	1	3.3	1	3.3	0	0.0	3	10.0
20	16.7	2	1.7	3	2.5	3	2.5	0	0.0	0	0.0	15	12.5
20	4.0	13	2.6	9	1.8	13	2.6	0	0.0	40	8.0	14	2.8
14	3.4	7	1.7	4	1.0	9	2.2	0	0.0	33	8.1	8	2.0
6	6.5	6	6.5	5	5.4	4	4.3	0	0.0	7	7.6	6	6.5

11－12　2008年饭店调查入境游客人数及所占比重

		饭店及游船调查人数		观光游览		休闲度假		探亲访友	
		（人）	（%）	（人）	（%）	（人）	（%）	（人）	（%）
北　京	小计	1 804	100	458	25.4	385	21.3	83	4.6
	团体	792	100	320	40.4	259	32.7	23	2.9
	散客	1 012	100	138	13.6	126	12.5	60	5.9
天　津	小计	500	100	69	13.8	73	14.6	34	6.8
	团体	139	100	42	30.2	39	28.1	13	9.4
	散客	361	100	27	7.5	34	9.4	21	5.8
河　北	小计	800	100	177	22.1	176	22.0	58	7.3
	团体	333	100	113	33.9	115	34.5	19	5.7
	散客	467	100	64	13.7	61	13.1	39	8.4
山　西	小计	670	100	242	36.1	157	23.4	38	5.7
	团体	318	100	153	48.1	101	31.8	11	3.5
	散客	352	100	89	25.3	56	15.9	27	7.7
内蒙古	小计	500	100	37	7.4	50	10.0	13	2.6
	团体	242	100	21	8.7	25	10.3	3	1.2
	散客	258	100	16	6.2	25	9.7	10	3.9
辽　宁	小计	593	100	167	28.2	109	18.4	35	5.9
	团体	151	100	81	53.6	40	26.5	4	2.6
	散客	442	100	86	19.5	69	15.6	31	7.0
吉　林	小计	400	100	181	45.3	52	13.0	24	6.0
	团体	216	100	152	70.4	42	19.4	4	1.9
	散客	184	100	29	15.8	10	5.4	20	10.9
黑龙江	小计	700	100	203	29.0	214	30.6	47	6.7
	团体	446	100	175	39.2	182	40.8	21	4.7
	散客	254	100	28	11.0	32	12.6	26	10.2
上　海	小计	1 860	100	489	26.3	256	13.8	111	6.0
	团体	388	100	221	57.0	84	21.6	17	4.4
	散客	1 472	100	268	18.2	172	11.7	94	6.4
江　苏	小计	1 078	100	301	27.9	145	13.5	55	5.1
	团体	336	100	207	61.6	71	21.1	16	4.8
	散客	742	100	94	12.7	74	10.0	39	5.3

(按省〈区、市〉、团体及散客、旅游目的分组)

商务		会议		宗教朝拜		文化/体育/科技交流		其他	
(人)	(%)	(人)	(%)	(人)	(%)	(人)	(%)	(人)	(%)
503	27.9	223	12.4	5	0.3	82	4.5	65	3.6
106	13.4	31	3.9	2	0.3	30	3.8	21	2.7
397	39.2	192	19.0	3	0.3	52	5.1	44	4.3
205	41.0	70	14.0	6	1.2	19	3.8	24	4.8
18	12.9	16	11.5	4	2.9	2	1.4	5	3.6
187	51.8	54	15.0	2	0.6	17	4.7	19	5.3
197	24.6	94	11.8	12	1.5	30	3.8	56	7.0
37	11.1	22	6.6	5	1.5	19	5.7	3	0.9
160	34.3	72	15.4	7	1.5	11	2.4	53	11.3
108	16.1	21	3.1	46	6.9	30	4.5	28	4.2
14	4.4	1	0.3	19	6.0	8	2.5	11	3.5
94	26.7	20	5.7	27	7.7	22	6.3	17	4.8
308	61.6	15	3.0	3	0.6	16	3.2	58	11.6
175	72.3	2	0.8	1	0.4	6	2.5	9	3.7
133	51.6	13	5.0	2	0.8	10	3.9	49	19.0
180	30.4	63	10.6	3	0.5	20	3.4	16	2.7
8	5.3	7	4.6	1	0.7	5	3.3	5	3.3
172	38.9	56	12.7	2	0.5	15	3.4	11	2.5
59	14.8	30	7.5	1	0.3	34	8.5	19	4.8
7	3.2	2	0.9	0	0.0	8	3.7	1	0.5
52	28.3	28	15.2	1	0.5	26	14.1	18	9.8
124	17.7	62	8.9	1	0.1	25	3.6	24	3.4
34	7.6	17	3.8	0	0.0	9	2.0	8	1.8
90	35.4	45	17.7	1	0.4	16	6.3	16	6.3
737	39.6	185	9.9	6	0.3	44	2.4	32	1.7
33	8.5	10	2.6	2	0.5	15	3.9	6	1.5
704	47.8	175	11.9	4	0.3	29	2.0	26	1.8
401	37.2	84	7.8	11	1.0	55	5.1	26	2.4
15	4.5	9	2.7	7	2.1	8	2.4	3	0.9
386	52.0	75	10.1	4	0.5	47	6.3	23	3.1

11－12(续1)

		饭店及游船调查人数 (人)	(%)	观光游览 (人)	(%)	休闲度假 (人)	(%)	探亲访友 (人)	(%)
浙　江	小计	1 000	100	238	23.8	128	12.8	39	3.9
	团体	320	100	198	61.9	77	24.1	13	4.1
	散客	680	100	40	5.9	51	7.5	26	3.8
安　徽	小计	1 016	100	447	44.0	168	16.5	36	3.5
	团体	576	100	340	59.0	106	18.4	12	2.1
	散客	440	100	107	24.3	62	14.1	24	5.5
福　建	小计	1 042	100	260	25.0	182	17.5	119	11.4
	团体	288	100	136	47.2	68	23.6	28	9.7
	散客	754	100	124	16.4	114	15.1	91	12.1
江　西	小计	700	100	290	41.4	106	15.1	69	9.9
	团体	301	100	189	62.8	65	21.6	7	2.3
	散客	399	100	101	25.3	41	10.3	62	15.5
山　东	小计	1 408	100	408	29.0	244	17.3	102	7.2
	团体	330	100	176	53.3	76	23.0	13	3.9
	散客	1 078	100	232	21.5	168	15.6	89	8.3
河　南	小计	806	100	434	53.8	123	15.3	60	7.4
	团体	653	100	360	55.1	105	16.1	40	6.1
	散客	153	100	74	48.4	18	11.8	20	13.1
湖　北	小计	1 100	100	431	39.2	183	16.6	82	7.5
	团体	457	100	265	58.0	104	22.8	19	4.2
	散客	643	100	166	25.8	79	12.3	63	9.8
湖　南	小计	1 497	100	904	60.4	220	14.7	46	3.1
	团体	1 083	100	803	74.1	166	15.3	14	1.3
	散客	414	100	101	24.4	54	13.0	32	7.7
广　东	小计	5 607	100	1 287	23.0	1 213	21.6	624	11.1
	团体	1 426	100	654	45.9	419	29.4	87	6.1
	散客	4 181	100	633	15.1	794	19.0	537	12.8
广　西	小计	1 102	100	453	41.1	264	24.0	110	10.0
	团体	471	100	263	55.8	135	28.7	19	4.0
	散客	631	100	190	30.1	129	20.4	91	14.4
海　南	小计	897	100	282	31.4	392	43.7	45	5.0
	团体	464	100	179	38.6	198	42.7	23	5.0
	散客	433	100	103	23.8	194	44.8	22	5.1

商务		会议		宗教朝拜		文化/体育/科技交流		其他	
（人）	（%）	（人）	（%）	（人）	（%）	（人）	（%）	（人）	（%）
500	50.0	40	4.0	12	1.2	14	1.4	29	2.9
15	4.7	4	1.3	4	1.3	9	2.8	0	0.0
485	71.3	36	5.3	8	1.2	5	0.7	29	4.3
193	19.0	65	6.4	47	4.6	43	4.2	17	1.7
34	5.9	25	4.3	41	7.1	12	2.1	6	1.0
159	36.1	40	9.1	6	1.4	31	7.0	11	2.5
357	34.3	58	5.6	10	1.0	25	2.4	31	3.0
22	7.6	8	2.8	5	1.7	6	2.1	15	5.2
335	44.4	50	6.6	5	0.7	19	2.5	16	2.1
149	21.3	24	3.4	10	1.4	21	3.0	31	4.4
16	5.3	6	2.0	6	2.0	6	2.0	6	2.0
133	33.3	18	4.5	4	1.0	15	3.8	25	6.3
389	27.6	141	10.0	7	0.5	63	4.5	54	3.8
37	11.2	17	5.2	1	0.3	6	1.8	4	1.2
352	32.7	124	11.5	6	0.6	57	5.3	50	4.6
91	11.3	71	8.8	15	1.9	7	0.9	5	0.6
68	10.4	61	9.3	11	1.7	5	0.8	3	0.5
23	15.0	10	6.5	4	2.6	2	1.3	2	1.3
259	23.5	51	4.6	18	1.6	52	4.7	24	2.2
30	6.6	11	2.4	9	2.0	12	2.6	7	1.5
229	35.6	40	6.2	9	1.4	40	6.2	17	2.6
153	10.2	85	5.7	31	2.1	34	2.3	24	1.6
42	3.9	20	1.8	24	2.2	5	0.5	9	0.8
111	26.8	65	15.7	7	1.7	29	7.0	15	3.6
1 867	33.3	268	4.8	31	0.6	151	2.7	166	3.0
146	10.2	39	2.7	17	1.2	37	2.6	27	1.9
1 721	41.2	229	5.5	14	0.3	114	2.7	139	3.3
170	15.4	35	3.2	1	0.1	45	4.1	24	2.2
19	4.0	8	1.7	1	0.2	16	3.4	10	2.1
151	23.9	27	4.3	0	0.0	29	4.6	14	2.2
83	9.3	42	4.7	6	0.7	21	2.3	26	2.9
20	4.3	19	4.1	4	0.9	13	2.8	8	1.7
63	14.5	23	5.3	2	0.5	8	1.8	18	4.2

11－12(续2)

		饭店及游船调查人数		观光游览		休闲度假		探亲访友	
		(人)	(%)	(人)	(%)	(人)	(%)	(人)	(%)
重　庆	小计	600	100	225	37.5	138	23.0	26	4.3
	团体	340	100	186	54.7	99	29.1	5	1.5
	散客	260	100	39	15.0	39	15.0	21	8.1
四　川	小计	1 715	100	688	40.1	331	19.3	84	4.9
	团体	713	100	438	61.4	185	25.9	13	1.8
	散客	1 002	100	250	25.0	146	14.6	71	7.1
贵　州	小计	600	100	310	51.7	124	20.7	43	7.2
	团体	457	100	270	59.1	104	22.8	22	4.8
	散客	143	100	40	28.0	20	14.0	21	14.7
云　南	小计	800	100	407	50.9	155	19.4	34	4.3
	团体	390	100	243	62.3	86	22.1	16	4.1
	散客	410	100	164	40.0	69	16.8	18	4.4
西　藏	小计	191	100	69	36.1	40	20.9	9	4.7
	团体	119	100	40	33.6	26	21.8	7	5.9
	散客	72	100	29	40.3	14	19.4	2	2.8
陕　西	小计	1 045	100	600	57.4	275	26.3	28	2.7
	团体	723	100	472	65.3	201	27.8	11	1.5
	散客	322	100	128	39.8	74	23.0	17	5.3
甘　肃	小计	700	100	378	54.0	191	27.3	17	2.4
	团体	476	100	276	58.0	144	30.3	6	1.3
	散客	224	100	102	45.5	47	21.0	11	4.9
青　海	小计	250	100	136	54.4	49	19.6	5	2.0
	团体	120	100	72	60.0	31	25.8	2	1.7
	散客	130	100	64	49.2	18	13.8	3	2.3
宁　夏	小计	150	100	40	26.7	11	7.3	1	0.7
	团体	30	100	18	60.0	5	16.7	0	0.0
	散客	120	100	22	18.3	6	5.0	1	0.8
新　疆	小计	500	100	310	62.0	107	21.4	16	3.2
	团体	408	100	277	67.9	92	22.5	5	1.2
	散客	92	100	33	35.9	15	16.3	11	12.0

商务		会议		宗教朝拜		文化/体育/科技交流		其他	
(人)	(%)	(人)	(%)	(人)	(%)	(人)	(%)	(人)	(%)
140	23.3	32	5.3	4	0.7	21	3.5	14	2.3
29	8.5	10	2.9	2	0.6	5	1.5	4	1.2
111	42.7	22	8.5	2	0.8	16	6.2	10	3.8
360	21.0	109	6.4	17	1.0	53	3.1	73	4.3
38	5.3	6	0.8	11	1.5	15	2.1	7	1.0
322	32.1	103	10.3	6	0.6	38	3.8	66	6.6
61	10.2	26	4.3	4	0.7	24	4.0	8	1.3
24	5.3	15	3.3	2	0.4	13	2.8	7	1.5
37	25.9	11	7.7	2	1.4	11	7.7	1	0.7
115	14.4	41	5.1	3	0.4	25	3.1	20	2.5
17	4.4	7	1.8	1	0.3	10	2.6	10	2.6
98	23.9	34	8.3	2	0.5	15	3.7	10	2.4
21	11.0	12	6.3	10	5.2	19	9.9	11	5.8
13	10.9	5	4.2	7	5.9	11	9.2	10	8.4
8	11.1	7	9.7	3	4.2	8	11.1	1	1.4
94	9.0	28	2.7	1	0.1	8	0.8	11	1.1
21	2.9	6	0.8	1	0.1	6	0.8	5	0.7
73	22.7	22	6.8	0	0.0	2	0.6	6	1.9
42	6.0	14	2.0	9	1.3	21	3.0	28	4.0
12	2.5	5	1.1	7	1.5	10	2.1	16	3.4
30	13.4	9	4.0	2	0.9	11	4.9	12	5.4
26	10.4	9	3.6	2	0.8	14	5.6	9	3.6
3	2.5	1	0.8	2	1.7	5	4.2	4	3.3
23	17.7	8	6.2	0	0.0	9	6.9	5	3.8
39	26.0	21	14.0	0	0.0	14	9.3	24	16.0
1	3.3	4	13.3	0	0.0	1	3.3	1	3.3
38	31.7	17	14.2	0	0.0	13	10.8	23	19.2
20	4.0	5	1.0	9	1.8	11	2.2	22	4.4
8	2.0	3	0.7	6	1.5	7	1.7	10	2.5
12	13.0	2	2.2	3	3.3	4	4.3	12	13.0

11-13 2008年饭店调查外国游客

	饭店及游船调查人数	日　本	菲律宾	泰　国
北　京	1 587	339	13	11
天　津	385	118	6	5
河　北	648	93	7	15
山　西	511	103	3	9
内蒙古	455	36	1	3
辽　宁	480	191	0	5
吉　林	370	29	1	4
黑龙江	654	116	4	1
上　海	1 607	608	6	19
江　苏	714	192	4	7
浙　江	752	163	19	12
安　徽	825	199	4	8
福　建	687	126	30	13
江　西	469	100	0	9
山　东	1 154	213	5	6
河　南	741	80	22	17
湖　北	607	134	3	1
湖　南	1 309	220	7	8
广　东	3 211	416	65	144
广　西	775	118	4	30
海　南	751	117	2	4
重　庆	434	42	5	1
四　川	1 336	262	11	38
贵　州	445	64	4	5
云　南	654	96	3	33
西　藏	115	6	2	7
陕　西	954	251	8	5
甘　肃	611	77	4	7
青　海	206	53	0	1
宁　夏	127	35	1	0
新　疆	418	22	2	3

人数(按省〈区、市〉、国别分组)

单位：人

新加坡	印度尼西亚	马来西亚	韩　国	朝　鲜	蒙　古	印　度
72	21	30	144	5	6	15
18	3	14	83	3	4	7
40	7	17	93	18	9	18
17	5	13	60	16	13	8
8	0	6	13	1	133	6
37	4	8	81	5	1	4
10	0	5	238	2	2	3
10	5	3	98	8	0	1
80	8	38	150	6	1	27
47	3	33	109	8	3	8
48	14	26	87	10	7	17
32	20	13	196	5	7	17
87	21	49	70	3	1	12
35	4	7	77	3	7	6
46	5	13	532	14	2	14
20	20	19	43	22	9	18
27	4	6	74	17	0	7
29	8	16	491	21	3	12
353	173	216	251	13	9	87
38	6	39	70	1	1	13
42	5	15	178	16	3	3
26	3	11	31	1	1	2
92	14	34	203	12	3	20
29	7	10	43	5	5	3
37	11	19	66	2	3	5
4	4	5	7	6	5	5
25	2	12	33	3	1	15
24	4	10	58	7	3	2
6	0	0	39	3	1	0
6	1	5	11	0	0	5
14	0	5	28	0	1	2

11－13(续)

	饭店及游船调查人数	英国	法国	德国	意大利	荷兰
北京	1 587	123	70	66	38	38
天津	385	15	9	14	5	6
河北	648	62	26	30	16	19
山西	511	19	43	24	8	15
内蒙古	455	10	6	11	4	6
辽宁	480	14	13	11	11	4
吉林	370	5	3	12	2	1
黑龙江	654	14	19	7	7	2
上海	1 607	52	62	75	32	38
江苏	714	44	21	23	16	7
浙江	752	30	32	24	27	32
安徽	825	34	28	22	28	18
福建	687	26	32	23	20	9
江西	469	30	24	13	11	9
山东	1 154	51	25	24	9	9
河南	741	37	88	34	20	26
湖北	607	63	63	21	12	8
湖南	1 309	41	154	22	34	19
广东	3 211	118	94	59	65	41
广西	775	42	34	28	20	17
海南	751	23	17	15	3	7
重庆	434	42	21	56	17	7
四川	1 336	71	81	49	28	45
贵州	445	33	32	12	38	13
云南	654	28	38	29	10	36
西藏	115	6	4	7	3	7
陕西	954	71	37	30	10	28
甘肃	611	44	56	34	25	26
青海	206	16	19	3	3	3
宁夏	127	10	5	4	6	1
新疆	418	20	24	29	13	18

单位：人

瑞　典	俄罗斯	瑞　士	美　国	加拿大	澳大利亚	非洲国家	南美国家	其他国家
24	114	27	200	61	51	18	4	97
1	6	4	29	15	9	0	1	10
8	9	7	41	31	21	6	2	53
7	21	10	45	30	23	5	4	10
3	175	0	8	8	7	1	0	9
2	23	13	26	9	12	3	0	3
1	27	1	11	5	4	0	0	4
5	282	2	23	27	10	0	1	9
21	15	22	182	41	44	11	4	65
2	24	9	73	43	29	2	0	7
13	9	17	80	27	20	16	4	18
15	27	20	42	18	31	5	7	29
3	4	8	75	22	21	2	1	29
7	7	6	53	14	17	2	0	28
12	24	10	77	27	10	0	6	20
23	13	27	48	35	39	26	16	39
10	41	8	40	22	15	3	1	27
16	54	8	55	36	24	8	5	18
29	59	44	250	164	113	100	28	320
13	9	18	96	48	42	3	3	82
2	194	10	32	17	15	0	0	31
4	3	5	61	16	41	5	3	30
20	26	26	139	62	38	7	4	51
14	3	8	47	37	16	1	1	15
8	5	7	87	35	50	4	1	41
6	5	3	4	6	3	4	3	3
7	7	9	250	40	32	5	3	70
11	7	18	87	20	45	3	3	36
0	10	1	21	11	7	1	2	6
3	0	2	17	7	5	0	0	3
14	12	15	25	28	12	24	18	89

11－14 2008年饭店调查入境游客人数及所占比重
（按城市、外国人、港澳台胞分组）

	饭店及游船调查人数		外国人		香港同胞		澳门同胞		台湾同胞	
	（人）	（%）	（人）	（%）	（人）	（%）	（人）	（%）	（人）	（%）
北　京	1 804	100	1 587	88.0	115	6.4	38	2.1	64	3.5
天　津	500	100	385	77.0	66	13.2	14	2.8	35	7.0
石家庄	150	100	130	86.7	11	7.3	3	2.0	6	4.0
唐　山	100	100	85	85.0	7	7.0	4	4.0	4	4.0
秦皇岛	150	100	108	72.0	18	12.0	8	5.3	16	10.7
保　定	100	100	75	75.0	7	7.0	9	9.0	9	9.0
承　德	150	100	145	96.7	2	1.3	1	0.7	2	1.3
廊　坊	150	100	105	70.0	12	8.0	13	8.7	20	13.3
太　原	90	100	60	66.7	16	17.8	6	6.7	8	8.9
大　同	120	100	92	76.7	11	9.2	7	5.8	10	8.3
长　治	30	100	23	76.7	2	6.7	3	10.0	2	6.7
晋　城	30	100	29	96.7	1	3.3	0	0.0	0	0.0
朔　州	30	100	24	80.0	2	6.7	1	3.3	3	10.0
晋　中	110	100	95	86.4	3	2.7	7	6.4	5	4.5
运　城	50	100	26	52.0	8	16.0	10	20.0	6	12.0
忻　州	100	100	79	79.0	9	9.0	5	5.0	7	7.0
临　汾	50	100	30	60.0	6	12.0	5	10.0	9	18.0
吕　梁	30	100	26	86.7	2	6.7	1	3.3	1	3.3
呼和浩特	100	100	69	69.0	16	16.0	2	2.0	13	13.0
满洲里	170	100	170	100.0	0	0.0	0	0.0	0	0.0
二连浩特	130	100	130	100.0	0	0.0	0	0.0	0	0.0
包　头	100	100	86	86.0	8	8.0	1	1.0	5	5.0
沈　阳	200	100	158	79.0	20	10.0	8	4.0	14	7.0
大　连	393	100	322	81.9	40	10.2	10	2.5	21	5.3
长　春	200	100	193	96.5	3	1.5	1	0.5	3	1.5
吉　林	100	100	77	77.0	12	12.0	3	3.0	8	8.0
延　吉	100	100	100	100.0	0	0.0	0	0.0	0	0.0

11－14(续1)

	饭店及游船调查人数		外国人		香港同胞		澳门同胞		台湾同胞	
	(人)	(%)	(人)	(%)	(人)	(%)	(人)	(%)	(人)	(%)
哈尔滨	200	100	183	91.5	9	4.5	3	1.5	5	2.5
齐齐哈尔	100	100	99	99.0	0	0.0	1	1.0	0	0.0
大　庆	100	100	96	96.0	1	1.0	1	1.0	2	2.0
佳木斯	100	100	94	94.0	4	4.0	0	0.0	2	2.0
牡丹江	200	100	182	91.0	12	6.0	3	1.5	3	1.5
上　海	1 860	100	1 607	86.4	130	7.0	24	1.3	99	5.3
南　京	335	100	205	61.2	73	21.8	27	8.1	30	9.0
无　锡	211	100	123	58.3	34	16.1	5	2.4	49	23.2
苏　州	322	100	247	76.7	23	7.1	4	1.2	48	14.9
南　通	108	100	84	77.8	9	8.3	5	4.6	10	9.3
扬　州	102	100	55	53.9	16	15.7	3	2.9	28	27.5
杭　州	500	100	396	79.2	45	9.0	18	3.6	41	8.2
宁　波	200	100	142	71.0	22	11.0	12	6.0	24	12.0
温　州	100	100	70	70.0	13	13.0	6	6.0	11	11.0
绍　兴	100	100	71	71.0	11	11.0	6	6.0	12	12.0
金　华	100	100	73	73.0	11	11.0	5	5.0	11	11.0
合　肥	200	100	173	86.5	18	9.0	0	0.0	9	4.5
芜　湖	100	100	88	88.0	4	4.0	3	3.0	5	5.0
铜　陵	100	100	89	89.0	7	7.0	2	2.0	2	2.0
安　庆	100	100	81	81.0	14	14.0	2	2.0	3	3.0
黄　山	316	100	255	80.7	18	5.7	11	3.5	32	10.1
池　州	200	100	139	69.5	29	14.5	19	9.5	13	6.5
福　州	302	100	212	70.2	45	14.9	13	4.3	32	10.6
厦　门	408	100	273	66.9	60	14.7	13	3.2	62	15.2
泉　州	150	100	85	56.7	40	26.7	8	5.3	17	11.3
漳　州	91	100	54	59.3	16	17.6	6	6.6	15	16.5
武夷山	91	100	63	69.2	18	19.8	0	0.0	10	11.0
南　昌	120	100	76	63.3	21	17.5	4	3.3	19	15.8
景德镇	110	100	69	62.7	19	17.3	5	4.5	17	15.5
九　江	120	100	115	95.8	4	3.3	0	0.0	1	0.8
鹰　潭	110	100	81	73.6	15	13.6	4	3.6	10	9.1
赣　州	120	100	66	55.0	27	22.5	10	8.3	17	14.2
吉　安	120	100	62	51.7	36	30.0	15	12.5	7	5.8

11－14(续2)

	饭店及游船调查人数		外国人		香港同胞		澳门同胞		台湾同胞	
	(人)	(%)	(人)	(%)	(人)	(%)	(人)	(%)	(人)	(%)
济　　南	268	100	172	64.2	59	22.0	7	2.6	30	11.2
青　　岛	492	100	424	86.2	39	7.9	10	2.0	19	3.9
烟　　台	295	100	239	81.0	19	6.4	5	1.7	32	10.8
曲　　阜	106	100	97	91.5	2	1.9	2	1.9	5	4.7
泰　　安	99	100	83	83.8	6	6.1	3	3.0	7	7.1
威　　海	148	100	139	93.9	1	0.7	0	0.0	8	5.4
郑　　州	250	100	220	88.0	11	4.4	14	5.6	5	2.0
开　　封	220	100	206	93.6	10	4.5	2	0.9	2	0.9
洛　　阳	220	100	209	95.0	5	2.3	3	1.4	3	1.4
三 门 峡	116	100	106	91.4	4	3.4	5	4.3	1	0.9
武　　汉	595	100	314	52.8	122	20.5	30	5.0	129	21.7
十　　堰	90	100	25	27.8	20	22.2	10	11.1	35	38.9
宜　　昌	99	100	79	79.8	11	11.1	2	2.0	7	7.1
襄　　樊	106	100	43	40.6	31	29.2	11	10.4	21	19.8
荆　　州	69	100	35	50.7	14	20.3	5	7.2	15	21.7
湖北游船	141	100	111	78.7	14	9.9	9	6.4	7	5.0
长　　沙	400	100	363	90.8	17	4.3	4	1.0	16	4.0
湘　　潭	182	100	132	72.5	24	13.2	12	6.6	14	7.7
衡　　阳	180	100	144	80.0	16	8.9	10	5.6	10	5.6
岳　　阳	230	100	185	80.4	16	7.0	16	7.0	13	5.7
张 家 界	505	100	485	96.0	7	1.4	6	1.2	7	1.4
广　　州	1 498	100	1 105	73.8	215	14.4	73	4.9	105	7.0
深　　圳	1 414	100	754	53.3	429	30.3	40	2.8	191	13.5
珠　　海	787	100	136	17.3	274	34.8	109	13.9	268	34.1
汕　　头	299	100	222	74.2	58	19.4	2	0.7	17	5.7
佛　　山	314	100	189	60.2	78	24.8	19	6.1	28	8.9
江　　门	300	100	201	67.0	51	17.0	23	7.7	25	8.3
肇　　庆	200	100	81	40.5	71	35.5	21	10.5	27	13.5
惠　　州	205	100	125	61.0	49	23.9	12	5.9	19	9.3
东　　莞	282	100	219	77.7	23	8.2	16	5.7	24	8.5
中　　山	308	100	179	58.1	71	23.1	27	8.8	31	10.1
南　　宁	151	100	98	64.9	22	14.6	6	4.0	25	16.6
桂　　林	481	100	397	82.5	49	10.2	8	1.7	27	5.6
梧　　州	99	100	48	48.5	19	19.2	13	13.1	19	19.2
北　　海	100	100	71	71.0	16	16.0	5	5.0	8	8.0
玉　　林	98	100	47	48.0	29	29.6	12	12.2	10	10.2

11－14(续3)

	饭店及游船调查人数		外国人		香港同胞		澳门同胞		台湾同胞	
	(人)	(%)	(人)	(%)	(人)	(%)	(人)	(%)	(人)	(%)
百　色	103	100	63	61.2	12	11.7	7	6.8	21	20.4
凭　祥	70	100	51	72.9	7	10.0	7	10.0	5	7.1
海　口	300	100	267	89.0	17	5.7	5	1.7	11	3.7
三　亚	597	100	484	81.1	71	11.9	16	2.7	26	4.4
重　庆	500	100	346	69.2	74	14.8	14	2.8	66	13.2
重庆游船	100	100	88	88.0	3	3.0	1	1.0	8	8.0
成　都	855	100	691	80.8	83	9.7	26	3.0	55	6.4
绵　阳	260	100	189	72.7	40	15.4	1	0.4	30	11.5
乐　山	600	100	456	76.0	48	8.0	11	1.8	85	14.2
贵　阳	401	100	294	73.3	59	14.7	12	3.0	36	9.0
安　顺	100	100	84	84.0	7	7.0	2	2.0	7	7.0
黔东南	99	100	67	67.7	13	13.1	7	7.1	12	12.1
昆　明	699	100	570	81.5	65	9.3	19	2.7	45	6.4
景　洪	51	100	36	70.6	3	5.9	1	2.0	11	21.6
瑞　丽	50	100	48	96.0	1	2.0	1	2.0	0	0.0
拉　萨	191	100	115	60.2	16	8.4	29	15.2	31	16.2
西　安	984	100	900	91.5	44	4.5	7	0.7	33	3.4
咸　阳	61	100	54	88.5	3	4.9	2	3.3	2	3.3
兰　州	300	100	247	82.3	28	9.3	10	3.3	15	5.0
敦　煌	400	100	364	91.0	19	4.8	6	1.5	11	2.8
西　宁	200	100	156	78.0	15	7.5	4	2.0	25	12.5
格尔木	50	100	50	100.0	0	0.0	0	0.0	0	0.0
银　川	150	100	127	84.7	13	8.7	1	0.7	9	6.0
乌鲁木齐	100	100	87	87.0	5	5.0	2	2.0	6	6.0
吐鲁番	100	100	79	79.0	8	8.0	6	6.0	7	7.0
库尔勒	100	100	88	88.0	5	5.0	1	1.0	6	6.0
喀　什	150	100	118	78.7	11	7.3	11	7.3	10	6.7
伊　宁	50	100	46	92.0	2	4.0	0	0.0	2	4.0

下　　篇

国内旅游抽样调查资料

第一部分

综 合 分 析 报 告

2008年中国国内旅游抽样调查综合分析

由国家旅游局与国家统计局城市社会经济调查司、农村社会经济调查司合作，在我国大陆地区开展的国内旅游抽样调查结果表明，2008年，我国国内旅游人数继续平稳增长，突破17亿人次；国内旅游收入突破8500亿元。

——国内旅游总人数为17.12亿人次，比上年增长6.3%；

——国内旅游总收入为8749.30亿元，比上年增长12.6%；

——国内游客人均花费511.0元/人次，比上年增长5.9%。

现将2008年中国国内旅游抽样调查情况综合报告如下：

一、2008年中国国内旅游抽样调查主要对象及抽样范围

国家旅游局自1993年起，每年委托国家统计局城市社会经济调查总队（现为国家统计局城市社会经济调查司），对我国大陆地区城镇居民国内旅游情况进行抽样调查（2006年以前未将西藏纳入调查范围）。同时，在连续三年（1997～1999年）与国家统计局城市社会经济调查总队合作开展农村居民国内旅游调查取得经验的基础上，从2000年开始，委托国家统计局农村社会经济调查总队（现为国家统计局农村社会经济调查司）在我国除西藏以外的大陆地区开展了农村居民国内旅游抽样调查。根据调查结果，对全国国内旅游人数、出游率、出游花费等主要指标进行测算，从而分别得出城镇居民旅游总体情况、农村居民旅游总体情况以及全国国内居民旅游总体情况。

1. 城镇居民国内旅游抽样调查

2008年城镇居民国内旅游抽样调查的调查对象，是我国大陆城镇居民中，离开惯常居住地到国内其他地方从事游览、度假、参观、探亲、访友等活动（也包括外出治病、疗养、考察、参加会议和从事经济、科技、文化、教育、体育、宗教等活动），并且在外停留6小时以上的人。调查对象不包括以下人员：（1）在外连续停留一年以上的人员；（2）外出以谋求职业并以获取报酬为目的的人员；（3）到各地巡视工作的部级以上领导；（4）常驻外地办事处的工作人员。

为提高样本单位的配合程度，进一步从源头控制数据质量，2008年对城镇居民国内旅游抽样调查方案和调查问卷进行了修改与完善，重点突出出游人数、

出游率和人均花费及构成、对我国国内旅游服务质量的评价等主要内容。

2008 年城镇居民国内旅游调查采用的是两阶抽样，即第一阶段在全国抽取 30 个城市，第二阶段从抽中的 30 个城市中抽选 1 万户城镇居民家庭进行调查，调查频率为季度调查。

2. 农村居民国内旅游抽样调查

2008 年农村居民国内旅游抽样调查在除西藏以外的 30 个省、自治区、直辖市的 1 万户农民家庭中进行。为提高原始数据质量，减少回忆误差，首次将调查频率由年度改为季度，重点关注出游人数、出游率和人均花费及构成、对我国国内旅游服务质量的评价等主要内容。

2008 年农村居民国内旅游抽样调查的对象，是指不以谋求职业、获取报酬为目的，离开惯常环境，在外停留时间超过 6 小时的出行活动，包括一日游游客和旅游者（过夜游客）。一日游游客是指在外停留时间不足 24 小时，未在其他地方的住宿设施内过夜的农村居民。旅游者（过夜游客）是指在其他地方的住宿设施内至少停留一夜，最长不超过 12 个月的农村居民。包括（1）参加旅行社组织的团队旅游；（2）离开本县的探亲访友；（3）宗教/朝拜；（4）为集体或私营企业外出采购、洽谈商务、参加会议等；（5）外出参加有组织的文娱、体育和节庆活动；（6）半年以内的短期培训、学习或进修。

鉴于目前农村居民出行的具体情况，外出打工、赶集的活动不能认为是旅游，但是外出打工者回家探亲属于本调查范围。

二、全国城镇居民旅游和农村居民旅游的总体情况

1. 城镇居民国内旅游情况

2008 年，我国城镇居民出游人次率（以下简称为出游率）达 167.4%，国内旅游出游人数 7.03 亿人次，国内旅游出游花费 5971.75 亿元，游客每次出游人均花费（以下简称人均花费）849.4 元/人次。

各季度城镇居民国内旅游情况：

第一季度全国城镇居民旅游人次数 1.77 亿人次，出游率 42.2%，旅游总花费 1622.43 亿元，游客人均花费 915.9 元/人次。

第二季度全国城镇居民旅游人次数 1.66 亿人次，出游率 39.4%，旅游总花费 1381.61 亿元，游客人均花费 834.8 元/人次。

第三季度全国城镇居民旅游人次数 1.74 亿人次，出游率 41.3%，旅游总花费 1521.14 亿元，游客人均花费 876.7 元/人次。

第四季度全国城镇居民旅游人次数 1.87 亿人次，出游率 44.5%，旅游总花费 1446.57 亿元，游客人均花费 773.9 元/人次。

2. 农村居民国内旅游情况

2008 年，我国农村居民国内旅游出游率 111.9%，国内旅游出游人数 10.09 亿人次，国内旅游花费 2777.55 亿元，游客人均花费 275.3 元/人次。

三、城镇居民国内旅游抽样调查结果

1. 出游人数构成

在被调查的 36623 名出游居民中，男性 17357 人，占 47.4%；女性 19266 人，占 52.6%。女性出游人数比重超过男性。

出游人数中以 25～64 岁的为最多，占出游总人数的 74.3%。从年龄段看，14 岁及以下的 3887 人，占 10.6%；15～24 岁的 3248 人，占 8.9%；25～44 岁的 13473 人，占 36.8%；45～64 岁的 13750 人，占 37.5%；65 岁及以上 2265 人，占 6.2%。

按“文化程度”分组，大学本科及以上人员 6378 人，占 17.5%；大学专科 6954 人，占 19.0%；中专及高中 11883 人，占 32.5%；初中 6743 人，占 18.4%；小学 3075 人，占 8.4%；小学以下 1589 人，占 4.2%。

按“家庭月总收入”分组，月收入在 15000 元以上的 1514 人，占 4.1%；月收入在 10000～14999 元的 2400 人，占 6.6%；月收入在 5000～9999 元的 11757 人，占 32.1%；月收入在 2500～4999 元的 15281 人，占 41.7%；月收入在 1000～2499 元的 5360 人，占 14.6%；月收入在 999 元以下的 311 人，占 0.8%。

按“旅游目的”分组，观光游览 10010 人，占 27.3%；度假/休闲 9123 人，占 24.9%；商务/出差 1197 人，占 3.3%；探亲访友 13444 人，占 36.7%；健康医疗 403 人，占 1.1%；其他旅游目的 2446 人，占 6.7%。

按“旅游方式”分组，旅行社组织的 4456 人，占 12.2%；非旅行社组织的 32167 人，占 87.8%。

2. 游客每次出游人均花费情况

城镇游客每次出游人均花费 849.4 元。其中，一日游人均花费 282.8 元，过夜游人均花费 1605.0 元。

按“家庭月总收入”分组，月收入在 15000 元以上的人均花费 1769.3 元，10000～14999 元的人均花费 1389.5 元，5000～9999 元的人均花费 980.3 元，2500～4999 元的人均花费 689.1 元，1000～2499 元的人均花费 534.3 元，999 元以下的人均花费 546.5 元。出游人均花费与家庭收入呈高度正相关。

按“旅游目的”分组，商务/出差的人均花费最高，达 2350.6 元；观光游览的人均花费 1072.7 元，度假/休闲的人均花费 682.6 元，探亲访友的人均花费 703.3 元，健康医疗的人均花费 671.6 元，其他旅游目的的人均花费 653.3 元。

3. 国内游客对旅游服务质量的评价

（1）对公共设施的评价：评价很好的有5313人，占14.5%；评价好的有21728人，占59.3%；评价一般的有9246人，占25.2%；评价差及较差的有336人，占0.9%。

（2）对服务质量的评价：评价很好的有4761人，占13.0%；评价好的有20350人，占55.6%；评价一般的有9615人，占26.3%；评价差及较差的有331人，占0.9%；未享受服务的有1566人，占4.3%。

四、农村居民国内旅游抽样调查情况

1. 过夜游出游人数构成

在被调查的14972名出游居民中，男性8652人，占57.8%；女性6320人，占42.2%。男性出游人数比重超过女性。

出游人数中以25～64岁的为最多，占出游总人数的74.6%。从年龄段看，14岁及以下的503人，占3.4%；15～24岁的2718人，占18.2%；25～44岁的6042人，占40.4%；45～64岁的5122人，占34.2%；65岁及以上的587人，占3.9%。

按“文化程度”分组，大专及以上756人，占5.0%；中专及高中3023人，占20.2%；初中7774人，占51.9%；小学2644人，占17.7%；小学以下775人，占5.2%。

按“家庭年人均纯收入”分组，年人均纯收入在8000元以上的2605人，占17.4%；年人均纯收入在6000～7999元的2366人，占15.8%；年人均纯收入在4000～5999元的4611人，占30.8%；年人均纯收入在2000～3999元的4626人，占30.9%；年人均纯收入在1999元以下的764人，占5.1%。

按“旅游目的”分组，观光游览1199人，占8.0%；度假/休闲614人，占4.1%；商务/出差683人，占4.6%；探亲访友9978人，占66.6%；健康医疗1001人，占6.7%；其他旅游目的1497人，占10.0%。

按“旅游方式”分组，旅行社组织的655人，占4.4%；非旅行社组织的14317人，占95.6%。

2. 游客每次出游人均花费情况

农村游客每次出游人均花费275.3元。其中，一日游人均花费186.0元，过夜游人均花费442.5元。

从旅游方式看，参加旅行社组团的人均花费1066元，其中启程前付给旅行社693元，占65.0%；购物255元，占23.9%；其他费用118元，占11.1%；散客人均花费255元，主要用于购物、交通和餐饮，分别占43.5%、23.1%和9.5%。

3. 国内游客对旅游服务质量的评价

（1）对公共设施的评价：评价很好的有 4887 人，占 11.1%；评价好的有 25604 人，占 58.0%；评价一般的有 13266 人，占 30.0%；评价差及较差的有 406 人，占0.9%。

（2）对服务质量的评价：评价很好的有 4077 人，占 9.2%；评价好的有 23796 人，占 53.9%；评价一般的有 13527 人，占 30.6%；评价差及较差的有 355 人，占0.8%；未享受服务的有2408 人，占5.5%。

第二部分

2008 年国内旅游出游及花费情况

2－1 2008 年国内旅游基本情况

	总人次数（亿人次）	出游率*（%）	总花费（亿元）	人均花费（元/人）
全国总计	**17.12**	**129.6**	**8 749.30**	**511.0**
城镇居民	7.03	167.4	5 971.75	849.4
农村居民	10.09	111.9	2 777.55	275.3
城镇居民	**7.03**	**167.4**	**5 971.75**	**849.4**
一季度	1.77	42.2	1 622.43	915.9
二季度	1.66	39.4	1 381.61	834.8
三季度	1.74	41.3	1 521.14	876.7
四季度	1.87	44.5	1 446.57	773.9

* 出游率指城镇居民或农村居民出游人次数占其总人口数的比重。

2-2 2008年城镇居民国内旅游出游及花费情况

城市	人均花费（元/人）	比上年增减（%）	出游率（%）	比上年增减（%）
总平均	**849.36**	**-6.35**	**167.39**	**1.11**
北京	1 162.29	28.22	214.34	-42.78
天津	676.12	-12.54	188.33	-23.00
呼和浩特	1 344.58	-26.65	56.30	-21.17
沈阳	812.40	57.30	162.97	0.23
大连	297.91	-21.72	354.77	166.55
长春	1 207.16	-45.61	35.98	-38.95
哈尔滨	1 594.45	-0.55	89.26	-12.70
上海	616.96	-33.87	249.92	114.35
南京	1 814.17	-10.95	72.88	-17.51
无锡	1 324.53	62.48	70.73	-49.73
杭州	1 093.60	30.18	150.02	4.16
宁波	1 037.30	5.85	234.27	57.20
福州	1 150.81	25.17	91.25	-33.86
厦门	1 059.06	-11.52	121.49	-15.16
南昌	1 394.21	18.43	36.52	-35.55
济南	601.39	-8.61	241.44	152.81
郑州	842.71	-15.52	17.57	-47.94
武汉	699.64	-29.47	279.84	126.71
长沙	1 257.94	-14.14	125.76	-177.87
广州	654.23	-13.11	286.62	88.41
深圳	2 035.63	43.36	206.32	-161.42
海口	1 210.90	30.20	136.43	18.98
重庆	786.34	-1.15	219.89	52.38
成都	731.14	7.41	235.94	50.92
昆明	592.12	-66.59	103.90	-27.60
拉萨	5 997.39	304.37	6.62	-260.97
西安	600.08	54.66	180.72	-85.98
兰州	666.17	33.52	183.64	-4.72
西宁	815.19	-62.35	116.41	5.80
乌鲁木齐	1 397.61	21.14	34.41	-66.76

2－3　2008 年各季度城镇居民

城　市	一季度		二季度	
	出游率（%）	人均花费（元/人）	出游率（%）	人均花费（元/人）
总平均	**42.2**	**915.9**	**39.4**	**834.8**
北　京	51.2	1 362.6	56.5	1 114.5
天　津	47.5	607.9	46.5	625.1
呼和浩特	11.9	1 396.2	19.2	1 552.6
沈　阳	27.1	993.5	34.7	1 057.3
大　连	91.7	441.8	57.7	484.0
长　春	5.3	1 028.2	13.5	1 070.9
哈尔滨	19.4	2 019.8	14.6	2 054.4
上　海	44.4	949.0	51.2	655.7
南　京	9.3	1 905.1	17.8	1 585.1
无　锡	23.9	1 134.8	10.3	1 442.4
杭　州	35.0	1 203.7	48.0	1 060.9
宁　波	61.8	1 450.0	48.4	979.9
福　州	20.5	1 319.1	21.9	888.7
厦　门	37.9	1 291.0	25.8	718.2
南　昌	7.1	1 483.3	9.9	1 333.0
济　南	69.1	496.3	76.7	700.6
郑　州	4.5	816.4	3.4	935.4
武　汉	85.7	644.8	69.0	689.7
长　沙	38.7	1 159.8	28.7	1 048.9
广　州	88.1	567.2	61.2	614.6
深　圳	63.8	2 487.9	49.5	1 679.4
海　口	53.8	1 001.8	27.8	1 378.5
重　庆	61.7	734.3	56.6	728.5
成　都	59.4	526.3	63.2	758.4
昆　明	26.9	593.5	15.3	408.0
拉　萨	1.8	445.5	0.9	6 262.9
西　安	34.3	655.3	44.2	699.9
兰　州	35.6	770.7	43.2	352.6
西　宁	23.0	1 437.1	35.6	603.8
乌鲁木齐	5.7	1 403.2	9.2	1 105.9

国内旅游出游及花费情况

三季度		四季度	
出游率（%）	人均花费（元/人）	出游率（%）	人均花费（元/人）
41.3	**876.7**	**44.5**	**773.9**
49.0	980.0	57.4	1 197.7
42.6	763.8	51.9	703.4
13.7	1 155.4	11.6	1 164.2
43.6	790.0	54.8	617.7
97.9	154.9	100.1	255.4
8.8	1 332.0	8.3	1 415.2
28.4	1 439.3	26.8	1 204.7
67.9	532.5	84.2	501.3
18.1	3 021.4	23.2	1 493.4
12.7	1 162.5	23.7	1 554.3
29.1	1 170.4	37.8	982.6
52.1	926.9	70.2	832.7
22.1	1 416.0	26.7	1 021.3
26.0	1 172.4	31.9	954.0
7.4	1 477.3	12.1	1 340.0
48.5	624.9	45.9	560.8
5.1	662.0	4.6	1 000.9
62.4	791.6	62.6	695.1
25.4	1 558.4	32.8	1 319.9
64.2	866.3	70.9	613.1
52.0	1 972.0	40.6	1 818.2
35.8	1 500.3	19.2	998.3
49.0	890.3	52.9	809.9
56.5	1 030.1	55.7	598.2
26.5	634.0	37.8	655.1
2.7	4 921.5	1.1	17 250.2
52.6	598.4	48.8	476.5
59.1	909.7	42.5	479.5
28.5	552.7	29.4	854.2
11.9	1 520.3	7.6	1 562.6

2－4 2008年农村居民

地 区	调查总人数（人）	出游人次数（人次）	出游率（%）	过夜游		一日游	
				（人次）	（%）	（人次）	（%）
合 计	**39 436**	**44 163**	**112.0**	**14 972**	**38.0**	**29 191**	**74.0**
北 京	707	920	130.1	213	30.1	707	100.0
天 津	687	587	85.4	117	17.0	470	68.4
河 北	1 889	1 488	78.8	493	26.1	995	52.7
山 西	769	621	80.8	160	20.8	461	59.9
内蒙古	724	364	50.3	174	24.0	190	26.3
辽 宁	980	1 366	139.5	311	31.8	1 055	107.7
吉 林	694	871	125.5	277	39.9	594	85.6
黑龙江	718	712	99.2	379	52.8	333	46.4
上 海	697	507	72.7	94	13.5	413	59.2
江 苏	1 838	3 048	165.9	483	26.3	2 565	139.6
浙 江	1 464	1 531	104.6	508	34.7	1 023	69.9
安 徽	2 049	2 412	117.7	1 157	56.5	1 255	61.2
福 建	1 170	2 004	171.3	645	55.1	1 359	1 16.2
江 西	1 255	774	61.7	355	28.3	419	33.4
山 东	2 105	2 801	133.0	673	32.0	2 128	101.1
河 南	2 889	1 796	62.2	541	18.7	1 255	43.4
湖 北	1 555	1 630	104.8	707	45.5	923	59.4
湖 南	1 851	2 535	136.9	1 090	58.9	1 445	78.1
广 东	2 419	1 861	76.9	1 006	41.6	855	35.3
广 西	1 463	1 031	70.5	515	35.2	516	35.3
海 南	1 002	1 123	112.1	482	48.1	641	64.0
重 庆	1 038	1 541	148.5	627	60.4	914	88.1
四 川	2 258	3 901	172.7	1 184	52.4	2 717	120.3
贵 州	1 377	1 467	106.5	651	47.3	816	59.2
云 南	1 185	1 722	145.3	510	43.0	1 212	102.3
陕 西	1 197	887	74.1	263	22.0	624	52.1
甘 肃	833	1 706	204.9	314	37.7	1 392	167.2
青 海	897	1 287	143.4	364	40.6	923	102.9
宁 夏	839	929	110.8	407	48.5	522	62.2
新 疆	888	741	83.5	272	30.6	469	52.8

国内旅游出游基本情况

总花费（元）	过夜游花费（元）	一日游花费（元）	过夜游人均花费（元/人）	一日游人均花费（元/人）
12 054 439	**6 624 797**	**5 429 642**	**442.48**	**186.00**
258 417	123 512	134 905	579.87	190.81
172 553	74 414	98 139	636.02	208.81
373 472	195 366	178 106	396.28	179.00
185 345	90 399	94 946	564.99	205.96
144 385	85 482	58 903	491.28	310.02
352 717	113 303	239 414	364.32	226.93
121 086	63 206	57 880	228.18	97.44
252 984	148 998	103 986	393.13	312.27
203 041	121 002	82 039	1 287.26	198.64
1 175 283	405 368	769 915	839.27	300.16
541 806	275 376	266 430	542.08	260.44
668 066	417 124	250 942	360.52	199.95
510 528	267 060	243 468	414.05	179.15
289 675	213 666	76 009	601.88	181.41
789 210	400 198	389 012	594.65	182.81
441 129	245 560	195 569	453.90	155.83
458 070	268 323	189 747	379.52	205.58
740 001	454 074	285 927	416.58	197.87
785 663	608 788	176 875	605.16	206.87
370 412	250 706	119 706	486.81	231.99
227 174	146 494	80 680	303.93	125.87
347 762	234 075	113 687	373.33	124.38
812 716	454 456	358 260	383.83	131.86
344 399	217 985	126 414	334.85	154.92
402 863	216 074	186 789	423.67	154.12
139 035	79 480	59 555	302.21	95.44
265 047	101 769	163 278	324.11	117.30
326 652	148 979	177 673	409.28	192.50
141 841	77 491	64 350	190.40	123.28
213 107	126 069	87 038	463.49	185.58

第三部分

2008 年城镇居民国内旅游

抽样调查分类数据

一、城镇居民国内旅游抽样调查人数及构成

3-1-1 城镇居民国内旅游抽样调查出游人数

城市	出游人次数		性别			
			男		女	
	(人次)	(%)	(人次)	(%)	(人次)	(%)
合计	**36 623**	**100.0**	**17 357**	**47.4**	**19 266**	**52.6**
北京	2 422	100.0	1 196	49.3	1 226	50.6
天津	2 197	100.0	1 036	47.2	1 161	52.8
呼和浩特	315	100.0	146	46.3	169	53.7
沈阳	1 860	100.0	880	47.3	980	52.7
大连	2 960	100.0	1 372	46.4	1 588	53.6
长春	222	100.0	106	47.7	116	52.3
哈尔滨	509	100.0	266	52.3	243	47.7
上海	2 838	100.0	1 268	44.7	1 570	55.3
南京	437	100.0	222	50.8	215	49.2
无锡	150	100.0	80	53.3	70	46.7
杭州	892	100.0	386	43.3	506	56.7
宁波	990	100.0	456	46.1	534	53.9
福州	614	100.0	282	45.9	332	54.1
厦门	843	100.0	387	45.9	456	54.1
南昌	220	100.0	119	54.1	101	45.9
济南	1 507	100.0	694	46.1	813	53.9
郑州	141	100.0	63	44.7	78	55.3
武汉	3 585	100.0	1 692	47.2	1 893	52.8
长沙	1 068	100.0	547	51.2	521	48.8
广州	2 418	100.0	1 077	44.5	1 341	55.5
深圳	1 475	100.0	718	48.7	757	51.3
海口	313	100.0	180	57.5	133	42.5
重庆	2 599	100.0	1 230	47.3	1 369	52.7
成都	1 940	100.0	927	47.7	1 013	52.2
昆明	793	100.0	368	46.4	425	53.6
拉萨	29	100.0	19	65.5	10	34.5
西安	1 341	100.0	678	50.6	663	49.4
兰州	1 181	100.0	565	47.8	616	52.2
西宁	601	100.0	321	53.4	280	46.6
乌鲁木齐	163	100.0	76	46.6	87	53.4

及构成（按城市、性别和年龄分组）

年龄									
65岁及以上		45～64岁		25～44岁		15～24岁		14岁及以下	
（人次）	（%）	（人次）	（%）	（人次）	（%）	（人次）	（%）	（人次）	（%）
2 265	**6.2**	**13 750**	**37.5**	**13 473**	**36.8**	**3 248**	**8.9**	**3 887**	**10.6**
125	5.2	1 067	44.1	844	34.8	203	8.4	183	7.6
191	8.7	878	40.0	667	30.4	288	13.1	173	7.9
16	5.1	97	30.8	136	43.2	18	5.7	48	15.2
208	11.2	780	41.9	584	31.4	155	8.3	133	7.2
55	1.9	1 218	41.1	1 088	36.8	291	9.8	308	10.4
13	5.9	76	34.2	89	40.1	25	11.3	19	8.6
34	6.7	235	46.2	170	33.4	34	6.7	36	7.1
97	3.4	1 249	44.0	835	29.4	329	11.6	328	11.6
30	6.9	160	36.6	171	39.1	28	6.4	48	11.0
14	9.3	54	36.0	52	34.7	15	10.0	15	10.0
92	10.3	350	39.2	327	36.7	37	4.1	86	9.6
64	6.5	257	26.0	469	47.4	53	5.4	147	14.8
29	4.7	168	27.4	287	46.7	32	5.2	98	16.0
33	3.9	181	21.5	426	50.5	53	6.3	150	17.8
11	5.0	106	48.2	72	32.7	19	8.6	12	5.5
22	1.5	530	35.2	602	39.9	134	8.9	219	14.5
5	3.5	22	15.6	79	56.0	11	7.8	24	17.0
220	6.1	1 418	39.6	1 262	35.2	376	10.5	309	8.6
126	11.8	353	33.1	399	37.4	69	6.5	121	11.3
58	2.4	911	37.7	812	33.6	287	11.9	350	14.5
54	3.7	304	20.6	821	55.7	98	6.6	198	13.4
27	8.6	59	18.8	168	53.7	7	2.2	52	16.6
170	6.5	1 085	41.7	899	34.6	191	7.3	254	9.8
271	14.0	755	38.9	642	33.1	121	6.2	151	7.8
105	13.2	285	35.9	289	36.4	57	7.2	57	7.2
—	—	4	13.8	23	79.3	—	—	2	6.9
56	4.2	488	36.4	483	36.0	145	10.8	169	12.6
80	6.8	442	37.4	461	39.0	82	6.9	116	9.8
57	9.5	182	30.3	227	37.8	72	12.0	63	10.5
2	1.2	36	22.1	89	54.6	18	11.0	18	11.0

3-1-2 城镇居民国内旅游抽样调查出游人数

城市	出游人次数		文化							
			研究生		大学本科		大学专科		中专	
	(人次)	(%)	(人次)	(%)	(人次)	(%)	(人次)	(%)	(人次)	(%)
合计	**36 623**	**100.0**	**605**	**1.7**	**5 773**	**15.8**	**6 954**	**19.0**	**3 065**	**8.4**
北京	2 422	100.0	49	2.0	571	23.6	558	23.0	229	9.5
天津	2 197	100.0	33	1.5	334	15.2	323	14.7	262	11.9
呼和浩特	315	100.0	18	5.7	68	21.6	65	20.6	22	7.0
沈阳	1 860	100.0	25	1.3	357	19.2	568	30.5	163	8.8
大连	2 960	100.0	69	2.3	451	15.2	606	20.5	227	7.7
长春	222	100.0	4	1.8	54	24.3	38	17.1	29	13.1
哈尔滨	509	100.0	31	6.1	84	16.5	105	20.6	19	3.7
上海	2 838	100.0	31	1.1	415	14.6	442	15.6	223	7.9
南京	437	100.0	31	7.1	80	18.3	95	21.7	29	6.6
无锡	150	100.0	1	0.7	22	14.7	26	17.3	18	12.0
杭州	892	100.0	29	3.3	179	20.1	134	15.0	54	6.1
宁波	990	100.0	11	1.1	149	15.1	147	14.8	68	6.9
福州	614	100.0	11	1.8	110	17.9	108	17.6	65	10.6
厦门	843	100.0	9	1.1	141	16.7	126	14.9	101	12.0
南昌	220	100.0	1	0.5	26	11.8	47	21.4	29	13.2
济南	1 507	100.0	12	0.8	146	9.7	289	19.2	135	9.0
郑州	141	100.0	11	7.8	19	13.5	19	13.5	16	11.3
武汉	3 585	100.0	74	2.1	467	13.0	721	20.1	319	8.9
长沙	1 068	100.0	3	0.3	124	11.6	230	21.5	94	8.8
广州	2 418	100.0	21	0.9	304	12.6	393	16.3	82	3.4
深圳	1 475	100.0	8	0.5	174	11.8	369	25.0	131	8.9
海口	313	100.0	5	1.6	55	17.6	40	12.8	22	7.0
重庆	2 599	100.0	29	1.1	381	14.7	504	19.4	247	9.5
成都	1 940	100.0	23	1.2	337	17.4	340	17.5	162	8.4
昆明	793	100.0	12	1.5	122	15.4	85	10.7	76	9.6
拉萨	29	100.0	1	3.4	11	37.9	9	31.0	2	6.9
西安	1 341	100.0	28	2.1	266	19.8	303	22.6	85	6.3
兰州	1 181	100.0	19	1.6	190	16.1	176	14.9	81	6.9
西宁	601	100.0	4	0.7	98	16.3	52	8.7	63	10.5
乌鲁木齐	163	100.0	2	1.2	38	23.3	36	22.1	12	7.4

及构成（按城市和文化程度分组）

程度									
高中		初中		小学		扫盲班		未上过学	
（人次）	（%）	（人次）	（%）	（人次）	（%）	（人次）	（%）	（人次）	（%）
8 818	**24.1**	**6 743**	**18.4**	**3 075**	**8.4**	**121**	**0.3**	**1 468**	**4.0**
493	20.4	333	13.7	128	5.3	6	0.2	55	2.3
551	25.1	459	20.9	153	7.0	4	0.2	78	3.6
52	16.5	39	12.4	34	10.8	2	0.6	15	4.8
345	18.5	242	13.0	101	5.4	—	—	59	3.2
618	20.9	687	23.2	207	7.0	3	0.1	92	3.1
56	25.2	19	8.6	18	8.1	—	—	4	1.8
145	28.5	85	16.7	23	4.5	4	0.8	13	2.6
783	27.6	643	22.7	177	6.2	3	0.1	121	4.3
91	20.8	59	13.5	30	6.9	1	0.2	21	4.8
29	19.3	40	26.7	12	8.0	1	0.7	1	0.7
158	17.7	190	21.3	95	10.7	11	1.2	42	4.7
164	16.6	204	20.6	173	17.5	1	0.1	73	7.4
110	17.9	91	14.8	80	13.0	2	0.3	36	5.9
124	14.7	167	19.8	91	10.8	1	0.1	83	9.8
66	30.0	34	15.5	12	5.5	—	—	5	2.3
443	29.4	268	17.8	118	7.8	3	0.2	93	6.2
36	25.5	23	16.3	11	7.8	—	—	6	4.3
956	26.7	655	18.3	248	6.9	11	0.3	134	3.7
264	24.7	215	20.1	100	9.4	4	0.4	34	3.2
943	39.0	323	13.4	271	11.2	6	0.2	75	3.1
429	29.1	144	9.8	142	9.6	5	0.3	73	4.9
80	25.6	50	16.0	44	14.1	7	2.2	10	3.2
492	18.9	623	24.0	225	8.7	7	0.3	91	3.5
441	22.7	383	19.7	172	8.9	15	0.8	67	3.5
128	16.1	221	27.9	105	13.2	12	1.5	32	4.0
2	6.9	1	3.4	2	6.9	—	—	1	3.4
333	24.8	166	12.4	106	7.9	—	—	54	4.0
328	27.8	223	18.9	109	9.2	3	0.3	52	4.4
123	20.5	138	23.0	69	11.5	9	1.5	45	7.5
35	21.5	18	11.0	19	11.7	—	—	3	1.8

3-1-3 城镇居民国内旅游抽样调查出游人数

城市	出游人次数		家庭月			
			15000元以上		10000~14999元	
	(人次)	(%)	(人次)	(%)	(人次)	(%)
合计	**36 623**	**100.0**	**1 514**	**4.1**	**2 400**	**6.6**
北京	2 422	100.0	128	5.3	333	13.7
天津	2 197	100.0	10	0.5	87	4.0
呼和浩特	315	100.0	14	4.4	5	1.6
沈阳	1 860	100.0	123	6.6	49	2.6
大连	2 960	100.0	30	1.0	21	0.7
长春	222	100.0	—	—	—	—
哈尔滨	509	100.0	15	2.9	17	3.3
上海	2 838	100.0	196	6.9	428	15.1
南京	437	100.0	56	12.8	47	10.8
无锡	150	100.0	22	14.7	12	8.0
杭州	892	100.0	60	6.7	77	8.6
宁波	990	100.0	97	9.8	126	12.7
福州	614	100.0	14	2.3	72	11.7
厦门	843	100.0	130	15.4	150	17.8
南昌	220	100.0	3	1.4	—	—
济南	1 507	100.0	20	1.3	21	1.4
郑州	141	100.0	—	—	9	6.4
武汉	3 585	100.0	186	5.2	221	6.2
长沙	1 068	100.0	54	5.1	58	5.4
广州	2 418	100.0	25	1.0	124	5.1
深圳	1 475	100.0	166	11.3	222	15.1
海口	313	100.0	8	2.6	12	3.8
重庆	2 599	100.0	62	2.4	139	5.3
成都	1 940	100.0	50	2.6	67	3.5
昆明	793	100.0	16	2.0	35	4.4
拉萨	29	100.0	—	—	—	—
西安	1 341	100.0	21	1.6	23	1.7
兰州	1 181	100.0	—	—	16	1.4
西宁	601	100.0	8	1.3	21	3.5
乌鲁木齐	163	100.0	—	—	8	4.9

及构成（按城市和家庭月总收入分组）

总收入							
5000～9999 元		2500～4999 元		1000～2499 元		999 元以下	
（人次）	（%）	（人次）	（%）	（人次）	（%）	（人次）	（%）
11 757	**32.1**	**15 281**	**41.7**	**5 360**	**14.6**	**311**	**0.8**
1 265	52.2	616	25.4	74	3.1	6	0.2
649	29.5	1 041	47.4	390	17.8	20	0.9
94	29.8	172	54.6	27	8.6	3	1.0
454	24.4	978	52.6	250	13.4	6	0.3
833	28.1	1 827	61.7	249	8.4	—	—
81	36.5	100	45.0	40	18.0	1	0.5
116	22.8	219	43.0	137	26.9	5	1.0
1 175	41.4	828	29.2	204	7.2	7	0.2
187	42.8	130	29.7	17	3.9	—	—
53	35.3	45	30.0	18	12.0	—	—
335	37.6	327	36.7	91	10.2	2	0.2
300	30.3	380	38.4	69	7.0	18	1.8
297	48.4	195	31.8	35	5.7	1	0.2
397	47.1	133	15.8	31	3.7	2	0.2
24	10.9	109	49.5	83	37.7	1	0.5
157	10.4	680	45.1	580	38.5	49	3.3
41	29.1	60	42.6	31	22.0	—	—
1 143	31.9	1 488	41.5	532	14.8	15	0.4
297	27.8	436	40.8	215	20.1	8	0.7
1 251	51.7	945	39.1	65	2.7	8	0.3
433	29.4	431	29.2	216	14.6	7	0.5
65	20.8	158	50.5	69	22.0	1	0.3
889	34.2	1 094	42.1	400	15.4	15	0.6
462	23.8	824	42.5	518	26.7	19	1.0
175	22.1	390	49.2	164	20.7	13	1.6
9	31.0	16	55.2	4	13.8	—	—
263	19.6	738	55.0	253	18.9	43	3.2
152	12.9	576	48.8	397	33.6	40	3.4
107	17.8	271	45.1	174	29.0	20	3.3
53	32.5	74	45.4	27	16.6	1	0.6

3-1-4 城镇居民国内旅游抽样调查出游人数

城市	出游人次数		旅游			
			观光游览		度假/休闲	
	(人次)	(%)	(人次)	(%)	(人次)	(%)
合计	**36 623**	**100.0**	**10 010**	**27.3**	**9 123**	**24.9**
北京	2 422	100.0	888	36.7	745	30.8
天津	2 197	100.0	629	28.6	398	18.1
呼和浩特	315	100.0	81	25.7	27	8.6
沈阳	1 860	100.0	496	26.7	462	24.8
大连	2 960	100.0	396	13.4	875	29.6
长春	222	100.0	45	20.3	57	25.7
哈尔滨	509	100.0	153	30.1	147	28.9
上海	2 838	100.0	1 025	36.1	500	17.6
南京	437	100.0	196	44.9	109	24.9
无锡	150	100.0	47	31.3	39	26.0
杭州	892	100.0	321	36.0	153	17.2
宁波	990	100.0	285	28.8	183	18.5
福州	614	100.0	194	31.6	161	26.2
厦门	843	100.0	207	24.6	63	7.5
南昌	220	100.0	77	35.0	35	15.9
济南	1 507	100.0	791	52.5	122	8.1
郑州	141	100.0	71	50.4	3	2.1
武汉	3 585	100.0	742	20.7	869	24.2
长沙	1 068	100.0	166	15.5	190	17.8
广州	2 418	100.0	723	29.9	631	26.1
深圳	1 475	100.0	330	22.4	349	23.7
海口	313	100.0	42	13.4	28	8.9
重庆	2 599	100.0	575	22.1	786	30.2
成都	1 940	100.0	469	24.2	813	41.9
昆明	793	100.0	204	25.7	404	50.9
拉萨	29	100.0	—	—	7	24.1
西安	1 341	100.0	384	28.6	341	25.4
兰州	1 181	100.0	371	31.4	311	26.3
西宁	601	100.0	62	10.3	267	44.4
乌鲁木齐	163	100.0	40	24.5	48	29.4

及构成(按城市和旅游目的分组)

目的							
商务/出差		探亲访友		健康医疗		其他	
(人次)	(%)	(人次)	(%)	(人次)	(%)	(人次)	(%)
1 197	**3.3**	**13 444**	**36.7**	**403**	**1.1**	**2 446**	**6.7**
80	3.3	630	26.0	11	0.5	68	2.8
53	2.4	922	42.0	94	4.3	101	4.6
35	11.1	143	45.4	10	3.2	19	6.0
154	8.3	573	30.8	48	2.6	127	6.8
23	0.8	1 419	47.9	33	1.1	214	7.2
13	5.9	63	28.4	2	0.9	42	18.9
39	7.7	138	27.1	3	0.6	29	5.7
31	1.1	1 036	36.5	9	0.3	237	8.4
18	4.1	108	24.7	—	—	6	1.4
13	8.7	37	24.7	—	—	14	9.3
45	5.0	333	37.3	5	0.6	35	3.9
39	3.9	352	35.6	9	0.9	122	12.3
25	4.1	189	30.8	8	1.3	37	6.0
44	5.2	476	56.5	5	0.6	48	5.7
24	10.9	71	32.3	—	—	13	5.9
23	1.5	467	31.0	5	0.3	99	6.6
8	5.7	59	41.8	—	—	—	—
95	2.6	1 442	40.2	57	1.6	380	10.6
31	2.9	611	57.2	6	0.6	64	6.0
53	2.2	958	39.6	2	0.1	51	2.1
35	2.4	608	41.2	27	1.8	126	8.5
26	8.3	195	62.3	4	1.3	18	5.8
91	3.5	996	38.3	17	0.7	134	5.2
39	2.0	436	22.5	16	0.8	167	8.6
5	0.6	137	17.3	5	0.6	38	4.8
8	27.6	9	31.0	—	—	5	17.2
39	2.9	487	36.3	19	1.4	71	5.3
41	3.5	326	27.6	6	0.5	126	10.7
52	8.7	170	28.3	1	0.2	49	8.2
15	9.2	53	32.5	1	0.6	6	3.7

3-1-5 城镇居民国内旅游抽样调查出游人数

城市	出游人次数	
	（人次）	（%）
合计	**36 623**	**100.0**
北京	2 422	100.0
天津	2 197	100.0
呼和浩特	315	100.0
沈阳	1 860	100.0
大连	2 960	100.0
长春	222	100.0
哈尔滨	509	100.0
上海	2 838	100.0
南京	437	100.0
无锡	150	100.0
杭州	892	100.0
宁波	990	100.0
福州	614	100.0
厦门	843	100.0
南昌	220	100.0
济南	1 507	100.0
郑州	141	100.0
武汉	3 585	100.0
长沙	1 068	100.0
广州	2 418	100.0
深圳	1 475	100.0
海口	313	100.0
重庆	2 599	100.0
成都	1 940	100.0
昆明	793	100.0
拉萨	29	100.0
西安	1 341	100.0
兰州	1 181	100.0
西宁	601	100.0
乌鲁木齐	163	100.0

及构成(按旅游方式分组)

旅游方式			
旅游社组织		非旅游行社组织	
(人次)	(%)	(人次)	(%)
4 456	**12.2**	**32 167**	**87.8**
277	11.4	2 145	88.6
207	9.4	1 990	90.6
48	15.2	267	84.8
232	12.5	1 628	87.5
64	2.2	2 896	97.8
40	18.0	182	82.0
80	15.7	429	84.3
545	19.2	2 293	80.8
230	52.6	207	47.4
30	20.0	120	80.0
173	19.4	719	80.6
97	9.8	893	90.2
183	29.8	431	70.2
78	9.3	765	90.7
56	25.5	164	74.5
106	7.0	1 401	93.0
47	33.3	94	66.7
412	11.5	3 173	88.5
126	11.8	942	88.2
389	16.1	2 029	83.9
243	16.5	1 232	83.5
23	7.3	290	92.7
303	11.7	2 296	88.3
213	11.0	1 727	89.0
76	9.6	717	90.4
—	—	29	100.0
113	8.4	1 228	91.6
47	4.0	1 134	96.0
6	1.0	595	99.0
12	7.4	151	92.6

二、城镇居民国内旅游出游人均花费情况

3-2-1 城镇居民国内旅游出游人均花费情况

	人均花费	家庭月	
		15000元以上	10000~14999元
合　计	**849.4**	**1 769.3**	**1 389.5**
北　京	1 162.3	1 834.6	1 863.8
天　津	676.1	734.7	1 089.2
呼和浩特	1 344.6	664.4	1 480.2
沈　阳	812.4	3 452.0	2 242.1
大　连	297.9	192.5	377.3
长　春	1 207.2	—	—
哈尔滨	1 594.4	2 649.2	1 741.3
上　海	617.0	1 012.7	790.6
南　京	1 814.2	2 344.2	1 331.3
无　锡	1 324.5	1 469.1	2 482.6
杭　州	1 093.6	1 399.2	1 527.3
宁　波	1 037.3	1 297.7	874.5
福　州	1 150.8	1 695.9	1 447.0
厦　门	1 059.1	1 844.7	1 342.7
南　昌	1 394.2	1 438.9	—
济　南	601.4	162.3	3 408.7
郑　州	842.7	—	724.2
武　汉	699.6	1 028.5	970.0
长　沙	1 257.9	2 307.4	1 681.4
广　州	654.2	2 508.1	779.6
深　圳	2 035.6	2 733.4	2 540.7
海　口	1 210.9	746.4	2 249.8
重　庆	786.3	2 074.6	1 301.5
成　都	731.1	2 097.9	1 823.0
昆　明	592.1	666.0	1 110.3
拉　萨	5 997.4	—	—
西　安	600.1	631.8	548.6
兰　州	666.2	—	2 637.3
西　宁	815.2	2 286.2	908.1
乌鲁木齐	1 397.6	—	869.8

（按城市和家庭月总收入分组）

单位：元/人

总　收　入			
5000～9999 元	2500～4999 元	1000～2499 元	999 元以下
980.3	**689.1**	**534.3**	**546.5**
1 160.6	725.2	404.4	2 456.6
774.0	609.0	598.8	675.6
1 097.7	1 405.8	2 280.4	98.0
726.0	550.2	427.1	358.3
358.6	279.0	239.6	—
1 347.2	1 334.2	628.8	295.4
2 118.9	1 666.5	943.6	440.8
665.6	416.1	426.5	71.6
1 924.0	1 754.1	654.5	—
1 460.1	1 178.1	342.7	—
1 232.2	887.0	777.3	171.8
1 357.5	844.6	832.3	290.5
1 329.8	818.3	623.5	2 308.9
868.2	610.4	652.1	2 754.8
2 286.2	1 535.3	956.6	795.2
1 002.5	647.9	372.5	355.8
1 236.4	794.3	450.0	—
847.3	639.8	338.9	119.9
1 536.9	1 206.3	627.6	502.3
705.3	538.6	448.4	259.2
2 082.5	1 827.9	1 315.6	1 583.1
2 036.2	1 002.7	797.2	258.4
917.8	669.4	445.9	499.7
890.8	626.2	488.5	565.9
773.8	473.9	597.2	141.9
7 270.7	6 661.0	477.8	—
1 104.5	468.0	461.5	609.4
1 095.7	631.1	501.4	386.7
1 241.7	811.1	438.7	1 177.9
1 257.0	1 714.9	1 008.9	92.3

3－2－2　城镇居民国内旅游出游人均花费情况

城　　市	人均花费	旅　　游	
		观光游览	度假/休闲
合　　计	**849.4**	**1 072.7**	**682.6**
北　　京	1 162.3	1 215.4	1 107.2
天　　津	676.1	738.3	560.9
呼和浩特	1 344.6	2 264.1	1 620.3
沈　　阳	812.4	857.9	775.1
大　　连	297.9	418.1	154.3
长　　春	1 207.2	1 526.2	1 150.1
哈 尔 滨	1 594.4	1 822.7	921.0
上　　海	617.0	684.5	690.2
南　　京	1 814.2	1 936.8	1 313.5
无　　锡	1 324.5	1 402.1	1 153.5
杭　　州	1 093.6	1 171.5	1 360.8
宁　　波	1 037.3	1 297.8	844.5
福　　州	1 150.8	1 145.1	985.8
厦　　门	1 059.1	1 101.3	630.4
南　　昌	1 394.2	1 392.9	1 664.7
济　　南	601.4	557.7	1 171.6
郑　　州	842.7	1 016.9	166.6
武　　汉	699.6	1 156.0	594.5
长　　沙	1 257.9	2 702.9	1 036.6
广　　州	654.2	683.9	627.7
深　　圳	2 035.6	2 035.9	1 661.5
海　　口	1 210.9	1 071.3	1 410.4
重　　庆	786.3	1 608.4	509.3
成　　都	731.1	1 386.7	482.6
昆　　明	592.1	1 232.5	320.6
拉　　萨	5 997.4	—	11 049.6
西　　安	600.1	799.8	390.4
兰　　州	666.2	837.4	462.9
西　　宁	815.2	1 172.0	356.1
乌鲁木齐	1 397.6	1 835.3	932.6

（按城市和旅游目的分组）

目的			
商务/出差	探亲访友	健康医疗	其　他
2 350.6	**703.3**	**671.6**	**653.3**
3 342.4	909.1	362.5	982.1
2 131.3	596.3	367.7	995.5
1 974.1	673.2	1 798.0	687.2
2 229.7	513.0	821.3	399.3
1 521.2	298.4	216.8	540.8
2 079.0	954.4	6 262.2	811.5
4 280.4	1 113.8	6 022.7	2 021.1
2 628.4	481.6	1 498.3	465.4
2 168.3	2 088.8	—	899.3
2 648.7	787.2	—	1 730.9
1 992.0	784.8	1 941.4	874.0
4 007.6	712.0	444.6	750.6
3 017.2	1 258.5	216.6	289.8
2 501.8	1 036.7	304.4	417.5
2 623.7	970.4	—	718.5
1 069.8	497.7	349.3	641.3
1 342.6	599.6	—	—
2 705.4	482.6	383.1	418.6
1 979.7	975.0	307.9	607.8
2 536.8	542.4	527.5	710.8
2 054.3	2 323.1	1 258.6	1 845.5
2 589.6	999.7	2 779.7	1 174.7
1 824.9	480.3	197.2	527.9
1 568.2	544.1	689.6	397.1
658.9	541.9	472.0	229.1
6 324.7	1 240.1	—	6 963.7
1 936.4	525.0	448.6	348.3
1 610.1	672.3	608.2	343.5
1 245.3	1 247.7	4 518.4	833.0
1 844.8	1 228.4	1 491.0	2 561.7

三、城镇居民散客国内旅游人均花费构成

3-3-1 城镇居民散客国内旅游人均花费构成

城市	总花费	城市间交通费	飞机	火车	长途汽车	轮船	住宿费
总平均	**100.0**	**21.0**	**8.9**	**5.6**	**5.9**	**0.4**	**9.1**
北京	100.0	18.7	9.2	5.3	3.8	0.3	12.6
天津	100.0	11.4	3.3	6.2	1.9	—	10.4
呼和浩特	100.0	30.6	14.6	10.8	4.8	0.3	11.8
沈阳	100.0	27.4	11.6	10.3	4.9	0.3	14.1
大连	100.0	18.7	10.8	4.0	2.9	0.7	3.9
长春	100.0	25.0	5.2	14.4	3.6	—	7.4
哈尔滨	100.0	30.6	15.0	10.5	4.2	0.8	11.4
上海	100.0	17.6	7.3	5.1	4.9	0.3	8.4
南京	100.0	27.9	18.1	5.2	4.5	—	7.5
无锡	100.0	28.6	11.3	9.2	8.0	0.2	8.0
杭州	100.0	25.4	8.5	6.2	10.1	0.3	14.1
宁波	100.0	18.9	9.1	2.4	6.9	0.4	7.6
福州	100.0	26.8	13.6	3.8	8.0	0.1	11.6
厦门	100.0	27.8	13.1	2.0	11.5	0.1	5.1
南昌	100.0	30.1	16.7	9.7	3.4	0.1	13.1
济南	100.0	8.5	1.3	3.4	3.5	0.1	4.8
郑州	100.0	37.1	11.6	15.8	8.4	0.1	12.3
武汉	100.0	15.1	4.9	6.0	3.7	0.1	6.6
长沙	100.0	17.3	7.6	3.2	5.2	0.8	5.9
广州	100.0	24.7	9.5	2.5	12.2	0.2	11.3
深圳	100.0	17.3	7.1	3.9	5.3	0.8	6.7
海口	100.0	31.6	18.9	1.6	10.9	0.2	11.5
重庆	100.0	21.0	8.5	3.4	8.0	0.3	10.3
成都	100.0	20.9	7.9	4.4	7.6	0.9	11.2
昆明	100.0	20.3	5.0	3.6	11.7	—	11.0
拉萨	100.0	42.9	32.8	7.7	2.4	—	11.3
西安	100.0	25.0	4.9	8.5	11.3	0.1	11.8
兰州	100.0	22.7	8.4	10.6	3.3	0.2	7.2
西宁	100.0	26.0	7.4	14.7	3.2	0.4	4.9
乌鲁木齐	100.0	43.5	22.3	9.6	7.8	0.3	9.3

（按城市分组）

单位：%

餐饮费	市　内 交通费	邮　电 通讯费	景　区 游览费	文娱费	购物费	其　他
17.8	**2.9**	**1.1**	**6.3**	**3.1**	**23.0**	**15.6**
23.0	4.8	0.7	7.6	4.2	21.0	7.3
19.5	3.3	0.9	5.2	3.9	31.2	14.2
14.5	0.9	0.9	7.5	1.2	19.2	13.5
22.2	2.8	1.6	7.5	2.4	15.2	6.9
18.1	4.2	0.7	5.2	1.7	34.8	12.7
14.9	1.7	0.8	8.9	0.7	24.6	16.0
13.3	1.9	2.1	5.9	1.7	17.2	15.9
20.8	5.0	0.4	6.1	3.0	20.6	18.1
11.4	2.4	0.6	9.1	2.0	19.2	19.9
16.2	2.5	2.3	7.5	1.6	16.6	16.8
16.5	2.2	0.3	6.7	0.4	20.5	13.9
18.4	1.9	1.1	6.2	1.9	31.9	12.2
19.2	2.1	1.0	7.4	1.1	11.1	19.8
10.6	1.7	0.8	2.9	0.5	16.2	34.5
11.9	1.9	1.3	8.3	2.3	20.8	10.4
15.7	2.8	0.8	10.4	1.6	37.8	17.6
13.8	1.7	0.6	6.3	2.8	18.5	6.9
13.1	3.4	0.8	5.1	3.5	37.0	15.5
9.1	1.3	1.0	4.7	2.5	20.3	38.0
29.5	3.2	1.3	5.0	2.6	18.9	3.5
16.2	2.4	1.7	4.3	4.5	24.4	22.6
16.4	0.6	1.2	5.7	1.1	15.6	16.4
17.9	3.5	1.3	8.1	3.4	17.9	16.6
23.2	2.6	1.6	5.7	4.5	19.2	11.1
27.1	2.3	0.8	10.6	7.1	14.2	6.6
4.5	2.4	2.2	0.8	3.5	22.7	9.7
13.9	1.9	1.2	7.1	2.4	20.3	16.5
16.9	2.6	1.3	9.0	7.1	20.8	12.5
15.6	1.9	1.0	6.4	4.8	22.7	16.8
16.0	1.5	1.3	9.3	0.7	9.5	8.9

3-3-2 城镇居民散客国内旅游人均

	总花费	城市间交通费	飞机	火车	长途汽车	轮船
	(元)	(元)	(元)	(元)	(元)	(元)
总平均	**679.4**	**143.0**	**60.2**	**38.1**	**40.1**	**2.4**
按家庭月总收入分						
15000元及以上	1 442.6	292.0	153.1	47.2	85.1	1.2
10000~14999元	1 099.1	267.7	150.6	44.9	61.5	9.6
5000~9999元	772.3	174.1	76.1	45.1	47.1	2.7
2500~4999元	569.4	113.9	42.3	35.5	33.1	1.5
1000~2499元	445.4	77.1	21.3	25.8	26.5	1.6
999元以下	461.4	63.9	3.0	38.3	22.5	—

	总花费	城市间交通费	飞机	火车	长途汽车	轮船
	(%)	(%)	(%)	(%)	(%)	(%)
总平均	**100.0**	**21.0**	**8.9**	**5.6**	**5.9**	**0.4**
按家庭月总收入分						
15000元及以上	100.0	20.2	10.6	3.3	5.9	0.1
10000~14999元	100.0	24.4	13.7	4.1	5.6	0.9
5000~9999元	100.0	22.5	9.9	5.8	6.1	0.4
2500~4999元	100.0	20.0	7.4	6.2	5.8	0.3
1000~2499元	100.0	17.3	4.8	5.8	5.9	0.4
999元以下	100.0	13.8	0.6	8.3	4.9	—

花费构成(按家庭月总收入分组)

住宿费	餐饮费	市内交通费	邮电通讯费	景区游览费	文娱费	购物费	其他
(元)	(元)	(元)	(元)	(元)	(元)	(元)	(元)
62.2	**121.0**	**19.6**	**7.4**	**42.6**	**20.8**	**156.4**	**106.3**
138.0	246.4	31.7	16.0	63.9	67.5	323.8	263.3
118.6	205.0	31.3	14.1	62.6	28.1	215.7	156.0
79.3	143.4	22.9	7.7	50.9	22.5	165.6	105.8
46.4	96.6	16.2	6.7	35.0	16.6	141.7	96.4
31.5	80.9	14.9	4.5	33.3	14.2	114.3	74.7
20.5	65.6	14.3	2.7	43.3	23.1	119.2	108.8

住宿费	餐饮费	市内交通费	邮电通讯费	景区游览费	文娱费	购物费	其他
(%)	(%)	(%)	(%)	(%)	(%)	(%)	(%)
9.1	**17.8**	**2.9**	**1.1**	**6.3**	**3.1**	**23.0**	**15.6**
9.6	17.1	2.2	1.1	4.4	4.7	22.4	18.3
10.8	18.6	2.9	1.3	5.7	2.6	19.6	14.2
10.3	18.6	3.0	1.0	6.6	2.9	21.4	13.7
8.1	17.0	2.8	1.2	6.1	2.9	24.9	16.9
7.1	18.2	3.3	1.0	7.5	3.2	25.7	16.8
4.4	14.2	3.1	0.6	9.4	5.0	25.8	23.6

3-3-3 城镇居民散客国内旅游人均

	总花费	城市间交通费	飞　机	火　车	长途汽车	轮　船
	(元)	(元)	(元)	(元)	(元)	(元)
总　平　均	**679.4**	**143.0**	**60.2**	**38.1**	**40.1**	**2.4**
按旅游目的分						
观光游览	621.3	142.2	56.4	37.6	42.9	4.2
度假/休闲	495.7	80.1	31.2	19.0	26.5	1.3
商务/出差	2 284.9	769.5	508.4	159.3	85.9	7.3
探亲访友	697.7	139.3	46.0	42.1	46.9	2.1
医疗健康	592.5	141.4	103.3	21.9	15.1	—
其　　他	619.5	83.2	31.5	26.8	22.3	0.6

	总花费	城市间交通费	飞　机	火　车	长途汽车	轮　船
	(%)	(%)	(%)	(%)	(%)	(%)
总　平　均	**100.0**	**21.0**	**8.9**	**5.6**	**5.9**	**0.4**
按旅游目的分						
观光游览	100.0	22.9	9.1	6.1	6.9	0.7
度假/休闲	100.0	16.2	6.3	3.8	5.4	0.3
商务/出差	100.0	33.7	22.3	7.0	3.8	0.3
探亲访友	100.0	20.0	6.6	6.0	6.7	0.3
医疗健康	100.0	23.9	17.4	3.7	2.5	—
其　　他	100.0	13.4	5.1	4.3	3.6	0.1

花费构成（按旅游目的分组）

住宿费	餐饮费	市内交通费	邮电通讯费	景区游览费	文娱费	购物费	其他
（元）	（元）	（元）	（元）	（元）	（元）	（元）	（元）
62.2	**121.0**	**19.6**	**7.4**	**42.6**	**20.8**	**156.4**	**106.3**
80.8	132.5	21.1	5.6	97.3	18.7	88.6	34.6
59.7	127.3	18.6	4.7	46.4	31.8	99.4	27.8
496.9	411.0	46.8	43.3	68.7	59.3	285.2	104.2
22.2	93.9	17.7	7.6	16.3	13.5	203.4	183.9
58.4	104.3	23.2	5.4	12.9	6.6	76.4	163.9
37.5	86.2	16.1	4.7	13.0	15.6	230.6	132.6

住宿费	餐饮费	市内交通费	邮电通讯费	景区游览费	文娱费	购物费	其他
（%）	（%）	（%）	（%）	（%）	（%）	（%）	（%）
9.1	**17.8**	**2.9**	**1.1**	**6.3**	**3.1**	**23.0**	**15.6**
13.0	21.3	3.4	0.9	15.7	3.0	14.3	5.6
12.0	25.7	3.8	1.0	9.4	6.4	20.0	5.6
21.7	18.0	2.1	1.9	3.0	2.6	12.5	4.6
3.2	13.5	2.5	1.1	2.3	1.9	29.2	26.4
9.9	17.6	3.9	0.9	2.2	1.1	12.9	27.7
6.0	13.9	2.6	0.8	2.1	2.5	37.2	21.4

四、城镇居民对国内旅游服务质量的评价

3－4－1　城镇居民对国内旅游服务质量的评价

	出游人次数	
	（人次）	（%）
合　计	**36 623**	**100.0**
对公共设施评分		
很好	5 313	14.5
好	21 728	59.3
一般	9 246	25.2
较差	284	0.8
差	52	0.1
对服务质量评分		
很好	4 761	13.0
好	20 350	55.6
一般	9 615	26.3
较差	255	0.7
差	76	0.2
未享受服务	1 566	4.3

（按散客和团体分组）

旅游形式			
散　　客		团　　体	
（人次）	（%）	（人次）	（%）
4 456	**100.0**	**32 167**	**100.0**
836	18.8	4 477	13.9
2 747	61.6	18 981	59.0
837	18.8	8 409	26.1
28	0.6	256	0.8
8	0.2	44	0.1
795	17.8	3 966	12.3
2 610	58.6	17 740	55.1
978	21.9	8 637	26.9
49	1.1	206	0.6
18	0.4	58	0.2
6	0.1	1 560	4.8

3-4-2 城镇居民对国内旅游服务质量的评价

	出游人次数		家庭月			
			15000 元以上		10000~14999 元	
	(人次)	(%)	(人次)	(%)	(人次)	(%)
合　　计	**36 623**	**100.0**	**1 514**	**100.0**	**2 400**	**100.0**
对公共设施评分						
很好	5 313	14.5	212	14.0	323	13.5
好	21 728	59.3	878	58.0	1 424	59.3
一般	9 246	25.2	396	26.2	628	26.2
较差	284	0.8	24	1.6	14	0.6
差	52	0.1	4	0.3	11	0.5
对服务质量评分						
很好	4 761	13.0	195	12.9	308	12.8
好	20 350	55.6	808	53.4	1 289	53.7
一般	9 615	26.3	435	28.7	666	27.8
较差	255	0.7	25	1.7	18	0.8
差	76	0.2	8	0.5	10	0.4
未享受服务	1 566	4.3	43	2.8	109	4.5

（按家庭月总收入分组）

总收入							
5000～9999元		2500～4999元		1000～2499元		999元以下	
（人次）	（%）	（人次）	（%）	（人次）	（%）	（人次）	（%）
11 757	**100.0**	**15 281**	**100.0**	**5 360**	**100.0**	**311**	**100.0**
1 810	15.4	2 372	15.5	576	10.7	20	6.4
7 041	59.9	9 037	59.1	3 136	58.5	212	68.2
2 820	24.0	3 745	24.5	1 582	29.5	75	24.1
73	0.6	105	0.7	66	1.2	2	0.6
13	0.1	22	0.1	—	—	2	0.6
1 618	13.8	2 098	13.7	520	9.7	22	7.1
6 703	57.0	8 497	55.6	2 861	53.4	192	61.7
2 881	24.5	3 880	25.4	1 675	31.3	78	25.1
83	0.7	81	0.5	44	0.8	4	1.3
24	0.2	25	0.2	8	0.1	1	0.3
448	3.8	700	4.6	252	4.7	14	4.5

3－4－3 城镇居民对国内旅游服务质量的评价

	出游人次数		旅游			
			观光游览		度假/休闲	
	(人次)	(%)	(人次)	(%)	(人次)	(%)
合　计	**36 623**	**100.0**	**10 010**	**100.0**	**9 123**	**100.0**
对公共设施评分						
很好	5 313	14.5	1 871	18.7	1 452	15.9
好	21 728	59.3	6 278	62.7	5 478	60.0
一般	9 246	25.2	1 810	18.1	2 151	23.6
较差	284	0.8	44	0.4	32	0.4
差	52	0.1	7	0.1	10	0.1
对服务质量评分						
很好	4 761	13.0	1 627	16.3	1 257	13.8
好	20 350	55.6	5 885	58.8	5 186	56.8
一般	9 615	26.3	2 307	23.0	2 464	27.0
较差	255	0.7	66	0.7	51	0.6
差	76	0.2	12	0.1	17	0.2
未享受服务	1 566	4.3	113	1.1	148	1.6

（按旅游目的分组）

目的							
商务/出差		探亲访友		健康医疗		其他	
（人次）	（%）	（人次）	（%）	（人次）	（%）	（人次）	（%）
1 197	**100.0**	**13 444**	**100.0**	**403**	**100.0**	**2 446**	**100.0**
183	15.3	1 572	11.7	38	9.4	197	8.1
653	54.6	7 830	58.2	198	49.1	1 291	52.8
342	28.6	3 838	28.5	165	40.9	940	38.4
19	1.6	174	1.3	1	0.2	14	0.6
—	—	30	0.2	1	0.2	4	0.2
179	15.0	1 439	10.7	54	13.4	205	8.4
649	54.2	7 236	53.8	200	49.6	1 194	48.8
341	28.5	3 481	25.9	128	31.8	894	36.5
11	0.9	114	0.8	3	0.7	10	0.4
4	0.3	29	0.2	3	0.7	11	0.4
13	1.1	1 145	8.5	15	3.7	132	5.4

第四部分

2008 年农村居民国内旅游抽样调查分类数据

一、农村居民一日游情况

4-1-1 农村居民一日游

地区	调查总人数（人）	出游人次数（人次）	人均花费（元/人）
总平均	**39 436**	**29 191**	**186.00**
北京	707	707	190.81
天津	687	470	208.81
河北	1 889	995	179.00
山西	769	461	205.96
内蒙古	724	190	310.02
辽宁	980	1 055	226.93
吉林	694	594	97.44
黑龙江	718	333	312.27
上海	697	413	198.64
江苏	1 838	2 565	300.16
浙江	1 464	1 023	260.44
安徽	2 049	1 255	199.95
福建	1 170	1 359	179.15
江西	1 255	419	181.41
山东	2 105	2 128	182.81
河南	2 889	1 255	155.83
湖北	1 555	923	205.58
湖南	1 851	1 445	197.87
广东	2 419	855	206.87
广西	1 463	516	231.99
海南	1 002	641	125.87
重庆	1 038	914	124.38
四川	2 258	2 717	131.86
贵州	1 377	816	154.92
云南	1 185	1 212	154.12
陕西	1 197	624	95.44
甘肃	833	1 392	117.30
青海	897	923	192.50
宁夏	839	522	123.28
新疆	888	469	186.58

出游花费情况

交　通	餐　饮	购　物	游览娱乐	其　他
(%)	(%)	(%)	(%)	(%)
14.71	**9.12**	**54.12**	**3.64**	**18.41**
10.18	8.77	45.12	1.94	33.98
13.60	10.84	57.29	1.64	16.63
7.11	5.53	67.51	1.38	18.48
8.00	7.87	48.07	2.29	33.76
8.85	6.50	59.22	0.23	25.20
8.40	3.96	72.12	0.11	15.41
23.41	7.46	34.55	0.21	34.38
9.09	6.13	65.94	0.81	18.03
13.53	12.06	54.47	10.47	9.46
14.90	12.96	47.74	10.06	14.33
16.61	9.42	55.78	4.50	13.68
20.93	9.55	57.68	3.59	8.25
14.85	11.47	48.33	3.78	21.57
24.28	4.41	49.81	4.57	16.94
14.27	12.70	54.93	6.11	11.99
29.66	8.41	52.03	2.27	7.64
22.21	5.49	50.04	3.28	18.98
19.20	5.41	46.63	2.43	26.33
18.71	16.27	53.30	2.66	9.06
28.86	9.79	42.46	0.54	18.36
26.91	18.34	28.21	8.95	17.59
17.07	6.60	52.78	1.28	22.27
15.14	8.45	50.97	2.24	23.20
15.51	3.42	37.65	0.90	42.52
14.51	12.42	47.03	3.56	22.48
24.88	10.74	46.51	10.00	7.86
9.11	9.70	52.99	3.93	24.26
10.83	6.87	69.58	0.17	12.54
18.63	8.96	52.96	5.41	14.04
9.99	10.08	73.89	—	6.04

4－1－2　农村居民一日游

地　区	调查总人口（人）	出游人次数（人次）	出游率（%）	旅　　游			
				观光游览		度假/休闲	
				（人次）	（%）	（人次）	（%）
全国总计	**39 436**	**29 191**	**74.02**	**2 080**	**7.13**	**2 210**	**7.57**
北　京	707	707	99.96	95	13.44	103	14.57
天　津	687	470	68.39	25	5.32	24	5.11
河　北	1 889	995	52.67	92	9.25	73	7.34
山　西	769	461	59.95	15	3.25	25	5.42
内蒙古	724	190	26.25	4	2.11	3	1.58
辽　宁	980	1 055	107.71	14	1.33	18	1.71
吉　林	694	594	85.59	18	3.03	27	4.55
黑龙江	718	333	46.39	12	3.60	23	6.91
上　海	697	413	59.23	132	31.96	67	16.22
江　苏	1 838	2 565	139.59	364	14.19	371	14.46
浙　江	1 464	1 023	69.89	125	12.22	78	7.62
安　徽	2 049	1 255	61.25	24	1.91	88	7.01
福　建	1 170	1 359	116.18	69	5.08	211	15.53
江　西	1 255	419	33.38	18	4.30	1	0.24
山　东	2 105	2 128	101.08	240	11.28	155	7.28
河　南	2 889	1 255	43.44	79	6.29	83	6.61
湖　北	1 555	923	59.37	8	0.87	42	4.55
湖　南	1 851	1 445	78.06	22	1.52	35	2.42
广　东	2 419	855	35.34	129	15.09	61	7.13
广　西	1 463	516	35.28	7	1.36	1	0.19
海　南	1 002	641	63.97	—	—	70	10.92
重　庆	1 038	914	88.05	20	2.19	25	2.74
四　川	2 258	2 717	120.31	279	10.27	151	5.56
贵　州	1 377	816	59.25	16	1.96	36	4.41
云　南	1 185	1 212	102.30	75	6.19	128	10.56
陕　西	1 197	624	52.14	33	5.29	29	4.65
甘　肃	833	1 392	167.16	83	5.96	47	3.38
青　海	897	923	102.87	24	2.60	70	7.58
宁　夏	839	522	62.24	42	8.05	89	17.05
新　疆	888	469	52.83	16	3.41	76	16.20

出游目的情况

目的							
商务/出差		探亲访友		健康医疗		其他	
(人次)	(%)	(人次)	(%)	(人次)	(%)	(人次)	(%)
2 152	**7.37**	**11 803**	**40.43**	**3 341**	**11.45**	**7 605**	**26.05**
13	1.84	347	49.08	90	12.73	59	8.35
25	5.32	85	18.09	38	8.09	273	58.09
63	6.33	312	31.36	111	11.16	344	34.57
20	4.34	86	18.66	44	9.54	271	58.79
5	2.63	77	40.53	26	13.68	75	39.47
155	14.69	272	25.78	90	8.53	506	47.96
18	3.03	296	49.83	61	10.27	174	29.29
11	3.30	85	25.53	41	12.31	161	48.35
15	3.63	85	20.58	50	12.11	64	15.50
159	6.20	909	35.44	204	7.95	558	21.75
194	18.96	313	30.60	165	16.13	148	14.47
137	10.92	484	38.57	181	14.42	341	27.17
191	14.05	545	40.10	171	12.58	172	12.66
26	6.21	197	47.02	35	8.35	142	33.89
150	7.05	812	38.16	205	9.63	566	26.60
57	4.54	502	40.00	176	14.02	358	28.53
51	5.53	435	47.13	126	13.65	261	28.28
102	7.06	689	47.68	135	9.34	462	31.97
39	4.56	472	55.20	50	5.85	104	12.16
25	4.84	317	61.43	31	6.01	135	26.16
46	7.18	160	24.96	67	10.45	298	46.49
44	4.81	524	57.33	160	17.51	141	15.43
158	5.82	1 529	56.28	424	15.61	176	6.48
23	2.82	399	48.90	57	6.99	285	34.93
63	5.20	361	29.79	158	13.04	427	35.23
23	3.69	261	41.83	57	9.13	221	35.42
108	7.76	513	36.85	177	12.72	464	33.33
147	15.93	439	47.56	86	9.32	157	17.01
50	9.58	135	25.86	53	10.15	153	29.31
34	7.25	162	34.54	72	15.35	109	23.24

二、农村居民国内旅游者(过夜游客)抽样调查

4-2-1　农村居民国内旅游者(过夜游客)抽样调查

地区	出游人次数		性别			
			男		女	
	(人次)	(%)	(人次)	(%)	(人次)	(%)
合计	**14 972**	**100.00**	**8 652**	**57.80**	**6 320**	**42.20**
北京	213	100.00	117	54.90	96	45.10
天津	117	100.00	53	45.30	64	54.70
河北	493	100.00	300	60.90	193	39.10
山西	160	100.00	81	50.60	79	49.40
内蒙古	174	100.00	104	59.80	70	40.20
辽宁	311	100.00	170	54.70	141	45.30
吉林	277	100.00	129	46.60	148	53.40
黑龙江	379	100.00	189	49.90	190	50.10
上海	94	100.00	54	57.40	40	42.60
江苏	483	100.00	287	59.40	196	40.60
浙江	508	100.00	244	48.00	264	52.00
安徽	1 157	100.00	736	63.60	421	36.40
福建	645	100.00	365	56.60	280	43.40
江西	355	100.00	203	57.20	152	42.80
山东	673	100.00	374	55.60	299	44.40
河南	541	100.00	340	62.80	201	37.20
湖北	707	100.00	426	60.30	281	39.70
湖南	1 090	100.00	569	52.20	521	47.80
广东	1 006	100.00	636	63.20	370	36.80
广西	515	100.00	313	60.80	202	39.20
海南	482	100.00	339	70.30	143	29.70
重庆	627	100.00	321	51.20	306	48.80
四川	1 184	100.00	677	57.20	507	42.80
贵州	651	100.00	408	62.70	243	37.30
云南	510	100.00	288	56.50	222	43.50
陕西	263	100.00	171	65.00	92	35.00
甘肃	314	100.00	167	53.20	147	46.80
青海	364	100.00	229	62.90	135	37.10
宁夏	407	100.00	210	51.60	197	48.40
新疆	272	100.00	152	55.90	120	44.10

人数及构成

人数及构成（按地区、性别和年龄分组）

年龄									
65岁及以上		45~64岁		25~44岁		15~24岁		14岁及以下	
（人次）	（%）	（人次）	（%）	（人次）	（%）	（人次）	（%）	（人次）	（%）
587	**3.90**	**5 122**	**34.20**	**6 042**	**40.40**	**2 718**	**18.20**	**503**	**3.40**
4	1.90	72	33.80	98	46.00	20	9.40	19	8.90
4	3.40	54	46.20	39	33.30	18	15.40	2	1.70
8	1.60	191	38.70	153	31.00	134	27.20	7	1.40
7	4.40	78	48.80	56	35.00	17	10.60	2	1.30
4	2.30	75	43.10	80	46.00	15	8.60	—	—
15	4.80	111	35.70	104	33.40	75	24.10	6	1.90
17	6.10	112	40.40	98	35.40	37	13.40	13	4.70
11	2.90	128	33.80	138	36.40	72	19.00	30	7.90
5	5.30	48	51.10	30	31.90	9	9.60	2	2.10
30	6.20	198	41.00	192	39.80	52	10.80	11	2.30
37	7.30	224	44.10	143	28.10	83	16.30	21	4.10
44	3.80	341	29.50	445	38.50	288	24.90	39	3.40
24	3.70	189	29.30	297	46.00	111	17.20	24	3.70
18	5.10	113	31.80	133	37.50	87	24.50	4	1.10
27	4.00	271	40.30	212	31.50	147	21.80	16	2.40
20	3.70	201	37.20	221	40.90	84	15.50	15	2.80
8	1.10	247	34.90	291	41.20	146	20.70	15	2.10
75	6.90	420	38.50	369	33.90	176	16.10	50	4.60
7	0.70	212	21.10	509	50.60	255	25.30	23	2.30
16	3.10	99	19.20	237	46.00	152	29.50	11	2.10
13	2.70	129	26.80	251	52.10	83	17.20	6	1.20
42	6.70	220	35.10	242	38.60	90	14.40	33	5.30
45	3.80	453	38.30	483	40.80	151	12.80	52	4.40
17	2.60	210	32.30	298	45.80	102	15.70	24	3.70
7	1.40	193	37.80	207	40.60	79	15.50	24	4.70
2	0.80	106	40.30	93	35.40	58	22.10	4	1.50
23	7.30	78	24.80	153	48.70	38	12.10	22	7.00
25	6.90	112	30.80	179	49.20	46	12.60	2	0.50
11	2.70	155	38.10	153	37.60	69	17.00	19	4.70
21	7.70	82	30.10	138	50.70	24	8.80	7	2.60

4-2-2 农村居民国内旅游者(过夜游客)

地区	出游人次数		文化			
			大专及以上		中专及高中	
	(人次)	(%)	(人次)	(%)	(人次)	(%)
合计	**14 972**	**100.00**	**756**	**5.00**	**3 023**	**20.20**
北京	213	100.00	51	23.90	67	31.50
天津	117	100.00	5	4.30	23	19.70
河北	493	100.00	43	8.70	162	32.90
山西	160	100.00	6	3.80	46	28.80
内蒙古	174	100.00	3	1.70	44	25.30
辽宁	311	100.00	34	10.90	55	17.70
吉林	277	100.00	13	4.70	28	10.10
黑龙江	379	100.00	22	5.80	54	14.20
上海	94	100.00	19	20.20	32	34.00
江苏	483	100.00	50	10.40	137	28.40
浙江	508	100.00	23	4.50	119	23.40
安徽	1 157	100.00	61	5.30	195	16.90
福建	645	100.00	38	5.90	170	26.40
江西	355	100.00	19	5.40	98	27.60
山东	673	100.00	83	12.30	224	33.30
河南	541	100.00	24	4.40	99	18.30
湖北	707	100.00	20	2.80	136	19.20
湖南	1 090	100.00	32	2.90	186	17.10
广东	1 006	100.00	56	5.60	207	20.60
广西	515	100.00	20	3.90	82	15.90
海南	482	100.00	22	4.60	115	23.90
重庆	627	100.00	10	1.60	124	19.80
四川	1 184	100.00	30	2.50	176	14.90
贵州	651	100.00	29	4.50	134	20.60
云南	510	100.00	17	3.30	73	14.30
陕西	263	100.00	5	1.90	40	15.20
甘肃	314	100.00	10	3.20	66	21.00
青海	364	100.00	4	1.10	48	13.20
宁夏	407	100.00	4	1.00	47	11.50
新疆	272	100.00	3	1.10	36	13.20

抽样调查人数及构成(按地区和文化程度分组)

程度					
初中		小学		小学以下	
(人次)	(%)	(人次)	(%)	(人次)	(%)
7 774	**51.90**	**2 644**	**17.70**	**775**	**5.20**
68	31.90	15	7.00	12	5.60
57	48.70	31	26.50	1	0.90
230	46.70	51	10.30	7	1.40
75	46.90	31	19.40	2	1.30
74	42.50	52	29.90	1	0.60
167	53.70	46	14.80	9	2.90
145	52.30	74	26.70	17	6.10
211	55.70	71	18.70	21	5.50
37	39.40	3	3.20	3	3.20
207	42.90	75	15.50	14	2.90
238	46.90	100	19.70	28	5.50
694	60.00	131	11.30	76	6.60
307	47.60	96	14.90	34	5.30
146	41.10	72	20.30	20	5.60
257	38.20	89	13.20	20	3.00
309	57.10	93	17.20	16	3.00
409	57.90	110	15.60	32	4.50
599	55.00	209	19.20	64	5.90
623	61.90	100	9.90	20	2.00
285	55.30	108	21.00	20	3.90
279	57.90	63	13.10	3	0.60
326	52.00	143	22.80	24	3.80
644	54.40	278	23.50	56	4.70
292	44.90	136	20.90	60	9.20
268	52.50	124	24.30	28	5.50
173	65.80	37	14.10	8	3.00
148	47.10	45	14.30	45	14.30
179	49.20	77	21.20	56	15.40
170	41.80	126	31.00	60	14.70
157	57.70	58	21.30	18	6.60

4-2-3 农村居民国内旅游者(过夜游客)抽样调查

地区	出游人次数		家庭年人均			
			8000元以上		6000～7999元	
	(人次)	(%)	(人次)	(%)	(人次)	(%)
合计	**14 972**	**100.00**	**2 605**	**17.40**	**2 366**	**15.80**
北京	213	100.00	147	69.20	29	13.50
天津	117	100.00	72	61.50	24	20.60
河北	493	100.00	139	28.20	68	13.70
山西	160	100.00	31	19.40	36	22.20
内蒙古	174	100.00	50	28.90	19	11.10
辽宁	311	100.00	67	21.70	62	20.00
吉林	277	100.00	9	3.20	35	12.70
黑龙江	379	100.00	13	3.30	133	35.00
上海	94	100.00	74	78.30	12	13.00
江苏	483	100.00	251	51.90	100	20.80
浙江	508	100.00	296	58.20	134	26.30
安徽	1 157	100.00	90	7.80	146	12.60
福建	645	100.00	112	17.40	179	27.80
江西	355	100.00	43	12.10	70	19.70
山东	673	100.00	194	28.80	217	32.20
河南	541	100.00	74	13.70	80	14.70
湖北	707	100.00	42	6.00	28	4.00
湖南	1 090	100.00	130	11.90	249	22.80
广东	1 006	100.00	376	37.40	243	24.20
广西	515	100.00	25	4.80	49	9.50
海南	482	100.00	65	13.40	50	10.30
重庆	627	100.00	22	3.50	33	5.20
四川	1 184	100.00	24	2.00	170	14.40
贵州	651	100.00	14	2.20	57	8.70
云南	510	100.00	29	5.60	40	7.90
陕西	263	100.00	5	2.00	6	2.10
甘肃	314	100.00	—	—	—	—
青海	364	100.00	8	2.20	16	4.40
宁夏	407	100.00	55	13.60	42	10.20
新疆	272	100.00	16	5.80	8	2.90

人数及构成(按地区和家庭年人均纯收入分组)

纯收入					
4000~5999元		2000~3999元		1999元以下	
(人次)	(%)	(人次)	(%)	(人次)	(%)
4 611	**30.80**	**4 626**	**30.90**	**764**	**5.10**
37	17.30	—	—	—	—
21	17.90	—	—	—	—
160	32.50	126	25.60	—	—
44	27.80	49	30.60	—	—
81	46.70	23	13.30	—	—
124	40.00	57	18.30	—	—
110	39.70	101	36.50	22	7.90
69	18.30	164	43.40	—	—
—	—	8	8.70	—	—
73	15.10	55	11.30	4	0.90
37	7.30	42	8.20	—	—
368	31.80	506	43.70	47	4.10
235	36.50	79	12.20	39	6.10
118	33.30	59	16.70	65	18.20
125	18.60	110	16.40	27	4.00
159	29.40	213	39.30	16	2.90
380	53.70	233	32.90	24	3.40
398	36.50	293	26.90	21	1.90
233	23.20	148	14.70	5	0.50
123	23.80	262	50.80	57	11.10
144	29.90	189	39.20	35	7.20
293	46.80	254	40.50	25	4.00
431	36.40	507	42.80	52	4.40
193	29.60	241	37.00	146	22.50
166	32.60	200	39.30	74	14.60
80	30.60	150	57.10	22	8.20
82	26.20	187	59.50	45	14.30
97	26.70	210	57.80	32	8.90
125	30.70	153	37.50	33	8.00
59	21.70	162	59.50	27	10.10

4-2-4 农村居民国内旅游者(过夜游客)抽样调查

地区	出游人次数		旅游			
			游览/观光		休闲/度假	
	(人次)	(%)	(人次)	(%)	(人次)	(%)
合计	**14 972**	**100.00**	**1 199**	**8.01**	**614**	**4.10**
北京	213	100.00	35	16.43	13	6.10
天津	117	100.00	19	16.24	9	7.69
河北	493	100.00	28	5.68	15	3.04
山西	160	100.00	25	15.63	4	2.50
内蒙古	174	100.00	6	3.45	3	1.72
辽宁	311	100.00	11	3.54	9	2.89
吉林	277	100.00	6	2.17	1	0.36
黑龙江	379	100.00	68	17.94	5	1.32
上海	94	100.00	61	64.89	10	10.64
江苏	483	100.00	94	19.46	32	6.63
浙江	508	100.00	96	18.90	26	5.12
安徽	1 157	100.00	14	1.21	29	2.51
福建	645	100.00	35	5.43	47	7.29
江西	355	100.00	13	3.66	2	0.56
山东	673	100.00	129	19.17	23	3.42
河南	541	100.00	76	14.05	18	3.33
湖北	707	100.00	18	2.55	44	6.22
湖南	1 090	100.00	11	1.01	26	2.39
广东	1 006	100.00	132	13.12	79	7.85
广西	515	100.00	4	0.78	5	0.97
海南	482	100.00	18	3.73	30	6.22
重庆	627	100.00	14	2.23	18	2.87
四川	1 184	100.00	79	6.67	52	4.39
贵州	651	100.00	19	2.92	15	2.30
云南	510	100.00	89	17.45	43	8.43
陕西	263	100.00	13	4.94	4	1.52
甘肃	314	100.00	34	10.83	4	1.27
青海	364	100.00	29	7.97	19	5.22
宁夏	407	100.00	2	0.49	13	3.19
新疆	272	100.00	21	7.72	16	5.88

人数及构成(按地区和旅游目的分组)

目的							
商务/出差		探亲访友		健康医疗		其他	
(人次)	(%)	(人次)	(%)	(人次)	(%)	(人次)	(%)
683	**4.56**	**9 978**	**66.64**	**1 001**	**6.69**	**1 497**	**10.00**
18	8.45	133	62.44	11	5.16	3	1.41
10	8.55	63	53.85	9	7.69	7	5.98
35	7.10	331	67.14	25	5.07	59	11.97
6	3.75	79	49.38	22	13.75	24	15.00
6	3.45	88	50.57	19	10.92	52	29.89
25	8.04	185	59.49	36	11.58	45	14.47
8	2.89	211	76.17	29	10.47	22	7.94
5	1.32	249	65.70	23	6.07	29	7.65
3	3.19	8	8.51	6	6.38	6	6.38
66	13.66	215	44.51	23	4.76	53	10.97
18	3.54	285	56.10	40	7.87	43	8.46
57	4.93	863	74.59	67	5.79	127	10.98
32	4.96	453	70.23	64	9.92	14	2.17
10	2.82	243	68.45	33	9.30	54	15.21
41	6.09	386	57.36	42	6.24	52	7.73
16	2.96	343	63.40	33	6.10	55	10.17
19	2.69	537	75.95	24	3.39	65	9.19
17	1.56	879	80.64	73	6.70	84	7.71
15	1.49	724	71.97	24	2.39	32	3.18
6	1.17	440	85.44	13	2.52	47	9.13
44	9.13	261	54.15	29	6.02	100	20.75
23	3.67	470	74.96	30	4.78	72	11.48
59	4.98	840	70.95	77	6.50	77	6.50
44	6.76	386	59.29	49	7.53	138	21.20
27	5.29	261	51.18	42	8.24	48	9.41
14	5.32	162	61.60	22	8.37	48	18.25
33	10.51	184	58.60	28	8.92	31	9.87
6	1.65	253	69.51	29	7.97	28	7.69
8	1.97	297	72.97	40	9.83	47	11.55
12	4.41	149	54.78	39	14.34	35	12.87

三、农村居民国内散客过夜游人均花费情况

4-3-1 农村居民散客过夜游人均花费

地　区	人均花费	长途交通	飞　机	火　车	长途汽车	轮　船
总平均	**383.59**	**90.32**	**6.40**	**22.26**	**61.27**	**0.39**
北　京	443.52	53.41	21.74	19.57	12.11	—
天　津	474.32	28.48	—	—	28.48	—
河　北	362.06	45.76	—	12.62	33.15	—
山　西	513.98	175.45	68.33	40.31	66.81	—
内蒙古	667.66	113.13	—	8.63	104.50	—
辽　宁	267.95	55.70	—	24.14	31.56	—
吉　林	405.72	131.64	53.85	24.79	53.00	—
黑龙江	473.20	88.82	10.71	37.38	40.73	—
上　海	448.60	36.00	—	—	36.00	—
江　苏	471.88	124.91	3.13	36.57	84.95	0.27
浙　江	437.81	91.07	—	16.55	73.81	0.71
安　徽	314.88	97.38	—	36.49	60.76	0.12
福　建	529.74	131.19	20.49	4.69	105.77	0.23
江　西	307.24	78.74	—	39.13	39.61	—
山　东	499.27	93.80	16.67	27.12	46.20	3.82
河　南	343.51	123.39	—	50.13	73.26	—
湖　北	472.12	87.13	—	37.22	49.91	—
湖　南	342.25	78.01	4.42	19.28	54.30	—
广　东	421.15	133.22	—	6.37	126.85	—
广　西	313.73	105.56	5.91	2.04	97.60	—
海　南	247.29	55.94	—	2.06	52.30	1.59
重　庆	336.76	86.41	—	36.16	48.11	2.14
四　川	375.14	67.04	12.08	10.30	44.62	0.04
贵　州	307.63	76.11	8.68	9.46	57.97	—
云　南	382.55	54.63	—	0.91	53.71	—
陕　西	340.06	124.06	—	86.53	37.53	—
甘　肃	492.41	108.52	—	62.50	46.02	—
青　海	252.92	88.85	—	51.00	37.85	—
宁　夏	274.05	97.60	21.82	29.09	46.69	—
新　疆	202.52	39.18	—	16.63	22.55	—

构成情况(按地区分组)

单位：元/人

住宿	餐饮	游览	购物	娱乐	市内交通	邮电通讯	其他
22.08	**39.76**	**10.37**	**117.08**	**4.15**	**9.42**	**5.00**	**85.42**
65.00	49.87	0.65	67.63	1.96	12.54	1.52	190.93
53.20	77.84	21.60	212.00	—	5.20	13.20	62.80
40.88	45.78	11.76	111.62	5.00	7.82	2.72	90.71
27.38	48.64	38.33	129.95	6.19	10.36	6.00	71.67
31.14	61.54	2.86	214.56	2.57	12.93	10.93	218.00
10.96	10.96	—	78.47	0.68	6.23	2.26	102.68
2.31	31.46	—	39.87	—	1.85	5.00	193.59
6.79	58.63	6.07	165.13	5.36	20.18	8.13	114.11
50.00	40.00	40.00	196.00	40.00	16.60	—	30.00
35.18	43.59	14.74	117.06	1.75	14.27	9.25	111.13
57.24	44.35	53.38	92.55	2.35	8.35	3.22	85.29
9.16	35.14	3.89	140.01	0.49	7.81	6.01	14.99
31.30	46.81	2.10	126.67	11.42	12.91	11.02	156.32
22.37	23.21	17.11	47.68	—	7.32	6.61	104.21
35.15	98.83	11.10	194.13	0.33	7.17	3.46	55.30
17.99	42.81	9.86	86.63	2.78	8.14	3.18	48.75
29.28	39.27	14.25	112.86	8.74	12.50	3.78	164.31
9.65	20.48	2.04	125.33	2.99	7.17	4.49	92.10
12.58	43.95	12.81	167.24	5.57	12.79	6.60	26.39
1.94	20.39	1.29	127.37	1.29	5.44	3.58	46.88
39.47	49.36	2.62	57.15	9.48	10.18	4.70	18.39
14.51	37.97	7.69	91.61	6.28	15.16	5.42	71.70
17.58	25.67	13.41	102.98	3.19	10.71	3.69	130.85
11.28	23.89	2.18	61.28	13.72	3.33	2.36	113.48
17.11	42.03	12.57	98.09	2.57	5.90	3.91	145.75
38.11	25.53	26.60	97.26	7.43	8.25	8.47	4.34
48.89	48.16	33.41	180.73	3.18	12.11	4.48	52.93
9.04	20.85	0.38	113.62	—	2.88	—	17.31
12.55	44.51	4.55	87.24	—	6.04	2.31	19.27
19.27	43.92	8.55	71.37	3.55	8.92	2.68	5.08

4－3－2　农村居民散客过夜游人均花费

地　区	人均花费	长途交通	飞　机	火　车	长途汽车	轮　船
总平均	**100.00**	**23.55**	**1.67**	**5.80**	**15.97**	**0.10**
北　京	100.00	12.04	4.90	4.41	2.73	—
天　津	100.00	6.00	—	—	6.00	—
河　北	100.00	12.64	—	3.48	9.16	—
山　西	100.00	34.14	13.30	7.84	13.00	—
内蒙古	100.00	16.94	—	1.29	15.65	—
辽　宁	100.00	20.79	—	9.01	11.78	—
吉　林	100.00	32.45	13.27	6.11	13.06	—
黑龙江	100.00	18.77	2.26	7.90	8.61	—
上　海	100.00	8.02	—	—	8.02	—
江　苏	100.00	26.47	0.66	7.75	18.00	0.06
浙　江	100.00	20.80	—	3.78	16.86	0.16
安　徽	100.00	30.93	—	11.59	19.30	0.04
福　建	100.00	24.76	3.87	0.89	19.97	0.04
江　西	100.00	25.63	—	12.74	12.89	—
山　东	100.00	18.79	3.34	5.43	9.25	0.77
河　南	100.00	35.92	—	14.59	21.33	—
湖　北	100.00	18.45	—	7.88	10.57	—
湖　南	100.00	22.79	1.29	5.63	15.87	—
广　东	100.00	31.63	—	1.51	30.12	—
广　西	100.00	33.65	1.89	0.65	31.11	—
海　南	100.00	22.62	—	0.83	21.15	0.64
重　庆	100.00	25.66	—	10.74	14.29	0.63
四　川	100.00	17.87	3.22	2.75	11.89	0.01
贵　州	100.00	24.74	2.82	3.08	18.84	—
云　南	100.00	14.28	—	0.24	14.04	—
陕　西	100.00	36.48	—	25.45	11.04	—
甘　肃	100.00	22.04	—	12.69	9.35	—
青　海	100.00	35.13	—	20.16	14.96	—
宁　夏	100.00	35.61	7.96	10.62	17.04	—
新　疆	100.00	19.35	—	8.21	11.13	—

构成比例(按地区分组)

单位：%

住　宿	餐　饮	游　览	购　物	娱　乐	市内交通	邮电通讯	其　他
5.76	**10.36**	**2.70**	**30.52**	**1.08**	**2.46**	**1.30**	**22.27**
14.66	11.24	0.15	15.25	0.44	2.83	0.34	43.05
11.22	16.41	4.55	44.70	—	1.10	2.78	13.24
11.29	12.64	3.25	30.83	1.38	2.16	0.75	25.05
5.33	9.46	7.46	25.28	1.20	2.02	1.17	13.94
4.66	9.22	0.43	32.14	0.39	1.94	1.64	32.65
4.09	4.09	—	29.28	0.26	2.33	0.84	38.32
0.57	7.75	—	9.83	—	0.46	1.23	47.72
1.43	12.39	1.28	34.90	1.13	4.26	1.72	24.11
11.15	8.92	8.92	43.69	8.92	3.70	—	6.69
7.46	9.24	3.12	24.81	0.37	3.02	1.96	23.55
13.07	10.13	12.19	21.14	0.54	1.91	0.74	19.48
2.91	11.16	1.24	44.47	0.16	2.48	1.91	4.76
5.91	8.84	0.40	23.91	2.16	2.44	2.08	29.51
7.28	7.55	5.57	15.52	—	2.38	2.15	33.92
7.04	19.79	2.22	38.88	0.07	1.44	0.69	11.08
5.24	12.46	2.87	25.22	0.81	2.37	0.93	14.19
6.20	8.32	3.02	23.91	1.85	2.65	0.80	34.80
2.82	5.98	0.59	36.62	0.87	2.10	1.31	26.91
2.99	10.44	3.04	39.71	1.32	3.04	1.57	6.27
0.62	6.50	0.41	40.60	0.41	1.73	1.14	14.94
15.96	19.96	1.06	23.11	3.83	4.12	1.90	7.44
4.31	11.28	2.28	27.20	1.87	4.50	1.61	21.29
4.69	6.84	3.57	27.45	0.85	2.86	0.98	34.88
3.67	7.77	0.71	19.92	4.46	1.08	0.77	36.89
4.47	10.99	3.29	25.64	0.67	1.54	1.02	38.10
11.21	7.51	7.82	28.60	2.19	2.42	2.49	1.28
9.93	9.78	6.78	36.70	0.65	2.46	0.91	10.75
3.57	8.24	0.15	44.92	—	1.14	—	6.84
4.58	16.24	1.66	31.83	—	2.20	0.84	7.03
9.52	21.69	4.22	35.24	1.75	4.40	1.32	2.51

四、农村居民国内旅游者对服务质量的评价

4-4-1　城镇居民国内旅游者对服务

	调查总人数	
	（人）	（%）
合　　计	**44 163**	**100.00**
公共设施综合评分		
很好	4 887	11.07
好	25 604	57.98
一般	13 266	30.04
较差	387	0.88
差	19	0.04
服务质量综合评分		
很好	4 077	9.23
好	23 796	53.88
一般	13 527	30.63
较差	323	0.73
差	32	0.07
未享受服务	2 408	5.45

质量的评价(按团体和散客分组)

旅游形式			
团体		散客	
(人)	(%)	(人)	(%)
1 003	**100.00**	**43 160**	**100.00**
226	22.53	4 661	10.80
596	59.42	25 008	57.94
173	17.25	13 093	30.34
8	0.80	379	0.88
—	—	19	0.04
183	18.25	3 894	9.02
571	56.93	23 225	53.81
236	23.53	13 291	30.79
13	1.30	310	0.72
—	—	32	0.07
—	—	2 408	5.58

4－4－2　农村居民国内旅游者对服务质量的评价

	调查出游总人数		性别			
			男		女	
	（人）	（%）	（人）	（%）	（人）	（%）
合　计	**44 163**	**100.00**	**25 925**	**100.00**	**18 238**	**100.00**
公共设施综合评分						
很好	4 887	11.07	2 870	11.07	2 017	11.06
好	25 604	57.98	14 852	57.29	10 752	58.95
一般	13 266	30.04	7 973	30.75	5 293	29.02
较差	387	0.88	219	0.84	168	0.92
差	19	0.04	11	0.04	8	0.04
服务质量综合评分						
很好	4 077	9.23	2 387	9.21	1 690	9.27
好	23 796	53.88	13 826	53.33	9 970	54.67
一般	13 527	30.63	8 084	31.18	5 443	29.84
较差	323	0.73	187	0.72	136	0.75
差	32	0.07	22	0.08	10	0.05
未享受服务	2 408	5.45	1 419	5.47	989	5.42

（按性别和年龄分组）

年龄									
65岁及以上		45~64岁		25~44岁		15~24岁		14岁及以下	
（人）	（%）	（人）	（%）	（人）	（%）	（人）	（%）	（人）	（%）
1 582	**100.00**	**16 994**	**100.00**	**18 589**	**100.00**	**5 417**	**100.00**	**1 581**	**100.00**
154	9.73	1 999	11.76	1 930	10.38	604	11.15	200	12.65
946	59.80	9 890	58.20	10 615	57.10	3 203	59.13	950	60.09
467	29.52	4 964	29.21	5 878	31.62	1 538	28.39	419	26.50
14	0.88	134	0.79	159	0.86	68	1.26	12	0.76
1	0.06	7	0.04	7	0.04	4	0.07	—	—
120	7.59	1 624	9.56	1 653	8.89	509	9.40	171	10.82
888	56.13	9 298	54.71	9 790	52.67	2 952	54.50	868	54.90
470	29.71	5 032	29.61	5 997	32.26	1 587	29.30	441	27.89
13	0.82	125	0.74	119	0.64	56	1.03	10	0.63
—	—	13	0.08	14	0.08	5	0.09	—	—
91	5.75	902	5.31	1 016	5.47	308	5.69	91	5.76

4-4-3 农村居民国内旅游者对服务质量的评价

	调查总人数		文化			
			大专及以上		中专及高中	
	(人)	(%)	(人)	(%)	(人)	(%)
合　　计	**44 163**	**100.00**	**1 592**	**100.00**	**8 423**	**100.00**
公共设施综合评分						
很好	4 887	11.07	262	16.46	1 176	13.96
好	25 604	57.98	997	62.63	5 058	60.05
一般	13 266	30.04	327	20.54	2 133	25.32
较差	387	0.88	6	0.38	52	0.62
差	19	0.04	—	—	4	0.05
服务质量综合评分						
很好	4 077	9.23	228	14.32	984	11.68
好	23 796	53.88	926	58.17	4 672	55.47
一般	13 527	30.63	352	22.11	2 292	27.21
较差	323	0.73	11	0.69	49	0.58
差	32	0.07	—	—	8	0.09
未享受服务	2 408	5.45	75	4.71	418	4.96

（按文化程度分组）

程　度					
初　中		小　学		小学以下	
（人）	（%）	（人）	（%）	（人）	（%）
23 645	**100.00**	**8 499**	**100.00**	**2 004**	**100.00**
2 462	10.41	811	9.54	176	8.78
13 564	57.37	4 790	56.36	1 195	59.63
7 400	31.30	2 788	32.80	618	30.84
206	0.87	108	1.27	15	0.75
13	0.05	2	0.02	—	—
2 042	8.64	681	8.01	142	7.09
12 605	53.31	4 485	52.77	1 108	55.29
7 560	31.97	2 724	32.05	599	29.89
173	0.73	74	0.87	16	0.80
17	0.07	6	0.07	1	0.05
1 248	5.28	529	6.22	138	6.89

4-4-4　农村居民国内旅游者对服务质量的评价

	调查总人数		家庭年人均 8000元以上	
	(人)	(%)	(人)	(%)
合　计	**44 163**	**100.00**	**1 850**	**100.00**
公共设施综合评分				
很好	4 887	11.07	383	20.70
好	25 604	57.98	1 113	60.16
一般	13 266	30.04	351	18.97
较差	387	0.88	3	0.16
差	19	0.04	—	—
服务质量综合评分				
很好	4 077	9.23	333	18.00
好	23 796	53.88	1 042	56.32
一般	13 527	30.63	429	23.19
较差	323	0.73	5	0.27
差	32	0.07	—	—
未享受服务	2 408	5.45	41	2.22

（按家庭年人均纯收入分组）

纯收入							
6000～7999元		4000～5999元		2000～3999元		1999元以下	
（人）	（%）	（人）	（%）	（人）	（%）	（人）	（%）
1 467	**100.00**	**2 812**	**100.00**	**2 900**	**100.00**	**567**	**100.00**
294	20.04	356	12.66	277	9.55	32	5.64
826	56.31	1 635	58.14	1 633	56.31	312	55.03
339	23.11	808	28.73	975	33.62	213	37.57
7	0.48	12	0.43	11	0.38	10	1.76
1	0.07	1	0.04	4	0.14	—	—
243	16.56	299	10.63	207	7.14	34	6.00
770	52.49	1 542	54.84	1 598	55.10	278	49.03
397	27.06	838	29.80	936	32.28	222	39.15
13	0.89	13	0.46	19	0.66	10	1.76
2	0.14	5	0.18	2	0.07	—	—
42	2.86	115	4.09	138	4.76	23	4.06

4-4-5 农村居民国内旅游者对服务质量的评价

	调查总人数		旅游			
			游览/观光		休闲/度假	
	(人)	(%)	(人)	(%)	(人)	(%)
合　计	**44 163**	**100.00**	**3 279**	**100.00**	**2 824**	**100.00**
公共设施综合评分						
很好	4 887	11.07	660	20.13	412	14.59
好	25 604	57.98	2 062	62.89	1 820	64.45
一般	13 266	30.04	543	16.56	581	20.57
较差	387	0.88	14	0.43	10	0.35
差	19	0.04	—	—	1	0.04
服务质量综合评分						
很好	4 077	9.23	519	15.83	352	12.46
好	23 796	53.88	1 914	58.37	1 786	63.24
一般	13 527	30.63	784	23.91	587	20.79
较差	323	0.73	18	0.55	13	0.46
差	32	0.07	1	0.03	1	0.04
未享受服务	2 408	5.45	43	1.31	85	3.01

（按旅游目的分组）

目　的							
商务/出差		探亲访友		健康/医疗		其　他	
（人）	（%）	（人）	（%）	（人）	（%）	（人）	（%）
2 835	**100.00**	**21 781**	**100.00**	**4 342**	**100.00**	**9 102**	**100.00**
405	14.29	2 175	9.99	369	8.50	866	9.51
1 661	58.59	12 613	57.91	2 546	58.64	4 902	53.86
749	26.42	6 791	31.18	1 399	32.22	3 203	35.19
19	0.67	192	0.88	27	0.62	125	1.37
1	0.04	10	0.05	1	0.02	6	0.07
345	12.17	1 816	8.34	323	7.44	722	7.93
1 570	55.38	11 598	53.25	2 350	54.12	4 578	50.30
799	28.18	6 634	30.46	1 469	33.83	3 254	35.75
21	0.74	141	0.65	38	0.88	92	1.01
2	0.07	9	0.04	12	0.28	7	0.08
98	3.46	1 583	7.27	150	3.45	449	4.93

责任编辑： 王　军
责任印制： 冯冬青

图书在版编目（CIP）数据

旅游抽样调查资料. 2009/国家旅游局政策法规司，国家统计局城市社会经济调查司，国家统计局农村社会经济调查司编. —北京：中国旅游出版社，2009. 11
ISBN 978-7-5032-3840-6

I. 旅…　Ⅱ. ①国…②国…③国…　Ⅲ. 旅游业-抽样调查-统计资料-中国-2009　Ⅳ. F592-66

中国版本图书馆 CIP 数据核字（2009）第 190405 号

书　　名： 旅游抽样调查资料 2009

编　　者： 国家旅游局政策法规司
国家统计局城市社会经济调查司
国家统计局农村社会经济调查司
出版发行： 中国旅游出版社
（北京建国门内大街甲 9 号　邮编：100005）
http：//www. cttp. net. cn　E-mail：cttp@ cnta. gov. cn
发行部电话：010-85166507　85166517
排　　版： 北京中文天地文化艺术有限公司
经　　销： 全国各地新华书店
印　　刷： 北京建筑工业印刷厂
版　　次： 2009 年 11 月第 1 版　2009 年 11 月第 1 次印刷
开　　本： 787 毫米×1092 毫米　1/16
印　　张： 27
字　　数： 650 千
定　　价： 120. 00 元
I S B N 978-7-5032-3840-6